W0034460

Thomas Brechenmacher

Der Vatikan
und die Juden

Thomas Brechenmacher

Der Vatikan und die Juden

Geschichte einer unheiligen Beziehung
vom 16. Jahrhundert bis zur Gegenwart

Verlag C. H. Beck

Mit 9 Abbildungen

© Verlag C. H. Beck oHG, München 2005
Satz: Fotosatz Reinhard Amann, Aichstetten
Druck und Bindung: Ebner & Spiegel, Ulm
Gedruckt auf alterungsbeständigem Papier
(hergestellt aus chlorfrei gebleichtem Zellstoff)
Printed in Germany
ISBN 3 406 52903 8

www.beck.de

Inhalt

Einleitung

«Als dieses Buch 1933 zum ersten Mal erschien, war sein Inhalt weit davon entfernt, öffentliches Interesse zu wecken. Die vorherrschende Ansicht war, daß die Beziehungen der römisch-katholischen Kirche zu den Juden genau festgeschrieben und im übrigen von sehr geringer Bedeutung für die Welt von heute seien. Bestimmte Ereignisse der jüngeren Geschichte haben diese Sichtweise radikal verändert.»[1] Solomon Grayzel, einer der Pioniere der Erforschung des päpstlich-jüdischen Verhältnisses im Hochmittelalter, diagnostizierte in der 1966 erschienenen zweiten Auflage seines Buches über die Kirche und die Juden im 13. Jahrhundert einen abrupten Wahrnehmungswandel. Der nationalsozialistische Völkermord an den europäischen Juden hatte der Frage nach den Wurzeln und den Erscheinungsformen des Antijudaismus und des Antisemitismus in der Geschichte bedrückende Aktualität verliehen. Auch die Haltung der katholischen Kirche – ihrer Doktrin wie einzelner ihrer Vertreter und insbesondere ihrer hierarchischen Spitze, der Päpste und der römischen Kurie – Juden und Judentum gegenüber geriet dabei verstärkt in das Blickfeld der Bemühungen, das Unerklärbare zu erklären. Welche Rolle spielte das für die Geschichte des Abendlandes so zentrale Christentum auf dem Weg zum Völkermord an den Juden? Welche und wieviel Schuld hatten seine Institutionen, allen voran die römisch-katholische Kirche, an der Ausgrenzung der Juden und an ihrer schließlichen Vernichtung zu tragen?

Während sich auf theologischem und philosophischem Boden, angeregt durch den jüdischen Religionsphilosophen Jules Isaac,[2] schon bald ein Diskurs auf hohem, manchmal wohl zu akademischem Niveau entspann, der auf höchster kirchlicher Ebene nicht zuletzt in das Schuldbekenntnis Papst Johannes Pauls II. am 12. März 2000 mündete, ist die historisch-politische Debatte um «katholische Kirche und Juden» bis heute geprägt von Weltanschauungskämpfen und akkusatorischen oder apologetischen Einseitigkeiten. Das Interesse an wissenschaftlicher Erkenntnis gerät gegenüber den geschichtspolitischen Interessen einzelner Gruppen fast stets ins Hintertreffen. Als Initialzündung dieser unglücklichen Entwicklung darf Rolf Hochhuths Drama *Der Stellvertreter* von 1963 gelten, in dessen Gefolge seit nun mehr als vierzig Jahren eine Lawine von Pro- und Contra-

Schriften zum Verhalten Papst Pius' XII. gegenüber dem Nationalsozialismus und insbesondere dem Völkermord an den Juden niedergeht.

Zusätzlich zu seiner polarisierenden Wirkung mit all ihren Folgen begünstigte *Der Stellvertreter* eine zweite, historisch-wissenschaftlicher Erkenntnis wenig dienliche Entwicklung: die Tendenz, das Thema Kirche und Juden auf die Person und die Handlungen Papst Pius' XII. während des Zweiten Weltkriegs zuzuspitzen, wenn nicht gar zu reduzieren. «Versagen» und «Schuld» dieses Papstes in den Traditionen eines jahrhundertealten, «eingefleischten Antisemitismus» der katholischen Kirche wurzeln zu sehen,[3] bedeutet jedoch, eine Geschichte von universaler Dimension und Vielfalt zur Vorgeschichte einer säkularen Katastrophe des 20. Jahrhunderts zu degradieren, bedeutet, um mit Leopold von Ranke zu sprechen, dieser Geschichte ihre «Unmittelbarkeit zu Gott» zu nehmen und sie als bloßes Summenglied einer Rechnung einzuschreiben, deren Ergebnis mit arithmetischer Sicherheit «Holocaust» heißt.

Aber in der Geschichte ergibt sich nichts mit arithmetischer Sicherheit. Deshalb empfiehlt sich auch für die Geschichte des Verhältnisses von römisch-katholischer Kirche und Juden der Versuch jener Gratwanderung zwischen den scheinbar paradoxen Grundhaltungen moderner Geschichtswissenschaft, nämlich einerseits, jede Epoche, jeden Ausschnitt für sich genommen zu begreifen, gleichzeitig aber in der Abfolge jener Ausschnitte Entwicklungslinien zu erkennen und zu beschreiben, ohne Kausalitäten zu konstruieren.

Das 20. Jahrhundert mit seinen antisemitischen Katastrophen ist ein Teil der Geschichte des Verhältnisses von katholischer Kirche und Juden, nicht deren Ergebnis. Die Politik des Heiligen Stuhls gegenüber der nationalsozialistischen Judenverfolgung und -vernichtung ist ein wichtiger Ausschnitt jener Geschichte, aber weder ihr Hauptinhalt noch gar ihr Ziel. Voraus gehen, seit das Christentum aus jüdischen Wurzeln entstand, neunzehn Jahrhunderte Religionsgeschichte und, seit sich das römische Papsttum als Leitungsinstanz der westlichen christlichen, der katholischen Kirche etablierte, etwa eineinhalb Jahrtausende Geschichte des Verhältnisses von Päpsten und Juden. Diese Geschichte von ihren Anfängen her zu schreiben, wäre ein lohnendes, aber ausuferndes Unternehmen, das die Zusammenarbeit von Historikern unterschiedlicher Fachrichtungen mit Theologen und Judaisten erforderte. Mindestens jedoch sollte, um die Ereignisse des 20. Jahrhunderts zu verstehen, eine Perspektive eingenommen werden, die bis in die Anfänge jener «Neuzeit» zurückreicht, in deren Werterahmen, bei allen Veränderungen, Entwicklungen, Verwerfungen, sich auch die von der Moderne in die Postmoderne übergehende Gegenwart doch noch immer bewegt.

Jüngste Archivöffnungen des Vatikans haben für einen solchen Versuch verbesserte, ja in Teilen optimale Voraussetzungen geschaffen. 1998 öffneten sich die Türen zu einem der bestgehüteten Aktenschätze der Welt, zum Archiv der römischen Kongregation für die Glaubenslehre, der einstigen, legendenumwobenen römischen Inquisition. Weil diese Behörde seit dem Ende des 16. Jahrhunderts mit umstrittener Legitimation nicht nur die dogmatische, sondern zunehmend auch die politische Oberhoheit über alle Fragen des kirchlich-jüdischen Verhältnisses einschließlich der konkreten christlich-jüdischen Beziehungen im Kirchenstaat einforderte und auszuüben trachtete, dürfen die hier aufbewahrten Dokumente als der bedeutendste Quellenbestand zur Geschichte des Verhältnisses von römischer Kirchenzentrale und Juden von der frühen Neuzeit bis zum Ende des Kirchenstaates 1870 gelten. Reichhaltiges ergänzendes und über 1870 hinausführendes Material findet sich im Zentralarchiv des Vatikans, dem Vatikanischen Geheimarchiv sowie in diversen weiteren kleineren wie größeren Archiven, etwa dem Archivio di Stato di Roma oder dem Archiv der «außenpolitischen Zentrale» des Heiligen Stuhls, der Kongregation für die außerordentlichen kirchlichen Angelegenheiten. Im Februar 2003 öffnete der Vatikan schließlich die Deutschland betreffenden Aktenbestände des Pontifikats Pius' XI. (1922–1939). Diese wichtige, über das bisherige Sperrjahr 1922 hinausgehende Freigabe erlaubt einen weitgehend neuen Blick auf die Auseinandersetzung des Heiligen Stuhls mit dem Antisemitismus während der 20er und 30er Jahre des 20. Jahrhunderts. Bis auf weiteres verschlossen bleiben allerdings die vatikanischen Akten zum Pontifikat Pius' XII. (1939–1958). Dabei wird freilich oftmals vergessen, daß das Gros der Akten des vatikanischen Staatssekretariats zur Politik des Heiligen Stuhls während des Zweiten Weltkriegs seit Jahren und Jahrzehnten in elf umfangreichen Bänden publiziert vorliegt[4] – eine Quellensammlung, deren Gehalt noch längst nicht ausgeschöpft ist. Darüber hinaus haben wichtige Funde in nichtvatikanischen Archiven sowie eine ganze Reihe fundierter Einzeluntersuchungen in den letzten Jahren dazu beigetragen, das Wissen um die Vorgänge vor allem während der Kriegsjahre zu vermehren und die Urteilskraft über das umstrittene Pacelli-Pontifikat zu schärfen. Die Quellensituation für eine perspektivisch bis in die Frühe Neuzeit zurückverlängerte Geschichte des Verhältnisses von Päpsten und Juden zeigt sich damit so günstig wie nie zuvor.

Die Beziehungen der römisch-katholischen Kirche zu den Juden galten –
um Solomon Grayzels Beobachtung wiederaufzunehmen – über Jahrhunderte hinweg als lehramtlich, theologisch leidlich exakt definiert und stellten als solche kein besonderes Problem dar. Im Grunde leiteten Päpste und
römisch-katholische Kirche ihren Standpunkt zu den Juden aus einem seit
der Spätantike entwickelten und dann bis an die Wende vom 18. zum
19. Jahrhundert unverändert gültigen Konzept ab: der doppelten Schutzherrschaft. Dieses Konzept wurzelte in der zweifachen heilsgeschichtlichen
Bestimmung der Juden innerhalb der christlichen Kosmologie. Als Volk
des Alten Bundes und als Zeugen des Todes Christi bildeten sie einen notwendigen Teil der Heilsgeschichte; als «hartnäckig» den Neuen Bund verleugnendes und deshalb «verstoßenes» Volk, ja als «Volk der Christusmörder» galten sie als Gefahr für das Seelenheil der Christen. Aus dieser
zweifachen Bestimmung leiteten sich die beiden Grundprinzipien der doppelten Schutzherrschaft ab: Aufgabe der Päpste – und mit ihnen der Hierarchie aus Kardinälen, Bischöfen, Priestern – war einerseits, die Christen
vor dem vermeintlich verderblichen Einfluß der Juden, andererseits aber
auch die Juden vor Übergriffen der Christen, vor Verfolgung, Mißbrauch
und Gewalt zu schützen. Gerade der Aspekt des Judenschutzes war ein
ständig wiederkehrendes Thema päpstlicher Lehrschreiben seit Gregor
dem Großen (590–604). Entsprechend entfaltete sich im «Patrimonium
Petri», den territorialen Besitzungen der römischen Kirche in Italien, später dem Kirchenstaat, jüdisches Leben in jahrhundertelang ungebrochener
Kontinuität.

Judenschutz – Christenschutz: Die doppelte Schutzherrschaft begründete aber auch über Jahrhunderte hinweg eine ambivalente Haltung der
Päpste den Juden gegenüber. Judenfreundliches und judenfeindliches Verhalten wechselten sich stets ab, nicht nur in der Abfolge einzelner, sondern
auch innerhalb ein und desselben Pontifikates. Als sich mit dem Anbruch
der Neuzeit das Ende der Vorherrschaft des christlich-katholischen Weltbildes ankündigte, begann auch das Konzept der doppelten Schutzherrschaft zu wanken. Den ersten Stoß erhielt es durch die Reformation des
16. Jahrhunderts, den zweiten Stoß durch das sich während des 18. Jahrhunderts, durch die Folgen des Rationalismus und die Aufklärung fundamental wandelnde Bild des Menschen und der Religionen sowie durch die
daraus abgeleiteten Toleranz- und Emanzipationsforderungen. Die römisch-katholische Kirche geriet insgesamt in eine defensive Position; sie
verlor ihr geistig-geistliches Welterklärungsmonopol. Eine ihrer Reaktionen auf die Defensive war die zunehmend einseitige Gewichtung der dop-

pelten Schutzherrschaft, ihre ideologische Zuspitzung auf die Aufgabe, die Christen vor den Juden schützen zu müssen. Statt in einen Prozeß der Neuorientierung einzutreten, aus dem eine gänzlich veränderte Position der römisch-katholischen Kirche den Juden gegenüber hätte hervorgehen müssen, blieb sie ihrer alten politischen Maxime der doppelten Schutzherrschaft in ihrer einseitigen Gewichtung verhaftet, ohne zu sehen, daß diese auf die neuartigen Fragestellungen und Anforderungen keine Antworten mehr geben konnte. Dem entsprach während des 19. Jahrhunderts eine wachsende Kluft zwischen theologisch-ideologischem Konzept und tatsächlichem politischen Handeln. Wo der Papst als Landesherr über jüdische Untertanen regierte, im Kirchenstaat, geriet die Politik diesen Untertanen gegenüber mehr und mehr außer Kontrolle. Weitestgehende faktische Toleranz stand schließlich unter Pius IX. größter ideologischer Verhärtung gegenüber. Hilflos in seiner Bedrängnis, statuierte dieser letzte Papst des Kirchenstaates mit der Entführung des getauften jüdischen Knaben Edgardo Mortara ein theologisch zwar zu rechtfertigendes, unter Gesichtspunkten der Humanität wie auch der Öffentlichkeitswirkung jedoch verheerendes Exempel. Erst das gewaltsame Ende des Kirchenstaates 1870 setzte den langsamen, längst überfälligen Prozeß der theologischen Umorientierung der römisch-katholischen Kirche den Juden gegenüber in Gang. Nun trat allerdings das neuartige Phänomen des rassistischen Antisemitismus auf den Plan und bezog nicht wenige seiner Versatzstücke aus dem älteren religiösen Antijudaismus, der ja immer ein *Teil* der doppelten Schutzherrschaft gewesen war. Dies erzeugte neue Verstrickungen des geschwächten Katholizismus, dem ein überzeugendes neues Konzept nach wie vor fehlte.

Nicht nur Papst Pius XI. lehnte den Rassenantisemitismus entschieden ab; auch sein Nachfolger und vormaliger Kardinalstaatssekretär, Eugenio Pacelli, Papst Pius XII., war keinesfalls ein Antisemit. Aber auch er bewegte sich noch in jenem geistigen Trümmerfeld, das von der doppelten Schutzherrschaft geblieben war, und konnte sich von Ressentiments nicht frei halten. Umso erstaunlicher ist, was Pacellis «stille Diplomatie» für die verfolgten Juden trotzdem erreichte. Papst und kuriale Diplomaten entschieden sich nicht leichtfertig oder gar achtlos dagegen, Hitler in Form einer *Damnatio* vor aller Welt zu verurteilen. Daß der Heilige Stuhl Nationalsozialismus und Judenverfolgung ohne jede Einschränkung ablehnte, war aus zahlreichen, auch öffentlichen Äußerungen des Papstes eindeutig zu entnehmen und wurde nicht nur von den Nationalsozialisten, sondern weltweit klar verstanden. Die verantwortungsethische Abwägung der voraussichtlichen Chancen, Verfolgte zu retten, hatte aber letztendlich Vorrang vor dem gesinnungsethischen Impuls, das Unrecht laut hinauszurufen. Auf diese Weise konnte etwa 1943 die Mehrzahl der römischen und nach Rom geflüchteten Juden, zum großen Teil in Klöstern und Einrichtungen des Vatikans versteckt, vor Deportation und Ermordung bewahrt werden.

Nach Kriegsende hatten in Klöstern und bei katholischen Familien nicht nur in Italien auch einige tausend jüdische Kinder den Nationalsozialismus überlebt, viele jedoch als Waisen. Die Kirche sah sich diesen Kindern gegenüber auch weiterhin in die Pflicht genommen und behielt sich vor, jeden Einzelfall genau zu prüfen, bevor sie Kinder in die Obhut jüdischer Institutionen, vorzugsweise in Israel, überstellte. Probleme, die über das Feld der reinen Fürsorge hinausgingen, ergaben sich in den wenigen Fällen, in denen jüdische Kinder ohne Zustimmung der Eltern getauft worden waren – meist von eifrigen Schwestern und gegen die ausdrückliche Anweisung der kirchlichen Hierarchie sowie gegen die Normen des Kirchenrechts.[5] Hier stand die Selbstverpflichtung der Kirche, den Getauften eine christliche Erziehung zukommen zu lassen, gegen die Forderung, die geretteten Kinder wieder in ihre ursprüngliche Religion und Kultur zu entlassen. Kinder, deren Eltern überlebt hatten, sollten hingegen, getauft oder nicht, umstandslos zurückgegeben werden. In den anderen Fällen wurde, wenngleich in langwierigen Verfahren, versucht, die für jedes einzelne Kind beste Lösung zu finden.[6] Eine entsprechende, vom Papst gebilligte Richtlinie der obersten vatikanischen Glaubensbehörde, des Heiligen Offiziums, sandte das Staatssekretariat am 28. September 1946 an den Nuntius in Paris, Roncalli, um auf eine Anfrage französischer Bischöfe zu antworten.[7] Hingegen erwies sich eine jüngst in einem französischen Kirchenarchiv entdeckte Abschrift dieser Instruktion[8] als derart reduziert und verzerrt, daß auf ihrer Basis kein Urteil über diese komplexe Problematik möglich sein wird.

Erst nach 1945 begann die römisch-katholische Kirche auch theologisch einen neuen Weg zu gehen: den Weg zum Konzept der «älteren Brüder im Glauben», dessen erste Fundamente bereits während des Ersten Vatikanischen Konzils gelegt worden waren. Das Zweite Vatikanische Konzil (1962–1965) schrieb dieses neue, die seit mehr als hundert Jahren zerstörte doppelte Schutzherrschaft nun auch offiziell ablösende Konzept in seiner Erklärung über das Verhältnis der katholischen Kirche zu den nichtchristlichen Religionen *Nostra Aetate* 1965 verbindlich fest. Vorangegangen war dieser Erklärung der erste Besuch eines Papstes im neuen Staat Israel, die Reise Papst Pauls VI. ins Heilige Land im Januar 1964, eine Geste, die führende israelische Politiker als wichtigen Schritt zu einem fruchtbaren Dialog würdigten. Die offizielle Anerkennung Israels durch den Heiligen Stuhl im Dezember 1993 markiert den vorläufigen diplomatischen Höhepunkt des Kapitels «Vatikan und jüdischer Staat», das mit dem Besuch Theodor Herzls bei Papst Pius X. 1904 begonnen hatte.

Ohne die doppelte Schutzherrschaft und ihr Versagen vor den Anforderungen der mit der Aufklärung und der Französischen Revolution anbrechenden Moderne zu verstehen, kann die wechselvolle, weder ganz und gar «unschuldige» noch ganz und gar «schuldvolle» Geschichte des Verhältnisses von Päpsten und Juden im 19. und 20. Jahrhundert nicht zutreffend dargestellt werden. Dazu wiederum ist der Rückgriff bis ins 16. Jahrhundert notwendig, in dem die doppelte Schutzherrschaft in jene Schieflage geriet, aus der sie nie mehr in einen Zustand des Gleichgewichts zurückfand. Spätestens mit der Französischen Revolution war die Zeit der doppelten Schutzherrschaft endgültig abgelaufen. Hier ist die Wurzel allen Elends und aller Schuld der katholischen Kirche gegenüber den antisemitischen Verbrechen des 19. und 20. Jahrhunderts zu suchen: Sie selbst stand nicht nur Juden und Judentum, sondern dem gesamten Individualisierungs- und Säkularisierungsprozeß der Moderne zutiefst verunsichert und konzeptionslos gegenüber. Während sie sich dogmatisch verhärtete, blieben ihre Handlungen, die dieser dogmatischen Verhärtung nie und nimmer mehr entsprechen konnten, ohne Prinzip, ohne leitendes Konzept, fielen willkürlich aus, im besten Falle vagen Ahnungen von einer «universalen», allen Menschen gegenüber gültigen *Caritas* entsprechend, im schlimmsten Fall eigennützig und den Verfolgten gegenüber gleichgültig. Eine Geschichte des Verhältnisses der Päpste, des Vatikans zu den Juden in der Neuzeit wird so beide Ebenen, die dogmatische, lehramtliche und die des konkreten, alltäglichen politischen Handelns zu beleuchten haben.

1. Die Christen vor den Juden schützen – die Juden vor den Christen schützen

Brennpunkt Kirchenstaat

Italien zählt zu den ältesten Gebieten der europäischen Diaspora. Einzelne Juden lebten dort, und insbesondere in Rom, seit den Tagen der römischen Republik.[1] Massenhaft kamen sie als Kriegsgefangene mit den siegreichen Heeren des Pompeius nach der Eroberung des Heiligen Landes 63 v. Chr. und des Titus nach der Zerstörung des Tempels 70 n. Chr. in die Ewige Stadt. Dort freigelassen, ließen sie sich dauerhaft nieder und bildeten zusammen mit den jüdischen Händlern, die sich entlang der großen Straßen angesiedelt hatten, in der Spätantike einen festen Bestandteil der Bevölkerung Italiens. Unter dem Zerfall des römischen Imperiums hatten die Juden ebenso zu leiden wie die übrige Bevölkerung; seit sich aber das Christentum im 4. Jahrhundert zunehmend zur Staatsreligion erhoben hatte, waren sie indessen doch anders als die anderen. Damit beginnt eine Geschichte von universalhistorischer Dimension in den Trümmern des weströmischen Reiches. Brachen die Fundamente dessen weltlicher Macht ein, so hielt doch das Christentum den Stürmen der Goten und Hunnen stand. Im Zentrum des einstigen Kaiserreiches etablierte sich der Nachfolger des Apostels, um das Zentrum herum wuchs seine territoriale Basis, das *Patrimonium Petri*. Die verbliebenen Juden lebten nun nicht mehr in einem Staat mit einer Religion, sondern unter den Vorzeichen einer Religion mit einem Territorium. Wenn auch tausend Jahre vergehen sollten, bis sich unter Papst Julius II. dieses Territorium in einen wirklichen «Staat» wandelte, so bildeten doch der Papst und die sich etablierenden Verwaltungseinheiten des Heiligen Stuhls innerhalb des neu entstandenen europäischen Machtvakuums Italien de facto seit dem 6. Jahrhundert mehr als eine Quantité négligeable. Zwar fast immer Spielball der um die Hegemonie in Italien streitenden Mächte, überdauerte das *Patrimonium Petri* im Kern und vor allem in seiner Herrschaft nach innen die Jahrhunderte, überlebte Avignonesisches Exil, Sacco di Roma, Französische Revolution und fiel erst 1870 jener Bewegung zum Opfer, die – nicht nur – das italienische Machtvakuum mit einem Nationalstaat füllte und damit

die spezifisch moderne Gestalt des europäischen Staatensystems model-
lierte. Von der Spätantike bis ins 19. Jahrhundert lebten Juden als Minderheit
unter der Herrschaft des Papstes. Nicht anders als die Angehörigen der
christlichen Mehrheit waren sie Untertanen des Pontifex. Dieses Herr-
schaftsverhältnis bestimmte die Begegnung von Päpsten und Juden, aber
auch von Päpsten und Judentum entscheidend; nirgends spielte sich beider
Berührung konkreter ab; alle Theologie, alle Ideologie fand hier zuerst
ihren Widerhall und Niederschlag oder stieß, wie im letzten Jahrhundert
des Kirchenstaates, auf eine veränderte Realität, der sie in keiner Weise
mehr gewachsen war.

Die Juden des Kirchenstaates waren ein Teil seiner Bevölkerung, nicht
automatisch und schon gar nicht per definitionem ein Fremdkörper. Natürlich unterschied sie ihre Religion fundamental von den Christen. Innerhalb des traditionalen Systems «Kirchenstaat» bedeutete dies, daß ihnen
ein wesentliches Merkmal fehlte. Warum aber war ihnen trotz dieses Man-
kos über Jahrhunderte hinweg gestattet, im Kirchenstaat zu leben? Ja,
warum konnte sich eine einzigartige Kontinuität jüdischen Lebens unter
den Päpsten entfalten, die trotz unterschiedlich hoher Freiheitsgrade, trotz
sich wandelnder Hemmnisse und Bedrückungen doch nie grundsätzlich in
Frage stand? Die Juden wurden aus Städten und Territorien des Heiligen
Römischen Reiches Deutscher Nation vertrieben, aus Spanien und Portugal, aus England und Frankreich. Bis weit ins 17. Jahrhundert hinein genossen sie auf französischem Boden nur in Avignon und der kleinen Graf-
schaft Venaissin Bleiberecht – beides Exklaven des Kirchenstaates. Von
einem Intermezzo in den 40er Jahren abgesehen duldeten die spanischen
Bourbonen noch im 18. Jahrhundert in ihrem italienischen Einflußbereich –
praktisch der gesamten südlichen Halbinsel – keine Juden, desgleichen das
Haus Savoyen auf Sardinien. Während Ligurien nie als klassisches Ansied-
lungsgebiet von Juden galt, hatte sich in der Lombardei und besonders im
Herzogtum Mailand im 15. Jahrhundert eine reiche jüdische Kultur her-
ausgebildet: Hier verschlechterten sich die Lebensbedingungen der Juden
unter dem Einfluß der Spanier jedoch zusehends. 1597 wurden sie aus dem
Herzogtum vertrieben. Niemals hingegen mußten die Juden den Kirchen-
staat wirklich und dauerhaft verlassen. Selbst die von Pius V. 1569 auf dem
Höhepunkt gegenreformatorischen Eifers betriebene und von Clemens
VIII. 1593 eher halbherzig bekräftigte Ausweisung ließ ihnen die Möglich-
keit offen, weiterhin in Rom und Ancona zu siedeln, und stellte – bei aller
Härte in ihren Anfängen – ein bald beendetes Intermezzo dar. Rom selbst,

«die einzige große Stadt Europas, aus der die Juden niemals ausgetrieben wurden», kann – über die gesamte Spanne seiner 1200jährigen Geschichte als Zentrum des *Patrimonium Petri* hinweg – zurecht als eine «Oase des Friedens» gelten, wenn sicherlich auch oft genug «um den Preis einer Erniedrigung [seiner Juden] ohnegleichen.»[2]

Warum Juden im Kirchenstaat? Auch die Päpste hätten sie dauerhaft vertreiben können. Zweifellos lagen wirtschaftliche Gründe vor, von einer derart «endgültigen Lösung» abzusehen. Wenn selbst die in den Ausweisungen von 1569 und 1593 gipfelnden stärksten gegenreformatorischen Pressionen ausgerechnet die jüdischen Gemeinden Roms und des wichtigen Adriahafens Ancona verschonten, so darf dies als Indiz dafür gelten, daß jüdischer Handel und Geldleihverkehr auch für den Heiligen Stuhl zusätzliche Argumente lieferten, von einer gänzlichen Vertreibung der Juden Abstand zu nehmen. Aber andererseits begannen christlich-staatliche Leihhäuser die jüdischen bereits seit der Mitte des 15. Jahrhunderts abzulösen; im Kirchenstaat verbot Innocenz XI. 1682 die jüdischen Geldhäuser und beschränkte das berufliche Wirkungsfeld für Juden fortan auf textilen Kleinhandel und den Vertrieb von Trödelwaren. Dieser wirtschaftspolitische Fehler rächte sich durch schnelle Pauperisierung der Ghettos, und die Judenpolitik des Kirchenstaates entwickelte sich in der Folgezeit zu einem legislativen, fiskalischen und sozialen, in jedem Fall aber ungeliebten Dauerproblem. Während in Frankreich Ludwig XIV., auch mit der Nebenabsicht, den Papst für seine absolutistische Attitüde zu erwärmen, eine unbarmherzige Vertreibungsstrategie den Hugenotten gegenüber einschlug, konnten die Juden im päpstlichen Staat bleiben. Obwohl sie aus administrativer Sicht eine Belastung darstellten und die Staatskasse ihr Bleiben nicht länger erforderte, fand keinerlei weitere Ausweisung statt.

Warum also Juden im Kirchenstaat? Der Schlüssel zu einer insgesamt überzeugenden Antwort liegt in der unlösbaren Beziehung der beiden monotheistischen Religionen zueinander: Als Angehörige derjenigen Religion, aus der das Christentum hervorging, waren die Juden untrennbar mit diesem verbunden. Ohne Judentum kein Christentum. Diese Grundtatsache abendländischer Geschichte konnte in sehr verschiedener Richtung interpretiert werden, wegzuleugnen war sie nicht. Wenn nun das Christentum in seiner katholischen Form nicht nur – wie im Falle anderer Mächte – Staatsreligion war, sondern eben jene Substanz, um derentwillen der Staat überhaupt existierte, dann mußte jener geistigen Wurzel in diesem Staat ihr Platz eingeräumt werden, und sei es nur, um zu vegetieren statt auszutreiben und zu blühen.

Die doppelte Schutzherrschaft

Seit langem hebt die seriöse Historiographie der Beziehungen zwischen römisch-katholischer Kirche und Juden das scheinbar widersprüchliche, ambivalente Verhalten der Päpste und des Heiligen Stuhls den Juden gegenüber
hervor. Nicht allein, daß sich scharfe Verurteilungen und drakonische Maßnahmen mit toleranter Milde, ja, engagierter Verteidigung der Juden im
Laufe der Pontifikate abwechselten; selbst innerhalb einzelner Pontifikate ist
dieses Phänomen zu finden. Gregor XIII. (1572–1585) – um nur einige Beispiele aus der Neuzeit zu nennen –, «gütig und auf Ausgleich bedacht»,
suchte einerseits «die Juden vor Übergriffen zu schützen», faßte andererseits
aber «die Rechte der Inquisition gegenüber den Juden […] extensiv.»[3] Dessen Nachfolger, Sixtus V. (1585–1590), «den Juden gewogen», umgab sich
sogar «mit jüdischen Ratgebern», änderte gleichwohl an ihrer gegenreformatorischen Bedrängnis wenig.[4] Immerhin ließ er aber das römische Ghetto
erweitern, gestattete den Juden, in allen Städten des Kirchenstaates zu siedeln, und förderte eine neue Blüte des jüdischen Geldhandels. Clemens VIII.
(1592–1605) erneuerte zwar «die strengen Bestimmungen Pauls IV. und
Pius' V.», nicht ohne jedoch «ungerechter Bedrückung der Juden durch
wiederholte Dekrete» entgegenzutreten[5] und den Juden das Mietzinsprivileg «Jus Gazzagà» zu verleihen. Benedikt XIV. (1740–1758), von dem jüdischen Historiker Abraham Berliner als einer «der besten und freundlich-
sten Päpste» gelobt, ließ trotzdem die Inquisition 1751 ein Dekret über die
Juden voller «Erniedrigungen und Unmenschlichkeiten» beschließen.[6] Von
Clemens XIV. (1769–1774), der als judenfreundlich galt, seit er – in seiner
Eigenschaft als Konsultor des Heiligen Offiziums – 1758/59 ein berühmt
gewordenes Gutachten gegen den Ritualmord verfaßt hatte, wird der Ausspruch überliefert, der Papst könne «in Sachen, wo der Glaube in Betracht
komme, […] auf die Sitte anderer Nazionen [im Sinne von «Völker»] keine
Rücksicht nehmen.»[7] Der ob seines Ediktes über die Juden von 1775 als Ju-
denfeind vielgeschmähte Pius VI. (1775–1799) stand nicht an, im selben
Jahr judenfeindliche Schriften zu verbieten und die Taufe jüdischer Kinder
gegen den Willen ihrer Eltern mit harter Strafe zu belegen. Leo XII. erneuerte in den 20er Jahren des 19. Jahrhunderts die restriktive Judengesetzgebung des Kirchenstaates, gestattete den Juden andererseits aber, innerhalb
ihrer Wohnviertel Immobilien zu erwerben, und stärkte die finanzielle
Autarkie der jüdischen Gemeinden. Gregor XVI. (1831–1846) verbarg nicht
seine Ansicht, die Juden seien die «verschworenen Feinde Jesu Christi», be-

trieb andererseits aber eine höchst moderate Politik seinen jüdischen Untertanen gegenüber und empfing die Repräsentanten der jüdischen Gemeinde Roms mit Vorliebe. Sein Nachfolger, Pius IX., drangsalierte die jüdische Familie Mortara, deren Sohn Edgardo er «entführen» ließ, schaffte andererseits aber alte Unterwerfungszeremonien, wie die Karnevalshuldigung der jüdischen Gemeinde Roms vor dem Senat, ab und ließ dauerhaft die Ghettotore abreißen. Selbst dem großen Sündenfall neuzeitlich-päpstlicher Politik den Juden gegenüber, der Bulle *Cum nimis absurdum*, mit der Papst Paul IV. 1555 das Ghetto befahl, billigt die neuere Forschung auch Positives zu, enthalte sie doch bei aller Härte eine Komponente der Integration der Juden in die Gesellschaft des Kirchenstaates und in die christliche Sozialordnung überhaupt.[8]

Unzählige weitere Beispiele bis weit zurück ins frühe Mittelalter böten sich an, zu belegen, daß in der Ambivalenz ein Grundmuster päpstlichen Handelns gegenüber Juden lag. Wie ist dieser Befund historisch zu erklären? Eine Strategie der Historiker besteht oftmals darin, den Tatbestand mit Verwunderung zu konstatieren oder ihn mit Bildern zu illustrieren. Der Antisemitismusforscher Léon Poliakov verglich das ambivalente Verhalten des Heiligen Stuhls mit einem hin- und herschwingenden Regulatorpendel,[9] der Italiener Michele Cassandro wählte die Metapher eines fortwährenden «Stop-and-Go».[10] Häufig ist auch eine Einzelfallerklärung für das konkrete Verhalten dieses oder jenes Papstes zu finden, die in der Persönlichkeitsstruktur des jeweiligen Amtsinhabers gründen kann oder in punktuellen politischen, ökonomischen, sozialen Konstellationen.

Dies alles erscheint immer nur teilweise plausibel und insgesamt kaum hinreichend, wird doch das Grundphänomen der Ambivalenz, das die Geschichte des Verhältnisses von Päpsten und Juden von der Spätantike bis zum Ende des Kirchenstaates von 1870, ja im weiteren Sinne bis zum Zweiten Vatikanischen Konzil hin durchzieht, dabei nicht wirklich historisch begriffen. Der Schlüssel zum Verständnis einzelner Episoden, Situationen, Epochen kann aber nur aus einer zutreffenden Kenntnisnahme und Wertung dieses Gesamtphänomens gewonnen werden, zumal das römische Papsttum wie kaum eine zweite Institution von weltgeschichtlichem Rang seine Legitimation, sein Selbstverständnis, seine Grundorientierungen aus einer ungebrochenen und nur behutsam stetig weiterentwickelten Tradition bezieht. Genau die Traditionslinie päpstlicher Judengesetzgebung seit der Wende vom 6. zum 7. und dann vor allem seit den sogenannten Sicut Iudaeis-Bullen des 12. Jahrhunderts muß denn auch die interpretatorischen Koordinaten einer Geschichte des Verhältnisses von Päpsten und Juden festlegen.

Päpstliche Schutzgarantien für Juden sind zuerst aus dem Pontifikat Gregors des Großen (590–604) überliefert. Von Anfang an ist hier aber auch das komplementäre Prinzip zu erkennen, so daß der Doppelcharakter päpstlichen Amtsverständnisses den Juden gegenüber sogleich greifbar wird. In Gregors Briefen und Konstitutionen über Juden und Judentum vermischten sich die Lehren des frühen Christentums, der frühen Konzilien und insbesondere die in ihrer jeweiligen Akzentuierung sich gewissermaßen gegenüberstehenden Auffassungen der Kirchenväter Augustinus und Ambrosius. Einerseits gebot Gregor, die Juden nicht in der Ausübung ihrer religiösen Riten zu behindern und ihnen die Möglichkeit zu geben, Synagogen einzurichten; auch schritt der Papst gegen Zwangstaufen ein und nahm Juden gegen ungerechtfertigte Anklagen in Schutz.[11] Konversion zum Christentum förderte Gregor in Maßen, indem er etwa dazu aufforderte, konvertierten Juden Steuererleichterungen einzuräumen. Auf der anderen Seite betrachtete Gregor den Schutz der Christen vor den Juden als seine selbstverständliche Aufgabe, wenn er Bedrohungen zu erkennen vermeinte. Vor allem sollten Juden keine christlichen Sklaven halten und heidnische Sklaven, die sich zum Christentum bekehrten, freilassen – ein Thema, das, umgewandelt in die Frage, inwieweit christliche Dienstbotentätigkeit bei Juden gestattet sein dürfe, über 1200 Jahre lang, bis ins 19. Jahrhundert hinein, hartnäckig wiederkehrte. Auch erging die Mahnung an die Christen, sich jüdische Riten nicht zu eigen zu machen, etwa den Samstag als Sabbat zu feiern.

Als Prototyp klassischen päpstlichen Judenschutzes gilt die von Papst Calixtus II. zwischen 1119 und 1124 erlassene, allerdings nicht im Wortlaut überlieferte Bulle. Doch bereits ein Jahrhundert vor ihm soll Papst Johannes XVIII. (1003–1009) ein – gleichfalls nur aus späteren Zitierungen bekanntes – Wort zum Schutz der in Frankreich verfolgten Juden gesprochen haben. Im Anschluß an Calixtus erneuerte Eugen III. (1145–1153) den Judenschutz, aber erst aus dem Pontifikat Alexanders III. (1159–1181) ist die erste der berühmten Sicut Iudaeis-Bullen wörtlich erhalten. Als «Magna Charta» der päpstlichen Judenpolitik[12] darf schließlich zu Recht die Konstitution *Licet perfidia Iudeorum* Innocenz' III. vom 15. September 1199 gelten. Mit einem dem inzwischen bereits standardisierten Sicut Iudaeis-Text eingeschriebenen Passus öffnete Innocenz den theologischen Raum der doppelten Schutzherrschaft, indem er auf das augustinische Konzept der Zeugenschaft rekurrierte: «Obwohl der Unglaube der Juden in vieler Hinsicht zu verurteilen ist, dürfen die Juden von den Gläubigen doch nicht verfolgt werden, wird doch durch sie unser Glaube erst wirklich bestätigt. [...] Auch wenn sie lieber in ihrer Hartnäckigkeit verharren als die Weissagungen der Propheten und die Geheimnisse des Gesetzes zu erkennen und zur Botschaft des christlichen Glaubens durchzudringen, schenken wir, da sie die Hilfe unserer Verteidigung anrufen, in milder christlicher Sanftmut und den Spuren unserer Vorgänger seligen Angedenkens folgend, ihrem Gesuche Gehör und gewähren ihnen den Schild unseres Schutzes.»[13] Der inhaltliche Kern der Sicut-Iudaeis-Bullen bestand darin, den Juden alle religiösen Rechte zu bestätigen, die ihnen bis dato zugestanden worden waren, gleichzeitig jedoch darüberhinausgehende «Freiheiten» zu untersagen. Ergänzend verboten die Bullen, Juden wider ihren Willen, mit Gewalt gar, zu taufen, sie «zu verletzen oder zu töten, ihnen ihr Geld zu nehmen oder ihre Gewohnheiten abzuändern.» Christen sollten Juden nicht daran hindern dürfen, ihre religösen Feste zu feiern; zu Diensten, «soweit sie nicht bisher üblich waren», sollten sie nicht gezwungen werden dürfen. Desgleichen untersagten die Sicut-Iudaeis-Bullen ausdrücklich, jüdische Friedhöfe zu schänden.[14]

Andere Komponenten traten hinzu, diesen theologischen Raum weiter abzustecken. Die verheerendsten Folgen zeitigte sicherlich der aus dem Matthäus-Evangelium abgeleitete und in eine Kollektivschuldthese mündende Vorwurf des Gottesmordes.[15] Im Jahr 1220 gewährte Honorius III. (1216–1227) dem königlich-spanischen Leibarzt Isaac Benveniste Schutz, «weil Du, wie Wir vernehmen, von Gottesfurcht durchdrungen [...] Dein Leben ohne Streitsucht nach dem mosaischen Gesetz führst und aus einer gewissen Frömmigkeit [...] Unseren Schutz erbittest.» Dies freilich, wie der Papst hinzufügte, «obgleich die Juden wegen ihres Unglaubens zu dauerhafter Knechtschaft verurteilt» und «wegen jenes Schreies, mit dem sie Christi Blut über sich und ihre Kinder verdammungswürdigerweise herabriefen», jeglichen Trostes unwürdig seien.[16]

In enge Verbindung mit dem Gottesmordvorwurf trat die Lehre von der ewigwährenden Unterwerfung der Juden unter die Christen. Zum Gottesmörder hatten die Juden ja nur gestempelt werden können, weil sie Christus nicht erkannten und sich «hartnäckig» weigerten, an ihn zu glauben. Aus beidem folgte die «Verstoßung» des alten Bundesvolkes und seine Subordination unter das erwählte Volk des neuen Bundes. Thomas von Aquin vor allem entwickelte in der Mitte des 13. Jahrhunderts dieses Interpretament,[17] das, soweit es auf Paulus' Römerbrief zurückgriff, theologisch von Anfang an problematisch war, mindestens jedoch falsch verstanden wurde. Fordert doch Paulus die Christen keineswegs dazu auf, die Juden real zu knechten, vielmehr beschreibt er die Rolle der Juden innerhalb des Heilsplans Gottes, in dem letztlich auch sie zur «Wiederaufnahme» bestimmt seien. In diesem Zusammenhang weist er auch die Vorstellung von der Verstoßung weit von sich; Israel bleibe zweifellos das auserwählte Volk.[18] In historischer Perspektive öffnet freilich gerade die Lehre von der «ewigen Knechtschaft» den Blick auf den immanenten Grundzwiespalt zwischen Judentum und Christentum, der im Neuen Testament heilsgeschichtlich in höchster Komplexität verarbeitet, vereinfachende Popularisierungen oder mehr oder minder mörderische Deutungen geradezu herausforderte und ihnen scheinbare biblische Legitimation verschaffte, wo in Wirklichkeit ganz andere, seien es sozioökonomische Motive oder schlicht Machtinteressen das Handeln lenkten. In der Wende gegen solchen Mißbrauch des biblischen Wortes ist denn auch der Ursprung des Konzepts der doppelten Schutzherrschaft zu suchen, sofern es sich – gemäß seiner einen Komponente – den Schutz der Juden vor den Christen zu eigen macht: Die Heilige Schrift liefere keine Legitimation dazu, die Juden in ihren Rechten zu beschneiden, sie zu verfolgen, zu berauben oder gar zu töten.

Sehr wohl jedoch leitete die exegetische Tradition aus der Heiligen Schrift einen eigenen, von demjenigen der Christen unterschiedenen Status der Juden ab, der auf die soziale Separation von Juden und Christen abzielte. Zu intensiver Umgang mit den «ungläubigen Juden», so wurde befürchtet, könnte das Seelenheil der Christen gefährden, ja möglicherweise gar zerstören. In dieser Überzeugung wurzelte die zweite Komponente der doppelten Schutzherrschaft, die Überzeugung der Päpste, die Christen vor den Juden schützen zu müssen. 1215 begründete das vierte Laterankonzil in vier Konstitutionen die Tradition einer restriktiven Gesetzgebung, die sich im Kern bis zum Ende des Kirchenstaates halten sollte. Neben einer Beschränkung «jüdischer Wucherzinsen» und Maßnahmen, die freiwillig getauften «Neuchristen» einen Rückfall in ihren alten Glauben erschweren sollten, verfügte das Konzil vor allem die Kennzeichnungspflicht der Juden durch ein an der Kleidung anzubringendes Zeichen sowie ein Verbot, Juden öffentliche Ämter zu übertragen oder ausüben zu lassen.[19] Die Beschlüsse des Konzils flossen dann zusammen mit dem Interpretament der ewigen Knechtschaft auch in das kanonische Recht ein – nicht anders übrigens als die Judenschutzbestimmungen der Sicut Iudaeis-Bullen, so daß der Doppelcharakter der offiziellen kirchlichen Haltung den Juden gegenüber Eingang in die verbindliche Rechtskodifikation der römischen Kirche fand.[20]

So unterschiedlich die einzelnen ambivalenten theologisch-exegetischen Deutungsmuster des Verhältnisses von Christen und Juden ebenso wie die beiden korrespondierenden Prinzipien der doppelten Schutzherrschaft auch immer gewichtet werden konnten und im Laufe der Jahrhunderte gewichtet wurden, waren sie von seiten der Päpste und der Spitze der römischen Hierarchie doch nie mit dem Aufruf verbunden, Juden zu mißhandeln oder gar zu töten. Der harscheren, durch Thomas von Aquin etablierten theologischen Interpretationsvariante der Rolle der Juden in christlich-heilsgeschichtlicher Perspektive gesellte sich in der offiziellen päpstlichen Lehrmeinung als Gegengewicht immer auch die energische Fürsprache durch Bernhard von Clairvaux bei, die dieser gegen die Hetzreden des Mainzer Mönches Rudolf zur Zeit des zweiten Kreuzzuges vorgebracht hatte. Der Zisterzienserabt verurteilte alle Zerrbilder vermeintlicher jüdischer Mordlust an Christen und sonstige judenfeindliche Appelle. «Triumphierte die Kirche nicht mehr über die Juden, wenn sie diese allmählich überzeugte oder bekehrte statt sie auf einmal und allesamt mit der Schärfe des Schwertes zu vernichten? Wurde etwa umsonst jenes allgemeine Gebet der Kirche eingeführt, das für die ungläubigen Juden [...] verrichtet wird, auf daß Gott der Herr [...] sie aus ihrer Finsternis zum Lichte der Wahrheit führe. Denn wenn die Kirche nicht hoffte, daß diejenigen, welche jetzt ungläubig sind, in Zukunft zum Glauben gelangen werden, so wäre es überflüssig und vergeblich, für diese zu beten. [...] Wo bliebe denn sonst jener Ausspruch [des Psalmisten]: ‹Achte darauf, sie nicht zu töten›? Und wo der andere: ‹Wenn die Fülle der Völker eintritt, dann wird ganz Israel das Heil werden.›?»[21] Den «Klerus und das Volk des östlichen Frankens» wies Bernhard ausdrücklich an: «Die Juden dürfen nicht verfolgt, nicht getötet, ja nicht einmal vertrieben werden.»[22] Noch in der Mitte des 18. Jahrhunderts, für Papst Benedikt XIV. und den Konsultor des Heiligen Offiziums, Lorenzo Ganganelli, den späteren Clemens XIV., gehörten diese Briefe Bernhards von Clairvaux zum dogmatischen Rüstzeug gegen den Vorwurf des Ritualmordes.

Eine der ausdrucksvollsten Formulierungen zum Judenschutz fand wenige Jahre nach dem Vierten Lateranum Gregor IX. (1227–1241), als er im April 1233 die Bischöfe Frankreichs ernsthaft ermahnte, gegen die Verfolgung von Juden durch Christen in ihren Diözesen einzuschreiten: «Obwohl der Unglaube der Juden zu verurteilen ist, sind ihre Beziehungen zu den Christen doch nützlich, ja in gewissem Sinne notwendig; denn sie tragen das Antlitz unseres Erlösers und sind durch den Schöpfer des Universums erschaffen worden. Gott verbietet, daß sie von seinen Geschöpfen, die an Christus glauben, getötet werden. Denn so verkehrt im Durchschnitt ihre Einstellung auch sein mag, so waren ihre Väter doch als Freunde Gottes geschaffen und wird ihr Rest gerettet werden.»[23] Hier kam die korrekte Interpretation der paulinischen Theologie zum Tragen: Das Volk Israel ist und bleibt ein Teil der göttlichen Schöpfung, ist und bleibt Teil des Volkes Gottes. Drei Jahre, nachdem er 1235 die übliche Sicut Iudaeis-Bulle erlassen hatte, wandte sich Gregor in zwei Schreiben erneut an die französischen Bischöfe und an König Ludwig IX. von Frankreich mit der Aufforderung, diejenigen Kreuzfahrer zur Rechenschaft zu ziehen, die während des fünften Kreuzzuges Juden ermordet oder beraubt hatten.[24] Wieder kehrte sich der päpstliche Wille unmißverständlich gegen vermeintlich aus der Heiligen Schrift abzuleitende Legitimationen, sich an den Gütern der Juden bereichern zu dürfen, wieder wies der Papst alle vulgärtheologischen Verzerrungen über die Juden zurück.

Gegen den Ritualmordvorwurf und gegen gewaltsame Übergriffe auf Juden wandte sich schließlich auch Papst Innocenz IV. (1243–1254). Am 5. Juli 1247 warnte er die Prälaten Deutschlands und Frankreichs davor, der völlig absurden Ansicht anzuhängen, Juden töteten aus religiösen Gründen Christen. Gerade das Tötungsverbot gehöre zu den zentralen Glaubensvorschriften der hebräischen Bibel, die den Juden obendrein auch untersage, am Pessachfest etwas Totes zu berühren. Bevor man «gottlose Anschläge» gegen die Juden ersinne, «um ungerechterweise ihre Güter zu plündern und sich anzueignen», möge im übrigen bedacht werden, «daß gewissermaßen aus ihrem Archive die Zeugnisse des christlichen Glaubens hervorgingen.»[25] Damit war der Papst wieder beim Konzept der Zeugenschaft angelangt.

Der Beispiele wären viele mehr zu finden; die Tour d'horizon über päpstliche, konziliare und patristische Aussagen, Verlautbarungen, Beschlüsse aus Früh- und Hochmittelalter soll jedoch genügen. Definierten die angeführten Autoritäten doch nicht nur das Prinzip der doppelten Schutzherrschaft in hinreichender Weise für alle Zukunft, sondern legten auch die Traditionslinie fest, von der die Spitze der römisch-katholischen Kirche bis ins 19. Jahrhundert hinein den Juden gegenüber niemals abwich. Im Kirchenstaat, dem Ort direkter Machtausübung der Päpste, etablierte sich die doppelte Schutzherrschaft als ein nicht nur in wohlabgewogenen offiziellen Verlautbarungen vorzufindendes, sondern im juristischen Alltagsschrifttum zur Entscheidung von Streitfällen zugrunde gelegtes Rechtsprinzip. Eine an Deutlichkeit kaum zu übertreffende Formulierung fand es beispielsweise, als 1837 christliche Hauseigentümer und jüdische Mieter aus

dem römischen Ghetto vor einer eigens dazu einberufenen Kardinalskongregation einen Streit um die Veranschlagung der Grundsteuer austrugen.
Die Advokaten der Hausbesitzerpartei begannen ihr Plädoyer mit den
Worten: «Die Gerechtigkeit und die Gleichheit fordern, daß weder die
Juden von den Christen, noch die Christen von den Juden unterdrückt werden. Das Recht teile jedem das Seine zu. Das ist alles.»[26] Im Prinzip der
doppelten Schutzherrschaft liegt so nicht nur die Antwort auf die Frage
nach dem tieferen Sinn der ungebrochenen Kontinuität jüdischen Lebens
im Kirchenstaat, sondern darüber hinaus auch der Schlüssel zum Verständnis päpstlicher Judenpolitik ingesamt.

Sicher, das theologisch-eschatologische eher denn das politische Ziel bildete in weiter Ferne das völlige Aufgehen des Judentums im Christentum.
Auch dieses Ziel stand aber in einer inneren dichotomischen Spannung
zum konkreten *Status judaicus*, denn es zu erreichen, hätte ja die Juden in
ihrer Funktion als «Zeugen» abgeschafft: Das Schicksal des «wandernden
Volkes» sollte Zeugnis ablegen für die Wahrheit des Glaubens an Christus.
Wenn überhaupt, so mußten sich die Juden mehr oder minder «freiwillig»
bekehren, indem sie Christus als den Sohn Gottes erkannten und annah-
men. Anreize hierfür zu geben, war freilich legitim; das Leben im Kirchenstaat galt als ein entsprechender Anreiz. Sogar Pauls IV. berüchtigte Bulle
Cum nimis absurdum, mit der 1555 die Einrichtung des Ghettos verfügt
worden war, sprach in der Einleitung diesen Aspekt der «Toleranz» an und
setzte damit gleichzeitig auch einen Bezugsrahmen für die Art und Weise
der «Integration» der Juden in den Kirchenstaat.[27] Noch 1826 reformu-
lierte das Heilige Offizium denselben Sachverhalt mit nicht minder wünschenswerter Deutlichkeit und dem üblichen Rekurs auf «so viele Bullen
der obersten Hirten»: Das Leben im Kirchenstaat vermittle den Juden eine
Vielzahl von Anregungen und leuchtenden Beispielen, die sie dazu bewegen sollten, «ihrem Unglauben zu entsagen.»[28] Solange ein Kirchenstaat existierte und solange Juden existierten, mußten, sollten dort auch
Juden leben, *extra ecclesiam* zwar, aber doch *sub ecclesia*. Solange sie als
Juden dort lebten, galt für sie das Prinzip der doppelten Schutzherrschaft.
Dieses spielte dem Papst seit alters her die Rolle eines Beschützers nach
zwei Seiten hin zu: Er hatte die Juden vor den Christen aber auch die Christen vor den Juden zu schützen.

2. Jüdisches Leben unter päpstlicher Herrschaft (16. bis 18. Jahrhundert)

Die päpstliche Aufgabe der doppelten Schutzherrschaft hatte sich seit ihrer Formulierung durch Gregor den Großen und ihrer vielfachen Präzisierung oder Variation durch seine Nachfolger in ihrem Kern nicht gewandelt. Verändert hatte sich allerdings die historische Rahmensituation, in einer Weise, die den Heiligen Stuhl und seinen Staat nicht nur rein machtpolitisch, sondern auch in seiner Substanz als christliche Institution sui generis in eine nachhaltige Defensive drängte. War das mittelalterliche Ideal der Einheit von Papst und Kaiser, geistlicher und weltlicher Macht längst als Schimäre enttarnt, so war doch wenigstens die – zumindest okzidentale – Hegemonie der *Una Sancta Ecclesia* und ihres Oberhauptes auf religiösem Gebiet unbestritten. Das Christentum katholischer Prägung war seit jeher die dominante Religion des Abendlandes. Das änderte sich grundlegend mit der Reformation. Im Laufe weniger Jahrzehnte zerfiel Europa in einen katholischen und einen protestantischen Teil. Das eben noch Selbstverständliche bedurfte plötzlich der Rechtfertigung, Verteidigung, Neubegründung. Mochte die Kirche auch ihre Gegenreformation mit glänzenden Ergebnissen inszenieren, ihren ideologischen Gegner, den Protestantismus, aus der Welt zu schaffen, gelang ihr nicht.

Die Defensive bleibt das welthistorische Kennzeichen der Kirche über die gesamte Neuzeit hinweg. Aus ihr fanden die Päpste seit dem Reformationsjahrhundert nicht mehr heraus; im Gegenteil, sie verstärkte sich, insbesondere während des 18. Jahrhunderts. Unter dem Verlust der absoluten Glaubensautorität litt auch die Festigkeit der territorialen Machtbasis; der Prestigeverlust der Päpste ließ die Mächte den Kirchenstaat offen mißachten, seine Souveränitätsrechte – wie im spanischen Erbfolgekrieg – ungehemmt verletzen. Die Aufklärung und die «Ideen von 1789» setzten schließlich zu einem weiteren Stoß gegen sein ideologisches Fundament als «Gottesstaat» an. Die führenden Politiker des Kirchenstaates waren sich dieser Situation vollkommen bewußt; noch 1831 sprach beispielsweise der greise Kardinal Bartolomeo Pacca von den «jetzigen drangvollen Zeiten, wo Rom überall auf Widerspruch stößt.»[1] Nicht anders als Paccas *Historische Denkwürdigkeiten* über seine Jahre als Nuntius in Deutschland nach

1786 kann auch seine Erinnerungsschrift über die «Reise», genauer Flucht, Papst Pius' VII. im Frühjahr 1815 nach Genua als ein typisches Dokument jener Defensive begriffen werden.[2] Mit dem Rücken zur Wand kämpfte der päpstliche Staat nicht nur gegen blanke Machtansprüche der großen europäischen Staaten, sondern auch um den Kern seines Wesens; ständig, nicht nur in der Politik den Juden gegenüber, sah er sich in seinen «fundamentalen Prinzipien» berührt. Unabhängig von der durch Zeitgenossen, aber auch durch Spätere aufgeworfenen Streitfrage, ob der Kirchenstaat überhaupt ein Potential für aussichtsreiche Reformen besessen habe, waren derartige Rahmenbedingungen in jedem Falle katastrophal. Hatte der Staat des Papstes mehr als die Wahl zwischen sofortiger oder langsamer Selbstaufgabe? Diese Zwangslage kennzeichnet die besondere Situation dieses einzigartigen Gemeinwesens in den letzten Jahrzehnten seines Bestehens, und aus ihr muß auch die Politik der Päpste den Juden gegenüber begriffen werden.

Was geschah seit dem Jahrhundert der Reformation und Gegenreformation mit dem Konzept der doppelten Schutzherrschaft? Es wurde zunehmend einseitig gewichtet, zunächst sowohl dogmatisch wie realpolitisch, später, seit dem Ende des 18. Jahrhunderts, nur noch in den dogmatischen Äußerungen der Päpste und der kirchenstaatlichen Behörden, immer weniger jedoch auf der Ebene des realen Handelns. Einseitige Gewichtung hieß: Das eine der beiden Prinzipien der doppelten Schutzherrschaft – nämlich der Judenschutz vor den Christen – wurde zugunsten des anderen – des Christenschutzes vor den Juden – zurückgedrängt. Indem die Kirche versuchte, sich gegen die Bedrohung von außen zu wappnen, wuchs auch der Druck auf die «perfidi Iudaei», die «ungläubigen Juden». Die Aufgabe des Schutzes der Christen gegen die «Bedrohung» durch die Juden wurde akzentuiert.

Vier Ereignisse des 16. Jahrhunderts signalisieren die Zäsur: der verschärfte Konversionsdruck durch die Einrichtung des Katechumenenhauses und des Konvertitinnenklosters 1542, die Verfügung des Ghettozwanges durch die Bulle *Cum nimis absurdum* Pauls IV. 1555, der 1569 von Pius V. unternommene und 1593 von Clemens VIII. wiederholte Versuch, die Juden auf die Städte Rom und Ancona zu konzentrieren, sowie die Ausdehnung der Kompetenzen des Heiligen Offiziums auf die jüdischen Untertanen des Kirchenstaates unter Gregor XIII. 1581.

Die zweite Hälfte des 16. Jahrhunderts darf als die finsterste Zeit für die Juden unter der Herrschaft des Papstes gelten. Talmudverbrennungen und Bücherinquisitionen gingen der Gründung des Ghettos voraus. In der

Adriahafenstadt Ancona wurden 1556 fünfundzwanzig der aus Portugal eingewanderten, ehemals jüdischen «Neuchristen», sogenannte Marranen, auf dem Scheiterhaufen verbrannt, das schlimmste, aber bezeichnenderweise auch das einzige Massaker an «Juden», das das neuzeitliche Papsttum direkt zu verantworten hatte.

Die jüdische Bevölkerung im Kirchenstaat

Weniger blutige, aber nachhaltige Folgen hatte der Ghettoerlaß Papst Pauls IV. Er zerstörte ein reich differenziertes jüdisches Gemeindeleben im Kirchenstaat. Noch heute zeugen die Reste jüdischer Wohnviertel in Klein- und Kleinststädten des ehemaligen *Stato Pontificio*, etwa im Latium, von jüdischem Leben, als dessen Zentrum stets eine Synagoge galt. Paul IV., fortgesetzt von Pius V. und Clemens VIII., setzte eine Wanderungs- und Konzentrationsbewegung in Gang. Viele Juden verließen den Kirchenstaat, gingen beispielsweise in die südliche Toskana, deren Grafen noch eine judenfreundlichere Politik betrieben, bis sie Anfang des 17. Jahrhunderts den Medici weichen mußten. Das Ergebnis der Ghettoisierungs- und Ausweisungspolitik der zweiten Hälfte des 16. Jahrhunderts war eine «bereinigte» Form jüdischen Lebens im Kirchenstaat mit den Zentren Rom und Ancona; die Gemeinde des dritten Zentrums, Bologna, war zerstört und fand nie mehr zur alten Bedeutung zurück. Durch die Annexionen der Herzogtümer Ferrara und Urbino 1598 und 1631 erwarb der Kirchenstaat hingegen neue jüdische Gemeinden hinzu: die große von Ferrara sowie die kleineren und kleinen der Städte Urbino, Senigallia, Pesaro, Lugo und Cento. Damit waren die Schwerpunkte jüdischen Lebens im Kirchenstaat bis zu dessen Ende im 19. Jahrhundert gesetzt. In den kleineren Ghettos (Cento, Lugo, Urbino, Pesaro, Senigallia) lebten stets nur jeweils wenige hundert Personen, in den mittleren (Ancona, Ferrara) je zwischen 1800 und 2000, im großen römischen mehrere tausend. Der höchste Bevölkerungsstand wird für das römische Ghetto für die Zeit des Pontifikates Pius' VI. auf 5000 bis 7000 geschätzt. Die ersten systematischen Zählungen erfassen für das Jahr 1809 nur 3076, für das Jahr 1832 3538 und für 1868 wieder fast 5000 Juden in Rom.

Die Existenz von Ghettos in jenen acht Städten des Kirchenstaates bedeutete nicht, daß sich jüdisches Leben unter der Herrschaft der Päpste seit dem späten 16. Jahrhundert ausschließlich in Ghettos abspielte. Wie bereits die Ausweisungen von 1569 und 1593 keine dauerhaften Wirkungen entfalteten, weil viele der Ausgewiesenen sukzessive wieder zurückkehrten, fand auch der Ghettozwang fast niemals konsquente Anwendung. Schon Sixtus V. hatte den Juden 1586 erlaubt, in allen Städten des Kirchenstaates frei zu siedeln, und trotz der Rücknahme dieser Konzession durch Clemens VIII. bereits sieben Jahre später war es in der Praxis doch dabei geblieben. Eine schwer zu beziffernde Zahl von Juden – im 19. Jahrhundert wahrscheinlich etwas mehr als ein Zehntel der jüdischen Gesamtbevölkerung, also zwischen 1000 und 1200 – lebte seit dem 17. Jahrhundert bis zum Ende des Kirchenstaates in fast allen seinen größeren wie kleineren Städten und natürlich auf dem Lande, nicht wenige ausdrücklich von der Verwaltung des Kirchenstaates privilegiert. Periodisch wiederkehrende Versuche, die Juden in den Ghettos zu «konzentrieren», verliefen ebenso regelmäßig im Sande wie alle Bemühungen, die Mobilität der oftmals Handlungsreisenden zu kontrollieren oder einzuschränken. Hier herrschte das für alle Lebensbereiche geltende, ungeschriebene Grundgesetz des päpstlichen Staates: die teils drakonischen Gesetze, Vorschriften, Verfügungen waren eine Sache, deren Anwendung eine andere.

Jüdisches Bürgerrecht und römische Inquisition

In allen Staaten des Ancien régime definierte sich die Stellung der Untertanen nicht durch ein abstraktes, gleiches Bürgerrecht, sondern durch unterschiedlichste jurisdiktionelle Zuordnungen. Die Position des einzelnen im Gesamtgefüge ergab sich aus der Summe seiner jeweils spezifischen Rechte, Pflichten, Privilegien, auch durch das Hineingeboren-Sein in bestimmte Gruppen mit ihren jeweiligen historisch überkommenen Traditionen. Eine Norm «staatsbürgerlichen» Rechtes, anhand derer sich eine Aussage über «Diskriminierung» oder «Gleichheit» treffen ließe, existierte nicht. Daß spezifische politische wie soziale Ungleichheiten das System «Kirchenstaat» gleichwohl kennzeichneten und daß andere europäische Staaten in dem großen Umbruchsprozeß zur Moderne weiter waren und weiter kamen als der Staat des Papstes, steht auf einem anderen Blatt. Dies war jedoch – zumindest was die jüdische Minderheit betrifft – keine Frage mangelnden Bürgerrechts. «Cives romani» waren die Juden seit der Spätantike, ein Status, der sich über eineinhalb Jahrtausende hinweg bis in das letzte Jahrhundert des Kirchenstaates hinein tradierte, überlagert zwar von den theologischen Konzepten des Hochmittelalters und später stark bedrängt durch die Restriktionspolitik der Gegenreformation, aber letztlich niemals ernsthaft zur Disposition gestellt. Selbst die Lehre von der ewigen Versklavung des jüdischen Volkes, wie sie seit Innocenz III. und Thomas von Aquin formuliert worden war, führte keineswegs zu einer realen Verknechtung. Ihr stand, gleichfalls kirchenrechtlich verankert, die Garantie bestimmter «Grundrechte» gegenüber, wie der Freiheit und Unverletzlichkeit von Person, Eigentum und Kultus und übrigens auch des Rechtes, den Kirchenstaat jederzeit verlassen zu können. Auf der Basis derartiger «Grundrechte» urteilte beispielsweise 1845 die Sacra Romana Rota, das oberste Berufungsgericht des Kirchenstaates in Zivilsachen. Sie billigte den Juden höchstrichterlich zu, keine Heiden zu sein, beteten sie doch «denselben Gott an, den auch wir verehren.» Deshalb sei es auch nicht zulässig, Juden während ihrer Gottesdienste zu verhaften.[3]

Der *Status judaicus* war nicht *der*, aber *ein* Bürgerstatus im päpstlichen Gemeinwesen. Unbestritten galt dies unter den Juden selbst wie in Kreisen christlicher Rechtsgelehrter. Kardinal Giovanni Battista de Luca, einer der bedeutendsten Kanonisten des 17. Jahrhunderts, hob sowohl in allgemeinen Zusammenhängen als auch mit Blick auf die Stadt Rom das den Juden grundsätzlich zustehende Bürgerrecht hervor: «Die Juden heißen Bürger in allem.»[4] Auf ihn und weitere Vertreter der Zunft beriefen sich die Juden Roms, als sie in ihrer Denkschrift an Pius IX. vom Juli 1870 die «Israeliten [...] einen integrirenden Teil der Bürgerschaft» nannten.[5]

Dieses Selbstverständnis darf als Beleg für das auch anderweitig bezeugte, besondere Eigenbewußtsein der eingeborenen Juden Roms gelten, «Romani di Roma», stolze Bürger der Stadt Rom zu sein.[6] Hierin nur Trotzreaktion gegen das gnadenhalber seitens der Obrigkeit Gewährte erkennen zu wollen, griffe sicherlich zu kurz; denn der Status war in einem gewissen Rahmen, je nach den spezifischen Gegebenheiten in den einzelnen Kommunen und nach der politischen Situation verhandelbar. So entstanden, zumindest für die größeren jüdischen Gemeinden des Kirchenstaates, mehr oder weniger kodifizierte, jedenfalls aber in der kollektiven Erinnerung gut bewahrte und tradierte, auch identitätsbegründende «Einzelverfassungen», deren berühmteste wohl das römische Gemeindestatut des Daniel von Pisa zu Beginn des 16. Jahrhunderts darstellt. Die innere Organisation und Verwaltung auf der Basis solcher Statuten wurden in der Regel den Gemeinden selbst überlassen, wobei der jeweilige Grad an Autonomie variieren konnte. Der jüdischen Gemeinschaft Anconas beispielsweise gestand die Regierung des Kirchenstaates aufgrund ihrer Bedeutung für den Mittelmeer- und Levantehandel erheblich mehr Freiheiten und Privilegien zu als der römischen.

Shlomo Simonsohns Feststellung, der juristische Status der Juden im Kirchenstaat während des Mittelalters und der Frühen Neuzeit sei «derjenige von Bürgern, die über bestimmte Privilegien verfügten»,[7] also in spezifischen Rechtskreisen lebten, gilt unverändert auch für die neuere Zeit bis zum Ende des Kirchenstaates. Dabei ist das Vorhandensein unterschiedlicher Rechtskreise, die Zuordnung einzelner «Stände» oder italienisch «ceti» zu je eigenen «Rechten» noch nichts Besonderes, sondern eher ein typisches Kennzeichen aller Gesellschaften des Ancien régime. Aber die undurchsichtig vielfältige Welt der Tribunale, die sich auf dem Boden des kanonischen Rechts und aller weiteren, über die Jahrhunderte hinweg erlassenen päpstlichen Gesetze erhob – eine der tragenden Säulen des Systems «Kirchenstaat» –, bildete doch eine sehr eigenwillig ausgestaltete Variante dieses Grundprinzips. Die unendlich verästelte Komplexität des Rechts vereinigte sich mit der distinguierten Würde der Advokaten, der olympischen Weltferne vor allem der hohen Tribunale und dem nicht zuletzt in den sogenannten «privativen Gerichtsbarkeiten» gegründeten Kompetenzwirrwarr der zentralen und regionalen Organe zu einem Konglomerat, das der alltäglichen Realität gegenüber schlicht versagte. Höchste Differenzierung und äußerste Kultivierung erzeugten unter dem Strich nicht Rechtssicherheit, sondern Rechtsdurcheinander, und dieses wiederum hartnäckig andauernde Prozesse und Instanzengänge. Das galt für christliche wie jüdische Untertanen, und wiederum erscheint die jüdische Situation nicht als anormal, sondern als Spiegel des Ganzen.

Sowohl die Bulle *Cum nimis absurdum* Pauls IV. von 1555 als auch die Bulle *Antiqua Iudaeorum improbitas* Gregors XIII. von 1581 stellten den Versuch dar, die Juden des Kirchenstaates einer systematischen Gesetzgebung zu unterwerfen. Kern dieses Vorhabens sollte die Unterstellung der Juden unter die 1542 neugegründete römische Inquisition, das «Sanctum Officium», sein. *Antiqua Judaeorum improbitas* sprach dem Tribunal der Inquisition Gerichtsbarkeit in Glaubensfragen auch über Juden zu.[8] Paul IV. hatte sich in *Cum nimis absurdum* noch unbestimmter gefaßt; Übertretungen der in dieser Bulle verfügten Gebote sollten entweder durch den Papst selbst, durch seinen Vikar oder «anderen von Uns dazu Bestellten» geahndet werden.[9] Kaum dreißig Jahre später wurden die Juden dann in jenen Bereichen des Lebens, die den Umgang mit Christen unter religiösen Vorzeichen betrafen, dem wachsamen Auge der Inquisition unterstellt. Diese Entwicklung entsprach einerseits dem Konzept der doppelten Schutzherrschaft unter den spezifischen Bedingungen der durch die Reformation ausgelösten Defensive. Sie begünstigte die Interessen des Heiligen Offiziums und ging über ältere kirchenrechtliche Positionen und auch über den dezidierten Willen des Konzils von Trient hinweg, denen zufolge Juden als Ungläubige den kirchlichen Tribunalen nicht unterstanden und insbesondere auch keine Häresieprozesse zu fürchten hatten. In der allgemeinen politischen Situation der zweiten Hälfte des 16. Jahrhunderts bekam die Glaubensinquisition jedoch *auch* gegenüber den Juden Aufwind und konnte dabei an Ansprüche anknüpfen, mit denen sie bereits gegen Ende des 13. Jahrhunderts hervorgetreten war. Ging es doch jetzt darum, die Bastionen der Rechtgläubigkeit zu festigen, wozu eben auch gehörte, die Christen vor der «alten Unverschämtheit» der Juden zu schützen. Andererseits bedeutete dies nun keineswegs die *völlige* jurisdiktionelle Auslieferung der jüdischen Untertanen unter das Tribunal des Heiligen Offiziums. Den theologischen Ausgangspunkt für die Erweiterung der inquisitorischen Jurisdiktion markierte in *Antiqua Judaeorum improbitas* die Grundtatsache gemeinsamer Glaubensinhalte von Judentum und Christentum, wie etwa des einen, allmächtigen Gottes und Schöpfers aller Dinge, über deren korrektes Bekenntnis das Heilige Offizium nach beiden Seiten zu richten habe (§ 2). Die anschließenden Paragraphen unterstellten Prozesse über Dämonenglauben, Verbreitung «schändlicher Lehren» unter Christen und Gotteslästerung ebenso dem Gericht der Inquisition (§ 3–5) wie die Urteilsfindung in Fällen aktiver und passiver Unterstützung Glaubensabtrünniger und des Besitzes sowie der Verteilung indizierter Schriften (§ 6–10). Aber auch eine der noch im 19. Jahrhundert meistdiskutierten Reibungsflächen interreligiösen Umgangs im Kirchenstaat, die Beschäftigung christlicher Dienstboten, insbesondere von Hebammen, in jüdischen Haushalten, legte Gregor XIII. der Rechtspflege der Inquisition ans Herz (§ 11).[10]

Der Möglichkeit und den Bemühungen des Heiligen Offiziums, diese in *Antiqua Judaeorum improbitas* genau abgezirkelte Sphäre «ketzerischer Bosheit» der Juden weiter zu fassen, sie insbesondere auf zivil- und kriminalrechtliche Bereiche auszudehnen, stand die grundsätzlich geltende Trennung der Rechtssphären entgegen. Zwar verstand die Inquisition das Einfallstor der Judenbullen des 16. Jahrhunderts trefflich zu nutzen und eine Flut von Dekreten krudesten Inhalts über den Umgang von Christen mit Juden hervorzubringen, aber die konkurrierenden Jurisdiktionsgewalten ließen sich damit nicht beseitigen. Jurisdiktionsansprüche gegenüber den Juden des Kirchenstaates erhoben die Ortsbischöfe, die Legaten und Delegaten in den einzelnen Provinzen des Kirchenstaates, der Kardinalvikar der Stadt Rom, der Governatore der Stadt Rom, der Senat und Magistrat der Stadt Rom sowie andere kommunale Körperschaften. Eine eigene niedere Gerichtsbarkeit, auch Besteuerungsrecht, war in den jüdischen Gemeinden selbst verblieben. Schließlich existierten besondere Klientel- und Schutzverhältnisse. Traditionell galt etwa der päpstliche «Finanzminister», der Tesoriere Generale, als Schutzherr der Juden Roms, und phasenweise präsidierte ein römischer Stadtadeliger über das römische Viertel, in dem sich das Ghetto befand – auch dies eine Aufgabe, die zum Wohle der Juden, nicht zu deren Schikane eingerichtet war und ausgeübt wurde. «Freiheit» erwuchs den Juden des Kirchenstaates aus der Fähigkeit, sich im Netz dieser Zuständigkeiten souverän zu bewegen, die «battaglia ininterrotta»[11] der verschiedenen Instanzen für sich zu nutzen. Ein Ziel zu erreichen, setzte voraus, bei der richtigen Stelle einen Antrag einzureichen. Nicht selten unterstützte beispielsweise ein Bischof, wie im 19. Jahrhundert Cesare Nembrini von Ancona, die Juden dabei, ihre Belange auch gegen die Vorstellungen des Heiligen Offiziums durchzusetzen.

Auf lange Sicht schlugen die Bemühungen Pauls IV. und Gregors XIII., der römischen Inquisition mehr Befugnisse über die Juden zu verschaffen, fehl, ebenso wie alle weiteren Versuche einer in sich konsistenten Judengesetzgebung scheiterten. Das Heilige Offizium erreichte niemals jene Macht über die Juden des Kirchenstaates, die es sich selbst auf dem Papier nur zu gerne zuschrieb.

Der Senat von Rom und die Karnevalszeremonie

Im Schatten des Papsttums verlor die römische Stadtregierung im Lauf der frühen Neuzeit kontinuierlich an Bedeutung. Als eines der letzten Relikte einstiger Machtfülle dieser höchsten Vertretung des römischen Volkes überlebte bis in die Mitte des 19. Jahrhunderts hinein die Huldigung der Juden am jeweils ersten Tag des alljährlichen Karnevals, ein Ritual, das 1668 auf Geheiß Clemens' IX. anstelle des traditionellen Laufs der Juden durch die Stadt getreten war. Einen Teil der Bevölkerung auf diese Art den Unterhaltungsbedürfnissen des niederen und gehobenen Pöbels preiszugeben, zählte sicherlich zu den barbarischeren, den andere Arten von Aggression gewöhnten modernen und postmodernen Menschen unverständlichen und nur kopfschüttelnd quittierten Gebräuchen einer von der heutigen abweichend empfindenden Welt. Allerdings steht davor zu warnen, in diesem karnevalesken Trubel einen Beweis für einen tiefsitzenden Antijudaismus der Päpste zu sehen. Denn keineswegs war es ein «Privileg» der Juden, zur Belustigung der Menge in grotesken Gewändern, halb- oder ganz nackt durch die Stadt laufen zu müssen; auch Christen taten dies, nicht nur Bucklige oder Krüppel, sondern ebenso Greise, Jünglinge, Kinder; zudem lassen zeitgenössische Berichte durchaus den Schluß zu, daß diese Wettläufe zunächst weder von Teilnehmern noch Zuschauern als unehrenhaft oder demütigend empfunden wurden.[12]

Die Problematik lag anders, und damit ist eine judenpolitische Konstante angesprochen, die die kirchenstaatliche Administration bis weit ins 19. Jahrhundert hinein immer wieder beschäftigte. Einer der wichtigeren Gründe, zumindest die jüdischen Karnevalsläufe abzuschaffen, lag in der während des 16. und 17. Jahrhunderts offensichtlich zunehmenden Gewaltbereitschaft und -tätigkeit der Bevölkerung. Plünderungen des jüdischen Wohnviertels und Mißhandlungen von Juden schlossen sich den Läufen immer öfter an und verliehen dem rohen, aber doch ursprünglich nicht primär judenfeindlichen Karnevalsbrauch einen bitteren, in der Tat antijudaistischen Beigeschmack. Die Ghettoisierung seit *Cum nimis absurdum* trug zu diesem Stimmungsumschwung, wenn auch unbeabsichtigt, so doch nicht unwesentlich, bei. Glaubten die Päpste in der defensiven Situation der zweiten Hälfte des 16. Jahrhunderts den einen Teil ihrer doppelten Schutzherrschaftsaufgabe – die Christen vor den Juden zu schützen – in derart restriktiver Weise wahrnehmen zu müssen, trieben sie den Teufel mit dem Beelzebub aus; die Notwendigkeit zur Gegensteuerung war sogleich vorprogrammiert. In Ausübung des anderen Teils der doppelten Schutzherrschaft – die Juden vor den Christen zu schützen – sahen sie sich genötigt, mit Verlautbarungen des Governatore di Roma «Di non molestare gli Ebrei» Mäßigung anzumahnen. Weil diese Aufforderungen, die Juden nicht zu belästigen, wenig fruchteten, fiel – auf Antrag der jüdischen Gemeinde – endlich der Beschluß, den provozierenden Lauf einstellen zu lassen. An seine Stelle trat die Verpflichtung, den Konservatoren der Stadt, also den direkt unter dem Senator angesiedelten Beigeordneten, «privatamente» die Reverenz zu erweisen sowie «zum größeren Nutzen des römischen Volkes» dreihundert Scudi an die Stadtkasse, die kapitolinische Kammer, zu bezahlen. Auch diese Verpflichtung zur Hommage gegenüber den Stadtvätern war an sich nichts Besonderes innerhalb einer von Ritualen bestimmten Gesellschaft, auch ihr haftete nichts spezifisch Judenfeindliches an. Wird sie nicht isoliert, sondern im Rahmen der Entwicklung des gesamten innerrömischen Machtgefüges betrachtet, so kann sie als Konzession des Papstes gegenüber dem real an Macht verlierenden Consiglio comunale gesehen werden. Schließlich war weder der von den Juden zu entrichtende Betrag objektiv übermäßig hoch – 1668 entsprach er 2 % des

Vermögenssteueraufkommens der jüdischen Gemeinde Roms – noch wurde
die Delegation von den Konservatoren unhöflich behandelt; Berichte über
eine Verabschiedung der Juden per Fußtritt dürfen allesamt als unzutreffend gelten.[13] Ja, das Bürgerbewußtsein der römischen Juden wußte sich
unbotmäßiger Ansprüche der Konservatoren sehr wohl zu erwehren: Dem
Verlangen, die Verbeugung durch einen Kniefall vor den Magistratsver-
tretern zu ersetzen, trat die Gemeinde während des Pontifikates Pius' VI.
mit einer Supplik beim Papst entgegen; diese Ehrenbezeugung wolle man
dem Pontifex alleine vorbehalten. Der zuletzt ausgehandelte Kompromiß,
eine Art angedeuteten Kniefall zu vollführen, wahrte das Ansehen von
Konservatoren und Papst, respektierte über jenen argumentatorischen
Umweg aber auch das alte jüdische Recht, das einen Kniefall nur vor Gott
selbst erlaubt.

Noch einmal: Das Problem lag weniger im Antijudaismus «von oben»
denn in der minderheitsfeindlichen Aggression «von unten.» Hier durchdrangen sich Vulgäradaptionen von Theologie und kanonischem Recht,
Irritation über ein scheinbar retardierendes, von der Mehrheit abweichen-
des Verhalten der Juden, ungezügelter Vergnügungstrieb und Drang zur
Randale, später auch Sozialneid und Abstiegsängste. In den «Giudate», jenen Maskeraden, die jüdische Sakralhandlungen, vor allem Hochzeiten
und Beerdigungen nachäfften, schuf sich diese Triebmixtur eine jährlich
wiederkehrende Gelegenheit zu pöbelhaften Ausschreitungen. Die Polizeigewalt des Governatore drang hier ebensowenig durch wie die Einstellung
des Karnevalslaufes auf Dauer zum gewünschten Erfolg führte. Nun
strömte die Menge eben zum Kapitol, um dem Aufzug der Gemeindehono-
ratioren vor den Konservatoren mehr oder weniger aufgepeitscht beizuwohnen. Die «Befreiung» der Juden während der Republik zwischen 1798
und 1799 sowie der französischen Besatzungszeit zwischen 1809 und 1814
löste das Problem der Massenausschreitungen keineswegs, im Gegenteil,
die Emanzipation war der Bevölkerung nicht willkommen. Die Übergriffe
hielten an – trotz des zeitweisen Wegfalls der Huldigung, was wiederum
zeigt, daß diese nur der Anlaß, kaum die Ursache war. Nach dem Einzug
Pius' VII. in Rom 1814 die Huldigung wieder aufzunehmen, mag als sym-
bolischer Akt der Bekräftigung wiederhergestellter Obrigkeitsverhältnisse
verständlich sein, ob allerdings – wie wohl auf Wunsch des Senators seit
dieser Zeit mitunter praktiziert – ihre Doppelung sinnvoll war, darf fraglich bleiben. Denn nun hatten die Juden ihre Reverenz nicht nur den Konservatoren, sondern bei gleicher Gelegenheit auch dem Senator zu erweisen, wozu nach dem Besuch im Palast der ersteren der Kapitolsplatz ein

weiteres Mal zu überqueren war, um in den Palast des Senators zu gelangen. Der «Karnevalszug» durch die Menge mußte also zweimal erfolgen. Als in ihrem Einfallsreichtum typisch kirchenstaatliche Maßnahme gegen den dadurch noch verstärkten Trubel wurde unter Leo XII. in den 1820er Jahren diskutiert, statt einer zwei jüdische Delegationen zu senden: eine zu den Konservatoren, die andere zum Senator. Freilich scheint dieses Verfahren nie realisiert worden zu sein, wohl auch weil sich der «Ereignischarakter» der Karnevalshuldigung seit dem Pontifikat Gregors XVI. etwas abzuschleifen begann; «jetzt [1844] ist sie nichts als eine sehr uninteressante, wenige Minuten während Formalität, zu welcher neugierige Fremde im beginnenden Fasnachtstaumel scharenweise hin zu strömen pflegen, um höchst unbefriedigt wieder nach Hause zu gehen.»[14] Weder entsprach jedoch Gregor noch hatte sein Vorgänger Pius VII. und dessen reformgeneigter Staatssekretär Consalvi Anträgen entsprochen, sie abzuschaffen oder wenigstens wesentlich abzuändern. Hierin Judenschikane zu wittern, schösse jedoch über das Ziel hinaus und überschätzte, wie so oft, das Gewicht der jüdischen Problematik im Denken der Päpste und Politiker des Kirchenstaates im 18. und 19. Jahrhundert. Es ging um die Wahrung von Kontinuitäten, seien sie auch nur formaler Natur. Wenn Papst Gregor XVI. 1836 verlauten ließ, er halte Innovationen nicht für opportun,[15] stand dahinter keine generelle Skepsis gegenüber Neuerungen jeder Art – er selbst war ja als Verwaltungs-, Kurien- und Ordensreformer nicht gerade unbeweglich –, sondern gegenüber Veränderungen in den althergebrachten Ehrenrechten der Korporationen, deren Gewicht innerhalb eines traditionalen Systems wie dem Kirchenstaat nicht unterschätzt werden sollte. Wer beispielsweise das System der von allen Untertanen geforderten Ehrenbezeugungen gegenüber Kardinälen zum Vergleich heranzieht, wird die Huldigung der Juden gegenüber dem Consiglio comunale für relativ harmlos, mindestens aber den Gebräuchen im Kirchenstaat völlig entsprechend erachten. Nicht die Juden alleine, auch die anderen sozialen Gruppen der Gesellschaft des Kirchenstaates lebten in einer Welt der Formen und Rituale, die sich nur schwerfällig und langsam wandelte.

In diesem Zusammenhang fallen etwa auch die Huldigungszeremonien, die den Päpsten bei ihrer jeweiligen «Besitzergreifung» von Rom vom Volk in variierenden Formen, doch mit gleichbleibendem Ritualcharakter dargebracht wurden; auch die Juden spielten in diesen bis auf die römische Kaiserzeit zurückgehenden Spektakeln ihre Rolle (Abb. 1). In der Neuzeit fiel ihnen meist die Aufgabe zu, den Weg vom Titusbogen bis zum Kolosseum, inbesondere den Titusbogen selbst, mit kostbaren, emblembestick-

Abb. 1 «Zeremonie der Juden nach der Papstwahl», Kupferstich von Bernard
Picart, 1724. Auch die römischen Juden spielten in den Huldigungszeremonien, die
den Päpsten bei ihrer jeweiligen «Besitzergreifung» von Rom dargebracht wurden,
eine Rolle. Meist schmückten sie den Weg vom Titusbogen bis zum Kolosseum mit
kostbaren, emblembestickten Teppichen. Zum Ritual gehörte auch, dem neuen
Papst die hebräische Bibel zu überreichen, die sie unversehens mit den Worten zurückerhielten: «Euer Gesetz ist gut, aber Ihr versteht es nicht, denn die alten Dinge
sind vergangen, und alles ist neu gemacht worden», oder: «Wir bestätigen, aber wir
stimmen nicht zu.»

ten Teppichen zu schmücken. Zum Ritual gehörte regelmäßig auch, dem
neuen Papst ein hebräisches Altes Testament oder einen Pentateuch zu
überreichen, den sie unversehens mit den Worten zurückerhielten «Euer
Gesetz ist gut, aber Ihr versteht es nicht, denn die alten Dinge sind vergangen, und alles ist neu gemacht worden» oder «confirmamus sed non con-
sentimus»: «Wir bestätigen, aber wir stimmen nicht bei.» Diese Ehrenbezeugung empfanden die Juden nicht als Demütigung und verzichteten
selbst dann nicht darauf, als der Papst außerhalb Roms gewählt wurde.
Nach der Wahl Pius' VII. 1800 in Venedig banden die römischen Juden ihre

üblichen Embleme zu einem prachtvoll ausgestatteten Buch – ein reiches
Zeugnis spätbarock und klassizistisch unterfütterter jüdischer Gelehrsam-
keit – und schickten eine Delegation in die Lagune, dem Papst die Gabe zu
überreichen.

Erst Pius IX. schaffte die Huldigung der jüdischen Gemeindehäupter vor
dem Consiglio comunale einschließlich des finanziellen Tributs im Oktober
1847 ab, freilich wiederum nicht, um den Juden primär einen Gefallen zu
leisten; «revolutionär» mußte sein Verhalten vor allem den Konservatoren
und dem Senator erscheinen, denen er, mit den letzten Jurisdiktionsrechten,
sehr reale ebenso wie, mit der Karnevalszeremonie, Ehrenrechte rücksichts-
los strich.

Die Huldigung der jüdischen Gemeinde Roms vor dem Magistrat war seit
der zweiten Hälfte des 17. Jahrhunderts Teil des *Status judaicus,* ein Aspekt
der rechtlichen Stellung der römischen Juden in ihrer Eigenschaft als Untertanen des Papstes und Bürger der Stadt Rom. In ihr lebte die ältere und seither reduzierte Macht der adelig-bürgerlichen Stadtregierung nach; solange
der Consiglio comunale als politische und mehr noch wirtschaftlich und ge-
sellschaftlich bedeutende Korporation bestand, erhob er Ansprüche auf zumindest formale Wahrung seiner Rechte. Dieses kleine Detail öffnet, neben
anderem, den Blick auf den Wahrnehmungshorizont der päpstlichen Administration. Die jüdische Problematik war eine unter vielen, und nicht einmal
eine sehr zentrale. Zu begreifen ist das entsprechende Handeln immer nur
im Rahmen der Gesamtzusammenhänge.

Soziale Separation und einseitige Gewichtung

Die doppelte Schutzherrschaft wurde unter den Bedingungen der durch
die Reformation hervorgerufenen Defensive einseitig gewichtet. Was bedeutete dies in der Realität, und zu welchen Folgen führte dieser Prozeß?
In der Regel begannen Initiativen, die den Zweck verfolgten, den «Schutz»
der Christen vor den Juden zu forcieren – ob sie nun vom Papst selbst, vom
Heiligen Offizium oder von lokalen und untergeordneten Behörden aus-
gingen –, mit der Feststellung, die Juden hätten sich in letzter Zeit ohnehin
zu viele «Freiheiten» herausgenommen, gegen die nun endlich und definitiv eingeschritten werden müsse. Das war und blieb ein Topos, bis zum
Ende des Kirchenstaates.

In erster Linie sollten die Christen vor einer Bedrohung ihres Seelenheils
durch die Juden geschützt werden. Solche Bedrohungen entstanden, ge-

mäß dem paternalistischen Denken der Zeit, wenn etwa Christen, was oft vorkam, als Dienstboten oder Ammen in jüdischen Häusern arbeiteten und seitens der Obrigkeit befürchtet wurde, daß der Dienst im Ghetto sie davon abhalten könnte, die heilige Messe zu besuchen und die Sakramente zu empfangen. Kurz: Der soziale Kontakt zwischen Christen und Juden, insbesondere der intime soziale Kontakt, sprich Sexualverkehr, sollte unterbunden werden. Das entsprach auf der anderen Seite auch einem Wunsch vieler Juden, die es durchaus bevorzugten, innerhalb der ihnen zugestandenen Lebenssphären ihre eigene Kultur zu pflegen, was im Kirchenstaat übrigens oft hervorragend gelang, in der kleinen Kommunität von Lugo ebenso wie in der Talmud-Thora-Schule von Ferrara und in den «Cinque Scuole» Roms. Mischehen lehnte sowohl die christliche als auch die jüdische Seite entschieden ab.

Der zweite wichtige Schauplatz des Christenschutzes vor den Juden lag auf wirtschaftlichem und fiskalischem Gebiet. Hier durchdrangen sich unterschiedliche, nicht immer sauber voneinander zu trennende Motivationen. Hinter dem Versuch, das blühende jüdische Bankenwesen zu beseitigen, stand das Streben des Kirchenstaates nach größerer fiskalischer Autarkie. Hinter dem Versuch, jüdische Handwerks- und Gewerbetätigkeit zu reglementieren und einzuschränken, verbarg sich oftmals das nackte Intrigantentum der christlichen Konkurrenten, die sich der jüdischen Kollegen entledigen wollten. Hinter dem Versuch, jüdisches Grundeigentum zu verhindern oder bestehendes zu enteignen, stand das entsprechende Interesse der großen Landeigentümer, die nicht selten in Rom saßen und ausgezeichnete Beziehungen zur Kurie pflegten, so sie nicht selbst gar Kardinäle waren. Dies alles wurde stets mit der «Furcht um das Seelenheil» der christlichen Untertanen zu einer trüben Suppe verrührt. So etwa im Fall des langjährigen Kardinalvikars von Rom Costantino Patrizi, der in der Mitte des 19. Jahrhunderts als einer der entschiedensten Gegner jüdischen Landeigentums auftrat, mit dem Argument, das Seelenheil christlicher Landarbeiter jüdischer Arbeitgeber sei akut gefährdet. Zu sehr großen Teilen dürfte Patrizis Haltung in der Immobilienfrage allerdings von der Abneigung des Standesherrn bestimmt gewesen sein, Juden in die eigenen exklusiven Kreise vordringen zu sehen.

Die einseitige Gewichtung des Konzepts der doppelten Schutzherrschaft seit der zweiten Hälfte des 16. Jahrhunderts setzte einen Prozeß in Gang, den die päpstliche Judenpolitik nie mehr unter Kontrolle bekam. Sie gab das Gesetz des Handelns aus der Hand und reagierte fortan nur noch. Denn das Prinzip, die Christen vor den Juden zu schützen, erzeugte in seiner Überakzentuierung sogleich einen Gegensteuerungsdruck von seiten des komplementären Prinzips, nämlich die Juden vor den Christen zu schützen. Das markanteste Beispiel für diesen Zusammenhang stammt aus dem Bereich des Mietrechts. Bald nach der Verfügung von 1555, daß Juden – zum Schutz der Christen – nur noch in Ghettos und sonst nirgends wohnen durften, stiegen in jenen Wohnvierteln die Mieten. Schon Pius IV. mußte 1562 – zum Schutz der Juden – erste Anstalten treffen, die Mieten in den Ghettos festzuschreiben. Ein Breve Clemens' VIII. verlieh schließlich im Juni 1604 den jüdischen Mietern das sogenannte *Jus Gazzagà*, das ihnen ein faktisch erbliches Wohnrecht auf Lebenszeit in den Häusern der Ghettos garantierte und zwar zu einem Mietzins, der auf dem Status quo von 1604 festgeschrieben wurde und sich bis zum Ende des Kirchenstaates 1870 nicht mehr änderte.

Ursprünglich als Schutz der Juden vor finanzieller Ausbeutung durch christliche Vermieter, als ausdrückliche Kompensation für die aus Glaubensgründen verfügte Verpflichtung auf das Ghetto gedacht, entwickelte sich das *Jus Gazzagà* im Lauf von zweihundert Jahren zu einem auch wirtschaftlich lukrativen Privileg für seine Inhaber und zu einem Klotz am Bein der christlichen Hauseigentümer. Besaß eine Familie einmal das *Gazzagà*, konnte sie darüber nach Belieben verfügen, konnte es «verkaufen und vertauschen, als Mitgift der Tochter weggeben, unter die Erben theilen und verpfänden.»[16] Kamen die Gebäude in den jüdischen Wohnvierteln zusehends herunter, dürften die Gründe dafür sicher nicht allein in der teilweisen Überbelegung, sondern auch darin gelegen haben, daß das *Jus Gazzagà* Sanierungsanstrengungen und Investitionen der christlichen Hauseigentümer von vornherein vereitelte. Die Gebäude instand zu halten, rentierte sich schlichtweg nicht; nur in geringem Maße konnten die Eigentümer die Kosten auf die Mieter umlegen; Mieterhöhungen waren praktisch unmöglich. Bei schon zu stark fortgeschrittenem Verfall neigten manche Eigentümer sogar dazu, auf die Rechte an ihren Häusern stillschweigend zu verzichten und deren Last der öffentlichen Hand aufzubürden. Andererseits ermächtigte das *Jus Gazzagà* die Mieter, Baumaßnahmen auf eigene Kosten durchzuführen, wenn sich die Eigentümer nicht dazu bereit fanden. Dies bezog sich nicht nur auf Um-, sondern auch auf Anbauten und Aufstockungen, was nicht allein die äußere Erscheinung der Ghettos charakteristisch prägte, sondern auch zu verzwickten juristischen Erörterungen darüber führte, wer als Eigentümer solcher An- und Aufbauten zu betrachten sei. Ein Rechtsstreit zwischen Christen und Juden um Fragen des *Gazzagà* löste denn auch den anderen ab. Kirchenstaat, christliche Hauseigentümer und jüdische Mieter befanden sich in einer Zwickmühle, die nicht zu lösen war, weil die Ideologie der doppelten Schutzherrschaft eine wirkliche Reform dauerhaft verhinderte. Der Ghettozwang «durfte» nicht aufgelöst, das den Juden als Kompensation erteilte Mietzinsprivileg nicht angetastet werden. Die für beide Seiten unbefriedigende Situation spitzte sich immer mehr zu, die «Kompromißlösungen» fielen immer grotesker aus.

Ähnliche Prozesse lassen sich auf anderen Gebieten beobachten. Innocenz XI. verbot 1682 die jüdischen Geldhäuser und beschränkte das berufliche Wirkungsfeld für Juden fortan auf textilen Kleinhandel und den Vertrieb von Trödelwaren. Dieser wirtschaftspolitische Fehler rächte sich durch eine schnelle Pauperisierung der Ghettos, was ebenfalls wiederum Gegensteuerungsdruck erzeugte. Dafür sprach zum einen das grundsätzliche theologische Motiv, die Juden im Kirchenstaat zu dulden. Zum anderen war der Kirchenstaat auf ökonomisch gesunde jüdische Gemeinden angewiesen, konnten doch nur solche ihr traditionell gutes eigenes soziales Sicherungsnetz entfalten und über ihre nicht eben knapp bemessenen Steuern dazu beitragen, öffentliche Aufgaben im Staat mitzufinanzieren.

Während des 17. Jahrhunderts hatte es für längere Zeit danach ausgesehen, als pendle sich das gestörte Gleichgewicht der doppelten Schutzherrschaft wieder ein. Der Druck der Defensive hatte etwas nachgelassen. Wenn der Kardinalvikar von Rom im April 1708 an die Bestimmungen der Bulle *Cum nimis absurdum* und andere restriktive Gesetze der Gegenreformationszeit erinnerte und vier Jahre später die Mahnung erließ, die Schließzeiten des Ghettos strenger einzuhalten, bedeutete dies im Klartext, daß all diese Verfügungen seit langem weitgehend in Vergessenheit geraten waren. Die meisten Gewerbebeschränkungen waren nicht nur mißachtet, sondern spätestens unter Clemens VIII. bereits am Ende des 16. Jahrhunderts wieder aufgehoben worden, so daß die Juden des Kirchenstaates weitgehend ungestört arbeiten und wirtschaften konnten und beispielsweise im Bereich der Textilwirtschaft (Abb. 2), insbesondere der Seidenweberei, bedeutende Aktivitäten zu entfalten vermochten. Den für den Kirchenstaat lebenswichtigen, vom Adriahafen Ancona aus abgewickelten Levantehandel betrieben zu einem großen Teil jüdische Händler. Auch der jüdische Geldhandel blieb im wesentlichen unbehelligt; dessen ebenfalls auf das 16. Jahrhundert zurückgehendes Verbot fand das gesamte 17. Jahrhundert über allenfalls am Rande Anwendung – bis zu jener schon erwähnten Verfügung Innocenz' XI. von 1682.

Trotz dieser guten Bedingungen sah das Ende des 17. Jahrhunderts die jüdischen Gemeinden des Kirchenstaates vor dem Bankrott stehen, sah

Abb. 2 Die Via Rua im römischen Ghetto Ende des 19. Jahrhunderts auf einer Photographie von Ettore Roesler Franz. Handel und Gewerbe waren für die Juden des Kirchenstaates über Jahrhunderte Beschränkungen unterworfen, die unterschiedlich streng gehandhabt wurden. Der Handel mit alten und neuen Textilien war für Juden unter der Herrschaft der Päpste stets eine der wichtigsten Existenzgrundlagen.

auch einst blühende Gemeinden ausgebeutet, das leistungsfähige jüdische Bankenwesen völlig zerstört. Was war geschehen? Die ausufernde päpstliche Fiskalpolitik hatte den Bogen überspannt. Urban VIII. (1623–1644), unter dessen exzessivem Pontifikat nicht nur die Juden litten, hatte auch ihnen Kontributionen in schwindelerregender Höhe vor allem für den Unterhalt des päpstlichen Heeres – die gefürchtete «Bettenmiete» – abgepreßt und das fiskalische Schicksal vor allem der jüdischen Gemeinde

Roms in einen Teufelskreis geführt, aus dem noch hundertfünfzig Jahre
später kein Ausweg sichtbar war – wenn denn der sicher bevorstehende fiskalische Kollaps nicht als solcher gelten durfte. Zur Tilgung der Schulden
waren die Juden gezwungen, Kredite aufzunehmen, was während der auf
Urban VIII. folgenden Pontifikate reichlich geschah. Nicht einmal die
französischen Okkupanten kamen zu Beginn des 19. Jahrhunderts auf den
Gedanken, den jüdischen Gemeinden die seit hundert Jahren aufgehäuften
Altschulden und Zinsen zu erlassen und gingen – hier seien nur die Zahlen
für Rom genannt – 1810 von einer weiterhin bestehenden Restschuld von
fast 300 000 (tausend Jahresgehältern eines niederen Kurialbeamten!) und
jährlichen Zinsverpflichtungen von 10 000 Scudi aus; immerhin: Die an-
gesammelten Zinsrückstände von über 600 000 Scudi wurden bereits als
«hoffnungslos» abgeschrieben.

Im wahrsten Sinne des Wortes jahrhundertelang lastende Kontributions-
schulden aus einer machtpolitisch aktiveren, finanzpolitisch aber umso
verheerenderen Zeit und dramatisch sinkende Einnahmen bewirkten zusammen die finanzielle Degeneration der Juden des Kirchenstaates. Innocenz' XI. Zwangsschließung der jüdischen Bankhäuser, desgleichen das
den Juden erteilte Verbot, weitere Kredite aufzunehmen, waren nichts als
eine kontraproduktive Notbremse; ein Teufelskreis immer weiterer Verar-
mung schien programmiert. Das «jüdische Problem» der Päpste und des
Kirchenstaates war in der ersten Hälfte des 18. Jahrhunderts ein vorwiegend wirtschaftspolitisches Problem von drängender Wichtigkeit. Die kurialen Behörden zeigten sich dessen bewußt und erkannten Reformbedarf.
Diverse Untersuchungsausschüsse mühten sich, aber keiner vermochte
einen aussichtsreichen Weg aus der Überschuldung zu weisen. 1755 mußte
die jüdische Gemeinde Roms zum ersten Mal Zahlungsunfähigkeit erklären. 1787 ließ Papst Pius VI. auf ihren Antrag eine Kommission unter Tesoriere generale Ruffo einrichten, der auch der junge Ercole Consalvi, damals
Sachbearbeiter in der Finanzkontrollbehörde «Buon Governo», angehörte.
Auch diese Kommission blieb ohne Ergebnis; ihre Arbeit versandete in den
Wirren der Revolutionszeit.

Neben vielen anderen Ursachen lag der eigentliche Grund für die Er-
folglosigkeit der Finanzreformbemühungen des 18. Jahrhunderts in der
allgemeinen historischen Situation. Wiederum stand die doppelte Schutzherrschaft unter den Bedingungen der Defensive einer wirklichen Lösung
im Wege. Der Wind drehte sich; das – relativ – entspannte Klima änderte
sich für die Juden, je stärker sich Heiliger Stuhl und Kirchenstaat erneut in
der Defensive sahen. Während des Pontifikates Clemens' XI. (1700–1721),

seit dem spanischen Erbfolgekrieg, dem Eindringen österreichischer Truppen in päpstliches Gebiet im Sommer 1706 und dem Konflikt mit Kaiser Joseph I. kam die Hilflosigkeit des Heiligen Stuhls gegenüber den europäischen Mächten zunehmend zum Ausdruck. Aber auch geistige Strömungen bedrängten die Suprematie des römischen Katholizismus in Europa; die Verdammungsbullen gegen den Jansenismus, die Wende Clemens' XII. und Benedikts XIV. gegen Freimaurerei und Aufklärung waren eine Gegenwehr von nur zweifelhafter Effizienz. Der europäischen Defensive entsprach eine nicht ohne dogmatische Härte geführte missionarische Offensive in Südostasien. Innerhalb des Kirchenstaates erstarkten Kräfte, denen daran gelegen war, die «Freiheiten» der Juden einzudämmen und diejenige Seite der doppelten Schutzherrschaft wieder stärker zu akzentuieren, die den Schutz der Christen vor den Juden zu gewährleisten trachtete.

Die Bemühungen um eine Finanzreform wurden zusehends überlagert von Bestrebungen, den *Status judaicus* in Form eines Gesetzeswerkes neu zu kodifizieren. Als Motor fungierte das Heilige Offizium; bis 1751 entstand so eine Kompilation älterer Gesetze. Sie nahm den Juden zwar nicht durchweg alle Spielräume, regulierte etwa im Bereich der Berufsausübung nur wenig. Trotzdem verschob sich gerade während des als «tolerant» geltenden Pontifikates Benedikts XIV. das Gleichgewicht wieder zugunsten des Christenschutzes. Zweimal, 1747 und 1751, verfügten die Kardinalinquisitoren, daß die Teilnahme von Juden an Handelsmessen und Märkten die Genehmigung durch Ortsbischöfe oder -inquisitoren erfordere und die Dauer von drei Tagen nicht überschreiten dürfe; im April 1749 erneuerte das Heilige Offizium die Pflicht zum Hören der Zwangspredigt, im Mai 1751 verbot die Kongregation das Wohnen außerhalb der Ghettos und schrieb für das Verlassen der Wohnviertel ab der Dauer von einem Tag Genehmigungspflicht vor. 1753 fand schließlich eine Durchsuchung des römischen Ghettos statt, während der «verdächtige» hebräische und andere Bücher in großem Stil beschlagnahmt wurden. Nur in Verbindung mit dem geistigen Gesamtklima jener Jahre, mit der Angst vor den Enzyklopädisten, den Aufklärern, den «lumi», der Bekämpfung der Freimaurerei, sind derartige Maßnahmen zu erklären. Im März 1751 verurteilte die Indexkongregation Montesquieus *Esprit des Lois*, im Mai desselben Jahres erschien Benedikts XIV. Bulle gegen die Freimaurerei; die Werke Voltaires standen seit Februar 1753 auf dem Index. Sicher, Benedikt XIV. agierte insgesamt maßvoll, warf Juden und «lumi» keineswegs unterschiedslos in einen Topf. Insbesondere in seiner Briefenzyklika *A quo primum* an die polnischen Bischöfe zeigte er im nämlichen Jahr 1751 – wie gleich näher auszuführen –, daß ihm auch die Komponente des Judenschutzes vor den Christen geläufig und wichtig war. Aber er blieb eben auch nicht unberührt von der erneuten, verschärften Defensive, konnte nicht neutral bleiben gegenüber jenen Bewegungen, die die Suprematie der Weltanschauungsmacht Christentum, ja teilweise sogar das Christentum als solches in Abrede stellten.

«Ghettomysterien» – Ghettowirklichkeiten

Eine Schilderung des römischen Ghettos zählte fast schon zum Pflichtprogramm schriftstellernder romreisender Feuilletonisten, Publizisten und liberaler Politiker des ausgehenden 18. und 19. Jahrhunderts. Aufklärung und Emanzipationsbewegung hatten auch das Interesse an den «Hebräern» der Ewigen Stadt geweckt. Ihre Existenz unter den Augen des Papstes konnte als absonderlich-museales Relikt gelten, das als Zeichen vermeintlichen Zivilisationsrückstandes wie kein zweites dazu angetan war, dem säkularisierten, ganz von der Vernunft beherrschten Beobachter Schauer der Empörung über den Rücken zu jagen sowie diese Empörung zusammen mit den politischen Forderungen des Tages gleich anschließend laut in die Welt hinauszurufen. «Man fragt: wann treten die Juden zum Christentum über? Ich frage: wann bekehren sich die Christen endlich zur Toleranz?» So schloß der französische Reformpolitiker Charles Dupaty vier Jahre vor der Französischen Revolution einen nicht mehr als drei Druckseiten umfassenden Aufriß der «plus grande misère» der Juden in Rom, die – so das Ergebnis – schlimmer sei als anderswo.[17] Was Dupaty an faktischer Information beizusteuern wußte, war wenig, das Wenige teils unrichtig: abendliche Schließung des Ghettos, Zwangspredigt mit rüder Behandlung, Konversionsdruck und Katechumenenhaus – kurz: «persécution.» Mehr als durch Hörensagen dürfte Dupaty die Juden Roms kaum wahrgenommen haben; umso griffiger formulierte er seinen Ruf nach Toleranz.

Kaum besser informiert agierte fünfundsiebzig Jahre nach Dupaty Edmont About. Die italienische Nationalbewegung und das absehbar bevorstehende Ende des Kirchenstaates bildeten nun die politische Kulisse; daß der Staat des Papstes in seiner völligen inneren Degeneration notwendig dem Untergang geweiht war, stellte Abouts Credo und Botschaft dar. Als Journalist, Publizist, Dramatiker, Ultramontanistenjäger und Papstverächter polemisierte er auf jede nur denkbare Weise gegen den Kirchenstaat. Auch das römische Ghetto fand, in schwärzesten Farben gemalt, Eingang in seine Streitschriften gegen einen Staat, in dem «das Gute enorme Anstrengungen fordert, während sich das Schlechte von alleine» durchsetze.[18] Die Juden lebten in diesem «Königreich» nicht wie Menschen, sie vegetierten nur eben, ohne daß die Behörden irgend etwas für sie unternähmen, sie seien nicht nur aller politischen Rechte, sondern der elementarsten Menschenrechte beraubt, dürften nicht besitzen, nicht produzieren, nicht ihre Kultur pflegen. Bereits unter Gregor XVI. völlig verarmt, habe sich die Lage im römischen Ghetto unter Pius IX. trotz anfänglicher Wohltaten sogar noch verschlimmert. Als Gewährsmänner seiner Ausführungen nennt About zwei «Notables» der jüdischen Gemeinde Roms, die freilich anonym zu bleiben wünschten, da alles, was sie sagten, in negativer Weise auf die Juden zurückfalle.[19]

Wichtige Mitkämpfer auf dem Weg zum italienischen Nationalstaat sprangen About bei, unter ihnen Massimo D'Azeglio. In seinem flammenden Plädoyer für die Judenemanzipation von 1848, noch begeistert von den hoffnungsverheißenden Maßnahmen des neuen Papstes, Pius' IX., wandte sich der Adelige aus dem Piemont auch dem römischen Ghetto zu. Als «trostlos, stinkend und ungesund» nahm er das Leben in dessen «engen und unreinen Straßen» wahr, in denen frische Luft fehle und sich «der Schmutz als natürliche Folge erzwungener Einpferchung zu vieler, fast ausschließlich elender Menschen» ausbreite. «Familienweise, mitunter zu mehreren, leben diese Unglücklichen, buntgemischt nach Geschlecht, Alter, Stand und Gesundheit, zusammengezwängt auf jedem Stockwerk, unter den Dächern, ja sogar in jenen Höhlen des Souterrains, die in gesegneteren Behausungen als Keller dienen.» Dies freilich, schließt D'Azeglio, sei noch lange keine wirkliche Beschreibung des Ghettos, nicht einmal eines Tausendstels des Leides, das sich still, verlassen und unbekannt zwischen den Mauern entfalte. Davon ein zutreffendes Bild zu vermitteln, bedürfte vieler weiterer Einlassungen.[20]

Derartig vertiefende Schilderungen eines jüdischen Lumpenmilieus blieben ungeschrieben, erwiesen sich, dem Pathos D'Azeglios zum Trotz, für die politische Tagespublizistik auch als unnötig. Die wesentlichen Themen – Entrechtung, tierisches Vegetieren in Enge, Schmutz und Gestank – waren angeschlagen, konnten bei Gelegenheit wiederholt und in bizarren Genrebildern gestaltet werden. Wortreich und inhaltsleer verband der Spanier Emilio Castelar seine Ghettophantasie mit einem feurigen Plädoyer für die Freiheit der Ideen. Natürlich hausten auch bei ihm die Juden in Gestank und noch schlimmerem Schmutz als in der ohnehin schmutzigen Stadt Rom üblich. Mit der ihnen eigenen «Zähigkeit» hielten sie in ihren

«Schweineställen» den Zumutungen durch die Päpste stand, die sich freilich unter Pius IX. etwas gemildert hätten. «Und doch gibt es Völker, von
denen diese Race noch schlechter behandelt worden ist als in Rom.»[21] Bei
allen starken Worten verbleibt Castelar immerhin ein Restbewußtsein für
die Relativität seiner Urteile. Anders der Deutsche Friedrich Pecht, dessen
Reisebericht der enge Horizont eines reaktionären deutschen Philisters auf
jeder Seite begrenzt. Durchglüht von antijudaistischen und antiemanzipatorischen Ressentiments – die buhlerische Jüdin, die Neigung der Juden
«für alle schlechten Gewerbe», ihre Weigerung, sich «in der Masse [...] mit
der Bevölkerung [zu] amalgamiren» –, markiert Pechts bösartige Karika-
tur des römischen Ghettos als eines «stinkenden Jerusalem» einen Tief-
punkt der politisch-publizistischen Literatur über jüdisches Leben in Rom
und im Kirchenstaat während des 19. Jahrhunderts.[22]

An den Juden, ihrer Geschichte, ihren tatsächlichen Lebensumständen
waren Verfasser wie diese offenbar wenig interessiert, sehr viel eher jedoch
an der Denunziation des päpstlichen Staates als eines überlebten, verderbten
Gebildes. Sie nahmen die Juden nicht unmittelbar, sondern nur mittelbar als
Vehikel zum Transport bestimmter Weltanschauungen und politischer Ideen
wahr. In diesem Lichte betrachtet waren die «Aufklärer» Dupaty und About
keineswegs ideologiefreier als etwa der dominikanische Judenprediger
Francesco Ferdinando Jabalot, der in den 1820er Jahren ein stark antijuda-
istisches Manifest verfaßte,[23] unabhängig davon, daß die Urteile beider Parteien inhaltlich diametral entgegengesetzt waren.

Dem Kriterium unmittelbaren Interesses gerecht wird hingegen zweifellos
die Aufzeichnung des Lippischen Rabbiners Abraham Levi aus dem Jahr
1724.[24] Chronologisch noch ausreichend weit von den hitzigen Debatten der
Emanzipations- und Revolutionszeit entfernt, um in deren Polyphonie ein-
fallen zu müssen, spricht Levi nirgends von Armut, Dreck, schlechter Luft,
schildert vielmehr ein lebhaftes, auch kultisch unbehindertes Gemeindeleben in relativem, auf der Professionalität der betriebenen Gewerbe, vor
allem des Schneiderhandwerks, aufbauendem Wohlstand. Das Ghetto, «eine
apart verschlossene, mit einer Mauer umgebene Wohnstätte», stellte sich
Levi als «ein schöner Besitz am besten Platze der Stadt, an dem Tiber», dar,
ein Refugium, dessen geistiges Zentrum die fünf reich ausgestatteten Synagogen bildeten.[25] Kaum behindert erschien ihm durch das Ghetto der Verkehr zwischen Juden und Christen; wenn jedoch der Beginn des Sabbats
angekündigt wurde, mußten diese, «die alle Freitag haufenweise in die Gas-
sen der Juden laufen, um allerhand Waaren zu verkaufen [...], hinausge-
hen.» Bei allem Akzent auf der «Freiheit, welche die Juden hier genießen

und die in allem ganz gnädig ist», fand freilich auch Levi keinen Grund, Hinweise auf Mißhandlungen durch die päpstliche Obrigkeit zu unterdrücken. Diese bezogen sich aber vor allem auf die unverhohlenen Konversionsangebote, die Praktiken im Katechumenenhaus sowie rabiate Übergriffe seitens des Vikariats und der nicht nur von den Juden gefürchteten Häscher, der «sbirri». An den Lebensumständen im Ghetto selbst fand Levi nichts zu beanstanden.

Zweifellos: Zwischen 1724 und der Mitte des 19. Jahrhunderts hatte sich auch im römischen Ghetto einiges geändert. Nicht, daß sich durch das restriktive *Editto sopra gli Ebrei* Pius' VI. von 1775, dessen Bestimmungen im Grunde nur auf dem Papier bestanden, die Lebensumstände der Juden über die bereits seit langem herrschenden Beschränkungen hinaus wesentlich verschlechtert hätten; vielmehr wirkte sich der allgemeine wirtschaftliche Niedergang auch auf die Sozialstrukturen der jüdischen Gemeinden aus. Schließlich veränderten die Wohnviertel, bedingt durch die Folgen des *Jus Gazzagà* für die Bautätigkeit, ihr topographisches Gesicht. Hoch und schmal reckten sich die vielfach aufgestockten Häuser der beengteren Straßenzüge des römischen Ghettos in die Höhe, und die Familien säßen darin wie in einem «römischen Kolumbarium», bemerkte Ferdinand Gregorovius, der Verfasser der vielleicht berühmtesten Ghettobeschreibung des 19. Jahrhunderts.[26] Vor allem den literarischen Qualitäten seines Textes dürfte diese Berühmtheit zu danken sein; doch das Augenmaß seiner Urteile rechtfertigt sie auch inhaltlich, denn des Historikers Gregorovius bei einzelnen Irrtümern doch solide unterfütterten Impressionen von 1853 zeichnen in ihrer Gesamtheit das wohl differenzierteste, jedenfalls aber ein viel weniger verzerrtes Bild, als alle oft und gern aus dem Zusammenhang gerissenen und zitierten Auszüge daraus glauben machen können. Gregorovius verschließt sich nicht der zweifellos herrschenden Armut, nicht dem Eindruck von Enge und Schmutz, weiß aber, daß dies alles nur eine, nicht jedoch die *ganze* Realität des Ghettos, daß Elend eine seiner Erscheinungsformen, nicht aber seine Essenz war. Nicht «Ghettomysterien des Elends» auszumalen, betrachte er denn auch als seine Aufgabe; finde «man doch allerwegen in den großen Städten der Erde und unter den zivilisiertesten Nationen Europas ein gleiches, wenn nicht größeres Jammerleben. Auch soll man nicht glauben, daß der Ghetto Roms, was Straßen und Wohnungen betrifft, an sich elender sei als ähnliche Viertel der Armut in vielen andern Städten der Welt.»[27]

Weniger bekannt, doch dem schriftstellerischen Niveau Gregorovius' durchaus ebenbürtig, verfaßte der preußische Diplomat und Kulturhistori-

ker Alfred von Reumont in den 1840er Jahren einen «Brief» über *Die Juden im Kirchenstaat und in Toscana*.[28] Mit Gregorovius teilte er den langjährigen Aufenthalt in Italien, das Augenmaß des Historikers sowie das
echte Interesse für das Land und die Schicksale seiner Menschen. Als Katholik stand er Papsttum und Kirchenstaat sicherlich näher als der Prote-
stant Gregorovius, ließ sich davon indessen seinen freien Blick auf die Juden Roms und des Kirchenstaates nicht trüben. Die Situation der jüdischen
Untertanen hier stellt Reumont in Kontrast zu der insgesamt freieren, doch
in vielen Zügen nicht unähnlichen im nordwestlich benachbarten Großherzogtum Toskana und insbesondere in der Hafenstadt Livorno. «Jetzt
aber ist der Mercato vecchio [...] mit Fleisch- und Fischbänken gefüllt, und
[...] so wenig reinlich und einladend, daß man, [...] vielleicht nur in den
Tagen des Johannisfestes sich versucht fühlt, ihn zu besuchen, weil der Corso
mitten hindurchführt», berichtet Reumont über das Judenviertel in Florenz
und dessen pittoreskes Markttreiben, eine Szenerie, die derjenigen am Portikus der Oktavia in Rom, einem der Zugänge zum Ghetto zum Verwechseln
ähnlich sah (Abb. 3).[29] Hier, nämlich in den «Düften» des Fischmarktes,
war auch eine der Ursachen des «üblen Geruches» zu suchen, der die Aus-
dünstungen großer, in bescheidener hygienischer Infrastruktur eng zusam-
menlebender Menschenmassen noch spezifisch verstärkte; eine andere loka-
lisierte Reumont in den «aus den nahen Gerbereien» über den Tiber her-
strömenden Duftwolken. Das römische Stadtviertel, «von dem der Ghetto
einen Teil ausmacht», sei dichtbewohnt, rührig, aber keineswegs schön.
«Im Innern selbst findet man sehr enge Straßen, armselige Häuser, Bude
an Bude, und eine Menge Menschen. Der größte Theil des Judenviertels ist
ein wahrer Trödelmarkt, wo man im buntesten Gemisch Kostüme und
Lumpen von allen Farben und Gattungen sieht. [...] Ein Bettelkram aber,
wie der hiesige, ist mir noch nie vorgekommen.» Doch – und hier deckt
sich die Wahrnehmung Reumonts mit derjenigen Gregorovius' – «ein kleiner Teil des Ghettos hat indeß ein einigermaßen respektableres Aussehen:
der gegen die Piazza Giudea und Piazza delle Tartarughe zu, wo sich größere Magazine befinden.»[30] In diesem oberen, dem Tiber abgewandten
Teil des Ghettos, entlang der Via Rua, dem «Corso des Judenviertels»,
einer «breiten Straße mit wohnlichen Gebäuden», «findet man Kaufläden
mit Tuchwaren von dem gröbsten Zeug bis zu den kostbarsten Stoffen»[31]
(Abb. 2). «Diese werden von den Bewohnern Roms aus allen Klassen häufig besucht.»[32]

Elend, Schmutz und Gestank prägten die Eindrücke eines anderen Historikers vom römischen Ghetto indessen überhaupt nicht. Als der junge

Abb. 3 Der Porticus Octaviae auf einem Aquarell von Ettore Roesler Franz. Bei dem gegenüber der Tiberinsel gelegenen antiken Bauwerk lag einer der Hauptzugänge zum römischen Ghetto. Im Bewußtsein, an einer Epochenschwelle zu leben, nutzte der Photograph und Maler Ettore Roesler Franz (1845–1909) seit den 1860er Jahren die damals neue Technik, um systematisch das alte Rom abzubilden. Seine Photographien (vgl. Abb. 2) und nach den photographischen Vorlagen gestalteten Aquarelle sind einzigartige Zeugnisse jüdischen Lebens im Rom des 19. Jahrhunderts.

Jacob Burckhardt 1846 für eine deutsche Zeitung über Rom berichtete, setzte er gar dem ihn beherrschenden Gefühl müßiggängerischer Bettelei des «zerlumpten» christlichen Rom nicht nur der Unterschichten, sondern auch des «Mittelstandes» und vieler sozial absteigender Adelsfamilien die ärmlichen, aber reinlich-geschäftigen Zustände im Ghetto entgegen. Neugierig angezogen, fand er hinter dem Portikus der Oktavia eine zwar fremde und «mittelalterliche», aber doch emsig arbeitende Welt vor. «Während ganz Rom faulenzt, ist das Ghetto fleißig, während Rom in Lumpen einhergeht, trägt das Ghetto ganze Kleider. [...] Denn hier ist ja eine industrielle Oase inmitten des trägen Roms, hier will man nicht mehr betteln, sondern verdienen. Die Geschäfte schienen mir zwar über Tücher und fertige Kleider nicht hinauszugehen, allein schon dies ist nichts Geringes, wenn es emsig betrieben wird; auch soll unter diesen Juden im Stillen ein ziemlicher Wohlstand herrschen, trotz des Druckes, unter welchem sie leben, und trotz der Schmach, mit welcher man sie geflissentlich belastet.»[33]

«Ghettomysterien», zu welchem Zweck auch immer verfertigt, bleiben sorgfältig zu scheiden von Ghettoschilderungen, die sich bemühten, zu zeigen, «wie es eigentlich gewesen». Denn zu gut kam gerade diese Materie den Bedürfnissen der tagespolitischen Pamphletistik entgegen. Rom und die Juden, die Päpste und das Ghetto – welch Anachronismus! Dabei galt wieder einmal die Situation im Zentrum als nahezu identisch mit der Situation im Ganzen. Während Rom, das römische Ghetto, die ungeteilte Aufmerksamkeit fast aller Berichterstatter auf sich zog, konnten die Juden im Rest des päpstlichen Staates allenfalls einen Bruchteil dieses Interesses erregen. Allein Reumont gibt einen gedrängten Überblick,[34] auch wenn er den Schwerpunkt auf eine Gegenüberstellung der (stadt-)römischen und der toskanischen Zustände legt. About rang sich immerhin zu der Einschätzung durch, die etwas weiter vom Papst entfernt lebenden Juden des Kirchenstaates seien weniger arm, unterdrückt, gebrandmarkt als die römischen. «Die Nachbarschaft zum Vatikan ist ihnen, wie den Christen, unheilvoll.» Der jüdischen Bevölkerung Anconas hingegen ginge es gut, «vraiment belle.»[35]

Allein durch ihre Stärke und historische Bedeutung stellte die römische gewiß die wichtigste jüdische Gemeinde dar. Gleichwohl bleibt es unerläßlich, nachfolgend einige Betrachtungen über die Geschichte des Ghettos im Kirchenstaat durch den einen oder anderen Blick auf seine anderen jüdischen «claustri» zu ergänzen.

Das Areal des römischen Ghettos liegt zentral am rechten Tiberufer, genau gegenüber der Tiberinsel, nur wenige Schritte entfernt vom Kapitol.

Von der Tiberinsel her führt die ehemals «Ponte quattro capi» benannte Brücke direkt auf die östliche Seite des Ghettos zwischen Marcellustheater und Portikus der Oktavia zu (Abb. 3). Seit der Ghettoerweiterung durch Sixtus V. (1585–1590) befanden sich an der südöstlichen Ecke, gegenüber der Kirche San Gregorio della Divina Pietà, zwei kleinere Eingänge. Das Haupttor zum Ghetto lag an der gegenüberliegenden, nordwestlichen Ecke, an der Piazza Giudea. Diese, noch außerhalb der Mauern, bildete zusammen mit der gleich dahinter gelegenen Piazza del Mercatello das kaufmännische und Handelszentrum des Ghettos; wenige Meter südlich, auf der großen Piazza delle Cinque Scuole, erhob sich, als geistig-kultureller Mittelpunkt, der hohe Komplex der «Cinque scuole» oder «Cinque Sinagoghe», den sich die fünf Synagogengemeinden der Juden Roms teilten. Entlang einer imaginären Diagonalen von der südwestlichen, am Tiber gelegenen, zur nordöstlichen Ecke zerfiel das etwa rechteckige, seit der Zeit Sixtus' V. gut drei Hektar umfassende Gelände in einen zur Stadt hin gelegenen reicheren und weiträumigeren sowie einen zum Tiber hin sich erstreckenden ärmeren und verwinkelten Teil. Die wirklich problematische und ärmste Zone des Ghettos aber ging ebenfalls auf die Erweiterung durch Sixtus V. zurück und verlief entlang der Südseite zum Tiber hin. Hier vor allem lagen jene Elendsbehausungen, die der Fluß gnadenlos überschwemmte und zerstörte, wann immer er über die Ufer trat. «Alljährlich muß Israel die Sündflut an sich erleben, und der Ghetto schwimmt in den Wellen wie die Arche Noah mit Menschen und Getier.»[36]

Die zuständigen Behörden von Stadt und Staat waren sich der Bedrohung, die von dem oftmals so trägen Fluß für den unteren Teil des Ghettos ausging, sehr wohl bewußt. Noch im 19. Jahrhundert bildeten die Überschwemmungen ein ständig wiederkehrendes Thema der Eingaben und Hilfsersuchen der jüdischen Gemeinde. Nach einer der schlimmsten Heimsuchungen, im Dezember 1846, entbrannte eine Auseinandersetzung zwischen dem Kardinalvikar der Stadt Rom, Patrizi, und dem Sekretär des Heiligen Offiziums, Macchi, über die Frage, wie den ihrer Behausungen beraubten Juden zu helfen sei. Patrizi schlug vor, den bessergestellten Familien die Erlaubnis zu erteilen, auf Wohnungen außerhalb des Ghettos in den benachbarten Stadtvierteln auszuweichen, so daß ärmere Familien in die von diesen verlassenen Wohnungen umziehen könnten. Dagegen wies Macchi in einer Audienz bei Papst Pius IX. darauf hin, daß auch die Christen in beengten Wohnverhältnissen lebten und «in Zeiten wie diesen» mit deren «Verstimmung» zu rechnen sei, werde der Patrizi-Vorschlag verwirklicht. Seine Feststellung berühre zwar nicht grundsätzlich das Bedürfnis, das Ghetto zu erweitern, jedoch seien vorher die Verhältnisse im Wohnviertel noch einmal zu prüfen sowie vor allem auch nach Lösungen für die Wohnungsmisere armer Christen zu suchen.[37]

Doch kamen Kardinalvikar und Sekretär des Heiligen Offiziums nicht in die Verlegenheit, ihre Meinungsverschiedenheiten ausfechten zu müssen. Die allgemeine politische Lage spitzte sich 1848 zu und ließ den Vorschlag der Patrizi-Kommission ebenso wie alle Ghetto-Erweiterungsprojekte bald an Aktualität verlieren.

In der Nacht vom 17. auf den 18. April 1848 rissen päpstliche Truppen im Auftrag Pius' IX. in einer regelrechten, kaum der jüdischen Gemeinde selbst angekündigten «Nacht und Nebel-Aktion» die Ghetto-Tore und Teile der Umfassungsmauer nieder, um «den plötzlichen Andrang des Pöbels zu verhüten.»[38] Der römische Rückbau war nur die weitesthin sichtbare Konsequenz einer schon seit 1814 nicht nur in der Hauptstadt, sondern im gesamten Kirchenstaat andauernden Entwicklung hin zum Ende der Ghettos. Bereits 1831 waren die Tore aller anderen Ghettos des Kirchenstaates für immer aufgegangen, ja teils abgebaut worden; in Lugo erinnerten seit 1833 nur noch Pilaster mit der Aufschrift «Ghetto» an deren früheren Standort, und in Senigallia war die «Via del Ghetto» in «Via dei Commercianti» umbenannt worden. In den nach Rom nächstgrößten Ghettos, Ancona und Ferrara, waren die Bewohner sukzessive auch dazu übergegangen, jene traditionell verschlossenen Zugänge zu ihren Häusern zu öffnen, die direkt aus den Ghettos hinaus in «christliches Gebiet» führten. Keineswegs aber bedeutete solche «Sprengung des Kerkers»[39] auch das Ende der jüdischen Wohnviertel und schon gar nicht der dort üblichen Lebensbedingungen.

Die unter Leo XII. 1825 durchgeführte römische Ghetto-Erweiterung sollte jedenfalls die letzte sein. Zuvor war zwischen 1790 und 1793 eine kleinere Erweiterungsmaßnahme entworfen und zumindest in Teilen auch ausgeführt, danach 1835 über den Ausbau des jüdischen Wohnviertels noch einmal diskutiert worden, ohne den Plan zu realisieren. Vor der «Sprengung des Kerkers» hatte der vom Vikariat bestellte und von der Gemeinde bezahlte christliche Wächter abends alle Tore bis auf den Hauptzugang zu schließen. Das Haupttor selbst war zwischen Ostern und Ende Oktober bis eine Stunde nach Sonnenuntergang, zwischen November und Ostern bis zwei Stunden nach Sonnenuntergang geöffnet; nach Schließung durfte der Wächter den Ein- und Ausgang noch für einige weitere Stunden gestatten. Wer auch diese Frist versäumte, mußte mit einer Meldung beim Tribunal des Vikariats rechnen. Der Wächter verfügte hier über gewisse

Spielräume – was freilich auch ein trefflicher Nährboden für Willkür und Korruption war. Für Schließungen an christlichen Feiertagen und während der heiligen Woche, insbesondere zwischen Gründonnerstag und Karsamstag, galten unterschiedlich gehandhabte Sonderregelungen. Von diesen und den nächtlichen Schließungszeiten abgesehen, herrschte reges christlich-jüdisches Aus und Ein, waren die Ghettos geöffnet. Strenge der gesetzlichen Bestimmungen und Lebenswirklichkeit klafften auch hier, wie so oft im Kirchenstaat, weit auseinander. Schon 1712 hatte sich der Kardinalvikar der Stadt Rom zu der Mahnung veranlaßt gesehen, die Bestimmungen zur Überwachung, Öffnung und Schließung des Ghettos disziplinierter einzuhalten. Doch selbst bei konsequenterer Anwendung der bestehenden Vorschriften konnten die «Mauern des Ghettos niemals [...] völlige physische, geistige und kulturelle Absonderung der Juden herstellen.»[40]

Auch in Ferrara und Ancona existierten mehrere, mit Toren verschlossene Zugänge zu den jüdischen Wohnvierteln; die anderen Ghettos des Kirchenstaates waren wesentlich kleiner, umfaßten lediglich wenige Straßenzüge, verfügten, wie etwa in Senigallia, mitunter nur über ein Tor. Räumliche Enge und sanitäre Verhältnisse bildeten, nicht minder als in Rom, Dauerthemen. Die je nach Standpunkt und Interessenlage stark differierenden Aussagen der Zeitgenossen über diese Zustände erlauben eine allenfalls unscharfe Retrospektive auf die jeweilige Wirklichkeit. Massimo D'Azeglio beklagte 1848, daß das römische Ghetto mehr schlecht als recht höchstens die Hälfte der darin lebenden 3900 Juden aufnehmen könne; dagegen hatte bereits 1829 Kommissar Olivieri über die Frage sinniert, wie den römischen Juden, deren Population nach eigenen Aussagen seit dem vergangenen Jahrhundert um etwa tausend Personen zurückgegangen sei, das gegenüber der Ausdehnung des 18. Jahrhunderts sogar gewachsene Ghetto zu klein werden konnte.[41] Zu einem präziseren Bild, als es derartige veröffentlichte oder auch nur intern geäußerte Meinungen gewährleisten könnten, führen die Daten der Volkszählung von 1853. Deren Angaben über Familienzahl und Belegungsdichte der Häuser gestatten einen direkten Vergleich nicht nur durchschnittlicher christlicher und jüdischer «Lebensenge», sondern auch der für die einzelnen Ghettos ermittelten statistischen Werte untereinander.

Ausweislich der Volkszählung lebten 1853 in Rom insgesamt durchschnittlich 12 Personen pro Haus,[42] im römischen Ghetto hingegen nur etwa 8,5.[43] So problematisch diese Zahlen im einzelnen sein dürften – wegen der Mängel des Zensus als solchem sowie auch aufgrund der durchaus ungeklärten Frage, was jeweils als «Haus» definiert wurde –, legen sie immerhin doch den Schluß nahe, daß die Einwohnerdichte pro Haus im Ghetto wenigstens nicht höher war als in der Stadt insgesamt. Verglichen mit den anderen Ghettos des Kirchenstaates nahm das römische einen Mittelplatz ein. Die höchste durchschnittliche Kopfzahl pro Haus erreichte das jüdische Wohnviertel in Senigallia, die niedrigste Pesaro; 64 jüdischen Familien standen hier 63 Häuser zur Verfügung, nahezu jeder Familie also ein eigenes wie auch immer geartetes Haus. Die zweithöchste Kopfzahl pro Haus wies Ancona auf, gefolgt von Ferrara, Cento, Urbino und Lugo. In immerhin vier «Ghettostädten», einschließlich der Hauptstadt Rom, lebten demnach die Juden weniger beengt als die Gesamtbevölkerung, in einer fünften, Cento, entsprachen sich die Werte beiderseits in etwa, in dreien fielen sie auf der jüdischen Seite deutlich schlechter aus, davon in Ancona und Senigallia dramatisch schlechter.

In den Städten mit der höchsten wirtschaftlichen Aktivität – Senigallia und Ancona – gestalteten sich die Ghetto-Verhältnisse offensichtlich am beengtesten. In keinerlei Komplementärverhältnis standen jedoch Größe der Ghettos und jeweilige Einwohnerdichte. Das große Ghetto Ferraras, fast gleichzeitig mit dem römischen 1826 zuletzt erweitert, verfügte über mehr Wohnraum pro Einwohner als das kleine Ghetto Senigallias. Die durch die Daten der Volkszählung belegten sehr guten räumlichen Verhältnisse im kleinen Ghetto Lugos decken sich hingegen mit dem anderweitig herausgearbeiteten Bild Lugos als einem der «kultiviertesten» Ghettos des Kirchenstaates mit relativ hohem Lebensstandard und blühender jüdischer Eigenkultur. Kurz: Am Indikator «Einwohnerdichte pro Haus» gemessen, fielen die Lebensumstände der jüdischen Untertanen des Papstes durchaus nicht per se schlechter aus als diejenigen der christlichen. Keineswegs auch ließen sich alle jüdischen Wohnviertel über einen Kamm scheren; es gab signifikante Unterschiede, die aber nicht mit der Größe der jeweiligen Gemeinde, eher noch – und zwar umgekehrt proportional – mit ihrer wirtschaftlichen Leistungsfähigkeit zusammenhingen.

Der letzte Vorstoß der kirchenstaatlichen Administration, unter Federführung des Heiligen Offiziums 1851 eine Revision und Neu- beziehungsweise Wiederjustierung der päpstlichen Judenpolitik zu erreichen, versuchte immerhin, den Status quo differenziert nach einzelnen Ghettos zu analysieren. Freilich: Der Blick war von antirevolutionärem Furor eingeengt; zwischen den Zeilen stand obendrein bereits fest, eine wirklich aktive Strategie doch eher nicht verfolgen zu wollen. «Für den Fall, daß man erwäge», Papst Leos XII., ohnehin nie wirklich konsequent angewandtes, Gesetz über die Rückführung der Juden in die Ghettos «wiederzubele-

ben», stellten die Eminenzen aber immerhin einige Informationen über die
«Kapazitäten» der Wohnviertel zusammen. In Pesaro, Lugo und Urbino,
lautete eines der Ergebnisse, seien Erweiterungen eigentlich nicht notwen-
dig. Anders in Cento und Ancona: Dort bestehe dringender Platzbedarf.
Während aber eine Ausdehnung des Ghettos in Ancona leicht machbar sei,
fehle in Cento jede Möglichkeit. Schon vor etwa dreißig Jahren hätten die
Juden dort ihre Häuser bis aufs äußerste aufgestockt, vor etwa zwanzig
Jahren sei das Ghetto nach zwei Seiten ausgedehnt worden, nun sei die
Grenze in der Höhe wie in der Fläche erreicht.[44] Decken sich bis hierher
die Eindrücke der Bischöfe und Inquisitoren in etwa mit den aus der Volkszählung ermittelten Durchschnittswerten, so schienen sich die Berichterstatter, verglichen mit diesem Indikator, in der Einschätzung Senigallias
entschieden getäuscht zu haben. Im Ghetto mit der höchsten Einwohnerdichte aller jüdischen Wohnviertel des Kirchenstaates hielten die Eminenzen keine Erweiterung für notwendig.[45] Desgleichen in Ferrara – ebenfalls,
wie die Volkszählung zeigt, nicht mit reichem Wohnraum gesegnet: eine
Ausdehnung sei nicht unbedingt erforderlich. Hier, zum Abschluß ihrer
Tour d'horizon, ließen die Kardinalinquisitoren dem Erzbischof von Ferrara, Vannicelli Casoni, das Wort, dessen Intervention das gesamte Unternehmen erst angeregt hatte. Der ganze «Rumor», so Vannicelli, sei gerade
in Ferrara unangebracht, denn dort überwache ein Gesundheitsausschuß
auch die Zustände im Ghetto und habe diverse Präventiv- und Repressiv-
maßnahmen eingeleitet, um Mißstände zu beseitigen. Wolle man aber,
schloß lakonisch der Bischof, partout erweitern, sei das leicht möglich und
könne das Ghetto auf das nahegelegene Areal um eine zerstörte Kirche
ausgedehnt werden. Dazu müsse man lediglich die Eigentümer der dortigen Häuser vorher enteignen.[46]

Soweit jedoch gedieh die Angelegenheit nicht mehr. Zwar beschloß die
Untersuchungskommission am 8. Mai 1851, als Voraussetzung einer neuerlichen Schließung der Ghettos die als notwendig erachteten Erweiterungen
dem Papst zur Ausführung vorzuschlagen. Doch vertrocknete diese Initiative, wie das judenpolitische Restaurationsprojekt insgesamt, in jenem
politischen Klima der 50er Jahre, das auch der «nachrevolutionäre» Pius IX.
kaum mehr für geeignet hielt, derartige Maßnahmen durchzuführen. In
Cento scheiterte ein Erweiterungsversuch nicht nur an der Uneinigkeit des
in Bologna residierenden Inquisitors und seines vor Ort agierenden Vikars
über die Bewertung der dort herrschenden Umstände, sondern auch am
Unwillen christlicher Eigentümer im Umkreis des Ghettos, ihre Häuser für
eine Ausdehnung des Wohnviertels zur Verfügung zu stellen. Offensicht-

lich überwog unter den Einwohnern Centos die Neigung, den Juden das Wohnen in der Stadt grundsätzlich freizustellen. Nur für Ancona wurde 1854 eine Erweiterung des Ghettos beschlossen und in Angriff genommen; eine Schließung erfolgte freilich auch hier nicht mehr.

Gleichzeitig verstärkten sich nach 1848 zwei Bewegungen, die bereits während der ersten Jahrhunderthälfte zu beobachten gewesen waren. Die quantitativ geringere, wenn auch trotzdem bemerkenswerte, bestand im Zuzug von Christen in die jüdischen Wohnviertel. Abgesehen von den christlichen Dienstboten jüdischer Familien – die in den Augen der Regierung ein Problem für sich darstellten – etablierten sich zunächst von Christen geführte Läden in den Ghettos, bevor Christen begannen, dort auch ihren Wohnsitz zu nehmen. In Pesaro hatten sich um 1850 vier christliche Handwerker im Ghetto niedergelassen, in Cento betrieben vier Christen Läden, in Ferrara ein Christ die Apotheke des jüdischen Viertels. Dem Heiligen Offizium schien vor allem wiederum der Umstand skandalös, daß Christen entweder dauerhaft oder temporär in den Ghettos oder in außerhalb gelegenen jüdischen Häusern übernachteten. Der Inquisitor in Ancona wußte von einer Häufung derartiger Ärgernisse zu berichten,[47] während Vannicelli Casoni, in seinen Urteilen stets reflektierter und eigenständiger als mancher der Kardinalinquisitoren, das Übernachten eher als Marginalie betrachtete. In Ferrara praktizierten dies nur zwölf bis fünfzehn Personen; die eigentliche Gefahr für das Seelenheil der Christen liege vielmehr im tagtäglichen Umgang mit den Juden, der in einer Stadt mit einem ganz und gar geöffneten, unbewachten Ghetto und einer breiten Schicht reicher, arbeitgebender Juden nicht mehr zu kontrollieren sei.[48] Vannicelli diagnostizierte richtig: Das Übernachten war allenfalls ein – wenn auch an Bedeutung gewinnender – Teilaspekt verstärkter allgemeiner christlich-jüdischer Kontakte innerhalb und außerhalb der Ghettos. Freilich ließ sich gegen dieses konkrete Problem leichter der Anschein eines Einschreitens erwecken als gegen den vorherrschenden Trend insgesamt. Als einzige halbherzige Gegensteuerungsmaßnahme im Rahmen der «revisione generale» von 1851 erging denn auch am 23. August ein *Circolare* des Heiligen Offiziums an die Inquisitoren und Ortsordinarien mit der Anweisung, alle dauerhaft in den Ghettos seßhaften Christen ultimativ aufzufordern, aus den jüdischen Wohnvierteln wegzuziehen. Bis zum Juli 1852 und der Anweisung Pius' IX., alle Maßnahmen gegen die Juden auszusetzen, reichte die Zeit schwerlich aus, das *Circolare* wirksam anzuwenden. Aus Pesaro und Urbino liefen erst gar keine Antworten ein. Die Erkenntnis schien sich Bahn zu brechen, daß eine derartige Verfügung wohl keinen Beitrag mehr leisten konnte, das bedrohte Seelenheil der Christen zu retten. Das Ghetto hatte als Mittel der doppelten Schutzherrschaft ausgespielt, und sein Ende wirkte auch zurück auf diese selbst und bildete einen Meilenstein auf dem Weg des Abschieds der Päpste von einem der ältesten theologisch-ideologischen Begründungssysteme ihres Handelns.

In Gegenrichtung zur Bewegung von Christen in die Ghettos verließen mehr und mehr jüdische Familien die Wohnviertel, um dauerhaft außerhalb zu arbeiten und schließlich auch zu residieren. Auch dies war keine Massenbewegung, aber doch ein bestimmendes Entwicklungsmerkmal jüdischen Lebens im Kirchenstaat während des gesamten 19. Jahrhunderts: Nicht von ungefähr stellte das Projekt der «riconcentrazione nei Ghetti» den Kern der – letztlich erfolglosen – Judenpolitik Leos XII. dar. Die Bewegung der Juden aus den Ghettos hinaus vollzog sich ähnlich derjenigen der Christen in die Ghettos hinein. Zuerst entstanden die Läden, dann zogen die Ladeninhaber nach. Schon Mitte der 20er Jahre waren in Rom um die achtzig jüdische Läden und Warenlager außerhalb des Ghettos von Leos Befehl zur Rückführung betroffen. Dienstbotenverhältnisse spielten, im Gegensatz zur anderen Bewegungsrichtung, keine Rolle; hingegen förderte eine wachsende Zahl von Immobilienkäufen durch Juden auch deren Ansiedlung außerhalb der Wohnviertel. Der stetige und von den kirchenstaatlichen Behörden immer weniger gehemmte Bevölkerungsabfluß war neben dem Fall der Tore und Mauern der deutlichste Indikator für das irreversible Ende der Ghettos als *Zwangs*wohnviertel.

In der Regel verblieben die Juden, so sie das Ghetto verließen, seßhaft in dessen engstem Umkreis, zumindest jedoch in dessen Stadt. Ausnahmen existierten: Reichere Juden richteten sich Landsitze auf den von ihnen erworbenen Gütern ein, andere gründeten neue Kleinstsiedlungen in benachbarten Städten. Juden aus Senigallia waren zu Beginn der 50er Jahre nach Gubbio gezogen und zeigten sich bereit, im Zweifelsfalle lieber dort ein neues Ghetto zu gründen, als nach Senigallia zurückzukehren. Insgesamt kam die Abwanderung aus den kleineren Ghettos nur langsam in Gang und darf im wesentlichen als Phänomen der drei großen in Rom, Ancona und Ferrara gelten. Jüdische Läden oder Handwerksbetriebe außerhalb der Ghettos waren auch zu Beginn der zweiten Hälfte des 19. Jahrhunderts in Senigallia, Pesaro, Lugo und Cento noch an einer Hand abzuzählen. Einzig in Urbino schien sich der Auszug aus dem Ghetto zu dieser Zeit bereits etwas stärker etabliert zu haben. Anders in Ancona und Ferrara. Exakte Zahlen liegen nicht vor; gleichwohl ist der Tenor der Berichte eindeutig. Zwar dürfte die Schreckensvision des Inquisitors von Ancona übertrieben gewesen sein: Eine Entvölkerung des dortigen Ghettos stand noch keineswegs bevor, doch drängten hier, wie auch in Ferrara, viele Juden nach draußen, wohnten in Mehrfamilienhäusern, zum Ärgernis des Heiligen Offiziums oftmals Tür an Tür mit christlichen Familien. Ferrara galt 1851 als diejenige Stadt des Kirchenstaates, in der die meisten Juden das Ghetto verlassen hatten.

3. Politische Konzepte für den Umgang mit Juden (18. und 19. Jahrhundert)

Sechs Episoden aus den Pontifikaten des letzten Jahrhunderts des Kirchenstaates beleuchten den jeweiligen Stand der Überlegungen von Päpsten und wichtigen kurialen Politikern oder Publizisten über das Soll-Verhältnis von Heiligem Stuhl und Juden. Sie zeigen die Entwicklungsrichtungen und Veränderungen auf, denen das altüberlieferte Konzept der doppelten Schutzherrschaft am Übergang zur Moderne ausgesetzt war.

Benedikt XIV., Clemens XIII. und ein Gutachten über den Ritualmord, 1758/59

Im Jahr 1758 beauftragte das Heilige Offizium seinen Konsultor, den gelehrten Franziskanerpater Lorenzo Ganganelli, zu einer Bittschrift Stellung zu nehmen, die der polnische Jude Jakob Selek im Namen der jüdischen Gemeinden Polens dem jüngst verstorbenen Papst Benedikt XIV. überreicht hatte. Von anhaltend starkem Antijudaismus in den verschiedenen Fürstentümern des Königreiches terrorisiert, insbesondere aber wiederholten Vorwürfen ausgesetzt, Christen zu rituellen Zwecken ermordet und deren Blut zur Zubereitung ungesäuerten Brotes verwendet zu haben, ersuchten die polnischen Juden den Papst, zu ihrer Verteidigung das Wort zu ergreifen. Ganganelli zögerte keinen Augenblick, «die Nichtigkeit der Schuld darzutun, welche man der jüdischen Nation Polens aufbürdete.»[1] Sein Gutachten rekapituliert die theologische und päpstlich-lehramtliche, gegen die Ritualmordlegende gerichtete Tradition seit dem hohen Mittelalter. Quellenkritisch untersucht Ganganelli diejenigen Schriftsteller, die üblicherweise als Zeugen angeblichen jüdischen Christenhasses im allgemeinen und jüdischer Ritualmordneigungen im besonderen galten; mit tiefer Skepsis prüft er berühmt-berüchtigte historische Einzelfälle, bevor er die von polnischen Kirchenfunktionären vorgetragenen Argumente für den Ritualmordvorwurf in den aktuellen Mordfällen widerlegt. Das Gutachten des Franziskaners erscheint als brillant vorgetragenes Plädoyer gegen Vorurteil und Denkfaulheit, das weder davor zurückschreckt, judenhetzende Christen als Pöbel, uneinsichtige «Mitbrüder» als aufwiegelnde Eremiten und Lügner zu kennzeichnen, noch polnische Bischöfe scharfsinnig auf die Unstimmigkeit und den apologetischen Charakter ihrer Ausführungen hinzuweisen. Alles in allem, faßt Ganganelli zusammen, werde man «vernunftgemäß [...] argwöhnen können, daß das Ganze eine Verleumdung der Christen gegen die Juden» sei. «Hört mit solchen Vorwänden auf, die manchmal dem Hasse und oftmals den schädlichen Vorurteilen entspringen.»[2]

Ein wesentlicher Teil der Strategie Ganganellis bestand darin, zu zeigen, auf welch unsicherem Grund Ritualmordvorwürfe gegen Juden seit alters her bauten. Nur in zwei Fällen, den Kindermorden von Rinn bei Brixen 1462 und Trient 1475, neigte der Konsultor dazu, aufgrund der ihm vorliegenden Informationen dem Ritualmordverdacht Wahrheitsgehalt zuzubilligen. Das waren jene Fälle, aus denen sich nachmals Kulte um die Opfer entwickelt hatten und denen durch mehr oder minder korrekte Beatifikationsverfahren allerhöchste Approbation zuteil geworden war. Daß «beatus Andreas» und «beatus Simoninus» ebenfalls keine Ritualmordopfer waren, sollte sich später noch herausstellen; Ganganelli ließ immerhin auch hier seiner Skepsis Raum, weist darauf hin, daß der Kultus des Seligen Simon zeitweise verboten war und die Anerkennung des Kultus des Seligen Andreas von Rinn erst dreihundert Jahre nach dem Mord erfolgte. Entscheidend für die Beurteilung der spezifischen Qualität seines Gutachtens erscheint hingegen nicht, daß er sich zweimal irrte, während er alle anderen ihm bekannten Fälle korrekt taxierte, sondern vielmehr, welche Schlüsse er aus dem empirischen Gesamtbefund zog. «Ich glaube daher nicht, daß man, selbst wenn die beiden Fälle von Brixen und Trient als wahr angenommen werden, mit Grund daraus folgern kann, daß dies ein ebenso theoretischer wie praktischer Grundsatz der jüdischen Nation ist; denn um ein allgemeines und bestimmtes Axiom zu begründen, genügen nicht zwei einzelne Ereignisse. [...] So viel ist wahr, daß ein Verbrechen, welches von einem Mitglied einer Familie oder einer Nation begangen wird, weder den anderen Verwandten, noch den anderen Mitbürgern zur Last gelegt werden darf.»[3] Eine kollektive Haftung «der Juden» für einzelnen von ihnen zur Last gelegte Vergehen lehnte der Konsultor strikt ab. Er wies im Gegenteil sogar darauf hin, daß die rituellen, für die gesamte Gruppe gültigen Vorschriften den Juden derartige Handlungen untersagten.[4] Ganganelli votierte gegen die Kollektivschuld und für eine juristisch und verfahrenstechnisch korrekte Einzelfallprüfung auf der Basis einer vernünftigen und kritischen Bestandsaufnahme. Die Aufgabe des von den polnischen Juden angerufenen Heiligen Stuhls in Gestalt der zuständigen

Kongregation erkannte er darin, ein solches Verfahren zu gewährleisten und durchzuführen.

Jakob Selek konnte mit dem Ausgang seiner Mission zufrieden sein. Am Heiligen Abend des Jahres 1759 beschloß das Heilige Offizium auf Grundlage des Gutachtens Ganganellis, die Ritualmordverdächtigung zurückzuweisen und schloß sich der Beurteilung durch seinen Berater in allen Punkten an. Ganganelli selbst, bereits am 24. September 1759 von Clemens XIII. zum Kardinal erhoben, sollte eine entsprechende Instruktion ausarbeiten. Selek reiste einstweilen heimwärts, nicht ohne ein vom Papst gebilligtes Schreiben des Heiligen Offiziums mitzuführen, das den Nuntius in Warschau anwies, ihn unter seinen Schutz zu stellen. Selek, der den «fälschlichen» Glauben des Volkes vor die Ohren des Heiligen Vaters gebracht habe, sei nun vor bösartigen Nachstellungen besonders zu bewahren. Doch erst drei Jahre später, im März 1763, setzte Nuntius Visconti den Premierminister des Königs von Polen, Graf Brühl, über die nunmehr offizielle Haltung des Heiligen Stuhls in Kenntnis. Seine Heiligkeit wünsche darüber zu informieren, «daß der Heilige Stuhl nun alle die Gründe untersucht hat, auf welche sich die Annahme stützt, die Juden bedürften Menschenblutes zur Herstellung ungesäuerter Brote und machten sich deshalb des Mordes an christlichen Kindern schuldig. Man hat festgestellt, daß keine hinlänglich klaren und sicheren Beweise vorliegen, um das Vorurteil zu begründen, das gegen sie erhoben wurde und noch erhoben wird, und die ausreichend wären, daran festzuhalten, sie derartiger Verbrechen schuldig zu erklären.» Im Falle künftiger Anschuldigungen sei ausschließlich nach der jeweils vorliegenden individuellen Beweislage, nicht jedoch nach eingeschliffenen Vorurteilen Recht zu sprechen.[5]

Das Gutachten des Konsultors Ganganelli darf nicht allein als bedeutendes Dokument päpstlicher, kurialer Distanz allen Ritualmordlegenden gegenüber, sondern ebensosehr als eine zentrale Quelle zum Konzept der doppelten Schutzherrschaft am Beginn des «Übergangs zur Moderne» gelten. Juden konnten, wo immer sie lebten, mit der Fürsprache des Papstes und des Heiligen Stuhls rechnen, wenn sie ungerechten Anklagen, Verleumdungen, gewaltsamen Übergriffen ausgesetzt waren. Sicher, außerhalb des eigenen Staates standen dem Heiligen Stuhl, von Gewicht und Geschick seiner diplomatischen Vertreter abgesehen, wenige Mittel zur Verfügung, seine Schiedssprüche auch durchzusetzen. Im *Stato Pontificio* selbst war aber bereits bei anderer Gelegenheit – 1705/06 in Viterbo und 1711 in Ancona – durch Freispruch der jüdischen Angeklagten exemplarisch vorgeführt worden, was die kirchenstaatlichen Gerichte von derartigen Vorwürfen hielten. Der Heilige Stuhl erkannte seine Schutzaufgabe gegenüber Juden innerhalb und außerhalb der Grenzen eigener Staatlichkeit an und versuchte ihr gerecht zu werden.

Ganganelli, der am 19. Mai 1769 als Clemens XIV. selbst den Stuhl Petri besteigen sollte, repräsentierte mit seiner Auffassung die offizielle Linie. Das Heilige Offizium und dessen als «Falke» geltender Sekretär Neri Corsini billigten Ganganellis Gutachten ebenso wie Clemens XIII. Die eigentliche und zeitgenössisch maßgebliche Richtlinie hatte jedoch Benedikt XIV. schon 1751 vorgegeben, bereits damals aus Anlaß einer Supplik aus Polen. Mit der Briefenzyklika *A quo primum* hatte sich Benedikt am 14. Juni 1751 an den hohen Klerus Polens gewandt, um zu einer Klage polnischer Christen über zu große «Freiheiten», zu ausgedehnte wirtschaftliche Macht und zu hohes soziales Ansehen der Juden in ihrem Land Stellung zu nehmen.[6] Der Papst hatte sich weit davon entfernt gezeigt, den Christen nach dem Mund zu reden, sie gar zu einem harschen Vorgehen gegen die Juden zu ermuntern. Vielmehr wies er sie darauf hin, daß das Zusammenleben von Christen und Juden an einem Ort, zumal in der vorwaltenden Zeit, gestattet und, selbstverständlich, geregelt sein müsse. Der Eifer, mit dem die Christen ihre Religion gegen den Unglauben der Juden verteidigten, sei zu loben; freilich dürfe er aber nicht zu weit gehen. Nicht anders als Ganganellis Gutachten greift auch Benedikts Enzyklika auf Bernhard von Clairvaux zurück, um die polnischen Christen zu ermahnen, die Juden nicht zu mißhandeln. «Die Juden dürfen weder verfolgt noch ermordet werden.» Andererseits bestünden «gerechte Grenzen, die die Toleranz ihnen gegenüber einschränken müssen.»[7] Benedikt skizziert diese Grenzen nur: Juden dürften Christen nicht durch Täuschung oder Zinswucher unter Druck setzen, sie dürften keine christlichen Dienstboten haben und auch keine öffentlichen Ämter mit Befehlsgewalt über Christen ausüben. Die vorhandenen Gesetze seien einzuhalten; neue zu erarbeiten, rät der Papst den Polen jedoch nicht. Die bestehenden Vorschriften der Päpste reichten ebenso aus wie die von den polnischen Synoden selbst erlassenen. Im übrigen verweist er auf die Handlungsfreiheit jedes einzelnen. Wer sich von den Juden ausgebeutet fühle, solle mit ihnen eben keine Geschäfte machen.

Benedikt XIV. teilte den polnischen Bischöfen 1751 nichts anderes mit als die Quintessenz päpstlicher Lehre zum Thema Juden: das Konzept der doppelten Schutzherrschaft. Die Besonderheit der Enzyklika *A quo primum* lag in der unaufgeregten Diktion des ehemaligen Bischofs von Ancona, jener Adria-Hafenstadt, in der die zweitgrößte, wirtschaftlich prosperierende jüdische Gemeinde des Kirchenstaates lebte. Daß Pragmatik innerhalb der von ihm aufgezeigten, vom Konzept der doppelten Schutzherrschaft vorgeschriebenen Grenzen den jüdischen Untertanen gegenüber den gangbarsten Weg ebnete, wußte der Papst genau, so genau, daß er sie allgemein empfahl. Entscheidend für den Papst erschien jenes «suum quique» – jedem das Seine –, das von seiten des Pontifex in Rom durch den Schutz der Juden vor den Christen ebenso wie der Christen vor den Juden zu gewährleisten war.

Pius VI. und das «Edikt über die Juden», 1775

Am 5. April 1775 zeichnete Giovanni Butelli, Notar der «Heiligen römischen und allgemeinen Inquisition» einen der ersten legislativen Akte des neuen Papstes ab: ein Edikt über die Juden (Abb. 4). Was anschließend an diese Unterschrift in Form von vierundvierzig Paragraphen und einer Präambel an Gesetzen, Verordnungen, Vorschriften, Ge- und Verboten in der Hauptstadt Rom und im übrigen Kirchenstaat zu rechtskräftigem Aushang kam, war freilich keineswegs der Phantasie oder Intuition Giovanni Angelo Braschis, seit dem 15. Februar 1775 Papst Pius VI., entsprungen, sondern stellte vielmehr die Zusammenfassung all jener kirchenstaatlichen Judengesetze dar, die seit der Bulle *Cum nimis absurdum* Pauls IV. von 1555 erlassen worden waren. Keinem Juden des Kirchenstaates dürften jene vierundvierzig Paragraphen etwas Neues gesagt haben; jede der Vorschriften des *Editto* war im einzelnen hinlänglich bekannt. Als neu hätte allenfalls ihre geballte Kompilation erscheinen können, wäre sie nicht selbst wiederum nur Ergebnis schon jahrzehntelang andauernder Bemühungen gewesen, die verstreuten Grundgesetze jüdischen Lebens im Kirchenstaat einmal zu einer Art «Verfassungsurkunde» zusammenzutragen, zu kodifizieren. Seit den 1730er Jahren arbeiteten verschiedene Kommissionen an diesem Vorhaben; nachgerade unbekannt war die Urform des «Editto» von 1732 geblieben. Benedikt XIV. hatte schließlich bereits 1751 ein fast identisches Edikt veröffentlicht, um selbst Klarheit darüber zu erlangen und zu geben, welche Gesetze für die jüdischen Untertanen des Kirchenstaates galten. Kurz: Pius' VI. *Editto sopra gli Ebrei* war kein Anfang, sondern ein Ende, ein Schlußstrich unter rund 250 Jahre Judengesetzgebung im Zeichen der doppelten Schutzherrschaft unter den Bedingungen der neuzeitlichen Defensive. Dieses Ende konservierte nur, ohne in der sich kritisch zuspitzenden politischen Situation, die den Staat des Papstes existentiell gefährden sollte, eine Zukunftsperspektive zu eröffnen.

Den frisch gewählten Papst kann kein Vorwurf treffen. Auch er wandelte lediglich auf den Spuren seiner Vorgänger; das *Editto* zu erlassen, wies ihn nicht schon als «reaktionärer» denn Clemens XII. oder der «tolerante» Benedikt XIV. aus, die nämliches Edikt selbst vorbereitet und publiziert hatten. Allen zusammen wäre bestenfalls die Frage zu stellen, warum ihnen in so langer Beschäftigung mit den Judengesetzen nicht mehr und nichts Innovativeres eingefallen war. Die doppelte Schutzherrschaft galt eben noch unangefochten als Leitkonzept. Erst jetzt, unter Pius VI., begann sie zu wanken, und in diesem Sinne war das *Editto* von 1775 doch auch ein Anfang: der Anfang vom Ende der doppelten Schutzherrschaft.

Lag im Gutachten Ganganellis, aber auch in der Enzyklika Benedikts XIV. vom Juni 1751, der Akzent auf der einen Seite der doppelten Schutzherrschaft – dem Schutz der Juden vor den Christen –, so betonte Pius' VI. Edikt von 1775 die andere – den Schutz der Christen vor den Juden. An erster Stelle seiner oberhirtlichen Pflichten, führte denn auch die Präambel des Edikts aus, sehe der Heilige Vater gerade am Beginn seines Pontifikates die Aufgabe, dafür zu sorgen, die «katholische Religion» in den Herzen ihrer Gläubigen rein und unbescholten zu erhalten. Aus diesem Grunde und um von den Gläubigen die Gefahr eines inneren Umsturzes fernzuhalten, die ihnen aus übermäßig vertraulichem Umgang mit den Juden erwachsen könne, sei die strikte Einhaltung aller von seinen glorreichen Vorgängern erlassenen Verordnungen absolut notwendig. Damit war wiederum der Rahmen gesetzt: Der soziale Kontakt von Christen und Juden, die von Benedikt XIV. sogenannten «Grenzen der Toleranz», hatten sich nach dem Kriterium der Glaubensreinheit zu bemessen. Intensiver Umgang mit Juden, so die Annahme, könnte Christen in ihrer spirituellen Festigkeit erschüttern, ja könnte sie gar vom Christentum abfallen lassen. Nicht irdisches Wohl, sondern ewiges Heil stand dabei auf dem Spiel; die Christen vor dessen Gefährdung oder Verlust zu bewahren, war eine ernste Aufgabe, die in der Tat im Zentrum der Amtspflichten eines paternalistisch verstandenen Papsttums liegen mußte.

Jedem aufgeklärten, säkularisierten, modernen und postmodernen Geist jagt die Lektüre der vierundvierzig umfangreichen Artikel des Edikts einen kalten Schauer über den Rücken; liegt hier anderes vor als ein Ausbund von Judenfeindschaft, ein barbarisches Manifest der Inhumanität, anderes als «das schwärzeste Blatt in der Geschichte der Menschheit», wie der Historiker Abraham Berliner das *Editto* nannte?[8]

Abb. 4 Titelseite des 1775 von Papst Pius VI. erlassenen «Edikts über die Juden». Das Edikt faßte in 44 Paragraphen all jene Gesetze zusammen, die das Leben der Juden im Kirchenstaat seit 1555 regelten. Anwendung im täglichen Leben fanden sie jedoch kaum mehr. 1797 bescherten die Ausläufer der Französischen Revolution den Juden im Kirchenstaat die erste Emanzipation. Auch nach der Restauration des Kirchenstaates 1815 galten die restriktiven Verordnungen des *Editto* fast nur noch auf dem Papier.

Auf die Präambel folgen zuerst sieben Paragraphen, die sich ausschließlich dem Besitz und Vertrieb «verbotener Bücher» durch Juden widmen,
also hebräischer und anderer Schriften, denen «Irrtümer», «Beleidigun-
gen», «gottlose Äußerungen und Lästerungen» gegen christliche Religion
und römisch-katholische Kirche angelastet wurden.[9] An diese verglichen
mit den anderen Inhalten des Edikts stark übergewichtete Behandlung der
«Bücherfrage» knüpfen zwei Paragraphen über Zauber- und Hexenwesen
sowie schließlich restriktive Bestimmungen über jüdische Friedhöfe und
Begräbnisriten an. Diese bilden zusammen mit dem anschließenden Paragraphen über die Einrichtung und Ausstattung von Synagogen die einzigen
Verfügungen des *Editto* zum jüdischen Kultus, der damit und innerhalb
jener Grenzen ohne weitergehende Verbote gestattet war. Die folgenden
sechs Paragraphen bezeichnen einen weiteren inhaltlichen Schwerpunkt:
die Beschränkung des Umgangs von Juden mit denjenigen ihrer Glaubens-
genossen, die sich entschlossen hatten, zum Christentum überzutreten
oder bereits übergetreten waren, mit Katechumenen (Taufbewerbern) und
Neophyten (neu Aufgenommenen). Zwei umfangreiche Paragraphen erneuern die seit Papst Pius V. 1566 formal gültige Kennzeichnungspflicht
der Juden durch ein gelbes Zeichen.[10]

Ab der Mitte des Edikts folgen die Verfügungen über den näheren Verkehr zwischen jüdischen und christlichen Untertanen. Der Verkauf von
Grundnahrungsmitteln (Fleisch, Brot, Milch) von Juden an Christen bleibt
ebenso untersagt wie der Vertrieb von Reliquien und Devotionalien. Geschäfte von Juden mit Neophyten und Katechumenen sind verboten; Christen dürfen keine Synagogen betreten; jüdische Werkstätten, Warenlager,
Magazine und Schuppen außerhalb der Wohnviertel sind ebensowenig
gestattet wie Miet- und Pachtverhältnisse zwischen Christen und Juden.
Drei Paragraphen untersagen Dienstboten- sowie Kutscher-, Hebammen-
und Ammentätigkeit von Christen bei jüdischen Familien; weitere Ab-
schnitte regeln spezielle Einzelheiten des Umgangs von Christen und Juden
(Vertraulichkeit, Unterhaltung, Geselligkeit, Essen, Trinken, Glücksspiel,
Benutzung von Kutschen). Ein letzter Schwerpunkt reguliert schließlich
die Wohn- und Bewegungsfreiheit der jüdischen Untertanen innerhalb des
Kirchenstaates: kein Wohnsitz außerhalb der Ghettos, nächtliche Schlie-
ßung der Wohnviertel, kein nächtlicher Aufenthalt außerhalb der Ghettos,
kein gemeinsames Wohnen mit Christen, Reisen zu Handelsmessen und
Märkten nur mit schriftlicher Erlaubnis der zuständigen Behörden, kein
Verkehr in Klöstern. Der abschließenden Verfügung, daß alle genannten
Gebote auch für ausländische Juden gälten, solange sie sich im Kirchen-

staat aufhielten, gesellen sich schlußendlich die Erneuerung der Pflicht bei, die christliche (Zwangs-)Predigt zu hören – «das beste und wirksamste Mittel, um den Übertritt der Juden zu erreichen» –, sowie die Übertragung der Überwachungs- und Exekutivrechte an die Inquisition.

Die Übertretung und Mißachtung der einzelnen Verfügungen stellt das *Editto* unter verschiedene Strafen, in der Regel Geldstrafen zwischen – für die meisten Juden – empfindlichen 20 und schlicht unbezahlbaren 300 Scudi. Alternativ oder zusätzlich werden auch Rutenhiebe, öffentlicher Aufzug mit dem Folterseil und Gefängnis genannt. Diese Strafmaße, übrigens nicht nur Juden, sondern auch Christen angedroht, sofern sie sich den Paragraphen des Edikts widersetzten, muten kaum weniger irreal an als die Ge- und Verbote in ihrer Häufung selbst. Waren sie realistischerweise überhaupt zu verhängen, die Geldstrafen auch einzutreiben? Schließlich: War dieses nur grob sortierte Sammelsurium von Ge- und Verboten exekutiv, administrativ und juridisch überhaupt praktizierbar, seine Durchsetzung wirklich und stets gewünscht? Fragen wie diese rühren an die fundamentale Spaltung von theologisch-ideologischer und realpolitischer Ebene, und nach einem geschärften Blick auf letztere wird die Antwort durchweg Nein lauten müssen. Allein, um nur ein Beispiel zu nennen, die Aufsichts- und Exekutivrechte auf die Inquisition zu übertragen, war zwar auf dem Papier möglich, jedoch kaum umsetzbar. Zweifellos hatten die einzelnen Vorschriften des Katalogs, allesamt ja der Gegenreformationszeit entsprungen, in verschiedenen Epochen in unterschiedlicher Intensität und Auswahl Anwendung gefunden, in anderen Zeiträumen waren sie aber auch mehr oder minder lange wieder in Vergessenheit geraten. Hier hatte gegolten und galt auch über das Edikt von 1775 hinaus in besonderer Weise das Prinzip «Wo kein Kläger, da kein Richter»: Oftmals waren Kläger da, meist jedoch nicht. Niemals aber, vorher wie nachher, wurden die Judengesetze des Kirchenstaates in der vom *Editto sopra gli Ebrei* suggerierten Systematik und Vollständigkeit angewandt. Wer das Edikt über die Juden von 1775 als «Verfassung» titulieren möchte, wird nicht umhin kommen, die entsprechende «Verfassungswirklichkeit» als weit vom Buchstaben dieser Verfassung entfernt zu charakterisieren. Ihn faktisch umzusetzen, hätte nichts anderes bedeutet als das Ende jüdischen Lebens im Kirchenstaat, weil dieser «Buchstabe der Verfassung» vor allem die wirtschaftlichen Subsistenzmöglichkeiten der jüdischen Untertanen des Papstes zerstört hätte. Das jedoch lag nicht im Interesse des Heiligen Stuhls und seines judenpolitischen Paradigmas, der doppelten Schutzherrschaft.

Was aber war das *Editto* dann, wenn schon keine sinnvolle Basis für konkretes politisches Handeln? Es war eine idealtypische Summe juridisch-theoretischer Positionen, ohne sinnvolle reale Basis, eine Zusammenfassung all jener Gesetze, die sich seit Beginn der reformatorischen Defensive aus jener Komponente der doppelten Schutzherrschaft entwickelt hatten, die den Schutz der Christen vor den Juden forderte. Es war die Kodifikation jener «Grenzen der Toleranz», von denen Benedikt XIV. – der die Kompilation selbst ja bereits 1751 veröffentlichte – zu den polnischen Bischöfen gesprochen und innerhalb derer er zu Pragmatik geraten hatte. Von der Präambel abgesehen, deuten alle inhaltlichen Schwerpunkte des Edikts auf diese Seite der doppelten Schutzherrschaft hin: Der soziale Umgang von Christen und Juden sollte, mußte – das war seine Lehre – weitgehend unterbunden werden. All jene seit dem 16. Jahrhundert realpolitisch höchst umstrittenen Punkte faßte es denn auch zusammen: Mobilität und Wohnrecht der Juden, Ghettopflicht, Ghettoschließung, Geschäftsbeziehungen zu Christen, Kennzeichnungspflicht. Keines dieser Probleme war realpolitisch bis zum Pontifikat Pius' VI. jemals gelöst worden; hätte es anderenfalls jener Kompilation, jener Neueinschärfung bedurft? Mußte nicht auch Pius VI. bewußt sein, daß diese Kompilation faktisch nichts durchsetzen würde, wenn ihre längst bestehenden Einzelgesetze sich bisher nicht hatten durchsetzen können? Und tatsächlich sollten die im 19. Jahrhundert unverändert fortgeführten Diskussionen über die alten Fragen auch weitgehend unbeeindruckt und unbeeinflußt von jenem Edikt des Jahres 1775 stattfinden.

Unmittelbar erzeugte Pius' Edikt einen Sturm des Protestes aus allen Teilen des Kirchenstaates, um anschließend bald wieder aus dem allgemeinen Bewußtsein zu verschwinden; 1793, drei Jahre bevor der Sturm der Revolution zum ersten Mal über den Kirchenstaat hinwegfegte, versuchte das Heilige Offizium, es erneut ins Gedächtnis zu rufen, so folgenlos wie beim ersten Mal. Danach wurde es als solches nie mehr erneuert, wenngleich die meisten seiner Einzelbestimmungen niemals offiziell außer Kraft traten. Den historisch-politischen Umständen entsprechend – der über das gesamte 18. Jahrhundert hinweg sich verschärfenden Defensive des Heiligen Stuhls und der römischen Kirche gegenüber den zuerst nur geistig entworfenen, schriftlich propagierten, später dann auch militärisch durchgesetzten Ideen der neuen Zeit – neigte sich die Waagschale der doppelten Schutzherrschaft unverkennbar auf eine Seite. Noch unter Benedikt hatte sie sich im Gleichgewicht befunden, hatte der Geist der als Handlungsprinzip formulierten Pragmatik dazu gedient, beide Seiten auszutarieren. Jetzt, unter Pius VI., sollte, wie bereits in der von der Reformation ausgelösten Defensive des 16. Jahrhunderts, erneut der Schutz der Christen vor dem vermeintlich verderblichen Einfluß der Juden auf das Seelenheil dominieren. Parallel, und in der folgenden Zeit dann besonders vorangetrieben von den Schüben der Revolution, öffnete sich zusehends die Schere zwischen dem alten Konzept der doppelten Schutzherrschaft und den neuen Anforderungen an eine zukunftsweisende Politik der Päpste den Juden gegenüber. Hatte die doppelte Schutzherrschaft in ihrem durch Pragmatik austarierten Gleichgewicht vor allem während des 17. und während der beiden ersten Drittel des 18. Jahrhunderts den Anforderungen noch genügen können, erreichte sie jetzt ihre Grenzen.

Pius VII., Consalvi und der Reformplan Salas, 1814

Im April 1814 überreichte der nachmalige Kardinal Giuseppe Antonio Sala Papst Pius VII. in Bologna einen eigenhändig ausgearbeiteten Plan für eine durchgreifende Reform des Kirchenstaates.[11] Pius befand sich auf der Heimreise aus der französischen Gefangenschaft, um nach dem Ende der napoleonischen Herrschaft über Europa von seinem Territorium wieder Besitz zu ergreifen. Nach dem verheerenden Experiment einer Republik (1798/1799) und über fünfjähriger Annexion des Kirchenstaates durch das französische Kaiserreich (1809–1814) bestand im Staat des Papstes in hohem Maße und auf allen Feldern des öffentlichen Lebens Reformbedarf. Die entscheidende und umstrittene Frage ging dahin, welcher Weg zwischen Restauration und Erneuerung gefunden und begangen werden sollte.

Im Jahre 1814 gehörte Sala weder dem Kreis der Kurienprälaten noch dem der hohen Würdenträger des diplomatischen Korps an. Trotzdem war er eine wichtige Stimme im Konzert der Konservativen im engeren Umkreis des Papstes. Er zählte zu den Vordenkern der Zelanti-Gruppe, der «Eiferer», der Fraktion konservativer bis hochkonservativer Kardinäle und Prälaten, deren Hauptvorwurf an Kardinalstaatssekretär Consalvi darin bestand, der Revolution und ihren Neuerungen gegenüber zu konziliant eingestellt zu sein. 1831 erhob ihn Gregor XVI. zum Kardinal.

Grundvoraussetzung einer Reform des Kirchenstaates bildete für Sala die strikte Trennung von geistlicher und weltlicher Sphäre; der Doppelcharakter des Papsttums und des Heiligen Stuhls sollte sozusagen gespalten werden: hier die essentielle spirituale Aufgabe, institutionelle und personale Spitze der römisch-katholischen Kirche zu sein, geistig-geistliches Zentrum, dort die nur nachgeordnete Aufgabe, das «Temporale», die weltlichen Güter, den Kirchenstaat zu lenken und zu verwalten. Salas konsequente Folgerung war, die geistlichen Kurialen, angefangen beim Papst, sollten sich auf ihre geistlichen Aufgaben konzentrieren, alles Weltliche sollte hingegen Laienpolitikern und -beamten übertragen werden.[12] Dies war eigentlich nicht die klassische Position eines Konservativen; im Gegenteil, in ihrer Forderung nach «Säkularisation der Kurie» brach sie mit eingewurzelten Denktabus. In manchem, gerade auch in dem Nachdruck, den sie auf die Stärkung der Laienpositionen legte, deckte sie sich durchaus mit Vorstellungen Consalvis, und wenn hier ein Gegensatz zwischen «konservativ» und «liberal» zu suchen ist, dann allenfalls in Salas Abneigung gegen die Übernahme bewährter Reformen der französischen Besatzungszeit und in seinen Forderungen nach strenger Erneuerung von Ethos, Disziplin und Amtsverständnis innerhalb des geistlichen Standes, vom Kardinalskollegium bis zu den Säkularklerikern.

Trotz der teilweisen Übereinstimmung ließ Consalvi die wenigen gedruckten Exemplare von Salas Reformplan sehr sorgfältig aus dem Verkehr ziehen, so daß dessen Initiative der durchschlagende Erfolg versagt blieb. Der Grund lag wiederum nicht im Gegensatz «konservativ – liberal», sondern vielmehr in Salas radikaler Konsequenz, die der realpolitischen Natur Consalvis zuwiderlief. Die Prälaten zu entmachten, dieses prägende Strukturelement des Systems Kirchenstaat zu verändern, «das fatale Existenzproblem dieses Staates»[13] anzugehen, hielt Consalvi in der von Sala vorgeschlagenen «idealistischen» Unbedingtheit für unmöglich, obgleich er ihm in der Diagnose sicherlich beipflichtete. Der «Konservative» Sala dachte «fortschrittlicher» als der «Liberale» Consalvi, aber eben nicht «politisch» genug. In *dieser* Diagnose sprangen Consalvi sogar zelantische Freunde Salas bei und befürworteten gleichfalls die Unterdrückung des ambitionierten Reformplanes.

Kaum weniger radikale, wenngleich diesmal freilich deutlich zelantische Positionen verfocht Sala im Artikel 35 seines Reformplanes über die Juden. Deren «allzugroße Freiheit» sei ein dringend zu behebender Mißstand.[14] Daß die Juden gegenwärtig den Christen völlig gleichgestellt seien, prangert Sala als Ergebnis der Emanzipationspolitik der Besatzungsmacht an; freilich habe sich die Unsitte der Gleichstellung schon früher eingeschlichen. Insbesondere seit die «Ideen der modernen Philosophie» die bedeutenden Throne Europas infiltrierten, hätten die Juden die Gelegenheit genutzt, «ihr Joch abzuwerfen» und hätten vollkommene Freiheit, ja Schutz erlangt, «ihren Aberglauben auszuüben.» So «fanden diese unversöhnlichen Feinde des Christentums, diese unermüdlichen Verfertiger von Betrug und Täuschung Beistand von denselben Händen, die sie hätten im Zaume halten, bändigen müssen. Kühn geworden, schreiten sie erhobenen Hauptes einher und hängen der dummen Einbildung an, daß die Wiederkehr des Reiches Juda nahe sei, die schon begrabene Synagoge wiederauferstehen und die unfehlbaren Prophezeiungen des Erlösers Lügen strafen könnte.»¹⁵ An vielen Orten lebten die Juden, reich und mächtig geworden, in Promiskuität unter und mit Katholiken, ja beschäftigten Christen als Dienstboten. In der Toskana habe er, Sala, sogar erlebt, daß Juden Priester zu ihren Festen geladen hätten; ein anderer ihm bekannter Priester habe als Lehrer in einer jüdischen Familie gewirkt; Juden besäßen Güter, die überall an Güter in kirchlichem Besitz grenzten. «Sehr bald werden wir auch bei uns diese Mißstände erleben, wenn wir nicht versuchen, sie zu vermeiden, indem wir jener von den Juden erlangten Freiheit einen Riegel vorschieben.»¹⁶

Der Artikel 35 des Reformplanes war, bei allem sonstigen reformerischen Innovationsmut Salas, ein unerträglich ideologisches Manifest. Er warnte vor angeblichen Mißständen, die der Autor außerhalb des Kirchenstaates beobachtet haben wollte, und ging mit keinem Wort auf die reale Situation der Juden im Staat des Papstes ein. Einzig in der pauschalen Ablehnung der vollständigen Emanzipation – den Juden des Kirchenstaates bereits während der Republik und dann wieder während der Zugehörigkeit zum französischen Kaiserreich gewährt – bezogen sich Salas Ausführungen auch auf das Objekt seiner eigenen Reformvorschläge. Eine empirische oder auch nur analytisch gewonnene Basis lag Salas Folgerungen nicht zugrunde. Er argumentierte rein ideologisch, indem er Versatzstücke der doppelten Schutzherrschaft mit der von ihm als unbefriedigend empfundenen historischen Situation verknüpfte: die Juden als unversöhnliche Feinde der Christen, die ständig auf Betrug und Täuschung sinnen; die Juden als Nutznießer jener umgreifenden, durch die Prinzipien der «modernen Philosophie» eingeschleiften Säkularisierung; beides zusammen ein diffuses Bedrohungsszenario.

Auf dieser Grundlage war keine Politik, keine Reform, ja nicht einmal eine Restauration zu machen, die wenigstens zum Prinzip der richtig verstandenen doppelten Schutzherrschaft hätte zurückkehren müssen. Vielleicht war auch Artikel 35 mit ein Grund für Consalvis Anweisung, den Reformplan einstampfen zu lassen. Sala trieb die seit dem Edikt von 1775 zu beobachtende Verschiebung der Gewichte noch weiter; in seiner Diagnose existierten keine zu schützenden Juden mehr, verfügten sie doch ohnehin bereits über «zu viele Freiheiten»; zu schützende Christen hingegen enthielt sein Bedrohungsszenario zuhauf. Vor dem Hintergrund jener «neuen Philosophie» hatte die doppelte Schutzherrschaft als handlungsleitendes Konzept aber ausgespielt, weil jetzt nicht mehr Judenschutz, sondern Judenemanzipation das Thema der Zeit war. Die Forderung nach völliger Emanzipation der jüdischen Untertanen des Papstes konnten jedoch weder die Zelanti noch die Liberalen erfüllen: der Kirchenstaat war und blieb ein Staat um einer Religion willen, in der es eine Gleichberechtigung verschiedener religiöser Bekenntnisse per definitionem nicht geben konnte.

An Salas Reformplan läßt sich nun zeigen, wie sich die Zelanten auf ideologische Härte versteiften, die doppelte Schutzherrschaft mehr und mehr einseitig auslegten und damit, was von ihr Sinnvolles noch übrig war, gänzlich zerstörten – ein Prozeß, der bereits mit dem Edikt von 1775 begonnen hatte und über Sala, Leo XII., Gregor XVI. bis hin zu Pius IX. führte. Auf der anderen Seite versuchten die Liberalen eher, Theorie Theorie sein zu lassen und den Juden gegenüber möglichst pragmatisch Politik zu machen, eine Politik freilich, die sich dann in mehr oder weniger inspirierten Einzelaktionen erschöpfen sollte und der letztlich die leitende Perspektive fehlte. Consalvis Praxis der De-facto-Toleranz zwischen 1814 und 1823 bildet dafür das beste Beispiel. Gegenüber der Haltung vieler Konservativer, die sich bewegungslos hinter der von Sala formulierten Position verschanzten und alle Maßnahmen den Juden gegenüber nur im Rahmen des Bedrohungsszenarios sahen, war dies aber immerhin noch Politik, nicht lediglich Blockade; allein Leo XII. (1823–1829) brach aus dieser konservativen Erstarrung aus: Er sollte der letzte Papst sein, der versuchte, auf der Basis jener einseitig gewichteten doppelten Schutzherrschaft eine systematische und zielgerichtete «konservative» Judenpolitik zu treiben. Auch er scheiterte.

Der Juden-Artikel des Reformplans Giuseppe Antonio Salas markiert die für die Beurteilung der Judenpolitik des Heiligen Stuhls im 19. Jahrhundert entscheidende Trennlinie, auf deren einer Seite die im wesentlichen zelantischen Ideologen mit abnehmendem Realitätsbezug, auf deren anderer die im wesentlichen liberalen «Politiker» mit zunehmender Konzeptionslosigkeit standen. Inwieweit, von dieser allgemeinen Bedeutung abgesehen, Salas Ausführungen über die Juden im Frühjahr 1814 eine direkte Wirkung auf die Maßnahmen des Delegaten Agostino Rivarola und Prostaatssekretärs Bartolomeo Pacca zeitigten, die von Pius VII. beauftragt waren, in Rom die päpstliche Herrschaft wieder herzustellen, muß fraglich bleiben. Wahrscheinlich war Salas Reformplan den beiden Politikern nicht einmal bekannt; aber der von ihnen sogleich verfügte «Wiedereinschluß» der Juden ins Ghetto atmete zweifellos den Geist Salas. Eine andere «direkte» Wirkung mit allerdings erst längerfristigen Folgen übte Salas Schrift und mit ihr jener Artikel 35 über die Juden auf den jungen Gioacchino Pecci aus. Während seines Studiums an der Accademia dei Nobili Ecclesiastici zwischen 1832 und 1837 verkehrte der spätere Papst Leo XIII. intensiv mit dem alten Kardinal Sala. Dieser ging mit ihm auch das Manuskript des *Piano di riforma* durch, vertraute es ihm gar an, so daß sich der Student eine Abschrift anfertigen konnte. Offenbar verinnerlichte Pecci auch den Inhalt des Artikels 35 gründlich; noch mehr als sechzig Jahre später sollten Salas Thesen sich in den Äußerungen des Papstes wiederfinden lassen.[17]

Leo XII. und Jabalots Pamphlet über die Juden, 1825

Im September des heiligen Jahres 1825 erschien im dritten Heft des *Giornale ecclesiastico di Roma* ein Artikel unter dem Titel «Alcune riflessioni sugli ebrei.» Als Verfasser firmierte der Pro-Prokurator und spätere General des Dominikanerordens, Francesco Ferdinando Jabalot, seit kurzem zusammen mit dem Theatinerpater Gioacchino Ventura auch Direktor des *Giornale*. Fast gleichzeitig publizierte der römische Verlag Vincenzo Poggioli einen Separatdruck des Artikels Jabalots, der in der Folgezeit mehrere Auflagen erlebte.[18] Jabalot und Ventura gehörten zu einem Kreis streng restaurativer Denker, die der vor allem von französischen Schriftstellern wie De Maistre, Bonald und Lamennais propagierten Idee einer Wiedererstarkung des Papsttums zur geistig-geistlichen Führungsmacht Europas anhingen. Seit der Wahl Annibale Della Gengas zum Papst im September 1823 hatte sich das politische wie intellektuelle Klima in Rom entsprechend gewandelt. Leo XII. schlug als Vertreter der gegen die liberale Politik Consalvis gerichteten Zelanti-Gruppe einen Kurs der Resakralisierung ein, von dessen Erfolg aller Welt sichtbar ein «heiliges Rom» künden sollte. Das heilige Jahr 1825 gedachte Leo als den Höhepunkt seines derart theologisch-ideologisch überbauten Pontifikates in Szene zu setzen. Einen propagandistischen Baustein innerhalb dieses Gesamtkonzeptes bildete das 1798 eingestellte und jetzt wiederbelebte *Giornale Ecclesiastico*.

Jabalots Artikel steigerte die Sala-Doktrin zu einer antijudaistischen Kampfschrift. An die Programmschriften der französisch-katholischen Restaurationsbewegung, an Louis de Bonalds Artikel «Sur les juifs» von 1806, an einschlägige Passagen aus dem dritten Band des *Essai sur l'indifférence en matière de Religion* Hugues Félicité de Lamennais' von 1823 konnte er dabei ebenso direkt anknüpfen wie an das aus dem näheren Umkreis stammende zwei Jahre ältere Buch des Dominikanerpredigers Filippo

Aminta *L'Ebraismo senza replica*.[19] Aminta war 1823 noch vom damaligen Kardinalvikar Della Genga bestellt worden, die samstägliche Zwangspredigt an die Juden in der Kirche S. Angelo in Pescheria am Rande des Ghettos wieder aufzunehmen. Sein Buch hatte er Della Genga gewidmet.

Beide Schriften, Amintas Buch und Jabalots Artikel, dürfen als Ausdruck der neuen Ideologie der Resakralisierung gelten. In deren Rahmen bildeten die Juden einen trüben Fleck auf dem vor Heiligkeit strahlenden Wunschbild des «neuen Rom», einen Fleck, der entweder durch Anregung zur Konversion verkleinert oder aber durch Beschränkung der Bewegungsfreiheit der Juden dem Gesichtsfeld des Betrachters möglichst entzogen werden sollte. Aus diesem Grunde rechtfertigte Jabalot einerseits die strikte Wiedereinführung und Anwendung aller seit Pius VII. vernachlässigten Judengesetze sowie die konsequente Beschränkung der Juden auf das Ghetto und rief gleichzeitig zur Konversion auf. Ein anderer Weg als der Übertritt könne für Juden niemals zur vollwertigen Aufnahme in die christliche Gesellschaft führen.[20] Das ideologische Gerüst Salas untermalt Jabalot mit aggressivsten Tönen; wild polemisiert er gegen liberalkatholische Denker, Jansenisten, freimaurerische Philanthropen und aufklärerische Philosophen, kurz, gegen all diejenigen, die Forderungen nach einer Teil- oder gar Vollemanzipation der Juden unterstützten. Zwar blitzt in einzelnen Passagen seines Textes noch jene Maxime der doppelten Schutzherrschaft auf, die verboten hatte, die Juden zu hassen und zu verfolgen,[21] doch gehen solche Akzente unter in Tiraden der Schmähung und Verleumdung. Das Stereotyp ewiger Sklaverei als Folge der Verfluchung der «Gottesmörder» kehrt wieder. Ihre «Laster» und «schlechten Eigenschaften» trügen die Juden seither als kollektive Strafe mit sich herum; sie seien im Lauf der Geschichte ein ständiger Quell von «Turbulenzen und Unruhen» gewesen, das ewig wandernde, das ausgestoßene Volk, die eingeborenen Feinde der Christen. «Im Blut der Christen wuschen sie sich die Hände, Feuer legten sie an Kirchen, [...] geweihte Hostien traten sie mit Füßen [...]; in ihrem Haß auf Christus kreuzigten sie Gläubige, raubten Kinder und schlachteten sie ab, vergewaltigten gottgeweihte Jungfrauen und mißbrauchten getaufte auf die brutalste Weise.»[22] Befreiung, Gleichberechtigung, Emanzipation könnten nichts ändern an diesem verderbten Volkscharakter, öffneten im Gegenteil Tür und Tor für die kommende Unterwerfung der Christen durch die Juden, für «eine harte, unerbittliche, tyrannische» Herrschaft.[23]

Inhaltlich wesentlich Neues kam gegenüber der knapp gehaltenen Sala-Doktrin weder bei Aminta hinzu – der sich in umständlichen Erörterungen

zur Konversionsthematik verzettelte – noch bei Jabalot. Neu für den hier
zu betrachtenden Zeitraum klingt die aggressive Hetze mit ihrer grotesken
Überzeichnung und Häufung von Schreckensbildern, vor allem jedoch der
Evokation eines angeblich unabänderlichen Volkscharakters, von der
schon erste Spuren in Richtung späterer Theorien über angebliche «Ras-
seneigenschaften» zu führen scheinen. Offenbar bemerkte Jabalot in seinem Furor gar nicht, wie sehr er damit zu sich selbst in Widerspruch trat.
Wie hätte sich ein derart tief eingewurzelter «schlechter Charakter» eines
ganzen Volkes mit dem Übertritt zum Christentum schlagartig und auf einmal ändern sollen? Nicht anders als der Prediger Rudolf von Mainz sie-
benhundert Jahre zuvor verließ Jabalot den Boden der althergebrachten
ausgewogenen und zudem auch denjenigen der seit dem Edikt von 1775
ideologisch eingebürgerten einseitig gewichteten doppelten Schutzherrschaft. Im Sala-Plan hatte sich dieser Schritt bereits abgezeichnet, vollzo-
gen wurde er jetzt, durch Jabalot. Denn jenen, von Ganganellis Gutachten
und Benedikts Brief-Enzyklika an die polnischen Bischöfe zuletzt noch ab-
gesteckten, uralten theologischen Rahmen sprengte Jabalots Text eindeutig, indem er die Juden als separierte, verstoßene, verfluchte «Nation» aus
der Heilsgeschichte hinauskatapultierte. Dies aber widersprach jener von
Gregor IX. und anderen Päpsten so eindringlich beschworenen, aus der
wohlverstandenen paulinischen Lehre entwickelten theologischen Leitlinie
von den Juden als den Geschöpfen Gottes, die, gläubig oder nicht, das Antlitz des Schöpfers trügen und auf lange Sicht gerettet würden. Die Juden
schlechterdings, wie Jabalot es tat, als «die Verstoßenen» zu diffamieren,
die ausschließlich durch Konversion in den Kreis der «Geretteten» treten
könnten, simplifizierte Kernaussagen der Heiligen Schrift und mißachtete
maßgebliche Interpretationslinien der theologischen Tradition auf gefährliche Weise.

Rudolf von Mainz freilich war auf den Einspruch und die Rüge Bernhards von Clairvaux gestoßen, und noch Benedikt XIV. und Ganganelli
hatten in der Mitte des 18. Jahrhunderts aus gegebenem Anlaß an diesen
Einspruch erinnert. Die päpstliche Aufgabe war immer gewesen, Hetze
und Haß zum Schutz der Juden zurückzuweisen. Wer widersprach Jabalot
jetzt? «Sein Papst» nicht, zumindest nicht öffentlich. Im Gegenteil: Trotz
mittlerweile umfangreicher Quellenkenntnis kann weiterhin nicht ausgeschlossen werden, daß Della Genga, entweder noch während seiner Zeit
als Kardinalvikar oder erst als Papst Leo XII., Jabalot sogar direkt beauftragt hatte, zur Feder zu greifen. Daß er eine restriktive Judenpolitik zu
betreiben gesonnen war, die sich in das Gesamtkonzept seiner Politik der

Resakralisierung Roms einzubetten hatte, steht jedenfalls außer Frage. Bereits als Kardinalvikar hatte Della Genga jene Linie vorgezeichnet, die er als Papst weiterverfolgen sollte, hatte die Zwangspredigt wieder eingeführt und die Möglichkeit ausgelotet, das römische Ghetto nicht nur zu vergrößern, sondern insgesamt an den Rand der Stadt zu verlegen. Zum Papst erhoben, bewies er Sinn für die propagandistischen Aspekte seiner selbstgesteckten Aufgabe: Als sich das Heilige Offizium im Sommer 1825 in Detaildiskussionen über die zukünftige Gangart den Juden gegenüber zu verzetteln drohte, beauftragte Leo den Kommissar der Kongregation höchstpersönlich, in der Redaktion des *Giornale Ecclesiastico* Artikel zu veranlassen, die eine Neuauflage des Edikts von 1775 (Abb. 4) in einen Zusammenhang mit der Judenpolitik anderer europäischer Führungsmächte der Restauration, insbesondere Rußlands, stellen sollten. War dies der Ursprung des Artikels Jabalots? Das ist nicht auszuschließen. Wichtiger als diese Frage scheint jedoch eine andere: Wie stand Papst Leo zu den Inhalten des Jabalot-Textes? Hatte er wirklich 1500 Exemplare des Separatdruckes angefordert, um sie in den Schreibstuben und Büros Roms auslegen zu lassen?[24] Übermittelte dagegen der piemontesische Gesandte eine Fehleinschätzung nach Turin, wenn er schrieb, der Artikel Jabalots – über den man in Rom viel spreche – habe beim Papst wenig Zustimmung hervorgerufen?[25]

Nicht zu eilfertig sollte jedenfalls Leos Judenbild mit demjenigen Jabalots identifiziert werden. Sicher, er konnte sich Jabalots als Scharfmacher bedienen, um halboffiziell Lunten zu legen, die als Papst selbst zu legen die Würde des Amtes nicht zuließ. Welches Ergebnis außer Aufruhr und Gewalt gegen die Geschmähten hätte jedoch ein solches Vorgehen zeitigen sollen? Beides wäre wiederum kaum mit Leos strategischem Ziel – das «Heilige Rom» zu errichten – vereinbar gewesen. Die Juden samt und sonders des Kirchenstaates zu verweisen, stand bezeichnenderweise auch unter diesem Papst niemals zur Debatte, ein unverkennbarer Hinweis darauf, daß auch Leo jene für ihn als Papst ja ohnehin verpflichtende Tradition der Zugehörigkeit der Juden zum *Stato Pontificio* unverändert ernst nahm. Antijüdische Propaganda konnte auch in Leos Konzept «nur» bedeuten, die Christen zu indoktrinieren, auf daß diese ihre sozialen Kontakte zu Juden so weit wie möglich einschränkten, die zu erneuernden Judengesetze akzeptierten und einhielten, ja gegebenenfalls bisher ungekannten Maßnahmen, wie etwa einer Verlegung des römischen Ghettos an die Peripherie, zustimmten. Antijüdische Propaganda war für Leo eine Spielart seines Feldzugs gegen jene Sekte des «Indifferentismus» und der «Toleranz», den er in seiner Antrittsenzyklika *Ubi primum* im Mai 1824 angekündigt hatte.[26] Sie war Teil der ideologischen Wiederaufrüstung des Papsttums, die – übertrieben, aber an sich logisch – während des Pontifikates Leos XII. der territorialen Restitution des päpstlichen Staates unter Pius VII. folgte. Innerhalb dieser Koordinaten zielte Leos Judenpolitik auf ein Zurückdrängen der Juden aus dem öffentlichen Leben ab, auf ihre neuerliche Separation in den Ghettos, nicht aber auf Gewalttätigkeit, Vertreibung oder gar «heilsgeschichtliche Verstoßung» in der von Jabalot vorgeschlagenen Rigidität. Nicht auszuschließen ist, daß sich Papst Leo den durch ihn erhöhten Konversionsdruck durch das Wiederbeleben der Zwangspredigt, durch die Verschärfung des Kontrasts zwischen einer erneuerten Ghettoexistenz und ungekannten, via Übertritt zum Christentum zu gewinnenden Freiheiten sogar als Wohltat sub specie aeternitatis anrechnete.

So problematisch und letztlich erfolglos Leos Rekonzentrationspolitik den Juden gegenüber auch war, bewegte sie sich jedenfalls noch im Rahmen jener seit dem Edikt von 1775 und seit Salas Reformplan unter dem Druck der Emanzipationsbewegung zunehmend einseitig gewichteten doppelten Schutzherrschaft, nicht neben ihr. Genau in diesem Punkt jedoch mußten Leo XII. und Jabalot – päpstlicher Auftrag hin oder her – differieren; genau in diesem Punkt ging Jabalot zu weit. Ganz anders als Salas einer größeren Öffentlichkeit vorenthaltener Juden-Artikel zeitigte Jabalots Pamphlet, einmal erschienen, Breitenwirkung, nicht nur durch die diversen Sonderdrucke, sondern auch durch die Multiplikation seiner Inhalte in Folgeschriften.[27] Aber auch Widerspruch blieb nicht aus. Der liberale Advokat Giovanni Vicini – während des Aufstandes von 1831 einer der führenden Revolutionäre im Norden des Kirchenstaates – geißelte Jabalots Thesen 1827 in Bologna.[28] Selbst Angehörige des geistlichen Standes stimmten Jabalot nicht uneingeschränkt zu[29] – ein weiteres Indiz dafür, daß der Dominikaner einen Weg zu beschreiten begonnen hatte, der weit vom bisherigen Konsensmodell der doppelten Schutzherrschaft wegführte.

Die konsequente Richtung dieses Weges wies ein anderes, ebenfalls 1826 in Rom erschienenes anonymes Pamphlet. Die *Dissertazione sopra il commercio, usure, e condotta degli ebrei nello Stato Pontificio* verlagerte nämlich den Schwerpunkt der Polemik von der religiösen auf die ökonomische Sphäre und beschwor das Gespenst einer drohenden wirtschaftlichen Dominanz der Juden über die Christen, das Schreckbild christlichen Ruins durch zunehmende Aneignung des großen Grundbesitzes infolge unveränderter oder gar noch wachsender «Freiheiten» der Juden.[30] Blank und unverhohlen zeigt sich hier jener sozioökonomisch motivierte Antijudaismus, den die doppelte Schutzherrschaft doch gerade immer zurückgewiesen hatte. Mit seinem Schwadronieren über den «verderbten jüdischen Volkscharakter» hatte Jabalot entscheidend dazu beigetragen, einem ökonomischen Antisemitismus die Schleusen zu öffnen. Theologie und Heilsgeschichte spielten in dieser ganz materialistischen Schrift, die sich bezeichnenderweise selbst als logische Fortsetzung und Ergänzung Jabalots verstand, keine Rolle mehr. Sie gipfelt denn auch in einer der doppelten Schutzherrschaft essentiell zuwiderlaufenden Forderung nach Ausweisung und Vertreibung der Juden als jenes «anderen», kollektiv vom «Bösen» beschmutzten Volkes,[31] eines «Bösen», das dann in letzter Konsequenz zum – auch durch Konversion – nicht mehr tilgbaren Stigma werden sollte.

Jabalot und sein anonymer Fortsetzer markierten jene Abzweigung, an der ein geistiger Trampelpfad von der doppelten Schutzherrschaft zum modernen Antisemitismus abging. Insofern war Jabalots Pamphlet mehr als nur der «Fixpunkt des katholischen Antijudaismus des gesamten 19. Jahrhunderts»[32], mehr als nur die «letzte römische Apologie des Ghettos».[33] Gleichwohl war es nicht der Urkeim des modernen Antisemitismus. Es riß antijudaistische Versatzstücke der christlichen Tradition, die bisher in das Konzept von der doppelten Schutzherrschaft eingebunden und damit einigermaßen unter Kontrolle waren, aus ihrer althergebrachten Verankerung und verlieh ihnen eine neue, gefährliche Eigenwertigkeit. Welche ideologischen und realen Folgen diese Freisetzung zeitigen sollte, konnten weder Jabalot noch Leo XII. absehen. Für die konkrete Politik des Papstes Della Genga den Juden gegenüber blieb Jabalots Text zunächst kaum mehr als eine Marginalie; denn auch Leo stieß auf diesem Feld sehr bald an die Grenzen der realen Gegebenheiten im Kirchenstaat, Realitäten, denen sein Resakralisierungstraum insgesamt nicht gewachsen war. So unerfüllt dieser Traum blieb, so unausgegoren endete auch Leos restriktive Judenpolitik. Nach seinem Tod im Februar 1829 fand sie keine Fortsetzung mehr.

Gregor XVI. und ein Brief Metternichs, 1843

Anfang August 1843 gelangte dem Staatssekretariat ein Brief zur Kenntnis, den der österreichische Staatskanzler an einen der Botschaftsräte seines Landes beim Heiligen Stuhl geschrieben hatte. Weil es nicht seinen Prinzipien entspreche, sich in die Angelegenheiten fremder Staaten einzumischen, führte Metternich darin aus, habe er diesen ungewöhnlichen Weg gewählt, eine Bitte der Bankiers Rothschild für die an der Adriaküste gelegenen jüdischen Gemeinden Anconas, Pesaros und Senigallias zu unterstützen.[34] Der Herr Botschaftsrat möge dem Kardinalstaatssekretär in aller Vertraulichkeit einige Überlegungen nahebringen, die den zweifellos alles überragenden Prinzipien «unserer Heiligen Religion» einige eher «irdische Erwägungen» zur Seite stellten. Ihm, Metternich, schiene es, als gründeten die Regelungen, über die sich die Juden in den drei Städten beklagten, in Vorstellungen eines älteren kirchlichen Ordnungssystems, welches, wiewohl in Einklang mit einer vergangenen Epoche, doch nicht mehr in Dekkung zu «den Zeiten, in denen wir leben», zu bringen sei. Unabänderliche Prinzipien seien von irdischer Disziplin zu scheiden. Könne an jenen nichts geändert werden, so sei diese weitmöglichst den Bedürfnissen des jeweiligen Augenblicks anzupassen. «Die Juden sind heute nicht mehr, was sie früher einmal waren; sie haben fast völlig ihren primitiven Fanatismus abgelegt, und wir sehen dem Schoße des Judentums Reformatoren entwachsen [...], die vielleicht den Grund zu einer großen Konversionsbewegung legen werden. Deshalb, denke ich, ist überhaupt kein Risiko damit verbunden, die Juden in den Genuß angemessener Toleranz zu setzen, zumal in einer Zeit, in der Griechen und Protestanten jeglicher Couleur sich derart intolerant gegenüber den Katholiken erweisen.» Der Heilige Vater, schloß Metternich, habe nichts zu verlieren und alles zu gewinnen, lasse er seinen «israelitischen Untertanen» eine Milde angedeihen, die weit davon entfernt wäre, als Schwäche zu erscheinen, jedoch diejenigen erröten ließe, die den Geist der Toleranz nicht anders als in Worten zu zeigen fähig seien.[35]

Ancona, Pesaro und Senigallia gehörten zu den acht Städten des Kirchenstaates, in denen jüdische Gemeinden unterschiedlicher Größe «ghettoisiert» in eigenen Wohnvierteln lebten. Vor allem die jüdische Gemeinde Anconas stellte einen nicht unerheblichen Faktor des blühenden Wirtschaftslebens der Hafenstadt dar. Die Erregung von 1843 war durch ein eigenmächtiges Vorgehen des örtlichen Inquisitors entstanden. Dieser hatte hohe Geldstrafen gegen Juden verhängt, die außerhalb der Ghettos Ladengeschäfte betrieben, Immobilien kauften oder christliche Dienstboten beschäftigten. Mehr noch, in einem scharf gehaltenen Edikt hatte der Inquisitor versucht, alte, teils längst vergessene Restriktionen in vollem Umfang wieder einzuführen. Dabei fehlte ihm allerdings die Rückendekkung aus Rom, war nicht nur die legislative Basis seines Vorgehens, sondern auch dessen Übereinstimmung mit dem realpolitischen Kurs der Zentrale keineswegs gesichert.

Intern scheiterte denn auch der Vorstoß des eifrigen Glaubenswächters am Widerstand des örtlichen Bischofs sowie des Heiligen Offiziums in Rom. Papst Gregor XVI. (1831–1846) billigte die Maßnahmen des Inquisitors keineswegs; daß er sie in seinem eigenhändigen Entwurf einer Antwort an den österreichischen Staatskanzler rechtfertigte, war nicht mehr als Verteidigung seiner von außen in Frage gestellten Souveränität. Im Kern seines Schreibens ging es jedoch nicht darum, das Fehlverhalten eines Untergebenen zu kaschieren, sondern auf der von Metternich betretenen Ebene einer Grundsatzdiskussion die eigene, abweichende Grundsatzposition zu erläutern. Nicht anders als Pius VI. im Edikt von 1775 kommentierte Gregor seine Auffassung der ihm als Papst von der Tradition, «den heiligen Canones und fundamentalen Maximen der Kirche» gestellten Aufgabe seinen jüdischen Untertanen gegenüber.[36] Wie er diese Aufgabe konkret ausfüllte, stand, wie für seine Vorgänger und Nachfolger, auf einem jeweils anderen Blatt.

Gregor nahm Metternichs Unterscheidung «unabänderlicher Prinzipien» und «irdischer Disziplin» auf und strich jene Doppelfunktion heraus, in der er sich als Oberhaupt des «Stato Ecclesiastico» sah. Im Unterschied zu den «Stati secolari» seien die Regelungen der Lebensverhältnisse jüdischer Untertanen keine Angelegenheit nur irdischer Natur, sondern berührten jenen Bereich der Fundamentalprinzipien, der Essenz des Staates. Was also in weltlichen Staatswesen toleriert werden könne, weil es für die Existenz dieser Staaten letztlich bedeutungslos sei, erscheine im Kirchenstaat in einem anderen Licht, insofern es eben dessen Lebensnerv berühre.[37]

Bereits zwölf Jahre früher, in einem Brief an Kardinal Nembrini Pironi Gonzaga, den damaligen Bischof von Ancona, der mehrfach für die jüdische Gemeinde dieser Stadt eintrat, hatte Gregor diesen Gedanken formuliert, vielleicht sogar präziser noch als in der Entgegnung an Metternich. «Als Souverän liegt dem Heiligen Vater das weltliche Wohl des Staates am Herzen» – und er werde jedes notwendige Mittel ergreifen, um für Zufriedenheit und Wohlergehen aller seiner Untertanen, auch der jüdischen, Sorge zu tragen –, «aber als Haupt und Zentrum der Heiligen Religion Jesu Christi ist er verpflichtet, allen Gesichtspunkten des Handels und des weltlichen Nutzens das Heil der Seelen überzuordnen, und kann nicht zulassen, daß jene schändliche Zerstreuung, zu der die Juden von der göttlichen Gerechtigkeit verurteilt seien, etwa dadurch ein Ende nehme, daß das erwählte Volk mit dem zurückgewiesenen völlig verschmelze.» In dieser Differenz, ja vielmehr in diesem Gegensatz zwischen Judentum und der christlichen Religion, in der Pflicht, die Gläubigen vor vielen Gefahren zu schützen, Verderbnis der Sitten zu verhindern, Ärgernis zu vermeiden, «und nicht etwa in vorgefaßten Meinungen jüngst vergangener Zeiten» gründeten die Maßnahmen und Restriktionen den Juden gegenüber. Diese seien im übrigen «nicht erst vor wenigen Jahren neu erfunden worden, nachdem die französische Besatzung die alten Ordnungen umgestoßen hatte, sondern seit Jahrhunderten vom Heiligen Stuhl und den Heiligsten Römischen Päpsten eingeführt und aufs trefflichste bewahrt» worden.[38]

Sicherlich wisse er, ließ Gregor Bischof Nembrini mitteilen, über dessen anerkennenswerte Beweggründe Bescheid, und sicherlich sei auch zuzugeben, daß «in der Ausführung der Maßnahmen gegen die Juden, wie in allen menschlichen Dingen, einiger Mißbrauch an der Tagesordnung» sei. Erleichterungen im einzelnen seien zweifellos diskutabel, aber er, Gregor, dürfe darüber hinaus seine eigenen Pflichten nicht verfehlen.[39] Auch Metternich gegenüber brachte Gregor die Bereitschaft zum Ausdruck, über Modifikationen nachzudenken. All dies aber ändere doch nichts an der Grundbeschaffenheit jüdischen Daseins als «Volk der Gottesmörder, Christuslästerer und verschworenen Feinde des christlichen Namens.» Diesen «nationalen Haß gegen die Religion Jesu Christi» legten die Juden auch dann nicht ab, wenn sie, wie der Herr Staatskanzler zu bemerken geruhe, in ihrem Eifer gegen die eigenen Religionsgesetze und -gebräuche nachließen. «In diesem Falle geben sie sich doch nur einer wachsenden Neigung zu rationalistischer Philosophie und Indifferentismus hin.»[40]

So falsch es wäre, aus Metternichs flammendem Plädoyer für Toleranz zu schließen, der Staatskanzler sei ein Liberaler gewesen, so unzutreffend wäre auch, Gregor XVI. aufgrund seiner Antwort zum unerbittlichen Antijudaisten zu stempeln. Papst Gregor XVI. bewegte im Unterschied zu Leo XII. keine restaurative Vision. Er war zwar kein «Liberaler» auf dem Stuhl Petri, aber auch kein Ideologe. Zu den Überspanntheiten des Leo-Pontifikates den jüdischen Untertanen des Kirchenstaates gegenüber kehrte er nicht zurück, nachdem bereits das Übergangspontifikat Pius' VIII. (1829/30) keine bemerkenswerte Initiative gezeigt hatte, die Politik Della Gengas fortzusetzen. Das vom Heiligen Offizium ausgehende Bestreben, ein neues Judenedikt zu erlassen, scheiterte an Gregor; eine Neuauflage des Edikts von 1775 sah dieses wie auch das folgende, letzte Pontifikat des Kirchenstaates nicht. Unter Gregor XVI. setzte sich ein Klima der Mäßigung durch, das freilich mehr einer gewissen orientierungslosen Resignation denn konstruktiver Politik zu verdanken war. Gregors Judenpolitik schien dort wieder anzuknüpfen, wo Consalvi aufgehört hatte; der Unterschied bestand darin, daß Consalvi weitestgehende De-Facto-Toleranz, notfalls auch *gegen* ein zelantisch dominiertes Konzept der doppelten Schutzherrschaft so lange wie möglich zu gewähren bereit war, während Gregor dazu neigte, die Zügel schleifen zu lassen, *trotz* der doppelten Schutzherrschaft.

Gregors Äußerungen gegenüber Metternich und Bischof Nembrini zeigen sein Dilemma in Sachen Juden deutlich auf. Auch er hing dem alten Konzept nach wie vor an, auch er neigte zu einer zelantischen Auslegung und Gewichtung der doppelten Schutzherrschaft: Den Vorwurf des Gottesmordes und des nicht nachlassenden Christenhasses der Juden erhob er nicht anders als weiland Sala. Wenn Metternich damit argumentierte, daß dieser religiös bedingte «Haß» in dem Maße abnehme, wie sich die Juden von der jüdischen Religion entfernten, säkularisierten, setzte er beim Papst lediglich einen anderen Abwehrreflex in Gang; war doch «Indifferentismus» noch schlimmer als «Judentum». Davon wollte Gregor erst recht verschont bleiben. Die dem Papst den Juden gegenüber vorgeschriebene Aufgabe sah er in der alten Tradition verwurzelt und begründet; dieser Aufgabe, nicht irgendwelchen «Vorurteilen», nicht neumodischen, in Reaktion auf die Französische Revolution entstandenen judenfeindlichen Parolen fühlte er sich verpflichtet. Dies bedeutete freilich auch, daß Gregor den extremen, von der doppelten Schutzherrschaft wegführenden Ansatz Jabalots ebensowenig billigte. Verglichen mit dessen Tiraden klingen Gregors Ausführungen denn auch ungleich moderater; diesem Papst lag weder an Propaganda noch Aufwiegelung, sondern daran, den Juden gegenüber die nach seinem Verständnis rechte, weil traditionsgegründete Mitte wiederzufinden und diesen Amtsstandpunkt den Adressaten – Nembrini und Metternich – argumentativ plausibel zu machen.

Gregor nahm die Angelegenheit ernst und erwog, auch für Nembrini und Metternich nachvollziehbar, ihr Für und Wider. Er zeigte sich selbst im Zwiespalt seiner Doppelaufgabe, Oberhaupt eines Staates und Oberhaupt der römisch-katholischen Kirche zu sein, und reflektierte präzise, daß beide Aufgaben den Juden gegenüber ein widersprüchliches Handeln forderten, er also gezwungen sei, einer dieser Aufgaben Priorität zu geben, wobei er keinen Zweifel ließ, welcher – nämlich seiner seelsorgerischen Schutzpflicht den Christen gegenüber. Andererseits sah er auch, daß ihn diese Entscheidung insgesamt in eine unbefriedigende Situation versetzte, weil er den von außen an ihn als Oberhaupt des Staates herangetragenen Forderungen nach Emanzipation und Gleichberechtigung nicht stattgeben konnte. Auch dieses Dilemma gab Gregor seinen Adressaten in unübertroffener analytischer Klarheit kund: Was rein weltliche Staaten ohne weiteres bewältigen konnten, war für den geistlichen Staat des Papstes eine Existenzfrage. Das waren nicht die Verlautbarungen eines Ideologen, sondern diejenigen eines abwägenden Geistes – dessen Überlegungen gleichwohl zu keinem umsetzbaren Ergebnis führten. Sicher, Mißbräuche den jüdischen Untertanen gegenüber sollten aufgedeckt und abgeschafft, Erleichterungen so weit wie möglich gewährt werden; daß aber mit dem alten Konzept der doppelten Schutzherrschaft, dem sich Gregor so stark verpflichtet fühlte, in diesem prinzipiellen Dilemma keine konstruktive und dauerhafte Politik mehr zu machen war, daß dieses Konzept keinen Ausweg zeigen konnte, spürte er wohl. Vor dieser Erkenntnis erstarrte der kluge Papst, und in ihr liegt auch der Grund dafür, daß seine Antworten zwar bemüht und abwägend klingen wie diejenigen eines wohlwollenden, sympathischen Vaters, im Grunde aber doch kraftlos bleiben und keine neue Perspektive aufzeigen.

War es Leo XII., wenn überhaupt, nur unter hohem Kraftaufwand und um den Preis extremer ideologischer Weiterung des Konzepts der doppelten Schutzherrschaft gelungen, einen neorestriktiven Kurs den Juden gegenüber einzuschlagen, scheiterte sein Nachfolger Gregor XVI. an dem Versuch, in die alten Bahnen zurückzufinden. Die doppelte Schutzherrschaft war aus dem Gleichgewicht gebracht und schließlich gesprengt worden und hatte alle Potenz verloren, unter dem Emanzipationsdruck des 19. Jahrhunderts die Politik des Papstes den Juden gegenüber zu fundieren und zu gestalten.

Pius IX. und Leopold II. von Toskana, 1852

Am 21. Februar 1852 schrieb Papst Pius IX. an Leopold II. von Toskana, um ihm seine Ansichten über die künftige Stellung nichtkatholischer und besonders jüdischer Bürger im Großherzogtum zu unterbreiten. Nach dem Scheitern der Revolution von 1848 bewegte den Großherzog, wie andere Herrscher Italiens auch, die Frage nach der zukünftigen Organisation und Verfassung seines Staates. Sollte jenes *Statuto* in Kraft bleiben, das Leopold, den Forderungen der Revolution entgegenkommend, in den stürmischen Tagen des Frühjahres 1848 gewährt hatte und das sein Herzogtum in eine konstitutionelle Monarchie verwandelt hatte? Oder sollte das *Statuto* abgeschafft werden, und wenn ja, was sollte an seine Stelle treten? Über diese Fragen hatte sich der Großherzog auch mit dem Papst ins Benehmen gesetzt. Der Pontifex wiederum, ebenfalls von der Revolution nicht verschont geblieben, ja ins Exil getrieben, hatte nach Rückkehr in seinen Staat für sich bereits entschieden und das im März 1848 erlassene *Statuto fondamentale* nicht erneuert. Das entsprach der Gesamtlinie der Reaktion nach 1848/49 in Italien; von den während der Revolution gewährten Verfassungen blieb einzig das piemontesische *Statuto Albertino* in Kraft.

Pius' Briefwechsel mit Leopold II. entspann sich um die Regelung des Bürgerrechts, einen für den Papst besonders heiklen Punkt. Im *Statuto fondamentale* des Kirchenstaates war streng geschieden worden zwischen einer Gleichheit aller Bürger vor dem Gesetz («diritti civili») und einer «Gleichheit» nur der katholischen Bürger in den politischen Rechten («diritti politici»), also im aktiven und passiven Wahlrecht; gegen die viel weitergehende Emanzipation der Juden durch das toskanische *Statuto* hatte der Geschäftsträger des Heiligen Stuhls in Florenz bereits 1848 protestiert.[41] Jetzt, 1852, stand zur Debatte, ob nicht einige der Gleichheitsrechte von Juden und Nichtkatholiken erhalten bleiben könnten, wenn das *Statuto* abgeschafft wurde. Großherzog Leopold hatte zunächst daran gedacht, die Nichtkatholiken lediglich in ihren politischen Rechten, nicht jedoch in ihrer Gleichheit vor dem Gesetz wieder zu beschränken. Besonders der Zugang zu bürgerlich-akademischen Berufen, wie demjenigen des Rechtsanwaltes und des Arztes, sollte ihnen unverändert offenstehen. Darüber entfaltete sich eine ausgedehnte diplomatische Kontroverse zwischen römischer Kurie und Regierung in Florenz.

In seinem Schreiben vom 21. Februar 1852 riet Pius dem Großherzog dringend davon ab, sein Vorhaben durchzuführen und eine Teilemanzipation seiner nichtkatholischen Untertanen aufrechtzuerhalten. Das Bestreben der Kirche sei stets gewesen, «Kontakte von Katholiken mit Ungläubigen so weit wie möglich zu unterbinden. […] Denn es ist ja nicht der direkte Kontakt zwischen ihnen, der die Ungläubigen zum Übertritt führt, sondern vielmehr das Beispiel der Tugenden, insbesondere der Barmherzigkeit der Katholiken, das die Protestanten und Ungläubigen erbaut und erleuchtet, wenn sie inmitten der Katholiken leben.» Individuelle Beziehungen hingegen, besonders solche, die mit einer «influenza morale» verbunden seien, könnten verderbliche Wirkungen zeitigen, so daß die Leitung des Staates dieser Frage keineswegs gleichgültig gegenüberstehen dürfe; dies gelte für das Großherzogtum umso mehr, als es ein katholischer Staat inmitten des ganz katholischen Italien sei, ein Staat, in dem die katholische Religion als Staatsreligion gelte. Selbstverständlich könnte Nichtkatholiken die Ausübung bestimmter Berufe «in via di Grazia», durch Gnadenakte des Souveräns, gewährt, niemals jedoch durch ein allgemeines Gesetz zugestanden

werden. «Euer Hoheit werden in ihrer feinen Auffassungsgabe wohl verstehen, daß es eine Angelegenheit ist, die tatsächliche Existenz nichtkatholischer Personen in einem katholischen Staatswesen zuzugestehen, eine
andere jedoch, diese Personen unterschiedslos in eine allgemeingültige,
generelle Verfügung miteinzubeziehen.» Gewähre der Großherzog das,
was er leicht durch Gnadenakte gewähren könne, per Gesetz, setze er sich
selbst in Verlegenheit und öffne Tür und Tor für weitere Forderungen der
Juden und Nichtkatholiken nach zusätzlichen bürgerlichen Rechten. Er,
Papst Pius IX., rate also, alle im *Statuto* vom Februar 1848 gewährten
Gleichheitsrechte ohne Zugeständnisse wieder abzuschaffen.[42]

Großherzog Leopold zeigte sich durchaus geneigt, den Wünschen des
Papstes zu entsprechen, stieß jedoch auf erhebliche innenpolitische Schwierigkeiten und Widerstände seitens seines eigenen Ministeriums sowie der
Liberalen im Lande. Ministerpräsident Giovanni Baldasseroni leistete bis
zuletzt erbitterten Widerstand gegen die Aufhebung der Gleichstellungs-
paragraphen.[43] In einem ausführlichen Schreiben vom 12. April 1852 versuchte Baldasseroni, die Haltung des Großherzogs dem Heiligen Stuhl
gegenüber zu beeinflussen, in der Hoffnung, wenigstens noch einen Kompromiß erzielen zu können. Weiterhin mit dem Papst Grundsatzdiskurse
zu führen, sei, so Baldasseroni, völlig sinnlos. Ein Zugeständnis in Sachen
Toleranz zu erhalten, sei aussichtslos, im Gegenteil, die Gefahr hoch, daß
sich die päpstliche Laune noch verschlechtere. Strategisch viel sinnvoller
sei, dem Heiligen Vater die Aufhebung der fraglichen Verfassungsartikel
formal zu schenken sowie dann die Angelegenheit intern möglichst unbe-
stimmt zu regeln. Das entspräche der Linie des Heiligen Stuhls auch in anderen Angelegenheiten, «in denen er Toleranz faktisch praktiziert», ohne
daß man sie «in Worten von ihm erhält.»[44]

Doch Baldasseroni fand kein Gehör. Am 6. Mai 1852 trat das toskanische *Statuto* außer Kraft, und mit ihm die Artikel über die bürgerliche
Gleichstellung der Nichtkatholiken. Ein *Circolare* erteilte Juden die Erlaubnis, weiterhin als Rechtsanwälte und Ärzte zu praktizieren, sofern sie
ausschließlich für Juden tätig wurden.[45] Papst Pius hatte sich mit dieser Lösung einverstanden erklärt. Mit ihr habe sich Leopold die Möglichkeit zu
weitergehenden Gnadenakten in Einzelfällen offengehalten. Gleichwohl
stand der Papst nicht an, dem Großherzog sein «erhebliches Mißfallen»
über die Opposition seines Ministeriums auszudrücken. «Euer Hoheit
werden früher oder später geeignete Maßnahmen ergreifen müssen, Ihre
Würde noch besser zu fundieren, und die anderen in ihrer Schwäche zu
paralysieren. Ich sage Schwäche, denn im Grunde glaube ich, daß sie der

Hauptquell der Opposition ist, jener Opposition, die auf ein brüchiges Fundament baut, nämlich das der Popularität.»[46] Pius IX. bezog Leopold II. gegenüber einen Standpunkt völliger Unbeweglichkeit im Grundsätzlichen. Was im Kirchenstaat nicht sein konnte – politische und rechtliche Emanzipation der Juden und Nichtkatholiken – durfte auch in anderen Staaten nicht sein, die sich zum Christentum römisch-katholischer Prägung als Staatsreligion bekannten. Diese Haltung war, zumindest in ihrer Weigerung, Nichtkatholiken in öffentlichen Ämtern zu akzeptieren, nur konsequent; alles andere wäre darauf hinausgelaufen, die katholische Staatsreligion eben aufzugeben. Nicht ganz so streng hätte Pius ein weitgehendes Berufsverbot für nichtkatholische Ärzte und Rechtsanwälte fordern müssen. Freilich ist nicht zu übersehen, daß der Papst dem Großherzog hier durchaus jenen Weg zeigte, den er im eigenen Staat selbst ging. Dem Souverän stehe das Mittel des Gnadenerweises zu Gebote, und dieses dürfe, ja solle er auch anwenden. Sich hingegen die Handlungsfreiheit durch ein allgemeingültiges Gesetz beschränken zu lassen, sei ganz und gar inopportun. Zweimal, nachgerade bereits penetrant, wies Pius Leopold auf diese Option hin. Ob dies nötig gewesen wäre, darf offen bleiben, denn ohnehin deckten sich die Ratschläge des Pontifex mit den Absichten des Landesherrn; Bedenken hegte Leopold allein aufgrund des absehbar lauten Protests der starken Liberalen im Lande.

Deren führender Politiker, Minister Baldasseroni, durchschaute immerhin den Papst, erkannte jenen Abgrund, der im Stato Pontificio zwischen Leitmaxime in Sachen Juden und tagtäglicher Politik klaffte: der Begriff Toleranz sei als solcher zwar tabu; das alltägliche Handeln den Juden gegenüber laufe hingegen auf eine Toleranz de facto hinaus. Also möge man dem Papst seine Grundsatzposition ruhig lassen und Toleranz, ja weitergehende Toleranz als im Kirchenstaat – nämlich vollständige Emanzipation –, im Großherzogtum Toskana jedoch faktisch gewähren. Den Grund für die Diskrepanz zwischen theologisch-ideologischem Anspruch und prosaischer Wirklichkeit im Kirchenstaat sah Baldasseroni nicht; vielleicht interessierte er sich auch nicht dafür. Er lag schlichtweg, seit Consalvi und Gregor XVI. unverändert, in der Ratlosigkeit über Prinzip und Konstruktion einer neuen Judenpolitik. Pius IX. war zu diesem Thema eine zündende Idee bisher ebenfalls versagt geblieben und sollte ihm versagt bleiben, solange er als Souverän über jüdische Untertanen noch zu regieren hatte.

Auch Pius hing unverändert jenem seit dem Reformplan Salas zunehmend in Schieflage geratenen Torso der doppelten Schutzherrschaft an; seine Äußerungen im Februar-Schreiben an Großherzog Leopold lassen darüber keinen Zweifel: individuelle soziale Kontakte zwischen Christen und Juden seien einzuschränken, um des Schutzes der Christen vor «moralisch verderblichem» jüdischem Einfluß willen; umgekehrt sei jedoch die Existenz der Juden und Nichtkatholiken im Staat des Papstes ebenso wie in anderen katholischen Staaten zu gestatten, um jenes Beispiels der Christen willen, das den Übertritt der Ungläubigen vorbereiten könne. Der Akzent war eindeutig; nicht anders als Sala hielt auch Pius die «Freiheiten» der Juden für bereits zu groß, als daß er den Schutz der Juden vor den Christen noch hätte in den Rang einer besonders zu betonenden Aufgabe hätte heben müssen. Faktisch hatte der junge, «liberale» Papst Pius IX. seit 1846 hingegen – via Gnadenakt – zur Mehrung dieser Freiheiten selbst nicht unerheblich beigetragen und war seit 1848 in einen Strudel der Liberalisierung geraten, der ihn beinahe seinen Staat gekostet und der Revolution den Sieg gebracht hätte. Seit seiner Rückkunft aus dem Exil kehrte Pius Unbeugsamkeit im Grundsätzlichen hervor, ohne jedoch – wie er ja auch dem Großherzog empfahl – in den Erfordernissen des Alltags auf das Mittel des Gnadenaktes verzichten zu wollen. Klangen alle Äußerungen Pius' IX. zur doppelten Schutzherrschaft fortan rigider, unversöhnlicher als diejenigen seines Vorgängers Gregor, so deshalb, weil Pius im Gegensatz zu Gregor der unvermeidlichen Konsequenz von Liberalisierung und Emanzipation fast selbst zum Opfer gefallen wäre. Den Zielen dieser Bewegungen setzte Pius IX. seit 1850 dogmatische Manifeste eigener Absolutheit entgegen. Kämpferischer und trotziger als Gregor statuierte er Exempel: Mariendogma, Syllabus und – nicht nur die Juden des Kirchenstaates, sondern die gesamte europäische Öffentlichkeit aufwühlend – die Härte in der Mortara-Angelegenheit von 1858.[47]

Aber mit dogmatischen Manifesten war aufs Ganze gesehen eben keine Politik mehr zu gestalten. Was unter Gregor noch leidlich funktionierte, geriet nun vollends außer Kontrolle, zerfiel in planlose Einzelaktionen, hinter und neben denen, von Baldasseroni aus der toskanischen Provinz klug beobachtet, die De-facto-Toleranz wuchs und den Druck gegen den dogmatischen Damm erhöhte. Der Dammbruch selbst aber ging einher mit dem Untergang des Kirchenstaates insgesamt; das völlige Versagen der doppelten Schutzherrschaft, politisches Handeln gegenüber den Juden weiterhin zu normieren, war eine seiner wichtigen und unabtrennbaren geistigen Begleiterscheinungen.

Die sechs Momentaufnahmen zeigen, daß das letzte Jahrhundert der doppelten Schutzherrschaft durch Schieflage und ideologische Verhärtung gekennzeichnet war. Das Handeln der Päpste, der führenden Politiker des Kirchenstaates und des Heiligen Stuhls den Juden gegenüber bewegte sich seit dem Ende des 18. Jahrhunderts in einem Teufelskreis. Der Emanzipationsdruck der Moderne schob die doppelte Schutzherrschaft zunehmend aus ihrem Gleichgewicht. Weil sie trotzdem leitende Maxime blieb, konnte sie keine Antworten mehr bereitstellen, die der veränderten realen Situation entsprochen hätten. Dadurch verschärfte sich die Schieflage zusätzlich. Ideologisches Erklärungsmodell und faktische Situation entfernten sich immer weiter voneinander.

4. Verweigerte Emanzipation. Die reale Politik gegenüber den Juden (19. Jahrhundert)

Revolutionszeit und «erste Emanzipation» (1797–1814)

Die Aufklärung und die «Ideen von 1789» versetzten der alten, aus dem Gleichgewicht geratenen doppelten Schutzherrschaft den Todesstoß. Mit dem *Editto sopra gli Ebrei* Pius' VI. von 1775 (Abb. 4) begann die letzte Wegstrecke der doppelten Schutzherrschaft: Das knappe Jahrhundert zwischen 1775 und 1870 war gekennzeichnet durch zunehmende ideologische Verhärtung auf der dogmatischen Ebene bei gleichzeitig zunehmender De-facto-Toleranz auf der Ebene des realen Handelns. Die Spannung zwischen den beiden Ebenen wuchs während des 19. Jahrhunderts ins Unerträgliche. Dahinter stand die Unfähigkeit, eine grundsätzliche Reform des *Status judaicus* im Kirchenstaat wirklich anzugehen. Das war bei vielen, nicht allen, der verantwortlichen Denker und Politiker des Heiligen Stuhls und des Kirchenstaates in jenem Jahrhundert, weder Böswilligkeit noch eingefleischter Judenhaß, sondern Hilflosigkeit vor einer Aufgabe, die im Rahmen des überkommenen Paternalismus und im Rahmen des päpstlichen Staates als eines per definitionem katholischen Staates nicht zu lösen war.

Das judenpolitische Szenario der aufgewühlten zwanzig Jahre zwischen 1796 und 1815 sah so aus: Die revolutionären Perioden brachten Emanzipationsschübe; die jeweils restaurierte päpstliche Macht ruderte de jure zurück, jedoch nicht de facto. Das Judenedikt Pius' VI. von 1775 war zu einem Zeitpunkt ergangen, als die verschärfte Defensive in eine konkrete Existenzbedrohung für den Kirchenstaat umzuschlagen begann. 1793 ließ das Heilige Offizium das Edikt wiederholen; zwei Jahre zuvor hatte das revolutionäre Frankreich Avignon annektiert, im Januar 1783 eskalierten erste revolutionäre Ausschreitungen in Rom, 1796 fiel Napoleon in den Kirchenstaat ein. Die seit Februar 1797 zuerst in Ancona, dann in Rom eingerichteten Republiken brachten den Juden im ehemaligen *Stato Pontificio* vollständige Emanzipation nach französischem Muster: völlige Gleichheit in allen bürgerlichen und politischen Rechten, Wegfall aller wirtschaftlichen, sozialen und religiösen Beschränkungen – insbesondere des Ghettozwangs, der beruflichen Restriktionen und der Kennzeichnungspflicht –, Zulassung zu öffentlichen Ämtern, auch Mandaten in den neugeschaffenen republikanischen Organen und Verwaltungseinheiten und, besonders wichtig, weil symbolbehaftet, zu den Bürgergarden. Mit Freiheitsbäumen und Ghettoilluminationen wurden diese Errungenschaften gefeiert; doch schien die schlagartige Emanzipation mehr Probleme zu schaffen als zu lösen. Denn die «bürgerliche Verbesserung» war mit der rechtlichen Gleichstellung längst nicht erreicht. Daß sich – wie Giuseppe Antonio Sala penibel in seinem Tagebuch über die römische Republik vermerkte – Widerstände gegen die Aufnahme von Juden in die Nationalgarde regten und sich die Christen durch Kreuze in den Kokarden von den jüdischen «Mitbürgern» unterscheiden wollten, nachdem das jüdische Erkennungszeichen – das gelbe «Sciamanno» – weggefallen war,[1] bildete dabei noch das geringste Übel. Der verordneten Gleichstellung folgte keine Politik, die auf eine wirkliche Integration der Juden abgezielt hätte. Um die wirtschaftliche Misere der jüdischen Gemeinden kümmerte sich auch die Republik nicht. Manche Juden erwarben «beni nazionali», ehemaliges Immobilieneigentum des Kirchenstaates, das die Republik verschleuderte, um zu Geld zu kommen. Einige wenige kamen dadurch zu veritablem Wohlstand und sogar zu Reichtum; an der miserablen Gesamtsituation änderte dies jedoch kaum etwas. Alle hingegen trafen die üppigen Kontributionsforderungen, die das neue Regime an die Juden nicht minder als an die Christen stellte. «Unter der vergangenen Regierung lastete das Sciamanno auf den Juden, jetzt, unter der neuen, scheint es, als seien sie mehr noch von der Kokarde bedrückt», bemerkte dazu lakonisch der Chronist Sala.[2] Auch die religiöse Autonomie respektierte die Republik nur, wenn nichts dazwischenkam: was galt ihr das Sabbat-Gebot, wenn etwa Freitag nachmittags alle Schneider und Schneiderinnen aus dem Ghetto zur Sapienza verbracht wurden, um Kleidung für die Truppen anzufertigen?

Der neuen, doch eher nur papierenen Freiheit der Juden stellte sich eine fatale Verbindung aus Gegenrevolution und jenem, jetzt noch weiter entfesselten populären Antijudaismus entgegen, der sich bereits seit Beginn der 90er Jahre immer wieder gegen die Ghettos gekehrt hatte. In Rom bildete vor allem die Bevölkerung der Rioni Trastevere, Monti und Borgo eine durch die republikanische Regierung nur schwer zu bändigende Masse; am 25. Februar 1798, wenige Tage nachdem Papst Pius VI. die Hauptstadt hatte verlassen müssen, steigerte sich die Unruhe zu einer Revolte gegen die neuen Machthaber und das französische Militär; militant-antirepublikanische Priester waren an der Eskalation nicht unbeteiligt. Das Ghetto, dessen

Bewohner unverschuldet als Parteigänger der Revolution galten, konnte ein weiteres Mal nur durch massiven Truppeneinsatz geschützt werden. Stets kehrten sich die Aufstände der gegenrevolutionären «Insorgenti» auch gegen die Juden, mit traurigem Erfolg, besonders als die republikanische Herrschaft zu wanken begann und die Truppen der zweiten gegen Frankreich zu Felde ziehenden Koalition vorrückten. Am schlimmsten wüteten «Insorgenti» und russische Truppen am 18. Juni 1799 in Senigallia: Dreizehn tote Juden, ein verwüstetes Ghetto, nach Ancona fliehende jüdische Familien bedeuteten fast das Ende dieser jahrhundertealten Gemeinde. Immerhin versuchten die neuen Besatzungsmächte, den gegen die Juden gerichteten Zorn einigermaßen zu zügeln. In Ferrara ersetzten österreichische Truppen die abziehenden französischen zum Schutz des Ghettos vor dem «basso popolo», in Rom zogen die Neapolitaner ein. Hier wie dort ließen die Militärkommandanten die Ghettos zeitweise völlig schließen und bedrückten die Juden nicht nur durch Rücknahme der Emanzipation, sondern durch weitere materielle Ausbeutung.

Unterdessen war Pius VI. am 29. August 1799 als französischer Gefangener in Valence gestorben. Erst mehr als ein halbes Jahr später wählten die Kardinäle nach einem langen Konklave in Venedig Luigi Barnabà (Gregorio) Chiaramonti zu dessen Nachfolger. Anfang Juni brach der neue Papst, Pius VII., nach Rom auf, um den Stammsitz des Papsttums wieder zu beziehen und die päpstliche Herrschaft über den Kirchenstaat so gut wie möglich neu zu errichten. Neun Jahre später sollte auch er das Schicksal Pius' VI. teilen und sich in französische Gefangenschaft begeben müssen.

Die «erste Emanzipation» wurde im Kirchenstaat nach der Rückkehr des Papstes im Jahr 1800 unterbrochen; dies bedeutete andererseits aber keineswegs die völlige Restauration der vorrevolutionären Zustände. Die spätere Politik der De-facto-Toleranz bahnte sich in diesen ersten Jahren des Pontifikats Pius' VII. bereits an. Wurden zwischen 1800 und 1808 auch das «Sciamanno» und die nächtliche Ghettoschließung teilweise wiederbelebt, blieben vor allem Handels- und Gewerbefreiheit, die Möglichkeit des Immobilienerwerbs und die relative Freizügigkeit im wesentlichen erhalten. Das Edikt von 1775 trat lediglich de jure, kaum jedoch de facto wieder in Kraft. Von halbwegs geordneter päpstlicher Judenpolitik konnte in jenen Jahren ohnehin keine Rede sein; wie der Kirchenstaat selbst war auch dessen jüdische Bevölkerung dezimiert. Ferrara, Lugo und Cento verblieben mit den nördlichen Legationen zunächst in österreichischer Hand, um bereits 1801 nach dem Frieden von Lunéville wiederum unter französische Dominanz zu fallen. Nach Senigallia kehrten die 1799 geflohenen Juden erst langsam wieder zurück und bauten die Gemeinde neu auf; Ancona schließlich war ohnehin bereits seit den späten 1770er Jahren weitgehend autonom.

Blieb, neben Urbino und Pesaro, nur Rom. Dort sollten administrative Handreichungen und fiskalische Erleichterungen der jüdischen Gemeinde wieder auf die Beine helfen. Während des Tiberhochwassers im Januar und Februar 1805 ordnete Kardinalstaatssekretär Consalvi umfangreiche Hilfsmaßnahmen an: Die bekannte paternalistische Haltung der Päpste ihren jüdischen Untertanen gegenüber kehrte wieder, etwas freundlicher und wohlwollender vielleicht als während des Pontifikates Pius' VI., aber im Kern doch unverändert. Hätten Papst und Kurie nach all der entfesselten Gewalt der republikanischen Ära gegen die Juden «lernen»[3] sollen, daß die Emanzipation nach französischem Muster zweckmäßig sei?

Vollständige Emanzipation, Gleichstellung der jüdischen Untertanen in allen bürgerlichen wie politischen Rechten, gewährten wiederum die Jahre der Annexion des päpstlichen Staates an das französische Kaiserreich zwischen 1809 und 1814. Aber auch diese fortgesetzte Emanzipation löste nicht das Problem der Gewaltbereitschaft christlicher Mittel- und Unterschichten den Juden gegenüber. Fünf Jahre waren einfach zu wenig, um die auf den rechtlichen Akt der Emanzipation folgende «bürgerliche Verbesserung» bis zu einem Grad voranzutreiben, der die Akzeptanz der Juden als gleichberechtigte Mitglieder der Gesellschaft hätte wachsen lassen können. Den Urgrund der Abneigung bildete zweifellos die Lehre von den Gottesmördern und vom verstoßenen Volk des ersten Bundes in ihrer vulgärtheologischen Auslegung; hinzu kam jetzt aber, daß die Juden als Hauptgewinnler der französischen Okkupation galten, die in den meisten Kreisen der römischen Bevölkerung, besonders aber vom gehobenen Bürgertum und weiten Teilen des Adels schlicht abgelehnt wurde. Christliche Handwerker und Händler, größere wie kleinere Gewerbetreibende betrachteten die emanzipierten Juden hingegen als unliebsame, möglichst auszuschaltende Konkurrenz. Religiöse Argumente dienten lediglich dazu, den sozioökonomischen Antijudaismus zu verbrämen. Auch Consalvi sollte sich nach 1814 häufig mit Bestrebungen von Christen auseinanderzusetzen haben, die ökonomischen Aktivitäten der Juden zu unterlaufen oder zu schädigen.

Trotz der insgesamt gereizten Stimmung und zahlreicher Spannungen zwischen Christen und Juden, übrigens nicht nur auf dem Gebiet des Kirchenstaates, sondern in ganz Italien, blieben spektakuläre Übergriffe und eskalierende Gewalt gegen Juden zwischen 1809 und 1814 aus. Das war aber wohl eher der verstärkten militärischen Präsenz der Franzosen denn schwindendem Antijudaismus der einheimischen Christen zu verdanken.

Das Ende der «ersten Emanzipation» in Italien war mit dem Zusammenbruch des französischen Kaiserreichs und der Restauration von 1814/15 erreicht. Für die Juden bedeutete dies überall, nicht nur im Kirchenstaat, Zwangsrückkehr in den jeweils alten juridischen Stand. Die relativ gesehen mildeste Variante war dabei in den nach wie vor durch den Josephinismus geprägten habsburgischen und habsburgisch dominierten Gebieten anzutreffen – in der Lombardei und im Veneto, im Herzogtum Parma und dem Großherzogtum Toskana –, die schärfste Variante im Königreich Piemont-Savoyen mit Sardinien sowie im Herzogtum Modena (Haus Österreich-Este); der Kirchenstaat bewegte sich zwischen den Polen. Wie liberal oder weniger liberal die einzelnen bekannten Restriktionen, wie Ghettozwang, Berufs- und Besitzbeschränkungen, begrenzte Freizügigkeit, Sonderabgaben wiedereingeführt und gehandhabt wurden – eines war überall vorbei: die völlige rechtliche und politische Gleichstellung der Juden.

Restriktion de jure, Toleranz de facto: von Pius VII. bis Gregor XVI.

Die beiden Restaurationsphasen unter Pius VII. beendeten jeweils die Vollemanzipation, stellten jedoch lediglich de jure, nicht aber de facto eine Rückkehr zum Edikt von 1775 dar (Abb. 4). Restaurative Vordenker wie Giuseppe Antonio Sala strebten eine Defacto-Rückkehr zwar an, die Leiter der kirchenstaatlichen Politik jedoch, wie etwa die Kardinalstaatssekretäre Consalvi unter Pius VII., Gamberini unter Gregor XVI. und auch Antonelli unter Pius IX., waren klug genug zu erkennen, daß für derartige Gesetze, die schon in den vorangegangenen Jahrhunderten kaum gegriffen hatten, keinerlei reale Grundlage mehr bestand. Während der Consalvi-Zeit, bis 1823, genossen die Juden des Kirchenstaates weitestgehende Bewegungsfreiheit: Die Ghettos wurden seit der Wiederherstellung des Kirchenstaates auf dem Wiener Kongreß nicht mehr geschlossen, Juden konnten sich problemlos auch außerhalb der Wohnviertel ansiedeln, Gewerbefreiheit und Freizügigkeit waren im wesentlichen konzediert, und auch dem Erwerb von Immobilieneigentum durch Juden wurde nichts entgegengesetzt. Schon in einer Direktive für den Pro-Legaten von Ferrara stellte Consalvi unmittelbar nach der Restauration des Kirchenstaates, im Dezember 1815, klar,

welche Behandlung der Juden er sich wünsche: Die Juden in ihren alten
«Zustand der Knechtschaft» zurückzuversetzen, nachdem sie während der
Zeit der Okkupation die volle Freiheit gekostet hätten, würde zu unange-
nehmen politischen und wirtschaftlichen Folgen führen, zumal in einer
Situation, in der die internationalen Mächte einer Restitution des Kirchenstaates soeben unter der Voraussetzung zugestimmt hätten, daß die erreichten Zustände beibehalten würden.

Angeraten sei deshalb, einen Kurs
zu verfolgen, der sich nicht in Gegensatz zu den Apostolischen Konstitutionen – wie etwa das Edikt von 1775 – stelle, die Klage der Juden über
Unterdrückung andererseits aber auch nicht rechtfertige. «Dies wird dadurch zu erreichen sein, daß sich Euer Ehren sowie Ihre nachgeordneten
Beamten den Belangen der Juden gegenüber positiv verhalten und den Status, in dem Sie die Juden vorgefunden haben […], tolerieren.» Insbesondere
sei der Vikar von Ferrara vertraulich und in angemessener Form anzuweisen, «jeglichen Schritt gegen die Juden zu unterlassen.»[4] Die Politik gegenüber den jüdischen Untertanen schien gefunden: keine explizite Emanzipa-
tionserklärung des Papstes, dafür jedoch weitestgehende De-facto-Toleranz
auf Basis der realen politischen und ökonomischen Situation.

Zwar versuchte das Heilige Offizium diese Politik mehrfach zu konter-
karieren, jedoch verstand Consalvi erfolgreich, solche Initiativen «ver-
sanden» zu lassen – ein auch aus anderen Bereichen kirchenstaatlicher
Politik bekannter, «insabbiamento» genannter Prozeß. Wiederholt kündigte Consalvi, wohl um die reaktionäreren Gemüter zu beruhigen, die
Ausarbeitung einer «sanzione generale», einer umfassenden Neuregelung
des *Status judaicus* an, jedoch verzichtete er wohlweislich darauf, ein solches Projekt in Angriff zu nehmen, weil er einsah, daß es aufgrund der inneren Widersprüche, in denen der Geist des Kirchenstaates zu den Forderungen nach vollständiger Emanzipation stand, von vornherein zum Scheitern
verurteilt sein mußte.

Vor allem fiel die Administration unter Consalvi nicht auf jene Stimmen
herein, die den ökonomisch motivierten Antijudaismus als Kreuzzug gegen «Sittenverderb» zu verkaufen beabsichtigten. Jene «zahllosen Klagen», die dem Heiligen Offizium den Eindruck «skandalöser Unordnung»
vermittelten, waren oftmals nichts anderes als der gezielte Versuch der
Christen, die restaurative Grundstimmung zu nutzen, um ihr altes Ziel, die
Entfernung jüdischer Konkurrenten, wenigstens dieses Mal zu erreichen.
Dabei diente das Argument «jüngst eingerissener unbotmäßiger Freiheiten» eben auch dem Zweck, längst bestehende Verhältnisse des Status quo
ante zu revidieren. In der Hauptstadt betrieben christliche Händler bereits

unmittelbar nach Wiedereinsetzung der päpstlichen Macht die Schließung jüdischer Läden am Corso. Dagegen sperrte sich das Staatssekretariat und gewährte sechs Monate Aufschub, unter der Bedingung, daß sich die Juden in dieser Zeit nach Lokalen in Ghettonähe umsähen. Damit gaben sich die christlichen Kaufleute nicht zufrieden und bedrängten Pius unter Mithilfe des Heiligen Offiziums, bis sie schließlich ein Reskript erreichten, das die Juden verpflichtete, sich sofort vom Corso zurückzuziehen. Daß dieses Reskript konsequent umgesetzt wurde, scheint allerdings eher unwahrscheinlich; denn kurz darauf brachten wiederum die Juden eine Supplik ein, die zu einem typisch kirchenstaatlichen Ergebnis führte. Trotz des Votums des Heiligen Offiziums gegen die Supplik erließ der Heilige Vater keinen Bescheid. Dies signalisierte: er lehnte die Forderungen der Juden nicht explizit ab.

Wenn auch nicht am Corso, so nahm die Zahl jüdischer Geschäfte in Rom während des letzten Jahrzehnts des Pontifikates Pius' VII. insgesamt doch stark zu; in Ghettonähe vor allem, aber eben doch außerhalb der Ghettomauern entwickelte sich ein reger jüdischer Einzelhandel, den auch die christliche Kundschaft nutzte. Christliche Kaufleute mißgönnten ihren jüdischen Kollegen derartigen Erfolg und denunzierten sie beim Papst oder beim Heiligen Offizium. Daß sie selbst ihren Handel in die Ghettos hinein ausdehnten, empfanden sie nicht als Problem, die Bewegung in Gegenrichtung nahmen sie hingegen als unliebsame Konkurrenz wahr. Noch deutlicher als die Begebenheiten in Rom erhellt ein Vorgang aus der Stadt Gubbio in der Delegation Urbino und Pesaro vom Beginn des Jahres 1816 diese Motive. Wiederum wandten sich die christlichen Händler direkt an Pius VII., um in empörter Scheinheiligkeit über den angeblichen Sittenverfall die Ausweisung zweier jüdischer Familien zu fordern. Ähnlich den römischen Händlern hatten auch sie die antijudaistische Voreingenommenheit des Papstes offensichtlich zu hoch eingeschätzt. Dieser ließ die Supplik via Staatssekretariat zur Überprüfung an den wiederum zuständigen Delegaten von Pesaro zurückreichen, von wo aus sie über den Bischof zu den betroffenen Zivilbehörden fand, die den Juden nun freilich erstklassige Ehrenerklärungen ausstellten. Die beiden jüdischen Familien lebten seit etwa fünfzig Jahren in Gubbio, gänzlich frei und in bestem, völlig «sittenkonformen» Umgang mit Christen. Hingegen hätten die christlichen Händler – wie dann der Bischof hinzufügte – «um ihres eigenen Vorteils willen» die Ausweisung der Juden betrieben, und dies nicht zum ersten, sondern seit 1769 bereits zum fünften Mal. Das habe weder etwas mit der «öffentlichen Ordnung» noch mit dem «Wohl der Religion», sondern allein mit Geschäftsinteressen zu tun.[5] Die Entscheidung höchsten Ortes fiel entsprechend aus; die Eingabe, so das Staatssekretariat lapidar, sei «verleumderisch».[6]

Der sozioökonomisch motivierte Antijudaismus sollte wie schon seit Beginn des 18. auch im 19. Jahrhundert ein regelmäßig wiederkehrendes Thema bleiben: Noch 1853 – um nur ein Beispiel zu nennen – sah sich der Bischof von Foligno genötigt, einen Juden gegen die Anschuldigungen christlicher Händler in Schutz zu nehmen.[7] Pius IX. indessen und Antonelli lösten dieses Problem so wenig wie ihre Vorgänger Pius VII. und Consalvi. Das tradierte Konzept der doppelten Schutzherrschaft gab ihnen auch kaum ein anderes Mittel in die Hand, als durch Steuerung und Gegensteuerung in Einzelfällen den Versuch zu unternehmen, die jeweiligen Schieflagen wieder ins Gleichgewicht zu bringen. In der Regel fiel in solchen Fällen das Urteil zugunsten der Juden aus und setzte sich der Schutz der Juden vor den Christen gegenüber dem umgekehrten Teilprinzip der doppelten Schutzherrschaft durch.

Als einziger Papst des 19. Jahrhunderts unternahm Leo XII., der Nachfolger Pius' VII., zwischen 1823 und 1828 den Versuch einer umfassenden, nicht nur dogmatischen, sondern auch faktischen Restauration unter den Vorzeichen jener Resakralisierungsideologie des «heiligen Rom», die ihn auch dazu veranlaßte, die stark antijudaistische Abhandlung des Dominikaners Jabalot zu unterstützen. Im Gegensatz zu derjenigen Pius' VII. und Consalvis zielte Leos Politik den Juden gegenüber darauf ab, den alten restriktiven Gesetzen wieder Geltung zu verschaffen: Alle Juden des Kirchenstaates sollten ohne Ausnahme in die Ghettos zurückziehen; jüdisches Immobilieneigentum sollte veräußert, die Tätigkeit von Christen als Dienstboten bei Juden untersagt werden; Juden, die länger als drei Tage sei es privat oder als Handlungsreisende im Kirchenstaat außerhalb der Ghettos unterwegs waren, sollten zu einem Visum verpflichtet werden. Das altbekannte Programm: jedoch trotz des dahinterstehenden ehrgeizigen Resakralisierungsgedankens ein Fehlschlag auf ganzer Linie. Das Rekonzentrationsvorhaben mißlang schlichtweg, um das Immobilieneigentum entbrannten endlose Diskussionen zwischen der zuständigen Kardinalskongregation und christlichen Untertanen, die darauf bestanden, in Geschäftsbeziehungen zu Juden zu treten, und die Visumspflicht wurde einfach mißachtet, nicht nur von den Juden, sondern auch von den Behörden außerhalb Roms. Die Judenpolitik Papst Leos XII. beschwor, abseits von der Pragmatik Consalvis, jene dann für das weitere 19. Jahrhundert typische Situation herauf: faktische Handlungsunfähigkeit bei ins Maßlose überzogener dogmatischer Härte.

Während die klügeren Politiker des Kirchenstaates, wie Consalvi oder der Staatssekretär Gregors XVI., Gamberini, die dogmatische Unbeugsamkeit hintanstellten, trieben andere sie umso mehr auf die Spitze, je aussichtsloser die reale Lage sich darstellte. Während des kurzen Pontifikates Pius' VIII. (1829/30) verstärkten sich immerhin die Zweifel an einer «harten» Linie den Juden gegenüber. Einen nächsten Emanzipationsschub und mit ihm das faktische Ende der Ghettos im Kirchenstaat brachte die Revolution von 1831. Die niedergerissenen Ghettotore wurden nicht wiedererrichtet oder aber, wo sie vorerst blieben, wie in Rom, nicht mehr verschlossen. Gregor XVI. (1831–1846) setzte Leos Rekonzentrationspolitik sofort von der Tagesordnung ab, wies die zuständigen Stellen der kirchenstaatlichen Administration an, die Juden «con prudenza e moderazione» – mit Klugheit und Mäßigung – zu behandeln, und wurde Zeit seines Pontifikates selbständig nicht mehr aktiv. Bezeichnenderweise blockierte er 1838 einen Vorstoß des Heiligen Offiziums, ein neues Edikt über die Juden zu erlassen, das Mobilität, Immobilieneigentum und die Freiheit des Wirtschaftens wiederum einzuschränken beabsichtigte. Gregor XVI. ließ der De-facto-Toleranz ihren Lauf und resignierte vor dem prinzipiellen Problem, eine in den Grundsätzen veränderte Politik den Juden gegenüber zu entwerfen. Bei seinen jüdischen Untertanen galt Gregor XVI. übrigens – vielleicht gerade deswegen? – als beliebter, den Juden wohlgesonnener Papst.

Die päpstlichen Finanzgeschäfte mit dem Bankhaus Rothschild – seit 1831/32 halfen die Rothschilds dem Heiligen Stuhl mehrfach aus prekären Situationen, zuletzt noch in den 1850er Jahren unter Pius IX. – blieben im übrigen ohne maßgeblichen Einfluß auf den Lauf der Politik den jüdischen Untertanen des Kirchenstaates gegenüber. Sicher: Carl Rothschild wurde von Gregor XVI. in einer Privataudienz mit Großband und Stern des Ordens vom Heiligen Georg ausgezeichnet und hatte sich durchaus die Legitimation erworben, ein gutes Wort für die Juden des Kirchenstaates einzulegen. Völlig unangemessen wäre es aber zu glauben, das Bankhaus Rothschild habe, erfolgreich oder nicht, versucht, die Emanzipation der jüdischen Untertanen des Papstes in irgendeiner Weise zu erkaufen oder gar zu erpressen. Auch den Bankiers ging es, bei aller Solidarität mit ihren Religionsgenossen, in erster Linie ums Geschäft. Außerdem konsolidierte sich die finanzielle Situation des Kirchenstaates im Laufe der 30er Jahre, so daß die Camera Apostolica einerseits ihre Kreditverpflichtungen erfüllen und andererseits auch wieder Kredit bei anderen Bankhäusern finden konnte, also nicht notwendig auf die Rothschilds angewiesen war. Das Geschäft mit den jüdischen Bankiers lief zur Zufriedenheit beider Seiten und befand sich in keinerlei Ungleichgewicht, das Spielraum für politische Kompensationsforderungen oder gar Erpressungen gelassen hätte. Dies schloß auf der anderen Seite nicht aus, daß eine Intervention der Rothschilds zur Verbesserung der Situation jüdischer Gemeinden in einzelnen Fällen beitrug. So brachte 1843 eine gemeinsam von Carl Mayer von Rothschild und dem österreichischen Staatskanzler Metternich vorgetragene Initiative für die Juden in Ancona, Senigallia und Pesaro einen übereifrigen örtlichen Inquisitor zu Fall, der sich die Freiheit genommen hatte, im Alleingang restriktive Bestimmungen gegen die Juden zu erlassen und Verstöße dagegen unter empfindliche Geldstrafen zu stellen. Als jedoch Pius IX. 1849/50 mit James und Carl Rothschild über einen großen Kredit verhandelte, der den Kirchenstaat nach der gescheiterten Revolution finanziell stützen sollte, stießen Forderungen der Bankiers nach einem «moralischen» Entgegenkommen des Papstes in der Judenpolitik auf taube Ohren. Eher lasse er sich martern, wird von Pius IX. überliefert, als auf diese Bedingungen der Rothschilds einzugehen.[8] Den Kredit erhielt die Camera Apostolica trotzdem; auch hier siegte das Geschäft.

Das Ende der aktiven Judenpolitik unter Pius IX.

Die Wahl des «jugendlichen», 54jährigen Pius' IX. hatte 1846 große Hoffnungen unter den europäischen Liberalen, aber auch unter den Juden des Kirchenstaates geweckt. Seine ersten Äußerungen wurden mit Beifall aufgenommen, doch befand sich auch Pius in demselben Dilemma wie seine Vorgänger. So konnte er zwar Zugeständnisse machen, nicht aber den päpstlichen Staat in einen liberalen Nationalstaat umwandeln, in dem der Papst nur noch als eine Art geistlicher Frühstücksdirektor fungierte. Ostern 1848 ließ er die Mauern des römischen Ghettos niederreißen, schaffte alte, für die Juden demütigende Zeremonien ab, ja gestand ihnen im *Statuto fondamentale*, der Verfassung von 1848, sogar Gleichheit, also Emanzipation in den bürgerlichen, nicht jedoch in den politischen Rechten zu. Das hieß: Gleichheit vor dem Gesetz, aber kein aktives wie passives Wahlrecht und keine öffentlichen Ämter für Juden. Ein «jüdischer Minister» im katholischen Staat war für Pius IX. undenkbar.

Die Revolution jubelte dem Papst zu und schritt dann über ihn hinweg. – Nachdem fremde Mächte ein drittes Mal in diesem Jahrhundert den Kirchenstaat vor dem Untergang gerettet hatten und Pius IX. 1849 aus dem

Exil nach Rom zurückgekehrt war, hatte er sich nicht etwa auf wundersame Weise vom Liberalen zum Reaktionär gewandelt, sondern war nur entschlossener, dem Anspruch der Revolution, die Welt neu zu gestalten, den Anspruch der römisch-katholischen Kirche entgegenzusetzen, die überkommenen Werte zu bewahren, auch wenn dies zu einem zunehmend einsamen, ungleichen Kampf wurde.

An der Politik den Juden gegenüber änderte sich nach 1848 *faktisch* nichts: Weder wurden die Ghettos wieder verschlossen noch die restriktiven Gesetze wiederbelebt, obwohl es dazu an Initiativen vor allem aus dem Heiligen Offizium nicht fehlte. Gewiß war die bürgerliche Emanzipation zusammen mit dem *Statuto fondamentale* gefallen, wohingegen die restriktiven Gesetze nie offiziell außer Kraft gesetzt worden waren. Anwendung jedoch fanden sie schon lange nicht mehr. Während des gesamten, langen Pontifikates Pius' IX. bis zum Ende des Kirchenstaates herrschte in der Judenpolitik des *Stato Pontificio* das Prinzip des laisser-faire.

Am 21. Januar 1852 wies Kardinalstaatssekretär Antonelli den Assessor des Heiligen Offiziums an, «alle [...] die Juden betreffenden Vorhaben aufzuschieben, weil sich die Zeiten dazu nicht eignen.»[9] Fünf Monate später, in der Abendaudienz des 7. Juli 1852, vernahm der Assessor diese Entscheidung für die Untätigkeit aus dem Munde des Heiligen Vaters höchstselbst. Die Zeiten seien anhaltend unglücklich; außerdem nähme die österreichische Regierung Partei für die Juden. Seine Heiligkeit wünsche nicht, in eine Lage zu kommen, in der sie gezwungen sei, «einen Rückzieher zu machen», deshalb habe der Papst angeordnet, Ordnungsmaßnahmen gegenüber Juden nur noch bei Verstößen gegen die Vorschriften zur Beschäftigung christlicher Dienstboten und Ammen in jüdischen Haushalten zu verhängen.[10] Ob Pius Verwicklungen fürchtete, wie sie sich 1843 durch die Metternich-Intervention ergeben hatten, muß dahingestellt bleiben. Daß Österreich noch einmal offensiv für die Juden des Kirchenstaates eintreten würde, schien unwahrscheinlich, zumal dessen oktroyierte Verfassung vom 4. März 1849 die Juden ja gleichfalls nicht emanzipierte und die österreichische Judenpolitik nach 1848/49 als kaum minder restriktiv denn diejenige des Heiligen Stuhls gelten durfte. Pius' Furcht vor einem «Rückzieher» konnte sich hier also lediglich auf jene «Reibungen an der Peripherie» beziehen, die sich, wie in Ferrara, auch schon einmal über die Frage des Umgangs mit den Juden entzünden konnten. Andererseits war der Papst an guten Beziehungen zu Österreich interessiert, schon um des Gegengewichts zu den Franzosen willen, aber auch, weil Österreich dabei war, sich von den staatskirchlichen Bestrebungen des Josephinismus zu verabschieden. Das versprach der katholischen Kirche eine neue, wieder bedeutendere Rolle, die just in jenen Jahren in einem neuen Konkordat festgelegt werden sollte. Welche Motive Pius auch im einzelnen zu seiner Anweisung bewegten, das Ergebnis war eindeutig: Der Papst verzichtete in fast allen der seit einem halben Jahrhundert diskutierten Fragen auf eine aktive und regulative Politik seinen jüdischen Untertanen gegenüber und überließ sie faktisch dem freien Spiel der Kräfte.

Größter Inaktivität entsprach auf der dogmatischen Seite größte Verhärtung. Sinnbildlich dafür ist die Affäre Mortara von 1858, in der sich Pius IX. um eines getauften jüdischen Jungen willen mit fast der gesamten europäischen Welt, einschließlich seines eigenen Staatssekretärs anlegte.

5. Konversionen, Zwangstaufen und ein entführtes Kind

Der Übertritt als theologisches und praktisches Problem

Der diesseitige Aspekt päpstlichen Denkens und Handelns den Juden gegenüber war eine Funktion des jenseitigen. Ohne die Vorstellung eines eigentlichen, ewigen Lebens in Christus, das dem Gläubigen nach dem Tod, dem Abgang aus dem diesseitigen, «uneigentlichen» Leben verheißen sei, wären beide Prinzipien der doppelten Schutzherrschaft ganz und gar sinnlos gewesen. Glaubte die Kirche, den sozialen Umgang von Christen und Juden reglementieren zu müssen, dann deshalb, weil sie die Sorge um das ewige Seelenheil der ihr Anvertrauten als ihre wichtigste Aufgabe erkannte. Glaubte sie, die Juden vor der Gewalttätigkeit der Christen schützen zu müssen, so deshalb, weil sie hoffte, auch ihnen den Weg zum ewigen Seelenheil früher oder später öffnen zu können.

Die doppelte Schutzherrschaft regelte das Zusammenleben von Christen und Juden im Diesseits mit Blick auf die Erfordernisse des Jenseits. Natürlich sah sich die Kirche in erster Linie zur Fürsorge den eigenen Gläubigen gegenüber verpflichtet; einer Fürsorgepflicht gegenüber den Juden als dem Volk des Alten Bundes trug – so seltsam dies klingen mag und so sehr sich die Juden in der Regel dagegen verwahrten – die doppelte Schutzherrschaft gleichwohl auch Rechnung. Bestand, wie der Apostel Paulus lehrte, die Auserwählung unverändert weiter, mußten auf Erden Bedingungen geschaffen werden, unter denen das Volk Israel seinen Irrtum erkennen und auf die Spur des Heils zurückkehren konnte. Das «politische» Handeln den Juden gegenüber im Hier und Jetzt stand in einem heilsgeschichtlichen, auf die Ewigkeit hin orientierten Kontext. Juden waren zu rettende Seelen – die Frage blieb allerdings, auf welche Weise auf die «Rettung» hingearbeitet werden sollte. Seit dem Mittelalter entfaltete sich darüber eine lebhafte Diskussion: Sollte die Konversion der Juden aktiv betrieben werden durch Streitschriften und Streitreden, sollte gar gewalttätig nachgeholfen werden durch Zwangspredigten und Zwangstaufen – oder sollte auf aktive Missionierung nicht besser ganz verzichtet werden? Was war unter «Konversion der Juden» überhaupt zu verstehen? Ein wirklicher *Übertritt* von einem falschen in den richtigen Zustand oder nur eine *Translatio*, ein Höherrücken vom partiell-richtigen zum vollkommenen Zustand? Sollten alle Juden auf einmal übertreten oder höherrücken, oder sollte die Konversion sukzessive durch den Übertritt einzelner erfolgen? Für den Verzicht auf aktive Mission sprach ein gewichtiges Argument: Eine vollständige Konversion *aller* Juden war nicht eigentlich erwünscht, spielten sie doch als Volk des Alten Bundes, dem Christus «dem Fleische nach» entsprossen war, eine zentrale Rolle innerhalb des göttlichen Heilsplanes. Anderen Ungläubigen, wie Mohammedanern oder Heiden, waren die «Zeugen Christi» keinesfalls gleichzusetzen, und es mußte möglicherweise Gott selbst überlassen bleiben, seinen Ratschluß an «seinem» Volk zu erfüllen, der da lautete, daß das Heil für Israel erst am Ende der Zeiten komme.[1]

Auch der Umgang mit der Konversionsfrage blieb von jener Ambivalenz bestimmt, die das Verhältnis des abendländischen Christentums zu den Juden insgesamt prägte. Im Alltag, etwa des Kirchenstaates während der Frühen Neuzeit, waren konkrete Antworten vor allem auf vier Kategorien von Fällen zu geben: 1) Juden blieben der eigenen Religion treu; 2) Juden wollten von sich aus zum Christentum übertreten; 3) Juden waren, in einzelnen Fällen, zu einem Übertrittsversuch genötigt worden, hielten letzten Endes jedoch fest zu ihrer eigenen Religion; 4) Juden waren, aus welchen Gründen auch immer und ohne ihre ausdrückliche Zustimmung, bereits getauft worden; das betraf vor allem Kinder. Fall eins war unproblematisch, war bei weitem und über alle Jahrhunderte der Neuzeit hinweg die Normalität. Von wenigen Ausnahmen abgesehen, wurde diese Normalität durch die religiösen und politischen Autoritäten des Kirchenstaates einfach akzeptiert. Für die Fälle zwei und drei etablierten sich eindeutige und im ganzen ebenfalls unproblematische Verfahren. Besondere Verwicklungen ergaben sich hingegen regelmäßig aus Fällen der vierten Kategorie. Zuletzt sogar lieferte ein Fall dieser Art den Anlaß, den handlungsunfähigen Zustand ans Licht zu bringen, in den sich die Judenpolitik des Heiligen Stuhls auf der Basis der doppelten Schutzherrschaft am Übergang zur Moderne manövriert hatte: der Fall um den angeblich getauften jüdischen Jungen Edgardo Mortara, den «der Papst» seinen Eltern entriß, um ihn katholisch erziehen zu lassen.

Im neuzeitlichen Italien und im Kirchenstaat hatte die theologische Ambivalenz in der Konversionsfrage zu einer grundsätzlich passiven Haltung geführt. Kirchenrechtlich durfte auf die Juden weder Druck noch gar Gewalt ausgeübt werden, um sie zum Übertritt zu bewegen. Demonstrative Belehrungen, Angebote und Anreize zum Übertritt hingegen zählten sehr wohl zum zulässigen Instrumentarium. Bereits das Leben der Juden im Kirchenstaat, mitten unter den Christen, galt als solcher Anreiz. Die Barmherzigkeit und Großmütigkeit der Christen den Juden gegenüber, der den Juden trotz ihrer «Hartnäckigkeit» vom Staat des Papstes gewährte Schutz, sollten als überzeugendes Argument wirken, den Weg zur Wahrheit selbst zu wählen. «Bescheidene Restriktionen», glaubte Papst Gregor XVI. 1831, seien kein Hindernis für Konversionswillige; die trotz allem niedrigen Konversionsziffern führte er auf die «moderne indifferente Freigeistigkeit und Ungläubigkeit» zurück, «die unter den Israeliten bereits nicht wenige Proselyten geworben hat.»[2] Allerdings hatte bereits drei Jahre zuvor der französische Konvertit und Pater Hyacinthe Deutz nach eingehenden Studien in Rom dem Papst – damals noch Leo XII. – die Frage gestellt, ob die Zahl der Übertritte nicht vielmehr durch eine Verbesserung der Lebensumstände der römischen Juden zu heben sei.[3] Das Christentum müsse sich den Juden deutlich als humane Religion zu erkennen geben; erst dann seien Konversionen in größerem Umfang zu erwarten.[4] Deutz' Initiative wurde nicht ernsthaft weiterverfolgt, obwohl sich Leo XII. offenbar dafür interessiert hatte; der Tod des Papstes im Februar 1829 und das anschließende Kurzpontifikat Pius' VIII. verhinderten wohl intensivere Erörterungen. Aber selbst günstigere äußere Umstände vorausgesetzt, darf kaum angenommen werden, daß die Vorschläge des französischen Paters gute Chancen auf Verwirklichung gehabt hätten. Solange das Konzept der doppelten Schutzherrschaft die theologisch-ideologische Perspektive bestimmte, mußte es ausgeschlossen bleiben, den Juden – de jure, nicht de facto – größere Bewegungsfreiheiten zu konzedieren, selbst wenn dies der Förderung der Konversionsbewegung gedient hätte. Erst die Gebrüder Lémann sollten dreißig Jahre später in ihrer Eingabe an das Erste Vaticanum wieder mit ähnlichen Motiven argumentieren.

Während des 16. Jahrhunderts war die grundsätzliche neuzeitliche Passivität in der Konversionsfrage zugunsten einer gesteigerten Aktivität unterbrochen worden. 1543 erfolgte auf Anregung des Ignatius von Loyola die Gründung des Katechumenenhauses, 1562 des Konvertitinnenklosters in Rom, 1584 verfügte Gregor XIII. die Einführung der Zwangspredigt. Der Zusammenhang zwischen der durch die Reformation ausgelösten Defensive und verstärkten Bemühungen um den Übertritt Ungläubiger und «Falschgläubiger» wird aus diesen Daten sogleich ersichtlich. Makrohistorisch war dies die einzige wirklich bedeutende Zäsur in der Geschichte der Judenmission, wenngleich mikrohistorisch verschiedene Aktivitäts- und Passivitätsphasen in der Folgezeit durchaus zu unterscheiden blieben. Erst die Defensive des 18. Jahrhunderts provozierte, nicht in gleichem Maße wie diejenige des 16. Jahrhunderts, jedoch auffällig genug, einen nächsten makrohistorisch bemerkenswerten Anstieg der Aktivität. Benedikt XIV. sah sich mehrfach veranlaßt, in Lehrschreiben zu Einzelaspekten der Judenkonversion Stellung zu nehmen. Bei ihm, nicht anders als bei Pius VI., diente dies auch dazu, dem gestiegenen Eifer selbsternannter Konvertierer Grenzen zu setzen. Gleichzeitig versuchten diese Päpste aber auch, die Zügel durch Gesetzgebung weiter anzuziehen. So stellten die einschlägigen Paragraphen des Edikts von 1775 (XIV–XIX, XLIII) vor allem den Umgang von Juden mit Katechumenen und Konvertiten unter schwere Strafe und gemahnten an die Pflicht zum Hören der Zwangspredigt, als dem «besten und wirksamsten Mittel [...], um den Übertritt der Juden zu erreichen.»[5] Durchschlagender «Erfolg» blieb freilich auch jetzt aus. Nach der Zäsur der Revolutionszeit knüpfte erst der Resakralisierer Leo XII. an diese Linie gesteigerter Aktivität wieder an, mit kaum nennenswerteren Ergebnissen.

Angesichts der grundsätzlichen theologischen Ambivalenz in der Konversionsfrage, der passiven Normalposition sowie der Phasen unterschiedlicher Aktivität erscheint es zumindest problematisch, davon zu sprechen, daß «für Papst und Kurie von alters her nur eine Lösung der ‹Judenfrage›» existiert habe: «die Bekehrung und der Übertritt.» Speziell war weder «der Konversionsdruck während des ganzen 19. Jahrhunderts hoch»[6], noch hatte es die Kirche 1814/15 «eilig [...], ihre wieder hergestellte Polizeigewalt zu nutzen, um die Bekehrung von Juden voranzutreiben.»[7] Defensive, einseitige Gewichtung der doppelten Schutzherrschaft und erhöhte Bemühungen um Konvertiten und Konvertitenschutz hingen vielmehr zusammen. In Krisensituationen tendierte die Kirche nicht allein dazu, die althergebrachte Aufgabe des Christenschutzes vor den Juden stärker oder sogar in überzogenem Maße zu betonen, sondern auch die Aufgabe, Juden «der Wahrheit» zuzuführen, aktiver als sonst zu betreiben. Toleranzbereitschaft und Generosität der Kirche der jüdischen Religion gegenüber nahmen umso mehr ab, je stärker Rom sich objektiv in der Defensive befand oder auch nur fühlte. Abschließungs- und Verteidigungsreflex brachten die doppelte Schutzherrschaft ebenso nachhaltig aus dem Gleichgewicht, wie sie dazu verleiteten, die passive Normalposition in der Konversionsfrage zu verlassen. Höchster Extremismus in einer Konversionsangelegenheit kann deshalb als Indiz für höchstes Bedrohungsbewußtsein und für ein äußerst gestörtes Gleichgewicht der doppelten Schutzherrschaft gelten. Äußerst gestörtes Gleichgewicht bedeutete jedoch in der konkreten politischen Situation der Zeit nach 1850 Handlungsunfähigkeit: Das ins Extreme gewendete alte Konzept der doppelten Schutzherrschaft und die außer Kontrolle geratene tatsächliche Politik den Juden des Kirchenstaates gegenüber klafften vollkommen auseinander. Die De-facto-Judenpolitik erreichte ihre letzte Konsequenz: Von keinem neuen Konzept getragen, vollzog sie sich völlig unkontrolliert; andererseits konnten Versuche einer nach dem alten Konzept geleiteten «Judenpolitik» nichts anderes mehr hervorbringen als dogmatische Manifeste – mit verheerender Wirkung.

Bekehrung durch Zwangsbelehrung?

Zur Kategorie demonstrativer Belehrungen zählte in erster Linie die sogenannte Zwangspredigt, die «predica coattiva». Carlo Borromeo hatte 1565 als Bischof von Mailand eine verpflichtende Judenpredigt in seiner Diözese einführen lassen. Im Kirchenstaat versuchte Papst Gregor XIII. seit den 1570er Jahren die Zwangspredigt zu etablieren. Seine Konstitution *Sancta Mater Ecclesia* verpflichtete im Juni 1584 jeweils ein Drittel der Juden in den einzelnen Gemeinden, einschließlich Frauen und Kindern über zwölf Jahren, am Sabbat nach Mittag die christliche Predigt zu hören.[8] Damit keiner einschliefe oder sich ausfällig benähme, sollten Ordnungskräfte, «Sbirri», mit Ruten bewaffnet umhergehen; die Anwesenheit sollte anhand von Namenslisten überprüft, jeder Nichterscheinende mit einer in der Höhe variierenden Geldstrafe zugunsten des Katechumenenhauses belegt werden.

Obwohl für das gesamte Gebiet des päpstlichen Staates erlassen, setzte sich diese Verfügung eigentlich nur in Rom halbwegs durch. Doch selbst hier lief die Predigt keineswegs regelmäßig beziehungsweise stets in der von Gregor XIII. vorgeschriebenen und von Kardinalvikar Rusticucci am Ende des 16. Jahrhunderts noch einmal präzisierten Form ab. Entweder entfiel sie während längerer Perioden gänzlich oder fand nur unter höchst reduzierter Teilnahme der Juden statt; an die Stelle der von Gregor XIII. ursprünglich vorgesehenen wöchentlichen Predigt trat bald ein nur noch zweimonatiger Turnus. Am 29. April 1749 erinnerte ein *Circolare* des Heiligen Offiziums an die Pflicht zur Zwangspredigt, und auch Paragraph XLIII des Edikts von 1775 schärfte sie erneut ein.[9] Nach der Revolutionszeit unternahm dann Kardinalvikar Della Genga 1823 einen letzten Versuch, die Zwangspredigt wiederzubeleben; doch wurde sie auch seit dieser Zeit überhaupt nur noch fünfmal jährlich, jetzt in der unmittelbar beim Ghetto

Abb. 5 «Die Judenpredigt in Rom», kolorierter Kupferstich von Hieronymus Hess, 1823/29. Die römischen Dominikaner versuchten durch «Zwangspredigten», Juden für das Christentum zu gewinnen – freilich ohne Erfolg. Die Prediger konnten weder überzeugen noch wirklich drohen. Zwischen 1813 und 1869 verzeichnete die römische jüdische Gemeinde nicht einmal zweihundert Übertritte zum Christentum.

gelegenen Kirche Sant'Angelo in Pescheria, gehalten. Die Prediger bestellte jeweils der Kardinalvikar. Einer bis auf Papst Nikolaus III. (1277–1280) zurückgehenden Tradition folgend gehörten sie dem Dominikanerorden an – ein Gewohnheitsrecht, das sich aus der Geschichte des Ordens ergeben hatte. Seit alters her hatten sich Dominikaner besonders der Belehrung und Bekehrung von Juden verschrieben und die hebräische Sprache und Literatur studiert. Von missionarischem Eifer waren sicher viele der dominikanischen Judenprediger beseelt, freilich war dieser Eifer in der Regel nicht «blind», sondern unterfüttert von umfangreicher Kenntnis jüdischer Sprache und Kultur. Aus dem Schatz ihrer Kenntnisse interpretierten sie den Juden meist den Pentateuch-Abschnitt des jeweiligen Sabbats auf christliche Weise; auf das Sprechen von rituellen Texten oder Gebeten, die das religiöse Gefühl der Juden hätten beleidigen können – wie etwa das *Ave Maria* –, sollten sie verzichten. Dem 1823 von Della Genga zum Prediger bestellten Dominikaner Filippo Aminta folgte 1830 dessen Ordensbruder Angelo Vincenzo Modena, der seine Aufgabe wahrnahm, bis Pius IX. 1847 die Zwangspredigten einstellen ließ.

Ein kolorierter Kupferstich des Basler Malers und Karikaturisten Hieronymus Hess aus den 20er Jahren des 19. Jahrhunderts zeigt «Die Judenpredigt in Rom» (Abb. 5). Von einer Art Kanzel herab predigt ein Dominikaner einer Gruppe jüdischer Männer und Frauen; sogar Kinder sind unter den Zuhörern auszumachen; die Mienen sind ernst, nicht spöttisch, manchmal grimmig, aber auch konzentriert. Einer der Zuhörer hält sich die Ohren zu, ein anderer scheint sich eine Art Schal um die Ohren gebunden zu haben, ein Dritter ärgert sich, ein Vierter schläft, ein Fünfter wird von einem Frater in brauner Kutte durch eine Ohrfeige zur Aufmerksamkeit gezwungen. Im Hintergrund führt eine Gruppe Gespräche, unbeeindruckt von den Ausführungen des Dominikaners auf dem Podium. Auf einem Beistelltisch links der Kanzel notiert ein Schreiber nach den Angaben eines Mitbruders die Namen der Anwesenden; ein Soldat der päpstlichen Miliz überwacht die Veranstaltung. Die Tendenz der Darstellung, ob nun nach eigener Anschauung oder nach dem Hörensagen gestaltet,[10] ist offensichtlich: Der Maler zeigt einen Akt geistlicher Vergewaltigung. Fett und feist die Dominikaner, vielfältig, individuell, würdig, interessant, schön die Zuhörer. Doch trotz derartiger Polarisierung und abgesehen von der schlagenden Bewegung des Mannes in der braunen Kutte strahlt das Blatt im ganzen keine aggressive oder feindselige Atmosphäre aus; manche der Zuhörer lauschen sogar aufmerksam, mit skeptischem Interesse. Der Dominikaner auf der Kanzel weist mit der Rechten auf das hinter ihm stehende Kreuz und spricht mit einer beschwichtigenden, keineswegs drohenden Bewegung der Linken ins Auditorium. Die Juden scheinen mit möglichstem Anstand eine im Grunde bedeutungslose Pflichtübung zu absolvieren. Dieser Gesamteindruck des Bildes deckt sich in etwa mit der Beschreibung der während der Zwangspredigten vorherrschenden Atmosphäre durch den späteren Kardinal Carlo Luigi Morichini, der 1835 ein Standardwerk über die sozialen und karitativen Einrichtungen der Stadt Rom publizierte: «So ungern die Juden auch diese Predigt besuchen, geht doch in der Regel alles mit Ruhe und Ordnung zu. Denn der Prediger, voller christlicher Mäßigung, verleiht seinen Worten nicht durch Schmähungen oder Angriffe Nachdruck, sondern durch die Masse seiner Argumente und Begründungen, so daß ihm die Repräsentanten der Juden nach dem Ende der Rede zu danken pflegen.»[11]

Daß der Kleriker, besonders im letzten Halbsatz, die wirkliche Situation ebensosehr verklärte, wie sie der kritisch eingestellte Maler zuspitzte, darf als sicher gelten; der Bereich, in dem beide sich treffen, wird hingegen der Realität am nächsten kommen. Die Zwangspredigt war im 19. Jahrhundert nicht mehr als eine nur fünfmal jährlich zu absolvierende Pflichtübung, der keinerlei Bedeutung zukam oder der gar etwas Bedrohliches anhaftete. Auch vorher bereits, eigentlich von Anfang an, hatte sie ihren Zweck verfehlt. Sie war immer ein monströser Irrtum gewesen, nicht, weil sie gegen eine Vorstellung von Religionsfreiheit verstieß, die dem Kirchenstaat wesensmäßig fremd war, sondern weil sie an sich zwecklos war. Konnte durch Zwang ohnehin niemand wirklich für das Christentum gewonnen werden, so durch diesen von gelehrten Dominikanern ausgeübten «Zwang» zweimal nicht. Zu diesem Ergebnis kam selbst Kardinal Morichini in einer späteren Auflage seines Werkes.[12] Die Zwangspredigt konnte weder überzeugen noch wirklich drohen: Zwischen 1813 und 1869 verzeichnete die römische jüdische Gemeinde nicht einmal zweihundert Übertritte, von denen allein 80 zwischen 1813 und 1822 und damit vor Wiederaufnahme der Zwangspredigt erfolgten.[13]

Übertrittswille und -unwille

Nicht minder erfolglos agierten die gleichfalls im 16. Jahrhundert eingerichteten Bekehrungshäuser, das Katechumenenhaus für die männlichen Taufbewerber sowie das Konvertitinnenkloster für die weiblichen, die nach erhaltener Taufe in der Regel als Novizinnen in dieses Kloster eintraten. Als «Luoghi Pii» standen die Anstalten unter besonderem päpstlichen Schutz und genossen einige Privilegien, beispielsweise Steuerbefreiung. Die Bekehrungshäuser hatten keineswegs den Auftrag, eine aggressive Rekrutierungspolitik zu betreiben, potentielle Täuflinge gar von Häschern einfangen zu lassen. Sie waren Orte, an denen die Konversionswilligen – übrigens nicht nur Juden, sondern auch Muslime und andere «Pagani» – die Lehren des Christentums kennenlernen sollten, um sich auf die Taufe vorzubereiten. Außerdem sollten sie den Taufwilligen, die ja ihre Familien verlassen mußten, materielle Subsistenz bieten. Daß ein Aufenthalt im Katechumenenhaus ein Unternehmen von militärisch-asketischer, vielen unerträglicher Strenge war, daß sich unter den Rektoren, den Kardinalprotektoren, dem zugeordneten Priesterkollegium und der Bruderschaft über die Jahrhunderte hinweg Eiferer größerer oder geringerer Qualität befanden, steht außer Frage. Auch die Zweckmäßigkeit des traditionellen Katechumenenunterrichts war Zweifeln ausgesetzt. 1831 beauftragte Gregor XVI. den französischen Konvertiten P. L. B. Drach – zusammen mit Deutz einer der Pioniere des «christlich-jüdischen Dialogs» –, einen Reformplan auszuarbeiten. Drachs Vorschlag zielte vor allem darauf ab, den Unterricht mit besserem Material auszustatten und mit größerer spiritueller Ernsthaftigkeit zu führen; vor allem sollte darauf verzichtet werden, den Bewerbern nach erfolgtem Übertritt «Prämien» zu bezahlen.[14] Wie auch immer durchgeführt, stand jedenfalls am Ende einer erfolgreichen Vorbereitungsphase die Taufe im Rahmen einer feierlichen Zeremonie, die in seltenen Fällen sogar von Päpsten und Kardinälen geleitet wurde. Zeichnete sich hingegen während der Vorbereitung ab, daß ein erfolgreicher Abschluß nicht zu erwarten sein würde, mußte der Bewerber oder die Bewerberin nach vierzig Tagen aus der Anstalt entlassen werden.

Zwischen 1614 und 1798 wurden 3044 Bewerber getauft, davon ein Drittel Muslime. Deren Zahl nahm zum 18. Jahrhundert hin ab. Fast sechzig Prozent der jüdischen Täuflinge entstammten der römischen Gemeinde, sieben Prozent kamen aus dem Rest des Kirchenstaates, immerhin siebzehn Prozent aus dem Rest Italiens, weitere siebzehn Prozent aus den jüdischen Gemeinden anderer europäischer Länder sowie des Osmanischen Reiches. Zwischen 1730 und 1798 ging die Zahl der jüdischen Taufbewerber aus Rom und dem Kirchenstaat (366) gegenüber der Periode von 1676 bis 1730 (452) deutlich zurück.[15] Die Zahl von nur noch knapp 200 Taufen zwischen 1813 und 1869 ergänzt und bestätigt den Befund einer stark rückläufigen Entwicklung. Zwei Drittel der Taufbewerber waren Männer, ein Drittel Frauen. Natürlich konnten Männer sich leichter als die im Ghetto stärker isolierten und überwachten Frauen die «Freiheit» nehmen, ein neues Leben als Christ zu beginnen; dazu paßt das Übertrittsalter: Die meisten Männer (410 von 1198 zwischen 1614 und 1798) traten im Alter zwischen 21 und 30 Jahren über, bei den Frauen dominierte die Altersgruppe zwischen 11 und 20 Jahren (174 von 534). Mit steigendem Alter nahm die Häufigkeit der Übertritte bei Männern wie Frauen ab, bei Frauen jedoch in noch stärkerem Maße als bei den Männern.[16] Leider schweigen die Taufregister über die Zahl der Fälle, in denen das Katechumenat ohne Taufe abgebrochen wurde.

Insgesamt sind die Zahlen ernüchternd. Im Schnitt wurden zwischen 1614 und 1798 nicht mehr als elf Übertrittswillige jährlich getauft, die Muslime inbegriffen: «Das hat sich aber nebbich ausgezahlt», wie Rudt de Collenberg mit den Worten des weisen Rabbi Samu von Tarnopol resümiert.[17] Der durch die Defensive des 16. Jahrhunderts ausgelöste, an der Einrichtung des Katechumenenhauses und der Zwangspredigt erkennbare gesteigerte Konversionsdruck hielt nicht lange an; der alte Normalzustand relativer Passivität in der Konversionsfrage setzte sich alsbald wieder

durch. Die Zwangspredigt versagte gänzlich, wurde aber auch nicht refor-
miert; das Katechumenenhaus arbeitete als eine zwar mit hohen Privilegien ausgestattete, aber im Grunde doch keine breite Wirkung entfaltende
Institution, die für die Mehrzahl der römischen und der Juden des Kirchenstaates ohne jegliche Bedeutung blieb, geschweige denn ihnen besonderen
Schrecken einflößte. Die Defensive des 18. Jahrhunderts rief schließlich gesteigerte Aktivität nur auf dem Papier hervor. Die Konversionsziffern sanken
weiterhin stetig. Insbesondere diese Beobachtung bestätigt den Eindruck,
daß gesteigerte Konversionsaktivität den Juden gegenüber kein theologisch gebotenes Grundanliegen war, sondern ein Krisenphänomen in den
jeweiligen historischen Defensiven, das sich viel mehr in Worten denn in
anhaltenden und nachdrücklichen Taten äußerte.

Natürlich stehen hinter den geringen Zahlenwerten der Statistik wie
stets menschliche Einzelschicksale, ja, nicht wenige familiäre Tragödien.
Denn den Willen zur Konversion zu zeigen, bedeutete, bereit zu sein, dem
bisherigen Lebensumkreis für immer zu entsagen, bedeutete für Söhne und
Töchter, die Eltern, für Eheleute, den Ehepartner zu verlassen und wahrscheinlich nie mehr wiederzusehen – sofern diese oder dieser nicht ebenfalls zum Christentum übertraten. Weder sollte der Neophyt, der Neugetaufte, noch weiteren Kontakt zu den Juden haben, um die Gefahr eines
Rückfalles auszuschließen, noch wünschten oftmals die jüdischen Anver-
wandten weitere Beziehungen zu dem Abtrünnigen, erklärten diesen mitunter lieber für tot. Besonders unangenehme Szenen spielten sich ab, wenn
Denunziation im Spiel war – wenn etwa im Katechumenenhaus über einen
Juden die Nachricht verbreitet wurde, er habe die Absicht geäußert, Christ
werden zu wollen – und wenn Kinder, vor allem Säuglinge, betroffen waren. So wollten konvertierte Großväter ihre Enkel gegen den Willen der
nicht konvertierten Eltern taufen lassen;[18] Fremde drangen ins Ghetto ein
und «tauften» in Abwesenheit der Mütter deren Kinder, um sie anschließend ins Katechumenenhaus verbringen zu lassen; Eltern brachen das Katechumenat ab und kehrten ins Ghetto zurück, durften jedoch ihr Kind
nicht wieder mitnehmen, weil es inzwischen getauft worden war.

Obwohl derartige Vorkommnisse Einzelfälle waren und blieben, obwohl Päpste wie Benedikt XIII.,[19] Benedikt XIV. und Pius VI. den Mißständen, dem Denunziantentum und wilden Taufen Einhalt zu gebieten
versuchten,[20] obwohl christliche Advokaten zugunsten der Juden und gegen die Ansprüche der kirchlichen Behörden plädierten, riß die Reihe dieser Einzelfälle in ihren verschiedenen Varianten nicht ab. Dabei erregte
jeder Fall von neuem besondere Aufmerksamkeit. Je mehr der Kirchenstaat

zur Zielscheibe der liberalen Kritik wurde, je mehr das Wertesystem der Kirche unter dem Druck der «Ideen von 1789», der Forderung nach allgemeinen Menschenrechten und freier Selbstbestimmung des einzelnen ins Wanken geriet, umso mehr entwickelten sich solche Fälle zum Skandal, luden sich mit Symbolkraft auf und verloren jeden Bezug zu der seelsorgerischen Pflicht, «Seelen zu retten». Am Ende liefen sie, wie der Fall Edgardo Mortara, nur mehr auf leere Manifestationen trotziger Antimodernität hinaus.

Die Affäre Mortara

Am Abend des 23. Juni 1858 erschien eine Abordnung der päpstlichen Polizei im Hause des jüdischen Ehepaares Salomone («Momolo») und Marianna Mortara zu Bologna. Der örtliche Inquisitor, Pater Pier Gaetano Feletti, hatte den Polizisten den Auftrag erteilt, das sechste Kind der Mortaras, den knapp siebenjährigen Edgardo, in Gewahrsam zu nehmen. Eine ehemalige Dienstmagd der Mortaras, Anna Morisi, hatte zu Protokoll gegeben, den erkrankten einjährigen Edgardo sechs Jahre zuvor getauft zu haben. Nach dramatisch-bewegten Szenen konnten die Polizisten am 24. Juni den kleinen Edgardo seinen verzweifelten Eltern entreißen und ihn nach Rom ins Katechumenenhaus bringen. Die Eltern, nicht bereit, den Kindesraub hinzunehmen, erhoben den Kampf gegen das ihnen zugefügte Leid zu ihrer Lebensaufgabe und mobilisierten unermüdlichen Protest. Fast unverzüglich zog die Affäre weite Kreise, löste Eingaben, Bitten, Aufforderungen, Appelle aus ganz Europa aus. Die Regierungen Frankreichs, Großbritanniens, Österreichs intervenierten beim Heiligen Stuhl; auch das Haus Rothschild bemühte sich um ein Einlenken im Namen der Humanität und des Elternrechtes. Vergeblich. Papst Pius IX. war zu keinem Gnadenakt bereit. Nach jahrelangem Hin und Her mußten sich die Mortaras schließlich damit abfinden, daß ihr Sohn nicht nur als Christ erzogen wurde, sondern – 1865 – in die Kongregation der Augustinerchorherrn vom Lateran eintrat, den Namen seines «neuen Vaters», Pio, annahm und eine Laufbahn als Mönch und Priester einschlug.[21] Pio Edgardo Mortara starb 1940 in der belgischen Abtei Bouhay.

Wie ein Fanal steht die Mortara-Affäre über dem letzten Jahrzehnt des Kirchenstaates. Genau ein Jahr nach der Wegnahme Edgardos schlugen die piemontesisch-französischen Truppen bei Solferino die österreichische Armee. Diese Niederlage kostete den Staat des Papstes seine nördlichen Legationen und bereitete dem italienischen Nationalstaat den Weg. Die neue Regierung in Bologna betrieb einen Prozeß gegen Inquisitor Feletti, der im April 1860 jedoch mit einem Freispruch endete. Von der Öffentlichkeit nicht freigesprochen wurde Papst Pius IX. Sein Starrsinn im Fall Mortara kostete den Papst die allerletzten Sympathien und goß Wasser auf die Mühlen nicht nur aller Liberalen und Antiklerikalen, sondern ließ auch in sonst treuen Katholiken und anderen Wohlgesonnenen Zweifel aufsteigen. Österreichs Niederlage von 1859 leitete das militärische Ende des Kirchenstaates ein; das moralische Ende bereitete ihm der Pontifex höchstselbst.

Dabei hatte er nach Maßgabe der Dogmatik völlig korrekt gehandelt. Die Richtlinien lagen vor, mehrfach von Päpsten des 18. Jahrhunderts zusammengestellt. Zwangs- und scheinbare Nottaufen waren eigentlich verboten. Pius VI. hatte 1775 ein von Clemens XIII. 1764 veranlaßtes Dekret bestätigt, das die Taufe jüdischer Kinder durch Laien ohne Wissen und Billigung der Eltern unter schwere Strafe stellte.[22] Zur Diskussion stand damals ein Fall aus Avignon. Sowohl Pius VI. als auch Clemens XIII. konnten sich mit ihren Erlassen auf den großen Kanoniker Lambertini, Benedikt XIV., berufen. Dieser hatte sich während seines Pontifikates wiederholt und für alle folgende Zeit maßgeblich zur Frage der Taufe jüdischer Kinder geäußert. Vor allem in einem Brief vom 28. Februar 1747 an den Viceregente von Rom hatte er die dogmatische Position mit Rückgriff auf die ältere Kirchengesetzgebung ausführlich hergeleitet und begründet. Jüdische Kinder zu taufen, lautete das wesentliche Ergebnis, sei grundsätzlich unzulässig, außer in zwei Ausnahmefällen: das Kind sei von den Eltern ausgesetzt worden oder – das Kind befinde sich in Todesgefahr.[23]

Solange die päpstlichen Weisungen befolgt, die Strafandrohungen abschreckend wirkten und heimliche Taufen vermieden wurden, war alles in Ordnung. Die Probleme begannen jedoch, sobald eine solche Taufe in der vorgeschriebenen Form gespendet und die Sache bekannt geworden war. Noch in den Jahren nach dem Zweiten Weltkrieg, nachdem einige Tausend jüdischer Kinder in kirchlichen Einrichtungen vor den mordenden Nationalsozialisten gerettet und wenige dieser Kinder, gegen die Anordnung kirchlicher Behörden, getauft worden waren, sollte sich der Vatikan mit dieser Problematik konfrontiert sehen.[24] Im Falle einer korrekt gespendeten Taufe waren die kirchlichen Stellen verpflichtet, einzuschreiten, denn – wie das weitverbreitete offiziöse deutsche Kirchenlexikon von Wetzer und Welte 1853 die dogmatische Position bestimmte: «Die Taufe [wirkt] gleich der Firmung und der Priesterweihe nicht vorübergehend, sondern bleibend, indem sie der Seele einen unvertilgbaren Charakter einprägt [...]. Durch die

Taufe wird der Nichtchrist Christ und dieß bleibt er für immer, der Christ kann dem Wesen nach nie wieder Nichtchrist werden.» Die Frage, «ob Kinder von Juden und Heiden gegen den Willen der Eltern zu taufen seien», sei «disciplinarisch [...] dahin beantwortet, daß solche Taufe nur dann gestattet sei, wenn entweder den betreffenden Eltern freies Verfügungsrecht über ihre Kinder nicht zustehe oder letztere im Begriffe stehen zu sterben.»[25] Hier kehrte 1853 exakt die Position Benedikts XIV. wieder. Für das Heilige Offizium in Bologna wie in Rom mußte dies ebenso wie für den Papst bedeuten: Wenn Edgardo Mortara von der Magd in *periculo mortis* korrekt getauft worden war – unter Verwendung von Wasser und Aufsagen der vorgeschriebenen Taufformel –, dann war das Sakrament gespendet, war Edgardo Christ und mußte christlich erzogen werden. Die «Vaterschaft Gottes» übersteige eben in jedem Fall die Vaterschaft eines Menschen, formulierte ein kurialer Gutachter unbeeindruckt von den Proteststürmen aus der «zivilisierten Welt». «Die Welt hat noch nie Richter der Kirche Jesu Christi sein können; und die *zivilisierte* Welt ist ohnehin nichts anderes als die christliche Welt.»[26]

Ob die zweifelhaft beleumundete, etwas mediokre, zum Zeitpunkt der vorgeblichen Taufe erst siebzehnjährige Dienstmagd Morisi die Taufe vorschriftsmäßig ausgeführt habe, entwickelte sich ebenso zum Gegenstand endloser Erörterungen wie die Frage, ob Edgardo wirklich in Lebensgefahr schwebte oder nicht einfach nur harmlos kränkelte. Wie stand es schließlich um die Erinnerung der Morisi? Zeugen für die Taufe existierten nicht. Warum also nicht gegen die Annahme einer korrekt erfolgten Taufe entscheiden? Präzedenzfälle für solche Entscheidungen existierten durchaus, argumentierten die Mortaras und nannten solche Fälle auch.[27]

Die Mortaras wußten nicht, daß sie Opfer jener gescheiterten Judenpolitik waren, die die doppelte Schutzherrschaft ins Extrem einer einseitigen Gewichtung geführt und die alltägliche Praxis den jüdischen Untertanen gegenüber außer Kontrolle gesetzt hatte. Noch wenige Jahre zuvor vielleicht hätte Pius IX. über jenen Handlungsspielraum verfügt, den die Mortaras ihn jetzt baten wahrzunehmen. Zu spät. Pius hatte 1858 jede Bewegungsfreiheit verloren; jedes Zugeständnis hätte für ihn den Sieg jener Prinzipien der Moderne bedeutet, gegen die er sich spätestens seit der Revolution von 1848 gestellt hatte. Antijudaismus oder gar Antisemitismus spielen in der Mortara-Affäre so gut wie keine Rolle; in einer anderen historischen Situation hätte auch Pius IX. völlig anders entscheiden können; die Tradition war für eine andere Entscheidung offen, wie das Pro-Memoria der Mortaras dem Papst ja auch zeigte. Aber 1858 war Pius handlungsunfähig, blieb ihm keine Wahl als das dogmatische Manifest gegen die «ungerechte» Welt. Nichts beleuchtet diese Situation deutlicher, als daß der Papst in der Mortara-Angelegenheit sogar den Rat seines politischen Genius Antonelli mißachtete. Dieser hatte ihm nach einer unmißverständlichen Demarche der letzten verbliebenen Schutzmacht des Kirchenstaates, Frankreichs, nahegelegt, eine Kehrtwende zu vollziehen – ohne Gehör zu finden. Den Vertretern der jüdischen Gemeinde Roms gegenüber gab Pius schneidend kund, daß ihm die Proteste «der ganzen Welt völlig egal» seien.[28]

Pius IX. handelte in der Mortara-Affäre ausschließlich dogmatisch in höchst gesteigerter Aktivität für eine «gerettete Seele» und in höchst einseitiger Auslegung der doppelten Schutzherrschaft: Den Schutz dieses einen Christ gewordenen Judenjungen setzte er über alles, vor allem über jegliche politische Vernunft. Mit diesem Handeln, dem keine Entscheidungsspielräume mehr verblieben waren, stellte er sich in den größten denkbaren Gegensatz zu einer pragmatischen, etwa von Antonelli verkörperten Politik. Nun war diese pragmatische Politik den Juden gegenüber seit Consalvi ohne konzeptionelles Fundament und letzten Endes willkürlich gewesen, weil sie keiner anderen Linie als der des Laisser-faire gefolgt war. Auch Antonellis Vorschlag, auf französischen Druck hin eine Wende zu vollziehen, war letztlich ebenso willkürlich, konzeptionslos, den Erfordernissen des Tages geschuldet und ohne Perspektive. Bevor der Kirchenstaat mit solcher Politik unterging und sang- und klanglos die Vorstellungen der Gegner akzeptierte, mochte das dogmatische Manifest als die bessere Alternative erscheinen. Das war wenigstens ein Untergang mit erhobener Fahne. Das nächste, umfassendere dogmatische Manifest sollte 1864 der gegen die «Irrtümer der Moderne» gerichtete *Syllabus errorum* sein.

Pius IX. hatte den Grundzwiespalt der Judenpolitik, der ja im Grunde nur eine Spielart des Grundzwiespalts der römischen Kirche war, zwischen ihrem verhärteten, nicht weiterentwickelten alten Weltbild und einer der Moderne gegenüber insgesamt außer Kontrolle geratenen Politik, nicht selbst heraufbeschworen, sondern von den Vorgängern ererbt. Seine Tragik war, daß ihm – gerade nach der Erfahrung der Revolution von 1848 – nicht viel mehr übrig blieb, als die Partie an ihr bitteres Ende zu führen. So sehr die persönlichen Eigenarten Pius' IX. die Drift noch beschleunigten, so wenig trug er allein dafür die Verantwortung – sofern von Verantwortung in personalistischem Sinn überhaupt die Rede sein kann angesichts des historischen Prozesses der Moderne, dessen Wucht die Kirche nur schwer standhielt.

Im Juli 1870 – dem Monat der Dogmatisierung der päpstlichen Unfehlbarkeit durch das Erste Vaticanum – trat die jüdische Gemeinde ein letztes Mal mit einer Denkschrift an Pius IX. heran. Noch einmal schilderte sie dem Pontifex ihre miserable ökonomische und soziale Situation, bat mehr um Hilfe und Erleichterung, als «harte» Forderungen nach bürgerlicher und politischer Emanzipation zu stellen. «Euer Herz allein wird es für rathsam finden, daß die Ausübung der Wohlthat keinen Aufschub erleidet.»[29] Eine Antwort erhielten die Juden Roms vom Papst nicht mehr und hätten sie im gewünschten Sinne wohl auch nicht erhalten, solange der Kirchenstaat existierte. Was anderen, weltlichen Gemeinwesen leichter fiel, weil sie durch die Emanzipation ihrer jüdischen Untertanen nicht ihre «fundamentalen Prinzipien» berührt sehen mußten, wie Gregor XVI. 1843 Metternich gegenüber dargelegt hatte,[30] stellte sich für den Kirchenstaat in einer anderen Qualität dar. Der Staat des Papstes konnte kein pluralistischer Staat sein. Die Päpste in ihrer Eigenschaft als Souveräne eines besonderen Staates mußten es als Teil ihrer «Staatsräson» begreifen, von diesem fundamentalen Prinzip nicht abzurücken. Vollemanzipation der Juden war unmöglich. Das bedeutete auf der anderen Seite aber nicht, daß sich die päpstliche Politik den Juden gegenüber nicht hätte ändern können – aber eben gemäß der Logik des Papsttums und seiner Institutionen bestenfalls im Zuge eines evolutionären Prozesses, der auf die Anforderungen der veränderten Welt reagierte. Doch diesem evolutionären Prozeß stand zuletzt das Konzept der doppelten Schutzherrschaft im Weg.

Im Sommer 1870 war alles zu spät. Das Konzil vertagte sich selbst auf unbestimmte Zeit; Frankreich zog nach dem Beginn des deutsch-französischen Krieges seine Schutztruppen aus dem Kirchenstaat ab, und am 20. September 1870 drangen die italienischen Truppen durch die Porta Pia in Rom ein. Drei Wochen nach dem Fall Roms, am 13. Oktober, billigte die Regierung des Königreichs Italien per Dekret auch den Juden Roms völlige politische und rechtliche Gleichstellung zu. Im neuen, ersten gesamtitalienischen Parlament saßen neun jüdische Abgeordnete.

Wer diese 1870 endlich erfolgte Emanzipation der Juden des Kirchenstaates als Modell einer «nachgeholten Judenemanzipation durch Systemwechsel» begreift,[31] mag das Ergebnis dieses Umsturzes korrekt charakterisieren, sagt damit jedoch noch nichts über die Lebensumstände der Juden in der Spätzeit des alten Systems aus. Indem er dazu neigt, das vermeintlich nachtschwarze Vorher mit dem vermeintlich leuchtendhellen Nachher zu kontrastieren, ignoriert er, daß der Evolutionsprozeß – unter welchem Außendruck und unter welchen systemischen und personellen Unzuläng-

lichkeiten auch immer – im Kirchenstaat bereits begonnen und auf der
Ebene tagtäglicher Politik, weit unterhalb derjenigen lehramtlicher Verlautbarungen und legislativer Bemühungen, seine eigene Art einer De-
facto-Toleranz hervorgebracht hatte. Vor allem bliebe der Blick dafür ver-
stellt, wie unaufhaltsam faktische Politik und theologisch-ideologische
Vorgabe immer weiter auseinanderdrifteten und letztlich in einen nachgerade schizophrenen Widerspruch zueinander traten. Die alltägliche Politik
den Juden gegenüber war außer Kontrolle geraten, weil der Evolutionsprozeß ohne konzeptionelle Steuerung geblieben war; das alte Konzept der
doppelten Schutzherrschaft hatte sich unter dem wachsenden Druck der
Defensive zu einer Zwangsideologie versteift, die in einzelnen konvulsivi-
schen Manifesten der Unnachgiebigkeit – wie der Mortara-Affäre – die
Wirklichkeit noch ein letztes trotziges Mal unter ihre Herrschaft hatte
zwingen wollen. Beides zusammen hatte einen Zustand lähmender Handlungsunfähigkeit hervorgebracht. Der Evolutionsprozeß war nicht an sein
Ziel gekommen. Wer den Kirchenstaat allein als finster-reaktionäres Über-
bleibsel des Ancien régime betrachtet, beherrscht von verstockten Vorge-
strigen, wird die Entstehung dieses kybernetischen Kurzschlusses niemals
wahrnehmen können, dieses vergebliche, die Schizophrenie streifende,
über hundertjährige Bemühen der Päpste und ihrer Politiker, der «modernen» Frage nach der Emanzipation zu begegnen, ohne das eigene, uralte
handlungsleitende Konzept einer ernstlichen Revision zu unterziehen. Be-
drücken wird die Erkenntnis, daß dieses Bestreben scheitern mußte; historisch ungerecht wäre, es komplett zu negieren und die gesamte judenpolitische Misere plakativ als Ausfluß eines «eingefleischten» kirchlichen
Antijudaismus oder gar Antisemitismus zu begreifen.

Die Ghettos des Kirchenstaates endeten nicht in der «Befreiung» durch
die italienischen Nationaltruppen. Diese brachten endgültig die Emanzipation der Juden; das Ende der Ghettos als «Kerker» – sofern sie dies jemals gewesen waren – hatte im Kirchenstaat schon die Französische Revolution eingeläutet und war nach der Restauration des päpstlichen Staates
in seinen nördlichen Legationen spätestens seit den revolutionären Unruhen von 1830/31, in Rom seit der Revolution von 1848, faktisch erreicht.
Pragmatische Gründe und Zentrifugalkräfte gemeindlicher Identität hielten jedoch die Ghettos als jüdische Wohnviertel auch nach den jeweiligen
«Befreiungen» noch lange zusammen: Das Mietrecht bildete für viele Juden ein gewichtiges Argument, im Ghetto zu verbleiben, und der Drang,
die Existenz einer Gemeinde, ihre kulturelle und rituelle Eigenständigkeit
äußerlich sichtbar zu manifestieren, dürfte auch das topographische Er-

Abb. 6 Die große Synagoge von Rom. Gegen Ende des 19. Jahrhunderts wurde das jüdische Ghetto abgerissen. Wo einst sein ärmstes Viertel lag, entstand die neue römische Synagoge, die 1904 eingeweiht wurde. Der repräsentative Bau war ein Symbol für die vom Ghetto befreite, emanzipierte und selbstbewußte römisch-jüdische Gemeinde, deren Wurzeln bis in die Antike reichen. Die Kuppel des «Tempio Maggiore» gehört bis heute zu den markanten Punkten im römischen Stadtbild.

scheinungsbild der Ghettos weiterhin wesentlich mitbestimmt haben. Erst gegen Ende des 19. Jahrhunderts brach sich ein beschleunigter Umbruch im wahrsten Sinne des Wortes auch in Rom Bahn: Das Ghetto wurde abgerissen. Wo einst sein ärmstes Viertel lag, am Tiber, direkt gegenüber der Insel, entstand die neue römische Synagoge (Abb. 6). 1904 wurde sie eingeweiht, ein prächtiger Bau, Symbol für die vollemanzipierte, selbstbewußte römisch-jüdische Gemeinde. Ihre Kuppel gehört mit zu den markanten Punkten des gegenwärtigen Stadtbildes; von verschiedenen Aussichtspunkten fügt sie sich, wie ein Zeichen der untrennbaren Zusammengehörigkeit des Alten und des Neuen Bundes, neben die Kuppel von St. Peter. Freilich sollten nach dem Jahr der Einweihung noch 82 Jahre vergehen, bis 1986 zum ersten Mal ein Papst, Johannes Paul II., die Fahrt über den Tiber unternahm, um die Juden Roms offiziell zu besuchen.

1870 endete mit der Geschichte des Kirchenstaates die Geschichte päpstlicher Judenpolitik, sofern sie die Aufgabe hatte, das Leben jüdischer Untertanen im Kirchenstaat zu regeln. Diese Aufgabe war stets der Kern päpstlicher Judenpolitik gewesen. Seit der Kirchenstaat existierte, hatten auch Juden als Untertanen auf seinem Territorium gelebt; ihren konkretesten Ausdruck hatte daher päpstliche Judenpolitik immer in dem Bemühen gefunden, die Stellung der jüdischen Minderheit innerhalb der christlichen Mehrheit zu bestimmen. Sicher, das handlungsleitende Konzept, die seit der Spätantike etablierte doppelte Schutzherrschaft, war ein grundsätzliches, kein pragmatisches gewesen und hatte den Anspruch erhoben, die Position der römisch-katholischen Kirche gegenüber allen Juden, nicht nur denjenigen des Kirchenstaates zu bestimmen. Die Päpste des Mittelalters hatten Herrscher, Klerus und Volk anderer Länder belehrt und gemahnt, mit Juden nach den Prinzipien der doppelten Schutzherrschaft umzugehen, hatten Juden, wo auch immer, unter päpstlichen Schutz vor christlichen Übergriffen gestellt, andererseits aber auch verlangt, die Freiheit der Juden, insbesondere ihre sozialen und wirtschaftlichen Kontakte zu Christen, zum erklärten Schutz der Christen vor den Juden zu beschränken. In der Briefenzyklika Benedikts XIV. von 1751 an die Bischöfe Polens, in der Supplik der polnischen Juden von 1758 und dem Gutachten Ganganellis ist noch in der Mitte des 18. Jahrhunderts ein Reflex jenes Anspruchs zu finden, der eigentlich schon im Mittelalter nur schwer einlösbar war und im Laufe der Neuzeit mehr und mehr verblaßte. Neuzeitliche Judenpolitik des Heiligen Stuhls war also in ihrem Kern zunächst Politik den eigenen jüdischen Untertanen gegenüber.

Das Ende des Kirchenstaates im September 1870 enthob die neuzeitliche Judenpolitik des Heiligen Stuhls dieses Kerns: Es gab keine jüdischen Untertanen mehr, die vor den christlichen, keine christlichen, die vor den jüdischen hätten in Schutz genommen werden müssen. Es gab für den Heiligen Stuhl keine tagtägliche Judenpolitik mehr. Wenn auch gewaltsam erzwungen, brach nun die Zeit an, das alte, seit mindestens hundert Jahren versagende Konzept der doppelten Schutzherrschaft zu verabschieden und sukzessive das Verhältnis der römisch-katholischen Kirche zu Juden und Judentum neu zu bestimmen. Das geschah in einem Prozeß, der weder homogen noch kurz war. Die doppelte Schutzherrschaft ließ eine konzeptionelle

Leerstelle zurück, die neu und in schwierigster Zeit gefüllt werden mußte. Daß Christenschutz vor den Juden nicht mehr notwendig war, drang keineswegs von heute auf morgen in die Köpfe an der Kurie, auch nicht sofort in die Köpfe der Päpste vor. Daß auf der anderen Seite und in einer bis dato ungekannten Dimension Judenschutz vor nominellen Christen zur Aufgabe der neuen Zeit werden sollte, erkannten viele nur quälend langsam. Daß der rassistische Antisemitismus mit aus jenen antijudaistischen Versatzstücken gespeist wurde, die das Ende der doppelten Schutzherrschaft völlig unkontrolliert und zu beliebiger Bedienung freigesetzt hatte, war das besondere Unglück dieser nun folgenden Geschichte.

6. Antijudaismus oder Antisemitismus?
Unterschiede und Übergänge nach 1870

Eine begriffliche Scheidung und ihr Nutzen

Der Übergang vom 19. zum 20. Jahrhundert setzte ein Neben- und Durcheinander unterschiedlichster geistiger und weltanschaulicher Strömungen frei, dessen Dickicht auch der moderne Antisemitismus entsprang. Zu den methodischen Instrumenten der Forschung, dieses Dickicht zu lichten, zählt die begriffliche Trennung von christlichem, religiös begründetem Antijudaismus und rassistisch-biologistischem, seit der zweiten Hälfte des 19. Jahrhunderts entstandenem Antisemitismus. Antijudaismus bezeichnet demzufolge die traditionelle, aus einer bestimmten Interpretation des neutestamentlichen Geschehens abgeleitete Judenfeindschaft, während Antisemitismus die Juden nach rassistischen Kategorien definiert und sie als «Rasse» zurückweist, ausgrenzt, verfolgt. Beide Ausprägungen von Judenfeindschaft unterscheiden sich fundamental in ihren ideologischen Grundlagen, haben jedoch nur zu oft dieselben katastrophalen Folgen gezeitigt.

Der Theologe Martin Friedrich hat die drei wesentlichen Konsenspositionen der umfangreichen Antisemitismusforschung zur Scheidung Antijudaismus/Antisemitismus zusammengefaßt: «a) Der in den 1870er Jahren [...] auftretende ‹moderne Antisemitismus› bildet eine entscheidende Zäsur in der Geschichte der Judenfeindschaft, wobei Kontinuität und Diskontinuität zur traditionellen Judenfeindschaft unterschiedlich bestimmt werden. – b) Er geht auf ein Ursachengeflecht zurück, in dem weder die politischen und wirtschaftlichen Faktoren noch die Rolle der christlichen Judenfeindschaft isoliert betrachtet werden dürfen. – c) Zu seinen wesentlichen Voraussetzungen gehört die Neuformulierung der ‹Judenfrage› in den Auseinandersetzungen um Emanzipation und Assimilation der Juden.»[1]

a) Antisemitismus gilt – in die Präzisierung «moderner Antisemitismus» ist der Begriff bereits miteingeflossen – als ein Produkt der Moderne, der Säkularisierung, der Verbürgerlichung und Nationalisierung, der Industrialisierung und ihrer sozialen Folgen. Eine wichtige Rolle spielte bei seiner Entstehung auch jene von Wolfram Siemann so genannte «Sünde» des

19. Jahrhunderts «wider die Emanzipation und das Menschenrecht», die darin bestanden habe, alle Staatsbürger gleichzumachen, nur die Juden nicht.[2] Gegenüber den Zuständen des Ancien régime, für die die Ungleichheit verschiedenster Rechts- und Sozialkreise konstitutiv war, bedeutete dies eine neue Qualität der Ausgrenzung. Die Ideologie der *égalité* versagte in ihrer politischen Praxis gegenüber den Juden eklatant, so daß der Weg zum modernen Antisemitismus ganz wesentlich über die Ablehnung dessen führte, was allen anderen Bürgern zugestanden wurde: Emanzipation und Integration. In Rom und im Staat des Papstes waren die Grundfesten der alten Weltanschauung aber bis zuletzt erhalten geblieben; das Verfassungsexperiment des Jahres 1848 war nichts anderes als ein Intermezzo gewesen. Eine besondere Rolle bei dieser neuartigen Ausgrenzung hatte der Kirchenstaat nicht gespielt, wenngleich natürlich auch Papst und Kurie Emanzipationsbestrebungen allerorten mindestens mit Skepsis betrachtet, wenn nicht gar aktiv hintertrieben hatten – wie etwa Pius IX. Großherzog Leopold II. gegenüber. Dahinter waren freilich ältere Motivationen verborgen, die Furcht der Kirche, Einfluß zu verlieren, die Furcht ganz allgemein vor dem Ende des christlichen Staatsprinzips, vor dem Sieg des «Indifferentismus». Dies alles war keineswegs die Morgenröte des Antisemitismus gewesen, sondern Ausläufer jenes Antijudaismus, der Teil der doppelten Schutzherrschaft war.

Moderner Antisemitismus und älterer christlicher Antijudaismus sollten deutlich voneinander geschieden, Bemühungen um begriffliche und phänomenologische Schärfe sollten nicht von vornherein als «Kampf gegen Windmühlen» abgelehnt werden. Sehr wohl diskutieren läßt sich über die Vermittlungswege und die Bindeglieder zwischen beiden. Wie begünstigte der eine den anderen; auf welche Weise wurden Antijudaisten zu Antisemiten, und welche aktive oder passive Rolle spielte dabei die Kirche? Auch hier scheint Differenzierung höchstes Gebot, denn die Transformationen liefen über vielfältige Kanäle. Das Pamphlet des Dominikaners Jabalot und dessen anonyme Fortsetzung von 1825/26 haben gezeigt, auf welche Weise bereits im frühen 19. Jahrhundert antijudaistische Stereotypen in antisemitische umschlagen konnten.[3] Aber gerade auch, wenn man, wie jüngst vorgeschlagen, «Judenfeindschaft in den Bildungseliten des 19. Jahrhunderts» mit «einer gewissen Selbstverständlichkeit» als «Mentalität und soziale Praxis» begreift,[4] muß ohne «moralische Aufgeregtheit» umso mehr darauf beharrt und herausgearbeitet werden, daß ein kausaler Zusammenhang nicht einmal zwischen modernem und mörderischem «eliminatorischem» Antisemitismus, geschweige denn zwischen dieser älteren Mentalität und sozialen Praxis des Antijudaismus und der nationalsozialistischen Judenvernichtung ohne weiteres zu belegen ist und daß sich die exponiertesten Mitglieder dieser Bildungseliten – wozu sicherlich auch Heiliger Stuhl und Papst zu rechnen sind – gegen jenen Antisemitismus oft genug wandten, auch und vielleicht gerade, weil sie selbst an der «Mentalität» des Antijudaismus ihren Anteil hatten. In den wenigsten Antijudaisten dürften auch potentielle Judenmörder gesteckt haben, was – natürlich – den Antijudaismus als solchen nicht besser macht.

b) Antijudaismus wie Antisemitismus sind stets in ihren konkreten historischen Ursachengeflechten zu klären; dabei lassen sich anthropologische, theologische, soziologische, ökonomische oder psychologische Modelle erfolgreich zugrunde legen. Monokausale Strategien erscheinen, nach welcher Seite auch immer, wenig erfolgversprechend. Definierte sich die Stellung der römisch-katholischen Leitungsinstitution «Heiliger Stuhl» den Juden gegenüber seit dem frühen Mittelalter aus dem von der Theologie her abgeleiteten Konzept der doppelten Schutzherrschaft, so war Antijudaismus stets ein Teil dieses Konzepts. Keineswegs sind beide jedoch deckungsgleich, sondern bilden eine Schnittmenge, über deren Größe Wertungsdifferenzen möglich sind. Daneben schneidet dieser Antijudaismus, auch im Kirchenstaat, in andere Bereiche ein, spielen stereotype anthropologische Konstanten des Rassismus, wie Xenophobie und Ethnozentrik verschiedener sozialer Gruppen – des Feudal- und Stadtadels, des «Mittelstandes», des «Pöbels», etwa im römischen Karneval –, ebenso eine Rolle wie der sozioökonomische Faktor, der stets gerne angeblich religiöse Gebote strapazierte, um sich unliebsame Konkurrenz vom Leibe zu halten. Im Staat des Papstes äußerte sich dieser Antijudaismus in Ghettoplünderungen bei jeder guten Gelegenheit, aber auch in langanhaltenden Intrigen gegen jegliche wirtschaftliche und soziale Bewegungsfreiheit der Juden. Hier freilich war wieder jener «Antijudaismus von unten» zu greifen, gegen den bereits die Päpste des Mittelalters einzuschreiten versucht hatten und gegen den sich das Konzept der doppelten Schutzherrschaft in jenen seiner Teile richtete, die nicht antijudaistisch waren.

c) Auch der Heilige Stuhl bewegte sich im Laufe des 19. Jahrhunderts auf eine Neuformulierung der Judenfrage zu. Die Auseinandersetzung um Toleranz, Emanzipation und Assimilation gewann dabei insofern Bedeutung, als sich vor ihrem Hintergrund das Ende der doppelten Schutzherrschaft abspielte. Aber aus dem Antijudaismus entwickelte sich doch eben kein Antisemitismus der Päpste und der Institution «Heiliger Stuhl» als ganzer, von Irrtum und Schuld einzelner und im einzelnen abgesehen. Die römisch-katholische Kirche ging ihren Weg zu einem neuen Judenbild keineswegs geradlinig und nicht ohne Verzögerungen und Rückschläge. Daß freilich der Antisemitismus als gewalttätige diskriminatorisch-rassistische Ideologie mit der Lehre der Kirche nichts gemein haben konnte und durfte, zweifelten die Päpste und die führenden Häupter der Kurie nie an. Dies auch klar zu äußern sowie entsprechend konsequent nach dieser Einsicht zu handeln, war einzelnen an der Wende vom 19. zum 20. Jahrhundert immer nur in jeweils unterschiedlichen Graden möglich. Zu sehr standen lange noch die Relikte der doppelten Schutzherrschaft einer Neuorientierung im Weg, zu sehr trübte die antimodernistische Verschwörungstheorie den Blick, zu sehr dominierte politisches Taktieren über zukunftsweisende Reflexion.

Dem Ende der doppelten Schutzherrschaft folgte einer der größten theologischen Umbrüche in der Geschichte der Kirche. Er zog sich, vom Ersten Vatikanum bis zur Erklärung *Nostra Aetate* des Zweiten Vatikanischen Konzils über fast hundert Jahre hin. War die Erfahrung des eliminatorischen Antisemitismus und der Hilflosigkeit der Kirche angesichts dieses Phänomens der Entmenschlichung eine Voraussetzung dafür, den eigenen Antijudaismus endlich zu überwinden?

Die Initiative der Abbés Lémann, 1870

Im Januar 1870 lag der Postulatenkongregation des Ökumenischen Konzils ein Entwurf zu einer Konzilsdeklaration über die Juden vor. 510 Konzilsväter – «die größte Stimmenzahl, noch über dem Unfehlbarkeitspostulat»[5] – hatten mit ihrer Unterschrift erklärt, das Postulat zu unterstützen. Seine Autoren waren zwei jüdische Konvertiten aus Frankreich, die seit ihrem Übertritt zur katholischen Kirche als Priester in Lyon wirkten: die Abbés Joseph und Augustin Lémann.

Ihren ehemaligen Glaubensbrüdern einen Weg in den Schoß der Mutter Kirche zu bereiten, hatten die Brüder schon seit längerer Zeit als ihre Lebensaufgabe erkannt. 1864 waren sie wohlwollend von Kardinalstaatssekretär Antonelli empfangen worden; drei Jahre später hatten sie ihm und auch Pius IX. einen als offenen Brief gefaßten allgemeinen Konversionsaufruf an die Juden überreicht.[6] Antonelli hatte sich in den üblichen Phrasen des Kurialstils bedankt,[7] der Papst hingegen hatte den Lémanns immerhin ein eigenes Breve gewidmet und den Apostolischen Segen erteilt. Im Breve hatte Pius seiner Freude darüber Ausdruck verliehen, daß die Brüder nun nicht mehr «in der Finsternis» lebten und ihre Kräfte dafür einsetzten, auch andere Juden ins Licht zu führen. «Möge die Gnade Gottes den Geist Eurer Brüder erhellen und sie alle baldmöglichst zu uns führen, denn es gibt ja nur eine Herde und einen Hirten.»[8] Mit dem Ziel der Lémanns hatte sich der Papst einverstanden erklärt, doch: Hatte er auch wahrgenommen, daß die Brüder dieses Ziel aus einem Kontext heraus entwickelten, der den Rahmen der üblichen katholischen Konversionstheologie sprengte?

Die eigenwillige Argumentation der Priester aus Lyon hätte er in deren 1869 erschienenem, mit dem Abdruck seines Breves geschmückten Hauptwerk nachlesen können: *La Question du Messie et Le Concile du Vatican.*[9] Da beide im Konzilsarchiv vorliegenden Exemplare des Bandes, darunter eines mit persönlicher Widmung der Autoren,[10] unaufgeschnitten sind, steht mit Recht anzunehmen, daß diese Lektüre unterblieben ist. Stutzig geworden wäre der Papst sicherlich gleich in der Einleitung. Begründeten doch die Brüder ihren Konversionsaufruf an die Juden nicht aus einer Heilsnotwendigkeit, sondern aus ganz irdischer Perspektive, als Abschluß und Vollendung der Französischen Revolution! Die Völker lebten in einem Zeitalter der Vereinigung, der Aufhebung aller Schranken. Trennende Mauern stürzten allenthalben zusammen; das 19. Jahrhundert habe die Mission, die Einheit des Menschengeschlechts herbeizuführen, Kasten, Privilegien, Monopole endgültig abzubauen.[11] Welche Belege die Wirklichkeit des 19. Jahrhunderts bereithalten konnte, dieses sozialutopische Pathos der Abbés zu stützen, kann an dieser Stelle nicht zur Debatte stehen; unabhängig von den Ergebnissen eines mehr realitätsorientierten Blickes auf das Lémannsche Gedankengebäude hätten sich Papst und Kurie in jedem Fall dagegen gewehrt, als Ausführungsorgane einer religiösen Revolution zu erscheinen, die jene bereits erfolgte soziale Revolution notwendig hätte ergänzen und überhöhen sollen.[12] Der Papst als Revolutionsführer zur religiösen Einheit, um den sich nicht nur die orthodoxen und protestantischen Christen, sondern eben auch die Juden zu scharen hatten: Die «älteste Separation» der Menschheit, die Separation des «jüdischen Volkes vom Rest des menschlichen Geschlechts»,[13] sei durch die kollektive Hinwendung der Juden zu diesem Revolutionsführer endlich zu überwinden! Religiöse Probleme erkannten die Abbés in ihrer Forderung nicht. Gerade den Kern des Unterschieds zwischen Judentum und Christentum, die Messiaserwartung, hielten sie für historisch widerlegt, hätten doch die Juden mittlerweile so lange vergeblich das Kommen des Messias erwartet, daß dieses Dogma zu reiner, hoffnungsloser Konvention verblaßt sei und kein lebendiges Religionsgut mehr darstelle. Des über zweitausendjährigen

Wartens müde, sollten sich die Juden jetzt bereitfinden können, Jesus Christus als den Abraham und Moses verheißenen wahren Erlöser anzuerkennen, und also, in einer Art «kalten Konversion», zum Christentum überzugehen, ohne damit die eigene Religion eigentlich verlassen zu müssen.[14] Diese, in dem Postulatsentwurf für das Konzil wiederholte These zu untermauern, war das Ziel des Buches. Allerdings wandten sich die Lémanns mit ihrer Schrift nicht nur an Juden, sondern auch an Christen, denn «die einen wie die anderen müssen etwas verändern, um das Ziel der Wiedervereinigung zu erreichen.»[15]

Zwar forderte das Konzept der Gebrüder Lémann den Juden mehr «Bewegung» ab als der katholischen Kirche; indessen, und das war der vor allem zukunftswirksame Aspekt der Initiative, legte sie auch dieser einen Positionswechsel nahe. Stillschweigend leitete das Postulatum die Kirche zu einem veränderten Judenbild an. Die alten Stereotypen von Gottesmord und Verstoßung, von Zeugenschaft und Erleuchtungshoffnung, die traditionellen Grundlagen der doppelten Schutzherrschaft fehlten; statt dessen appellierten die Autoren an die Barmherzigkeit der heiligen Synode und des Papstes, die Juden als Brüder mit offenen Armen zu empfangen, «weil sie immer von Gott geliebt waren um der Väter willen und weil Christus ihnen dem Fleische nach entstammt.»[16] Das war ein wesentlicher theologischer Akzentwechsel. Die Abbés betonten die Gemeinsamkeiten, nicht das Trennende, forderten nicht mehr gegenseitige Abschottung und gegenseitigen «Schutz», sondern Annäherung und Miteinander aus dem Geist der Liebe.

Die Postulatenkongregation, der unter anderem die Kardinäle Antonelli, Barili sowie der Wiener Erzbischof Rauscher angehörten, ließ die von den 510 Konzilsvätern unterzeichnete *Propositio* der Abbés Lémann nicht zur Diskussion in der Generalkongregation zu. Eine Begründung für diesen Entscheid fehlt in den Konzilsakten. Sofern formale Hindernisse angeführt wurden, dienten diese sicher nur als Vorwand;[17] der eigentliche Grund der Ablehnung dürfte in dem Gedankengebäude der Abbés insgesamt gelegen haben, wie es die Begründung des Postulats noch einmal skizzenhaft aufführte. Am 24. Juni 1870 fragten die Gebrüder Lémann beim Konzilspräsidium an, ob die Generalkongregation, wenn schon nicht das Postulat, so doch wenigstens eine knapp formulierte Botschaft an die Juden verabschieden könne. Entsprechende Formulierungen könnten einem über das Missionswesen vorgelegten Postulat entnommen werden.[18] Ohne Erfolg; am 18. Juli endete das Konzil mit der Abstimmung über das Unfehlbarkeitsdogma, ohne formellen Schlußakt.

Ob eine «Judenerklärung» des ersten Vatikankonzils hätte zustande

kommen können, wäre die Versammlung nicht vorzeitig auseinanderge-
gangen, steht anzuzweifeln. Freilich ist das Scheitern der Abbés nicht das
Entscheidende an dieser Episode, sowenig entscheidend wie die unbe-
streitbare Naivität der beiden Brüder und ihr unbekümmerter Umgang mit
Grunddogmen des Judentums wie des Christentums. Auf Ablehnung und
Zurückweisung stießen die Lémanns sowohl von jüdischer als auch von
seiten einer intransigenten, vor allem französisch-katholischen Presse.
Entscheidend ist vielmehr, *daß* die Abbés ihren Antrag einbrachten, und
daß er – in seinen Einzelheiten wahrgenommen oder nicht – von mehr als
fünfhundert Konzilsvätern unterstützt wurde. Wenngleich die Postulatenkongregation den Entwurf nicht bis zum Plenum vorließ, war allein durch
die Zahl der Unterzeichner doch dokumentiert, daß die Hälfte der Konzilsväter den dringenden Bedarf der römisch-katholischen Kirche anerkannte,
über die Stellung der Kirche zu den Juden konzeptionell neu nachzudenken.
Im Entwurf der Gebrüder Lémann dominierte, gewiß, die Forderung nach
Übertritt der Juden zum Christentum. Aber hinter dieser Forderung standen exakt jene Gedanken, die sich dann auf dem Weg zur Deklaration
Nostra Aetate des zweiten Vatikanischen Konzils mehr und mehr in den
Vordergrund schieben und in dieser Erklärung als Fundamente des neuen,
endlich gefundenen Konzepts von den «älteren Brüdern im Glauben» wörtlich wiedererscheinen sollten: das von Gott geliebte Volk um der Väter
willen, dem Christus «dem Fleische nach» entstammt.[19]

Auch die Kirche mußte sich bewegen, um 1965 dieses Ergebnis fest-
schreiben zu können. Ausgerechnet von zwei jüdischen Konvertiten wollte,
konnte sie 1869 diese Belehrung nicht annehmen. Davon abgesehen sprachen aber auch andere, gute Gründe dafür, das Lémannsche Postulat 1870
nicht als Konzilsdekret zu verkünden: Rom und das Konzil hätten sich in
der vorwaltenden Defensive durch einen Konversionsaufruf an die Juden
der Welt vollends der Lächerlichkeit preisgegeben. So oder so, das Konver-
sionsthema mußte erst vom Tisch, bevor sich der eigentliche Gehalt der
Lémannschen Gedanken entfalten konnte.

Verschwörungstheorien und «ökonomischer Antisemitismus»

Pfingsten 1889: Während auf dem Campo de'Fiori das Denkmal für den
von der römischen Inquisition als Häretiker verurteilten und im Jahr 1600
hingerichteten Dominikaner Giordano Bruno eingeweiht wurde, betete
und fastete Papst Leo XIII. den ganzen Tag über in der Peterskirche. Das

Bild des stumm protestierenden 80jährigen Papstes ist wie kein zweites geeignet, das Selbstverständnis des Nachfolgers Petri am Ende des 19. Jahrhunderts als einer von den areligiösen Kräften der Moderne vergewaltigten Institution zu begreifen. Antiklerikale Gruppen hatten die Denkmalsenthüllung von vornherein als Demonstration gegen den Papst konzipiert und den Naturphilosophen Bruno zur Symbolfigur freigeistigen Widerstandes gegen die Kirche als einer finsteren Macht der Unterdrückung stilisiert. Kontinuierlich hatte sich während der 1880er Jahre das Verhältnis zwischen italienischem Nationalstaat und Papsttum verschlechtert; die wechselnden Regierungen hatten versucht, alles Religiöse weitestmöglich aus dem staatlichen Leben zu verdrängen; freimaurerisch organisierter Antiklerikalismus und randalierender Radikalismus nahmen extrem zu. Die Überführung der Leiche Pius' IX. von St. Peter nach S. Lorenzo fuori le mura wurde von Straßenschlachten begleitet; wenig hätte gefehlt, und der päpstliche Sarg wäre im Tiber gelandet.

Im Gegensatz zu seinem 1878 verstorbenen Vorgänger zeigte sich Leo XIII. darum bemüht, seiner Kirche im radikal veränderten geistigen und politischen Umfeld des italienischen Nationalstaates wieder Boden unter den Füßen zu verschaffen. Zwar hatte auch er jenes «Non expedit» nicht aufgehoben, mit dem Pius IX. 1874 den Katholiken die aktive Teilnahme am neuen Staat verboten, die neue Ordnung «konsequent negiert» hatte. Aber er hatte die Bedeutung der sozialen Frage erkannt und damit begonnen, den Katholizismus als Sozialbewegung gegen den Sozialismus zu positionieren. In der Enzyklika *Rerum Novarum* sollte diese Politik des Papstes 1891 ihren Höhepunkt erreichen. Dies stachelte freilich den Zorn der Antiklerikalen nur noch mehr an.

Die defensive Grundsituation der Kirche hatte sich durch das Ende des Kirchenstaates nicht aufgelöst, im Gegenteil. Das Wirken vor allem Leos XIII. und dann, während des Weltkrieges, Benedikts XV. öffnete nur langsam die Perspektive in Richtung einer neu definierten Rolle des Papsttums und des Heiligen Stuhls in der Weltpolitik. Die Lösung des territorialen Problems sollte sogar noch bis 1929 auf sich warten lassen. Lange Jahre, Jahrzehnte führte die Kirche daneben einen erbitterten Weltanschauungskampf gegen teils wirkliche, teils auch eingebildete Feinde. Dabei agierte sie, dem Stil der Zeit entsprechend und den Gepflogenheiten der Gegner angepaßt, weder mit feinsinnigen Argumenten noch zimperlich im Ton.

In den Jahrzehnten nach dem Epochenjahr 1870/71, nach der Vollendung der nationalen Einigungsprozesse in Deutschland und Italien, nach dem Ende von Konzil und Kirchenstaat und dem Beginn der Dritten Republik in Frankreich breitete sich der Antisemitismus als Weltanschauung und, daraus abgeleitet, als politische Bewegung vor allem in Deutschland und Frankreich stark aus. Der Emanzipation der Juden erwuchs eine Gegenbewegung, in der soziale, ökonomische ebenso wie völkische, biologistische und rassistische Motive, aber auch die passenden Versatzstücke des religiösen Antijudaismus zu einer neuartigen aggressiv-diskriminatorischen Sündenbockideologie zusammenschmolzen. «Der Jude» wurde zur wohlfeilsten Metapher selbstmitleidiger Kritik an der als bedrohlich empfundenen Beschleunigung der Moderne. Wilhelm Marr und Adolf Stoecker, Julius Langbehn und Eugen Dühring, der Antisemitismusstreit und später der Alldeutsche Verband in Deutschland, Georg Ritter von Schönerer, Karl Lueger und die Christlich-Sozialen in Österreich, Graf Gobineau, Edouard Drumont und dessen Zeitschrift *Libre Parole*, schließlich die Affäre Dreyfus in Frankreich, bezeichnen nur einige wenige markante Namen, Ereignisse und Institutionen dieses vielschichtigen Phänomens.

Auch und gerade der Orbis catholicus blieb von antisemitischen Einflüssen nicht frei. Jene aggressiv-verzweifelte Abwehrbewegung gegen eine Moderne, die als antikirchliche Verschwörung von Freimaurerei, aufklärerisch-rationalistischem Indifferentismus und Sozialismus begriffen wurde, schloß oft genug auch die Juden mit ein. Wo immer sich hohe kirchliche Würdenträger noch bis zum Zweiten Vatikanum hin offen judenfeindlich oder Juden gegenüber auch nur kalt-distanziert und abweisend verhielten oder argumentierten, bildete – neben den ideologischen Trümmern der doppelten Schutzherrschaft – diese in ihrer Pauschalität höchst fragwürdige Identifikation den Hintergrund.[20] Oftmals bedienten dabei radikal-intransigente Organe wie der *Univers Catholique* oder *La Croix* die Vorurteile breiter Bevölkerungsschichten. In Italien agierte nachgerade die gesamte katholische Presse, vor allem jedoch deren kämpferischer, dem liberalen Nationalstaat gegenüber unversöhnlicher «rechter» Flügel, mit judenfeindlichen Artikeln. Die der Kurie nahestehenden Blätter *Osservatore Romano* und das Jesuitenorgan *La Civiltà Cattolica* bildeten dabei keine Ausnahme. In einer ganzen Serie von Artikeln stilisierte die *Civiltà Cattolica* zu Beginn der 1890er Jahre die «jüdische Frage» zur Überlebensfrage der christlichen Welt. «Da die Juden [...] bei dem Unternehmen, die Christen auszubeuten, untereinander eng verbunden sind, schreiten sie mit einer Verschlagenheit und einer Übermacht voran, die es schwer machen, Gegenmittel zu finden.»[21] Ungeachtet solch radikaler Töne distanzierte sich die Jesuitenzeitschrift von den Antisemiten. Den «rein negativen» Antisemitismus der österreichischen Christsozialen wies sie 1892 ausdrücklich zurück.[22] «Es werden keine Enteignungs- und Verbannungsgesetze gefordert, wie sie manche unter den Antisemiten anstreben; nein, Gerechtigkeit und Liebe sollen auch gegenüber diesen Feinden der christlichen Völker gelten. Es werden daher maßvolle Gesetze gefordert, welche die Völker vor diesen in ihre Länder eingelassenen Feinden verteidigen und welche zugleich auch diese Feinde selbst vor der Rache der Völker schützen.»[23] Das war ein Plädoyer, die doppelte Schutzherrschaft wiederauferstehen zu lassen, wenn auch unter geänderten, «säkularisierten» Vorzeichen. Nicht mehr vor einer Gefährdung des Seelenheils galt es die Christen zu schützen, sondern vielmehr vor der ökonomischen Ausbeutung durch die Juden.

Eine willkommene Bestätigung aller Vorurteile über den schädlichen Einfluß der Juden in der modernen Welt schien die Affäre um den in Frankreich des Hochverrats angeklagten jüdischen Offizier Alfred Dreyfus zu liefern. An der Schuld Dreyfus' zweifelte 1894, dem Jahr der Verhaftung und ersten Verurteilung, kaum ein katholisches Blatt in Italien. Das «vaterlandslose» Verhalten des Juden Dreyfus galt sogar als die Spitze eines gefährlichen Eisbergs, den zu sprengen insgesamt aufgerufen wurde. Auch hier tendierte der religiöse Antijudaismus eindeutig zum antimodernistischen, wenn auch nicht dezidiert rassistischen Antisemitismus, als dessen Kennzeichen in bekannter Weise stereotype Verallgemeinerungen, antiemanzipatorische Propaganda und Verschwörungstheorien erscheinen. Die Emanzipationsbewegung habe den Juden überall ungehemmt Macht und Einfluß verschafft, die diese nun, im Bunde mit Freimaurern und Sozialisten, ausspielten. Der «alte Haß» der verräterischen Judassöhne und Gottesmörder richte sich in zerstörerischer Absicht gegen den christlichen Staat und die christliche Gesellschaft.

Während sich die katholische Presse in judenfeindlicher Propaganda erging, hielt sich der Heilige Stuhl mit Stellungnahmen zu jüdischen Themen zurück. Antijudaistische Ausfälle waren weder aus dem Munde des Papstes noch seines Staatssekretärs Rampolla zu vernehmen. Selbst die gegen die Freimaurerei gerichtete Enzyklika Leos XIII. *Humanum genus* von 1884 stellte keine Verbindung zwischen Freimaurerei und Judentum her. Dies bedeutete freilich nicht, daß der Heilige Stuhl den gegen die «jüdische Weltverschwörung» gerichteten Kurs seiner offiziösen Blätter *Osservatore Romano* und *Civiltà Cattolica* ablehnte – beide Redaktionen waren dem Staatssekretariat zwar nicht gerade weisungsgebunden, aber gegenseitige, von der obersten politischen Behörde des Heiligen Stuhls mehr oder minder autoritär dominierte Abstimmung fand doch statt. Der Antijudaismus erfüllte zwei Funktionen: Als ideologisches Bindemittel der gröberen Art

hielt er auch die einfacher strukturierte katholische Klientel Italiens gegen
eine politisch feindselige Umwelt zusammen, deren antiklerikale Verdikte
ihrerseits kaum feiner gestrickt waren; als tagespolitisches Taktierinstru-
ment Frankreich gegenüber kam der römischen Zentrale der Antijudaismus der katholischen Presse in der Dreyfus-Affäre schließlich nicht unge-
legen, solange sie damit die Hoffnung verbinden konnte, in Frankreich
Wähler gegen Liberale und Sozialisten zu mobilisieren.

Aber die Mai-Wahlen des Jahres 1898 enttäuschten diese Erwartungen.
Gleichzeitig bahnte sich die Wende in der Dreyfus-Affäre an, änderte sich
das Meinungsklima. Eine Prozeßrevision rückte ins Blickfeld und damit
auch die Möglichkeit einer Entlastung des Kapitäns. Vor diesem Hintergrund begannen die Kommentare in der italienischen katholischen Presse
eine andere Richtung einzuschlagen. Jetzt setzte sich die Tendenz durch,
der Affäre ihre politische Bedeutung abzusprechen und sie auf eine reine
Angelegenheit der Justiz zu reduzieren. Den Katholizismus, den sie zuvor
durch die jüdisch-sozialistisch-freimaurerische Verschwörung so stark bedroht gesehen hatten, gehe die Affäre, so hieß es nun, nichts an. Papst
Leo XIII. besiegelte diese Wendung höchstpersönlich. Am 15. März 1899
brachte *Le Figaro* einen Artikel des katholischen Journalisten Boyer d'Agen
über einen Besuch beim Papst. Während dieser Audienz hatte sich Leo
auch über den Dreyfus-Fall geäußert. Warum verschwende Frankreich die
«Kräfte seiner Nation» an einen derartigen Kampf ohne «Größe für das
ritterliche Frankreich, ohne Nutzen für die mitfühlende Menschheit»?
Könne dieser «kosmopolitische Skandal», dieser «entsetzliche Streit der
Parteien», diese «unglückliche Affäre» nicht endlich ihren Schlußpunkt
finden? Die zuständigen Gerichte hätten zu entscheiden, deren Urteil sei in
Ruhe abzuwarten, die Parteien hätten demgegenüber «abzurüsten». Im
übrigen solle sich niemand der Hoffnung hingeben, daß aus dem Streit der
Parteien ein Streit der Religionen werde.[24]

Zweifellos waren Leos Worte auch taktisch motiviert; öffentlich gegen
Dreyfus hatte ja bisher lediglich die katholische Presse Stellung bezogen,
nicht jedoch der Vatikan. Mahnte der Papst nun – an einem entscheidenden
Wendepunkt der Angelegenheit – über den Parteien stehend Mäßigung an,
konnte niemand ihm selbst Parteilichkeit vorwerfen. Hier bewährte sich
glänzend die spezifisch vatikanische Verbindung zwischen Schweigen der
Kurie und Reden ihrer Presseorgane: Im politischen Tagesgeschäft zu klap-
pern, waren die offiziösen Blätter, *Osservatore Romano* und *Civiltà Cattolica*, zuständig, niemals jedoch der Pontifex selbst. Genau aus diesem
Grund war die päpstliche Stellungnahme andererseits wieder mehr als eine

rein tagespolitsch motivierte Äußerung. Sprach der Papst, dann mit dem Anspruch längerer als nur tagespolitischer Verfallszeit. Sicher, Leo blies öffentlich zum Rückzug. Die antijudaistische Kampagne der katholischen Presse hatte den gewünschten Erfolg nicht gezeitigt; die neue Devise sollte «neutrale Distanz» heißen. Trotz aller Taktik sprach der Papst aber auch für Dreyfus und gegen alle politischen Profiteure der Affäre, die eigene Presse eingeschlossen. Er bekundete Mißfallen an der Art der Auseinandersetzung und damit implizit auch an den eingesetzten Mitteln, den Antijudaismus eingeschlossen. Ob allerdings, wie mitunter vermutet wurde, der abschließende Satz seiner Stellungnahme eine versteckte Sympathiekundgebung für Dreyfus enthielt, wird bezweifelt werden dürfen.[25] «Selig ist der Geopferte, den Gott für gerecht genug befunden hat, um sein Schicksal demjenigen seines eigenen gekreuzigten Sohnes anzugleichen.» Auf wen immer der Papst das mystische Dunkel dieser Benediktion bezogen haben wollte, der jüdische Offizier Dreyfus wird kaum gemeint gewesen sein; dessen Schicksal demjenigen Christi anzunähern, hätte Leo XIII. sicherlich als übertrieben empfunden.

Ein Interview Leos XIII. – Über Leos persönliche Haltung zu Juden und Judentum ist aus seiner Stellungnahme zur Dreyfus-Affäre nichts zu erfahren. Zum Antisemitismus hatte Leo XIII. bereits sieben Jahre zuvor gesprochen, auch damals im Zusammenhang mit Frankreich und über das gleiche «Massenmedium» wie 1899, die Zeitung *Le Figaro.* Am 4. August 1892 war auf deren erster Seite ein aufsehenerregender Artikel erschienen: Der Papst hatte der jungen Journalistin Caroline Rémy, die unter dem Pseudonym Séverine publizierte, in einer Privataudienz ein Interview gewährt.[26]

Die Interessen der ehrgeizigen Journalistin und des greisen Papstes Pecci trafen sich. Séverine brillierte mit einem Exklusivinterview; der Papst hinwiederum erhielt Gelegenheit, über ein weit verbreitetes, nicht dezidiert katholisches Tagesblatt ein Publikum in Frankreich anzusprechen, das er sonst nicht ohne weiteres erreicht hätte. Nicht zum ersten Mal griff er zu diesem Mittel; erst ein halbes Jahr zuvor hatte Leo in einem anderen Interview für die Zeitschrift *Petit Journal* versucht, den französischen Katholiken seine in einer Enzyklika entwickelte Idee des «ralliément» zu erläutern. Eine Rückkehr der Monarchie hielt der Papst für unrealistisch; deshalb sollten sich die französischen Katholiken von dieser Hoffnung verabschieden und sich bejahend auf den Boden der Republik stellen, um diese Staatsform schließlich zu «verchristlichen».[27] Jetzt, im *Figaro*-Interview, wandte er sich an alle, nicht nur an die katholischen Franzosen.

Séverine hatte während der Vorbereitung des Gesprächstermins keinen
Zweifel daran gelassen, daß ihr an einer offenen Verurteilung des Antisemitismus durch den Papst der Sozialenzyklika *Rerum Novarum*, den erklärten Fürsprecher der sozial Schwachen, gelegen war.²⁸ Den Worten
nach erreichte sie dieses Ziel ohne Zweifel. Leo wies Gewalt, Religions-
kriege und «Rassenkriege» zurück, als dem Willen Gottes zuwiderlau-
fend. Von Rassen wollte der Papst nichts hören: «Welche Rassen?» Alle
seien Kinder Adams, den Gott schuf. Was zähle da ein anderes Aussehen,
eine andere Hautfarbe? Alle «sind Geschöpfe Gottes, [...] gleich vor dem
Herrn.»²⁹ Séverine: «Und wenn der Pöbel die Juden umbringen möchte?»
Leo: «Die Juden dürfen sich unter den Schutz des Papstes stellen, und der
Papst wird ihnen seinen Schutz zuteil werden lassen.»³⁰

Trugen diese Worte jedoch im Gesamtzusammenhang der päpstlichen
Ausführungen das richtige Gewicht? Relativierte Leo sie nicht sogleich
wieder, wenn er ihnen Bemerkungen darüber anschloß, daß die Kirche
selbstverständlich die eigenen Gläubigen vor allen anderen lieben müsse,
ihnen die «Gottlosen» nicht vorziehen könne? Entwertete er sie nicht, indem er ihnen gegenüber selbst eine implizit antisemitische Position bezog?
«Das Geld» sei angetreten, um die Kirche zu besiegen und über die Völker
zu herrschen. Dies könnten jedoch weder die Völker noch die Kirche hin-
nehmen. «Die Kirche hat auch die Aufgabe, sich gegen jeden Versuch der
Unterdrückung zu verteidigen.» Auf Séverines Gegenfrage hin – «Also,
Heiliger Vater, die großen Juden?» – beendete Leo seine Stellungnahme:
«Ich bin mit den Kleinen, den einfachen Leuten, den Armen, mit denen,
die auch unser Herr liebte.»³¹

Anders als die eindeutige Zurückweisung von Rassismus und Gewalt
gegen Juden, formulierte Leo XIII. jenen abschließenden Teil seiner Äußerungen offenbar bewußt dunkel. Das «Zeitalter des Geldes» gebrauchte er
als Chiffre für eine neue Bedrohung, nicht nur der katholischen Kirche, der
Religion, sondern der Völker überhaupt. Weil sie offenbar mit dem antisemitischen Stereotyp des «jüdischen Kapitals» spielte, setzte sie Leos Worte
in den Ruch des Antisemitismus. Daß die Furcht vor einem «Ausverkauf
an die Juden» auch im dahingegangenen Kirchenstaat einige Gemüter beherrscht hatte, war an den Diskussionen um die Frage des jüdischen Im-
mobilieneigentums zu sehen gewesen. Gioacchino Pecci persönlich hatte
als junger Mann den Reformplan Giuseppe Antonio Salas abgeschrieben,
in dessen Paragraphen über die Juden sich just jener Gedanke von den «zu
großen Freiheiten» der Juden findet, von der «wiedererstehenden Synagoge», die ihre bedrohliche Macht über die Christen sehr wesentlich auch

über Reichtum und Besitz entfalte.[32] Ganz bestimmt wirkten diese Vorstellungen in Papst Leo nach, und ganz bestimmt umfaßte jenes von ihm evozierte Bedrohungsszenario *auch* den Gedanken an Juden. Aber er spitzte es nicht allein auf Juden zu, nannte Juden in Verbindung mit diesem Bedrohungsszenario nicht beim Wort. Eher ist also anzunehmen, daß Leos Chiffre vom neuen goldenen Kalb «Geld» im Kontext des *Figaro*-Interviews bewußt vermied, von Juden zu sprechen, um nicht einerseits Wasser auf die Mühlen der radikalen Antisemiten zu lenken, deren Ansichten er nur wenige Zeilen zuvor strikt verurteilt hatte, um andererseits aber doch seine Grundsatzkritik an einem Zeitgeist zu bekräftigen, den er durch Säkularisierung, Indifferentismus und Materialismus gekennzeichnet sah.

Inwiefern diese Strategie des Papstes klug war, mag zu Debatten Anlaß geben. Dabei stünde zu bedenken, daß der 1810 geborene Pecci eine zielstrebig-klassische Delegaten- und Bischofskarriere durchlaufen und im jugendlichen Alter von 43 Jahren bereits den Kardinalshut erhalten hatte. Vollständig und ungebrochen war er im System des Kirchenstaates vor der Zäsur von 1848 sozialisiert worden; das Konzept der doppelten Schutzherrschaft gehörte mit zu jener dogmatischen Basisausstattung, die wie eine zweite Haut an ihm haftete und die er als Papst in einer gegenüber den Jahren seiner politischen und theologischen Sozialisation von Grund auf veränderten Situation nicht ohne weiteres abzustreifen und durch eine neue zu ersetzen vermochte. Päpstliches Reden über Juden war immer Reden im Rahmen des altüberlieferten Deutungsmusters gewesen. Auch Leo XIII. bewegte sich noch 1892 innerhalb dieser Schablone, und deshalb darf nicht wunder nehmen, daß er seine Ausführungen im Interview just damit begann, die katechetische Aufgabe der Kirche den Ungläubigen im allgemeinen, und unter diesen eben auch den Juden gegenüber zu bezeichnen: ihnen nämlich den Weg zur Wahrheit zu öffnen. Das römische Ghetto interpretierte er durchaus herkömmlich, wenn auch zweifellos mit einem besonders hohen Grad an Verklärung, als Schutz der Juden einerseits und als Wohnstatt unter den Christen andererseits, um durch die Erfahrung von Wohltat und Beispiel den zur Wahrheit offenstehenden Weg auch zu finden.[33]

Als Schlüsselstelle des Interviews darf jedoch weder diese noch jene über «le règne de l'argent» gelten, sondern Leos Erklärung gegen jegliche Art von Rassismus. «Alle sind Kinder Adams, den Gott schuf. […] Alle Menschen, alle, – verstehen Sie? – sind Geschöpfe Gottes! Es gibt diejenigen, die im segensreichen Zustand des Glaubens leben, und diejenigen, denen wir verpflichtet sind, den Glauben zu bringen; das ist alles! Sie sind alle gleich vor dem Herrn, weil ihr Leben das Werk seines göttlichen Willens ist.»[34] Diese Stellungnahme weist zurück ins Hochmittelalter, zu Gregor IX. etwa,[35] aber sie legt gleichzeitig auch eine in die Zukunft führende Spur an. Der Appell, die Gleichheit und deshalb Unverletzlichkeit aller Menschen zu würdigen, weil alle Geschöpfe Gottes sind, mußte direkt in das 1965 von der Konzilsdeklaration *Nostra Aetate* festgeschriebene Konzept der Brüderlichkeit führen, sobald nur dauerhaft das alte Interpretament der notwendigen sozialen Separation wegfiel.[36]

Trotz aller begleitender Bemerkungen erteilte der Papst 1892 vor großem Publikum rassistischer und antisemitischer Gewalt doch eine unzweideutige Absage und zeigte damit, daß er sich dieser neuen Aufgabe durchaus bewußt war, wenn auch innerhalb der Grenzen, die ihm seine Sozialisation setzte. Wie sieben Jahre später, im Dreyfus-Fall, mahnte der Papst zur Mäßigung und Besonnenheit, stellte sich über den Weltanschauungskampf der Parteien, den – freilich – auch seine eigene «Partei» mit harten Bandagen führte. Das war, immerhin, ein kleiner Schritt.

Ritualmorddiskussionen, 1900/1913. – Ein zu kleiner Schritt? Am Ende dominierten tagespolitische Manöver dann doch wieder über die tönenden Appelle des Papstes. Das dämmernde Bewußtsein für eine neue Aufgabe führte noch keineswegs zu Handlungen, schnellen Handlungen gar. Den großzügigen Umgang mit der Zeit schienen die kurialen Institutionen nach dem Ende des Kirchenstaates kaum abgelegt zu haben. Zögerndes Taktieren verhinderte ein Auftreten, das den Führungsanspruch des Papsttums auch in der Antisemitismusfrage eindeutig angemeldet und verbindliche Positionen formuliert hätte. Besonders innerhalb katholischer Milieus, in denen Laien wie Klerus vom Antisemitismus besonders berührt waren, wie in Frankreich, Deutschland oder Polen, hätte eine derartige Standortbestimmung sicherlich disziplinierende Wirkung entfalten können.

Nichts dergleichen geschah. Statt dessen verspielten Staatssekretariat und Heiliges Offizium 1899 die günstigste nur denkbare Gelegenheit, sich in grundsätzlicher Weise gegen den Antisemitismus zu äußern. Prominente britische Katholiken traten mit der Bitte um eine generelle Verurteilung des Ritualmordvorwurfes an den Heiligen Stuhl heran. Ein angeblicher Ritualmordfall in Böhmen und der daran anschließende Prozeß gegen einen jüdischen Schuhmacher hatten diese alte Diskussion in Österreich-Ungarn, aber auch in Frankreich wieder angefacht. Die Petenten, der Herzog von Norfolk und Lord Russell of Killowen, unterstützt durch den Erzbischof von Westminster, Kardinal Vaughan, führten beim Heiligen Stuhl Klage darüber, daß gerade auch katholische Priester, führende katholische Journale und, von diesen beeinflußt, eine große Zahl katholischer Laien gegen die Juden agitierten. Dem sei von höchster Stelle entgegenzutreten, am besten durch Hinweis auf die regelmäßigen Verurteilungen der Ritualmordlegenden durch die Päpste seit Innocenz IV.[37] Staatssekretär Rampolla legte die Anfrage dem Papst vor; dieser ließ die «höchst delikate Angelegenheit» zur Prüfung an das Heilige Offizium weiterleiten.[38] Nun wäre zu erwarten gewesen, daß sich die Eminenzen des Gutachtens Ganganellis aus dem Jahr 1758 erinnerten, das seither die Position des Heiligen Stuhls zur Ritualmordfrage bestimmt hatte.[39] Zwar keimte diese Erinnerung auf, bestimmte jedoch nicht die schließliche Entscheidung. Angeblich war Ganganellis Gutachten in den Archiven nicht aufzufinden.[40] In der Feria-IV-Sitzung vom 25. Juli 1900 entschieden die Kardinalinquisitoren «nach reiflicher Diskussion», daß die geforderte «formale Erklärung» über den Verleumdungscharakter des Ritualmordvorwurfs nicht gegeben werden könne.[41]

Gegenüber der längst erreichten, durch Ganganellis Gutachten markierten Grundsatzposition des Heiligen Stuhls zum Thema Ritualmord war diese Verlautbarung ein klarer Rückschritt. Erneut scheint die Furcht vor jener mutmaßlichen antikirchlichen Koalition aus Freimaurern, Indifferenten und Juden die an der Kurie um die Jahrhundertwende dominierenden Kräfte bewogen zu haben, einen taktischen Schachzug gegen die Juden auszuführen: Eine Erklärung gegen den Ritualmord, so sehr man diese de jure möglicherweise für richtig hielt, schien de facto nicht geboten, um nicht die Sache des politischen Feindes zu betreiben. Ausschlaggebend für diese Entscheidung war offensichtlich ein von Kardinalstaatssekretär Rampolla an das Heilige Offizium weitergeleiteter Bericht des Wiener Nuntius über jüdische Agitation in Österreich-Ungarn: Eine Stellungnahme des Heiligen Stuhls gegen den Ritualmordvorwurf gösse weiteres Öl ins Feuer dieser Umtriebe, sei also nicht anzuraten. Zwar sei die bisher so oft verkündete Verurteilung des Ritualmordvorwurfs durch den Heiligen Stuhl völlig korrekt, doch sei sie in der konkreten Situation auch opportun?[42] Ein momentaner Stellungsvorteil gegenüber den als schädlich diagnostizierten Kräften der Moderne war offenbar wichtiger als vorausschauend angelegtes strategisches Denken. Dieses politische Denk- und Handlungsmuster hielt sich bis weit ins 20. Jahrhundert hinein. Noch 1926 verleugnete der Redakteur der *Civiltà Cattolica* sein besseres Wissen aus Opportunitätsgründen. Vom römischen Rabbiner Dante Lattes aufgefordert, in seiner Zeitschrift eine Stellungnahme gegen die in Palästina zum Zwecke pro-arabischer

Propaganda in Umlauf gesetzte antijüdische Verschwörungslegende *Proto-kolle der Weisen von Zion* zu veröffentlichen, antwortete Pater Rosa, er sei bereits nach der ersten Lektüre der *Protokolle* davon überzeugt gewesen, daß es sich um eine «komplette Fälschung» handle. Aber der Zeitpunkt sei für eine entsprechende Publikation nicht günstig, sei doch eine Kampagne im Gange, die dem Jesuitenorden geheime Verbindungen zu Juden und Freimaurern anzudichten versuche. Dem wolle er durch judenfreundliche Artikel nicht noch zusätzliche Argumente liefern.[43]

Was die Ritualmordlegende betraf, schien dreizehn Jahre nach 1900 ein «besserer Zeitpunkt» für kuriale Verlautbarungen gekommen zu sein. Lord Nathaniel «Natty» Rothschild, der sich seit längerem für die Lage der Juden in Rußland einsetzte, bat im Herbst 1913 Kardinalstaatssekretär Merry del Val, die Echtheit des Ganganelli-Gutachtens und der darin aufgeführten päpstlichen Stellungnahmen gegen den Ritualmord zu bestätigen, um das Gutachten als Stimme für die Juden in einem Ritualmordprozeß in Kiew vorzulegen.[44] Merry del Val zögerte nicht, dem Lord die gewünschte Auskunft zu liefern. Das Originaldokument sei im Archiv des Heiligen Offiziums aufbewahrt; an seiner Echtheit bestehe kein Zweifel. Er hoffe, mit dieser Versicherung dem Anliegen Rothschilds dienlich sein zu können.[45] Weil sich die Richter in Kiew offenbar weigerten, das Ganganelli-Gutachten als Prozeßdokument zuzulassen, versicherte der Kardinalstaatssekretär Anfang November noch einmal ausdrücklich seine Bereitschaft, den Inhalt seines Briefes an Rothschild jederzeit persönlich zu bestätigen.[46] Nathaniel Rothschild gab in seinem Dankesbrief der Überzeugung Ausdruck, «die mir von Eurer Eminenz übermittelte Information […] wird der Welt hinreichend beweisen, daß der Heilige Stuhl diese schändliche und nicht zu rechtfertigende Anschuldigung [des Ritualmordes] nicht anders als in der Vergangenheit auch in der Gegenwart entschieden zurückweist.»[47] Merry del Val widersprach dem nicht.

Der Tenor war diesmal deutlich: Der Staatssekretär Papst Pius' X. gestattete, das Gutachten Ganganellis als autorisierte Position des Heiligen Stuhls im Rahmen eines Ritualmordprozesses öffentlich anzuführen. Damit bezog Rom Stellung. Keine Rede mehr davon, daß Ganganellis Gutachten in den Archiven des Vatikans nicht aufzufinden sei, auch keine Diskussion innerhalb des Heiligen Offiziums; Merry del Val entschied selbständig, ohne vorher die Gremien – sehr wohl aber sicherlich den Papst – zu konsultieren. Ungereimtheiten und Widersprüche bleiben trotzdem: Dreizehn Jahre zuvor hatte der damalige Konsultor der Indexkongregation, Monsignor Merry del Val, vom Heiligen Offizium den Auftrag erhalten, die Eingabe der Briten zu prüfen. Merry del Vals Bericht ist bisher nicht gefunden worden; war ihm damals das Ganganelli-Gutachten wirklich nicht bekannt gewesen, oder hatte er sein Wissen und seine Zustimmung verleugnet? Warum handelte der Konsultor im Jahr 1900 anders als der Kardinalstaatssekretär 1913?

Im Jahr 1900 in der Hierarchie noch weit unten angesiedelt, durfte er nur eine Empfehlung abgeben, der die Kardinäle des Heiligen Offiziums aller Wahrscheinlichkeit nach damals nicht folgten – aus politisch-taktischen Rücksichten. Im Jahr 1913 selbst auf eine Schlüsselposition gerückt, konnte Merry del Val selbständig entscheiden und handeln. Lagen diesmal keine politischen Gründe vor, die das Staatssekretariat hätten bewegen können, auf eine Stellungnahme zugunsten von Juden zu verzichten? Noch zu gut mußte doch die sogenannte Nathan-Affäre des Jahres 1910 im Gedächtnis der kurialen Politiker haften. Anläßlich des vierzigsten Jahrestages der Einnahme Roms durch die Truppen des italienischen Nationalstaates hatte sich der jüdische Bürgermeister Roms Ernesto Nathan zu Ausfälligkeiten gegen das Papsttum und zu Schmähungen katholischer Glaubenssätze hinreißen lassen. Die Kundgebung vom 20. September 1910 ähnelte in vielem der Szenerie der Denkmalseinweihung für Giordano Bruno an Pfingsten 1889. Diesmal jedoch betete der Papst nicht, sondern protestierte. In einem offenen Brief an den Generalvikar der Stadt Rom verwahrte sich Pius X. heftig gegen die «unverschämten Angriffe» und «blasphemischen Worte» des Bürgermeisters.[48]

Bis weit in das Jahr 1911 hinein erreichten den Papst Solidaritätsadressen aus der gesamten katholischen und aus vielen Teilen der nichtkatholischen Welt. Die Rede Nathans wurde als derart peinlich empfunden, daß auch Juden gegen den Bürgermeister und für den Papst eintraten. Entschieden verurteilte der *Jewish Chronicle* das Auftreten Nathans: So erfreulich es sei, daß ein Jude das Bürgermeisteramt der Ewigen Stadt bekleide, umso ärgerlicher klängen nun seine Worte. Warum müsse überhaupt an das Ende der weltlichen Macht des Papstes erinnert und dieser dadurch brüskiert werden? Noch beklagenswerter freilich sei die Attacke eines Nichtchristen auf Lehren der christlichen Religion. Papst Pius X. habe sich «als kein schlechter Freund der Juden» erwiesen, und die Juden spielten eine wichtige Rolle in Italien. «Die jüdisch-christlichen Beziehungen durch eine [derartige] Rede zu gefährden [...] scheint uns ein Beweis unglaublicher Narrheit zu sein.»[49]

Diese keineswegs negative Wahrnehmung Pius' X. durch Juden korrespondiert mit der Beobachtung, daß sich im Protest des Papstes keinerlei

Antijudaismus äußerte. Der Papst zahlte dem Bürgermeister nicht in gleicher Münze zurück. Sein Brief an den Generalvikar spricht von Nathan lediglich als einem «öffentlichen Amtsträger», ohne ihn weiter zu charakterisieren. Auch im größten Teil der nach Rom gesandten Solidaritätsbekundungen erscheint Nathan lediglich in seiner Eigenschaft als Freimaurer, selten jedoch als Jude oder als «Freimaurer-Jude». Dieser Befund mag zufällig sein. Er erklärt auch nicht, warum Merry del Val in der Ritualmordfrage 1913 zu einem anderen Urteil kam als 1900. Deutlich wird lediglich, daß die Nathan-Affäre den Antijudaismus am Heiligen Stuhl nicht zusätzlich anstachelte. 1913 schien kein tagespolitischer Grund vorzuliegen, Antijudaismus taktisch auszuspielen. Liefern die Nathan-Affäre 1910 und die Ritualmorddiskussion 1913 gar Indizien einer Entspannung in jüdischen Fragen, geben sie Hinweise auf einen weiteren Bewußtseinswandel in der römischen Zentrale der Weltkirche?

Das wäre eine wohl zu optimistische Annahme. Entspannung vielleicht: Trotz des Kampfes Pius' X. gegen den «Modernismus» in Klerus und Kirchenvolk hatte sich während seines Pontifikats das reale Verhältnis zum säkularen Nationalstaat etwas gelockert, war das «Non expedit» gemildert worden. Bewußtseinswandel: noch nicht nachhaltig. Über eine «Theologie des Judentums» wurde kaum gesprochen, sogar die alten theologischen Verdikte des religiösen Antijudaismus gerieten aus dem Blickfeld. An deren Stelle war der Verschwörungskomplex getreten und blieb in Gültigkeit, um bei erstbester Gelegenheit mobilisiert zu werden. Mit knapper Präzision vermittelte Rabbiner Dante Lattes, der stets über gute vatikanische Kontakte verfügte, seinen zionistischen Gesprächspartnern in London 1926 die ideologische Basis der Beziehungen zwischen römisch-katholischer Kirche und Juden. In katholischen Kreisen, habe ihm ein einflußreicher römischer Priester versichert, würden Juden zu Feinden der Christen werden, wenn sie hohe und einflußreiche Stellungen erreichten. Dies betreffe vor allem die assimilierten, radikalen Parteien oder Freimaurerlogen angehörenden Juden.[50] Pater Rosa, der Chefredakteur der *Civiltà Cattolica*, fügte, ebenfalls Lattes gegenüber, hinzu, der Antisemitismus sei eine Bewegung, die im Gegensatz zum Katholizismus stünde. «Denn nach christlichem Glauben haben die Juden eine Mission auf der Welt; sie müssen bis zum letzten Tage da sein und dann zum wahren Glauben zurückkehren.» Das Gefährliche an ihnen sei freilich, daß sie «an der Spitze der sozialistischen und bolschewistischen Bewegungen» stünden.[51] Dieses Bedrohungsszenario ließ die Sicht auf mögliche neue Aufgaben der Kirche den Juden gegenüber nicht frei, ließ kaum Spielraum, zu erkennen, daß der alte

Schutzgedanke zu transformieren war: zu transformieren nicht in Richtung jener säkularisierten Interpretation, derzufolge die Christen nun vor der ökonomischen Ausbeutung durch die Juden zu bewahren seien, sondern in Richtung der Erkenntnis, daß vielmehr die Juden als die «älteren Brüder» zunehmend des Schutzes der Kirche und der Christen vor der Bedrohung durch den aufquellenden Rassenantisemitismus bedurften. Fehleinschätzungen und schuldhaftes Handeln konnten da nicht ausbleiben. Der Bewußtseinswandel erfolgte in kleinen Schritten.

Exakt auf der Lattes gegenüber gezeichneten Linie faßte Rosa im April 1928, wenige Jahre bevor mit den Nationalsozialisten in Deutschland der rassistische Antisemitismus die Herrschaft übernehmen sollte, in seiner *Civiltà Cattolica* noch einmal die Positionen des vorangegangenen Jahrhunderts zur «jüdischen Gefahr» zusammen. Er brüstete sich «in aller Offenheit» mit dem «anerkannten Verdienst unserer Zeitschrift», diese «Bedrohung für die ganze Welt [...] unentwegt, seit ihren Anfängen angeprangert» zu haben. Die haltlosen Legenden der extremen Antisemiten, wie beispielsweise die *Protokolle der Weisen von Zion*, wies das Jesuitenorgan jetzt immerhin zurück; deren Spekulationen hielten weder einer «klugen Kritik noch einem ehrlichen Gewissen» stand. Aber daneben, so Rosa, existierten eben doch «vernünftige Beweise» und «Tatsachenbelege» für die «unleugbare» jüdische Allianz mit der «Freimaurerei, der Carboneria oder anderen durch den Anschein des Patriotismus getarnten Sekten oder Geheimbünde.» Besonders gefährdet seien jene vorwiegend christlichen Gesellschaften, «in denen die Blindheit des alten Liberalismus die Juden am meisten begünstigt hat, während sie die Katholiken und die Kleriker mehr als alle anderen verfolgte.»[52] Dieser Antijudaismus war nicht mehr religiös, aber auch nicht rassistisch motiviert; er gründete in der Kehre gegen die von der Moderne freigesetzten Kräfte, vor allem gegen Emanzipation und Liberalismus.

Der Artikel von 1928 entstand auf direkte Weisung des Sekretärs des Heiligen Offiziums: Kardinal Merry del Val. Verglichen mit dem Jahr 1913 gab sich der mittlerweile gealterte Kardinal nun wiederum dezidierter judenfeindlich. Doch weshalb? Der Artikel der *Civiltà Cattolica* sollte das Dekret des Heiligen Offiziums vom 25. März 1928, mit dem die oberste Glaubensbehörde die Priestervereinigung «Amici Israel» auflöste, gegen Kritik «verteidigen». Merry del Val betrachtete auch die Bemühungen dieser Vereinigung, einen neuen theologischen Blick auf Juden und Judentum zu fördern, als Teil der bekannten Verschwörung. Er versuchte Papst Pius XI. sogar einzureden, «die Juden» selbst stünden hinter den «Amici».[53]

Massiv hinderten die alten antiliberalen und antiemanzipatorischen Affekte und Aversionen 1928 die Glaubenswächter daran, die neuen und wichtigen Inhalte der «Amici»-Initiative wahrzunehmen. Umso erstaunlicher muß erscheinen, daß Papst Pius XI. im selben Dekret und durch persönliche Intervention den Antisemitismus zum ersten Mal öffentlich und unmißverständlich verurteilte.[54] Vielleicht war der Artikel der *Civiltà Cattolica* die subtile Rache des Kardinals Merry del Val für diese «Eigenwilligkeit» des Papstes.

7. «Geistlich sind wir Semiten». Die Herausforderung durch den Rassenantisemitismus der Zwischenkriegszeit

Neue Aufgaben

Mit dem Ersten Weltkrieg veränderte sich die weltpolitische Stellung des Heiligen Stuhls und, damit verbunden, das Selbstverständnis des Papsttums. Die historische Bedeutung Papst Benedikts XV. (1914–1922) liegt darin, diesen Wandel entschieden vorangetrieben zu haben. Bereits in seiner Antrittsenzyklika vom 1. November 1914 entwickelte er jenes Friedensprogramm, das zur Leitlinie der Krisendiplomatie des Vatikans bis zum Ende des Zweiten Weltkrieges werden sollte. Als moralische Macht wollte der Heilige Stuhl in öffentlichen Appellen beständig zum Frieden mahnen und als Vermittler auf dem Felde der Diplomatie Wege aufzeigen, die bewaffneten Auseinandersetzungen einzustellen. Basis für die Anerkennung dieser Rolle bei allen kriegführenden Parteien mußte für eine Institution «ohne Bataillone» strikteste Unparteilichkeit sein. Mit dem Friedensprogramm Benedikts XV. erweiterte die Spitze der römisch-katholischen Kirche ihren Aktionsradius. Nicht mehr nur für das Wohl der Kirche, sondern für das Wohl aller Menschen wollte sie sich nun zuständig fühlen. So wichtig und richtig diese Weichenstellung des neuen Papstes 1914 auch war, so viele Probleme brachte sie mit sich. Völlig unparteilich konnte ja auch die Kirche nicht agieren, denn die eigenen Interessen durfte sie trotz allem nicht aus den Augen verlieren. Wie stand es schließlich mit der Unparteilichkeit gegenüber verbrecherischen Regimen, denen eine auch nur in Ansätzen christliche Wertorientierung nichts mehr bedeutete? Niemand konnte zu Beginn des Ersten Weltkrieges jene Dynamik voraussehen, die zu Sowjetkommunismus, Faschismus und Nationalsozialismus führte; der von Benedikt XV. eingeschlagene Weg der «obsession de la paix» und «passion de la neutralité»[1] bestimmte die Politik des Heiligen Stuhls auch diesen Systemen gegenüber lange und nicht durchweg segensreich.

Der neue Anspruch der Kirche blieb nicht ohne Echo. Sicher, die «großen Mächte» neigten stets dazu, die Vermittlungsangebote des Vatikans als taktische Verfügungsmasse zu nutzen, um sich mit Hilfe des Papstes in ein moralisch möglichst günstiges Licht zu setzen. Andererseits hofften gerade Gruppen ohne Hausmacht, geborene Verlierer jedes Krieges, auf Fürsprache aus Rom. Zu diesen gehörten auch Juden. Sie erinnerten den Heiligen Stuhl an seine alte Schutzaufgabe, die nun durch den Krieg an neuer Bedeutung gewonnen hatte. Anfang 1916 erreichte Benedikt XV. ein Appell des American Jewish Committee: Die Lage der Juden in den vom Krieg betroffenen Regionen, insbesondere in Polen und Rußland, sei verheerend. Nicht selten würden sie mißhandelt und hätten mehr zu leiden als die Nichtjuden. Unglücklicherweise seien oftmals auch Katholiken an den Ausschreitungen gegen Juden beteiligt. Eingedenk der «beispiellosen Humanität», für die der Heilige Vater berühmt sei, ergehe deshalb der Aufruf an ihn, seine Kardinäle, Erzbischöfe, Bischöfe und Priester anzuweisen, ihre jeweiligen Herden zu ermahnen, diese Akte des Vorurteils, der Verfolgung und Grausamkeit zu verabscheuen. Mit «Bewunderung und Dankbarkeit» erinnerten die Petenten an die vielen Gelegenheiten, bei denen in der Vergangenheit verehrte Vorgänger Eurer Heiligkeit unter ähnlichen Zeitumständen ihren Schutz auf Angehörige des jüdischen Glaubens ausdehnten, im Interesse des Rechts und der Gerechtigkeit. Wir wissen um die hohe Autorität, die von der zivilisierten Welt jeder Äußerung einer so erhabenen Quelle der Moral und der Weisheit wie dem Heiligen Stuhl zugeschrieben wird und geben im Vertrauen darauf der Hoffnung Ausdruck, daß eine rechtzeitige Intervention des Vatikans den Leiden [der Juden] ein Ende setzen möge.»[2]

Die hohen Erwartungen der amerikanisch-jüdischen Organisation wurden, zumindest auf dem Papier, nicht enttäuscht. Kardinalstaatssekretär Gasparri antwortete im Namen des Papstes am 9. Februar 1916. «Als Oberhaupt der katholischen Kirche betrachtet der Heilige Vater alle Menschen als Brüder und lehrt sie, sich gegenseitig zu lieben. Unermüdlich bemüht er sich darum, den Einzelnen wie den Völkern die Prinzipien des Naturrechts zu lehren sowie deren Verletzung zu verurteilen. Wie allen Menschen gegenüber muß das Naturrecht auch den Kindern Israels gegenüber beobachtet und respektiert werden. Es entspräche weder der Gerechtigkeit noch der Religion selbst, ihnen dieses Recht abzusprechen, nur aus dem Grund ihres abweichenden religiösen Bekenntnisses.»[3] Die amerikanisch-jüdischen Organisationen werteten dieses Schreiben als großen Erfolg, ja als Sensation. Faksimiliert erschien «Papst Benedikts Brief an die Juden» in mehreren amerikanisch-jüdischen Zeitschriften; ein Kommentator nannte den Brief «eigentlich eine Enzyklika.» «Unter allen päpstlichen Bullen, die in der Geschichte jemals auf die Juden Bezug genommen haben, findet sich keine Äußerung, die dieser direkten, unmißverständlichen Forderung nach Gleichberechtigung für die Juden [...] gleichkäme. [...] Der vorliegende Brief Papst Benedikts ist ein Plädoyer gegen religiöses Vorurteil und religiöse Verfolgung.»[4]

Wenn auch der Enthusiasmus der Amerikaner zweifellos etwas übertrieben war, wenn fraglich bleiben darf, inwiefern der Gasparri-Brief an das American Jewish Committee in Europa überhaupt wahrgenommen wurde und damit auch dahinsteht, wie vielen von Krieg und Antisemitismus bedrängten Juden in Osteuropa diese Intervention konkret geholfen hat,[5] so ist doch andererseits ein neuer Ton nicht zu verkennen. Gasparri berief sich auf das Naturrecht und wies den Gedanken zurück, daß unterschiedliche religiöse Bekenntnisse eine rechtliche Ungleichbehandlung rechtfertigen könnten. Noch vierzig Jahre zuvor, unter dem Pontifikat Pius' IX., wäre eine solche Aussage aus dem Munde eines Kardinalstaatssekretärs undenkbar gewesen. Jetzt stand sie zur Veröffentlichung in Zeitungen zur Verfügung. Gewiß, auch Gasparri enthielt sich nicht des Hinweises auf das «Gesetz der Liebe», das identisch sei mit dem «Gesetz der Evangelien», zu dem alle Menschen «zurückzukehren» hätten.[6] Das war freilich nur eine sehr verbrämte Aufforderung zur Konversion; die entscheidende Klammer zwischen Juden und Christen, wie allen Menschen überhaupt, sah der Brief im Konzept der «Brüderlichkeit». Zu diesem nachgerade schon säkularen und nicht mehr sonderlich religös-konfessionellen Konzept gesellte sich passend der Schluß des Briefes, in dem Gasparri die Freude Benedikts über das friedliche Miteinander verschiedener Bekenntnisse in den Vereinigten Staaten zum Ausdruck brachte.

Vom Antisemitismus war hingegen noch nicht die Rede, wenngleich er implizit mit gemeint war. Dessen Verurteilung durch den Heiligen Stuhl sollte noch zwölf Jahre auf sich warten lassen und dann in einem Kontext erfolgen, der eine theologische Erneuerung des Verhältnisses zu den Juden noch ablehnte. Fast schon ironischerweise fand das bereits von den Abbés Lémann eingeforderte Konzept der Brüderlichkeit 1916 über ein naturrechtliches und kein theologisches Argument Eingang in einen päpstlich autorisierten Text. Die theologische Unterfüllung dieses Konzepts blieb noch lange aus.

Auf Polen und dem Nahen Osten – Palästina – lag, je weiter der Krieg fortschritt, umso mehr das Hauptaugenmerk des Heiligen Stuhls. Dies bestätigte bereits im Juli 1916 ein junger Sekretär der Kongregation für die außerordentlichen kirchlichen Angelegenheiten namens Eugenio Pacelli dem Foreign Office in London.[7] In beiden Regionen zerfielen Großreiche und begannen neue politische Gebilde zu entstehen. Der Zionismus brachte in Palästina Juden als politische Akteure ganz direkt ins Spiel; in Polen stellten sie seit jeher eine große, von der katholischen Bevölkerung wenig geschätzte Bevölkerungsgruppe dar. Hier wie dort bestand – abseits der Friedenspolitik – das Hauptinteresse des Heiligen Stuhls darin, das kirchliche Leben zu sichern und neu zu fundieren. Waren in Palästina die Heiligen Stätten des Christentums zu retten, galt es in Polen die zwischen russischer Orthodoxie, österreichischem Josephinismus und preußisch-deutschem Protestantismus zerriebene katholische Kirche neu zu beleben. Die Situation der Juden stellte dabei ein allenfalls nachrangiges Problem dar. Immerhin wiederholte Gasparri im August 1919 auf eine Supplik der aschkenasischen Juden Jerusalems für ihre Glaubensangehörigen in Polen und Litauen hin den Brief an das American Jewish Committe von 1916 fast wörtlich und bekräftigte damit dessen Inhalt.[8] Zu diesem Zeitpunkt hielt sich bereits seit eineinhalb Jahren ein Sondergesandter des Papstes in Polen auf: Monsignor Achille Ratti, der zukünftige Papst Pius XI.

Ratti als Visitator in Polen

Buchstäblich aus dem Studierzimmer berief das Staatssekretariat den bereits 61jährigen Ratti zu einer heiklen diplomatischen Mission. Seit 1914 Präfekt der Vatikanischen Bibliothek, hatte der künftige Papst eine typische Gelehrtenlaufbahn hinter sich; dies bedeutete jedoch im Gefüge der vatikanischen Politik noch längst nicht, daß er für den Posten eines Apostolischen Visitators in Polen und Litauen gänzlich ungeeignet gewesen wäre. Seine Sprachkenntnisse und seine «wissenschaftlich geschulte» Beobachtungsgabe erschienen ausreichend, die von Gasparri gestellte Aufgabe zu erfüllen, nämlich genauestens über die Situation der Kirche vor allem in den ehemals russisch besetzten Territorien Polens zu berichten, aus denen eine geregelte Kommunikation mit Rom lange nicht möglich gewesen war. Seine Mission sei – schärfte Gasparri Ratti wiederholt ein – «rein kirchlich und nicht politisch». Auf keinen Fall dürfe er sich vor den Karren einer der diversen politischen Interessengruppen spannen lassen.[9]

Darin freilich lag das Problem des Visitators, sobald er in Warschau Quartier bezogen hatte. Von Anfang an geriet der Prälat aus Rom zwischen die diversen polnischen «Fronten» – mit entscheidenden Konsequenzen auch für das Bild von den Juden, das er in den Vatikan übermittelte. Immerhin suchten sehr bald zwei Vertreter des «Komitees für den Osten», einer

«Unternehmung, welche im ersten Kriegsjahre in Berlin ins Leben trat, um neben der Alliance Israélite und ähnlichen [...] Organisationen die deutschverstehenden Juden des Ostens zu studieren, ihre wirtschaftliche Lage zu heben und ihre politische und sonstige Lage zu verbessern» [10], um einen Besuch bei Ratti nach. Ratti empfing die Herrn unverzüglich. Zwar sind weder der genaue Termin noch die Inhalte des Gesprächs während der Audienz bekannt, doch läßt sich dem wenige Tage nach dem Besuch übersandten Konvolut von Informationsschriften entnehmen, daß der Visitator von den beiden Berlinern in umfassender Weise und ohne antisemitische Tendenz über die Situation der Juden in Osteuropa informiert wurde. [11]

Derartige Belehrung war dringend notwendig. Zum ersten Mal seit langer Zeit dürfte mit Ratti ein römischer Kurienprälat die Welt des Ostjudentums wenigstens in Ansätzen aus eigener Erfahrung kennengelernt haben. Zu seinem Kernauftrag zählte eine entsprechende Berichterstattung zwar nicht, aber die Juden waren in Polen nicht zu übersehen: Bis zum Ende der Mission Rattis im Jahr 1921 sollte der wiedererstandene Staat Polen ein Territorium arrondiert haben, auf dem sich «die stärkste Bevölkerungskonzentration von Juden befand, die es jemals in Europa gegeben hatte.» [12] Die von Rattis engem Mitarbeiter Ermenegildo Pellegrinetti verfaßte Finalrelation vom Juli 1921 übermittelte darüber präzise Zahlen nach Rom: Drei Millionen Juden lebten im neuen polnischen Staat, davon etwa 350000 in Warschau; in Städten wie Grodno und Luck seien bis zu 80 Prozent der Bevölkerung Juden. [13] Über die sozialen Verhältnisse und die spezifische Kultur dieser bedeutenden Gruppe herrschten in Rom allenfalls vage, auch vorurteilsbeladene Vorstellungen. Nur selten waren in den vorangegangenen Jahrzehnten Nachrichten über die Juden des Ostens eingetroffen, etwa durch Natty Rothschild über den Ritualmordprozeß in Kiew. Das Judentum, mit dem sich Päpste und Heiliger Stuhl seit dem Ende des Kirchenstaates vorwiegend auseinandergesetzt hatten, war das intellektuelle, bürgerliche, auch «kapitalistische» Judentum Westeuropas, waren jüdische Milieus, deren Epizentren Persönlichkeiten wie Dreyfus, Herzl, Nathan oder Dante Lattes bildeten. Petitionen wie diejenigen des American Jewish Committee oder der Aschkenasischen Juden Jerusalems für die vom Krieg bedrängten osteuropäischen Juden weckten immerhin rudimentäre Aufmerksamkeit. Ratti berichtete nun von diesen anderen Milieus, und leider erwiesen sich seine Informanten nicht alle als derart judenfreundlich wie jene Herrn vom Berliner «Komitee für den Osten». Zutreffende Nachrichten verbanden sich in seinen und den Aufzeichnungen Pellegrinettis für Rom mit unzutreffenden. Mitunter gaben beide geistlichen Herrn sogar offen antisemitische Stereotypen weiter, ohne die Qualität dieser Informationen zu prüfen; hier bewährte sich Rattis wissenschaftlich geschulte Kritikfähigkeit eindeutig nicht.

Die intensivste persönliche Begegnung mit einer jüdischen Gemeinde hatte Ratti während des ersten Teils seiner großen Visitationsreise durch Polen in Sandomierz. «Sogar die Juden (zahlreich auch hier, wie in fast allen großen und kleinen Städten des Reichs; in den Dörfern gibt es nur Bauern, und die Juden, die diese Berufung, entschiedenermaßen, nicht haben, treten hier nur als Kleinhändler in Erscheinung und machen Geschäfte durch Schmuggel, Betrügereien und Wucher) baten, empfangen zu werden. Nachdem ich den Bischof gefragt hatte, stimmte ich sofort zu. Es erschien der Rabbiner mit den Synagogenältesten; sie beehrten mich mit Komplimenten und schätzten sich glücklich, den Gesandten des Papstes im Namen der ganzen Gemeinde am Fest der Erschaffung der Welt begrüßen zu dürfen, das genau an diesem Tag in der Synagoge gefeiert wurde. Ich dankte und erinnerte an die Gerechtigkeit und Barmherzigkeit der Päpste den Juden gegenüber, gerade auch in Rom selbst. Ich erklärte mich meinerseits erfreut über den Besuch an dem Tag, an dem die gesamte Kirche und besonders diejenige von Sandomierz die Geburt Mariae – ‹aus Eurem Volk hervorgegangen› – feiere und ehre. Der Rabbiner erklärte sich mit all den Seinen dankbar und geschmeichelt. Mir und allen Anwesenden schien es, als sei dies tatsächlich der Fall.»[14]

Die Begegnung mit den frommen Juden von Sandomierz ließ Ratti sichtlich nicht unbeeindruckt. Abseits solcher persönlichen Kontakte urteilte er schärfer. Bereits am 1. September 1918 hatte er sich unzufrieden über die von der deutschen Regierung unterstützte Absicht gezeigt, in Polen eine Art Toleranzgesetzgebung für Protestanten und Juden zu verabschieden. Hier handle es sich darum, «Staaten innerhalb des Staates» zu errichten.[15] Natürlich: Der päpstliche Gesandte mußte daran interessiert sein, ein katholisches Polen wiedererstehen zu sehen. Besonders am Herzen lag ihm das Seelenheil der einfachen Katholiken – ein Motiv, das im Pontifikat Pius' XI. regelmäßig wiederkehren sollte. Auch der Apostolische Visitator Ratti sah die an sich lobenswerte Glaubenstreue der katholischen Polen von den Kräften der Moderne bedroht und empfahl eine Laienorganisation nach dem Vorbild der italienischen «Katholischen Aktion». «Einer der unglücklichsten und stärksten [schädlichen] Einflüsse, die hier zur Geltung kommen, vielleicht der stärkste und unglücklichste überhaupt, ist derjenige, der von den Juden ausgeht.»[16] Ganz im Sinne des alten Konzepts der Schutzherrschaft dachte Ratti in erster Linie an eine religiöse, weniger jedoch an eine wirtschaftliche Gefährdung der Christen durch die Juden. Die wirtschaftliche Potenz von Juden in Polen stellte er – anders als sein Mitarbeiter Pellegrinetti – werturteilsfrei einfach fest.[17] Hingegen meinte er noch eine dritte, «politische» Gefährdung zu erkennen, bei deren Diagnose allerdings sowohl Ratti selbst als auch Pellegrinetti polnisch-antirussischer und antisemitischer Propaganda aufsaßen. Die von der zaristischen Verwaltung in das westliche, also ehemals polnische Grenzgebiet abgedrängten Juden erschienen in dieser Perspektive nicht als Opfer einer gnadenlosen Russifizierungspolitik, sondern als deren Werkzeug und indirekt Begünstigte. Ratti und Pellegrinetti waren mitten in einen von katholischem Adel und Klerus dominierten Opferdiskurs geraten,[18] der ihnen – entgegen dem dringenden Rat Gasparris, sich politisch nicht vereinnahmen zu lassen – kaum anderes übrigließ, als im Sinne der für sie naheliegendsten Variante Stellung zu beziehen: Opfer der Schicksale Polens seit der napoleonischen Zeit beanspruchte hier vor allem die katholische Kirche zu sein; alle anderen, Russen, Österreicher, Deutsche und Juden, galten dagegen stets als Kriegsgewinnler.

Vor allem den Juden fehlte, von den beiden Herrn aus Berlin abgesehen, in diesem Diskurs die Lobby. Zuerst erschienen sie von den Russen begünstigt,[19] schließlich von den Deutschen, zuletzt vom Versailler Vertrag.[20] Auch der Wiener Nuntius Marchetti Selvaggiani sekundierte dieser Privilegierungstheorie.[21] Die nicht abzuleugnende Defensivposition der katholischen Kirche trübte nicht zum ersten Mal den Blick für andere Defensiven. Allein von daher ist auch die stupende Ignoranz zu erklären, die Ratti gegenüber den Pogromen von Kielce und Lwow Ende 1918 an den Tag legte. Nachdem offenbar besorgte Nachfragen beim Heiligen Stuhl eingegangen waren, hatte Gasparri ihn telegrafisch gebeten, über die Vorgänge Bericht zu erstatten und sich «gegebenenfalls zum Wohle der Juden einzusetzen.»[22] Ratti antwortete am 15. Januar, referierte die Fakten, hielt sich jedoch mit Urteilen vorsichtig zurück. Unklar sei, wer im einzelnen die Schuld an den Pogromen trage.[23] Diese Auskunft stützte die offizielle Informationspolitik der polnischen Regierung. Die polnische Legation in Wien ließ an das diplomatische Corps eine Stellungnahme «zu den angeblich von Polen verübten antijüdischen Pogromen in Galizien» verteilen, in der versprengten Banden von Deserteuren, die zudem von ausländischen Agenten gelenkt worden seien,[24] die Verantwortung zugeschoben wurde. Gute polnische Bürger und Katholiken, so lautete der Subtext dieses Kommuniqués, ließen sich nicht zu Gewalt gegen Juden hinreißen. Noch in Pellegrinettis Finalrelation von 1921 fand diese apodiktische Vernebelung Eingang. Von

Pogromen sprächen vor allem polenfeindliche Juden, «mit offensicht-
licher Übertreibung [...] denn in Wirklichkeit leben die Juden ruhig; einige
Mordaktionen hat es ausschließlich während kriegerischer Operationen
gegeben, wohingegen kein Beispiel eines geplanten und durchgeführten
Pogroms unter nichtkriegerischen Umständen bekannt ist.»[25] Eine offizielle Stellungnahme des Visitators für die mißhandelten Juden unterblieb;
auch von andersgearteter Hilfe, wie von Gasparri angeregt, ist nichts bekannt. Wenigstens hatte jedoch der Erzbischof von Warschau unmittelbar
nach dem Pogrom von Lwow Ausschreitungen gegen Juden öffentlich verurteilt.[26]

Die russische Revolution gab den Befürchtungen über eine von Juden ausgehende Gefahr einen neuen und für die Zukunft nicht zu unterschätzenden
Impuls. Wieder verbanden sich zutreffende mit unzutreffenden Beobachtun-
gen zu einem Stigma: Judentum und Bolschewismus. Diese Symbiose half,
den Mythos von der liberal-freimaurerisch-jüdischen Weltverschwörung
vom Westen in den Osten zu transportieren. «Wir behaupten nicht, daß
jeder Jude [...] ein Bolschewik ist», führte ein nichtgenannter Autor in
einem Memorandum über polnisch-jüdische Beziehungen aus, das sich in
den Akten Rattis befindet. «Aber man kann nicht bestreiten, daß die Juden
eine herausragende Rolle in dieser Bewegung spielen, sowohl unter den
polnischen als auch unter den russischen Kommunisten.»[27] Ratti selbst
hielt sich mit Spekulationen über «jüdischen Bolschewismus» zurück. Nur
einmal, im November 1918, berichtete er kurz über «jüdisch bolschewisti-
sche Umtriebe» in Warschau.[28] Allein Pellegrinetti charakterisierte in der
Finalrelation die politische Orientierung «der» Juden als «sozialistisch und
radikal».[29]

Achille Ratti, seit Juni 1919 offiziell Nuntius in Polen, weigerte sich im
August 1920, aus Warschau zu fliehen, als sowjetische Truppen die Hauptstadt einzunehmen drohten. Am 4. Juni 1921 verließ er Polen, von Benedikt XV. zurückbeordert und mit dem Kardinalshut ausgestattet, um Erzbischof von Mailand zu werden. Die dreijährige Mission hatte den gelehrten
Bibliothekar in einen «Papabile» verwandelt. Rattis Antibolschewismus
gründete seit dieser Zeit auf persönlichen Erfahrungen, nicht anders als
derjenige des zweiten Hauptprotagonisten vatikanischer Politik der kommenden Jahre, Eugenio Pacellis. Dieser sah sich im Frühjahr 1919 als Nuntius in München mit dem Rätebolschewismus konfrontiert. Nach Übergriffen auf zwei Auslandsvertretungen in München beschloß das versammelte
diplomatische Corps, zwei Vertreter in das Hauptquartier der Revolutionäre zu entsenden, um eine Auskunft darüber zu erhalten, wie die Macht-

haber zur Immunität der Diplomaten stünden. Pacelli beabsichtigte zunächst, selbst zu gehen, aber die versammelten Kollegen überzeugten ihn davon, daß es unter der Würde eines Nuntius sei, dem Vorsitzenden des «Vollzugsrates» Max Levien gegenüberzutreten. Also entsandte er seinen Uditore Lorenzo Schioppa zusammen mit einem Legationsrat der preußischen Gesandtschaft. Nach seiner Rückkehr erstattete Schioppa jenen Bericht, den Pacelli am 18. April 1919 an Gasparri sandte.

Levien hat sich mit seinem Hofstaat, oder wenn man so will, mit dem Rat der Volksbeauftragten in der ehemals königlichen Residenz der Wittelsbacher niedergelassen. Das Schauspiel, das diese Residenz jetzt bietet, ist unbeschreiblich. Das größte Durcheinander, der ekelhafteste Dreck, das ununterbrochene Kommen und Gehen der Soldaten und bewaffneten Arbeiter, das Geschrei, die unflätigen Worte, die Flüche, die dort widerhallen, verwandeln die einst bevorzugte Residenz der bayerischen Könige in einen wahrlich infernalischen Höllengraben. Ein Heer von Beschäftigten, die gehen, kommen, Befehle überbringen, Nachrichten verkünden, und zwischen ihnen, in allen Büros, eine Schar junger Frauen von wenig vertrauenserweckendem Aussehen, Juden wie die ersteren, mit provokanten Mienen und anrüchigem Grinsen. Als Anführerin dieser Frauengruppe agiert Leviens Geliebte, eine junge geschiedene Russin, Jüdin. Dieser Person mußte die Nuntiatur bedauerlicherweise ihre Ehrerbietung erweisen, um vorgelassen zu werden! – Levien selbst ist ein junger Mann, auch er Russe und Jude von etwa dreißig oder fünfunddreißig Jahren. Blaß, schmutzig, mit fahlen Augen und einer heiseren, ordinären Stimme: eine wirklich ekelhafte Gestalt, wenngleich mit intelligentem und schlauem Gesichtsausdruck. Er hat sich schließlich beehrt, Monsignor Uditore auf dem Korridor zu empfangen, umgeben von einer bewaffneten Eskorte [...]. Mit dem Hut auf dem Kopf, rauchend, hat er sich angehört, was Monsignor Schioppa ihm zu sagen hatte. Wiederholt warf er grob ein, daß er in Eile sei, wegen wichtigerer Angelegenheiten.[30]

Schioppa und Pacelli beschrieben in diesem Bericht ein Erlebnis mit einer revolutionären Pöbelherrschaft, deren Habitus nicht nur jeglichen unter Diplomaten üblichen Umgangsformen spottete, sondern die Existenz der Nuntiatur und ihrer Amtsträger selbst gewaltbereit bedrohte. Sie beschrieben ein Erlebnis mit einem Feind, der unmißverständlich ankündigte, den Nuntius «wegzuwerfen», sobald er sich gegen die Räterepublik äußere.[31] Um die Gegenseite zu charakterisieren, benutzte Schioppa – von Pacelli in der nach Rom gesandten Fassung übernommen – dreimal den Begriff «Jude», zweimal, den Fakten entsprechend, zur Kennzeichnung Leviens und seiner Gefährtin, einmal kollektiv zur Kennzeichnung der Frauen und der in den Büros Tätigen. Das Originalmanuskript im Archiv der Münchner Nuntiatur mit handschriftlichen Korrekturen sowohl von Schioppa als

auch von Pacelli zeigt, daß die Berichterstattung in jenen turbulenten Tagen unter Zeitdruck und in aufgewühlter Unsicherheit über den Verlauf
der unmittelbaren Zukunft erfolgte.[32] Aber wahrscheinlich hätte Pacelli
auch unter ruhigeren Bedingungen über die jüdische Glaubenszugehörig-
keit Leviens berichtet. Nicht anders als Ratti, nicht anders als viele seiner
Zeitgenossen sah auch er im «jüdischen Bolschewismus» eine Gefahr, ohne
sich über die tatsächlichen Zusammenhänge zwischen Bolschewismus und
Judentum einen genaueren Überblick zu verschaffen. Im Falle Leviens und
seines nicht direkt genannten Duumviratpartners Leviné war ein solcher
Zusammenhang unmittelbar festzustellen; von weitergehenden Verallgemeinerungen sahen Pacelli und Schioppa jedoch ab.

Im Lichte anderer, paralleler Zeugnisse erscheint Schioppas halbwegs
differenzierende Beschreibung des Revolutionärs Levien sogar höchst tref-
fend: eine unsympathische, aber nicht unintelligente Gestalt. Schioppa
schien das Wesentliche dieses Mannes erkannt zu haben: die Augen und den
großen, provokanten, herrischen Gestus. Genau diese Merkmale Leviens
erfaßte auch die treffsichere Beobachtungsgabe des Münchener Gelehrten
Victor Klemperer. Nur wenige Monate vor Schioppa/Pacelli notierte er am
17. Dezember 1918 über eine Wahlversammlung der Unabhängigen Sozial-
demokraten in sein Tagebuch: «Den stärksten Eindruck machte als Diskus-
sionsredner ein Doktor Levin, vom Spartacusbund [...] aus Berlin verschrieben. Er soll ein Balte sein, vielleicht ist er ein blonder Jude. Eine
kalte, blonde, unverschämte Romanschönheit. [...] Bartloses Gesicht,
große graue befehlende Augen [...] befehlender durchdringender Ton. [...]
Er spielt ständig großes Spiel mit wilden Gesten und befehlendem Daste-
hen und schneidender Sprache. Keine Gestalt prägt sich so stark ein wie
diese widerwärtige und schauspielerische.»[33] Schioppa/Pacelli und Klemperer stimmten in der Einschätzung des Revolutionärs Levien überein; sie
fällten eine Aussage über einen jüdischen Politiker, der über ein ins Negative tendierendes Charisma verfügte. Die beiden Repräsentanten der Münchener Nuntiatur beschrieben darüber hinaus eine für sie abstoßende
Szene im Hauptquartier der Revolution, an der ebenfalls Juden und Jüdin-
nen beteiligt waren. Hier stand der negativ bewertete Umstand im Hintergrund, daß Bolschewisten oftmals Juden waren. Allerdings läßt sich dem
Bericht an keiner Stelle die Schlußfolgerung entnehmen, Juden seien *stets*
Bolschewisten oder gar *allen* Juden eigneten jene negativen, in der Münchener Führungsgruppe der Räterepublikaner von Schioppa beobachteten
Eigenschaften. Insbesondere aus dem Munde oder der Feder Pacellis ist
eine derartige Äußerung, die ihn zweifellos zum Antisemiten gestempelt

hätte, niemals gefallen. Bei allem Antibolschewismus, bei allen antijudaistischen Versatzstücken auch, die in der Vorstellungswelt der beiden zukünftigen Päpste Pius XI. und Pius XII. immer vorhanden waren, sollte doch die Kopplung «jüdischer Bolschewismus» ihr Handeln gegenüber den verfolgten Juden in den 30er und 40er Jahren nicht in maßgeblicher Weise beeinflussen.

Verglichen mit dem Pacelli-Schioppa-Bericht verfuhr ein anderer, aus dem Dunstkreis des polnischen Katholizismus, nach deutlich gröberem Muster. Nachdem Ratti bereits den Bischofsstuhl in Mailand übernommen hatte, verfaßte der in Warschau zurückgebliebene Pellegrinetti auf Anweisung Gasparris im Juli 1921 die ausführliche Finalrelation über die Mission Rattis und die politische wie religiöse Situation in Polen insgesamt. Seinen Überblick über die verschiedenen Bevölkerungsgruppen in Polen begann er mit einem Blick auf die Juden:

Sie unterscheiden sich nicht nur in Rassenmerkmalen (kleiner Wuchs, große Nase, vorstehende Ohren, große Tränensäcke) sichtbar von den Polen, sondern mehr noch durch ihre Religion und ihr lebhaftes Bewußtsein und den Anspruch darauf, einer separaten Nation anzugehören. Statt Polnisch sprechen sie Jiddisch (also eine Dialektform des Deutschen mit einigen slavischen und hebräischen Versatzstücken), das sie auch in ihren Schulen und Druckschriften mit hebräischen Lettern verwenden. Ihre Kleidung unterscheidet sich von derjenigen der anderen Bürger, auch ihre besondere Schmutzigkeit und die Angewohnheit, sich in Fetzen zu hüllen [...]. Wie anderswo auch treiben sie Groß- und Kleinhandel, auch in Form von Wucher, Spekulation und Schmugglerei, worauf sie besonders spezialisiert sind; aber auch der Arbeiterstand ist zahlreich unter ihnen vertreten, und dieser lebt oft in großem Elend. Ein starkes soziales Gefälle herrscht zwischen den jüdischen Kapitalisten, die leider den größten Teil des Wohlstands Polens auf sich vereinigen, und dem jüdischen Proletariat [...], innerhalb dessen der Bolschewismus eine große Anhängerschaft findet. [...] – Man sagt, die Juden trügen die Unmoral unter die Christen, und alle Bordellbetreiber seien jüdisch. – Welche Gefahr sie für die Religion darstellen, muß nicht besonders hervorgehoben werden. Glücklicherweise wird diese Gefahr durch die nationale Abneigung gegen die Juden gemindert. Übertritte zum Katholizismus kommen jedoch häufig vor. [...] Sehr selten treten hingegen Polen zum Judentum über: das hieße, das Vaterland zu verleugnen. [...] Die gläubigen oder nationalistischen Polen haben allerdings die übertriebene Angewohnheit, für alle Übel in Polen die Juden verantwortlich zu machen, auch für diejenigen, die teilweise oder ganz auf ihre eigene Schwäche oder Schuld zurückzuführen sind.[34]

Anders als der Pacelli/Schioppa-Bericht vereinigt die Pellegrinetti-Relation sehr wohl negative Kollektivstereotypen über «die» Juden. Besonders unangenehm berührt die Passage über die «Rassenmerkmale» der Ostjuden. Sie evoziert das Bild eines «Stürmer-Juden» Julius Streichers, und wenn–

gleich es historisch sicher unredlich wäre, den Geschäftsträger der War-
schauer Nuntiatur – und späteren Kardinal – Pellegrinetti an den nationalsozialistischen Zerrbildern, an den nationalsozialistischen Verbrechen
gar, mitschuldig zu erklären, wird anhand dieses Textes doch besonders
deutlich, daß die spezifische Situation in Polen nicht nur katholischen
Antijudaismus, sondern auch bereits einen rassisch akzentuierten Antisemitismus begünstigte, von dem die aus Rom entsandten Monsignori nicht
unbeeinflußt blieben. Pellegrinettis Worte waren allerdings nicht diejenigen Rattis. Zu verfolgen wird sein, ob und inwieweit die polnischen Erfahrungen und (Vor-)Urteile die Einstellungen und Handlungen des künftigen
Papstes gegenüber den zunehmend bedrängten und verfolgten europäischen Juden negativ prägten.

«Amici Israel»

Erst rund sechzig Jahre nach der Initiative der Gebrüder Lémann auf dem
ersten Vatikanum fand die Problematik einer veränderten katholischen
Theologie des Judentums auf die Tagesordnung der höchsten dogmatischen Institution des Vatikans, des Heiligen Offiziums. Den Anlaß gab
eine offiziell 1926 gegründete Vereinigung von Ordensangehörigen und
Priestern, die unter dem Namen «Amici Israel» für eine Revision des Verhältnisses der katholischen Kirche zu Juden und Judentum eintrat. Als Präsident saß der Vereinigung Pater Benedikt Gariador, Abt der Benediktiner
von Subiaco vor; eigentlicher Spiritus Rector war jedoch Pater Anton van
Asseldonk, Generalprokurator des Ordens vom Heiligen Kreuz, der die
Leitidee der «Amici» zusammen mit einer holländischen Konvertitin aus
dem Judentum, Maria Franziska van Leer, entwickelt hatte. Ein Informationsblatt der «Amici» teilte Ende 1927 mit, daß 19 Kardinäle, 278 Erzbischöfe und Bischöfe sowie etwa 3000 Priester die in unregelmäßigen Ab-
ständen erscheinende Vereinsbroschüre *Pax super Israel* abonniert hätten.
Unter den Kardinälen erscheinen die Namen Faulhaber, Frühwirth, Enrico
Gasparri, Hlond, Merry del Val und Van Rossum.[35] Verwegen wäre es, aus
dieser eindrucksvollen Liste auf eine schlagkräftige Bewegung zu schließen, die von der «Basis» bis zur Spitze der Hierarchie ein neues Verhältnis
zu den Juden forderte. Nicht zu optimistisch sollte die Zahl derjenigen
hochrangigen Prälaten eingeschätzt werden, die das Blatt auch lasen oder
gar seine Inhalte teilten. Bekannt ist immerhin, daß der Münchener Kardinal Faulhaber in einem homiletischen Kurs 1927 die Priester aufforderte,

alles zu vermeiden, was antisemitisch klingen oder antisemitische Vorurteile nähren könnte. Zur Information ließ Faulhaber Schriften der «Amici» verteilen.[36] Aussagekräftiger als die Abonnentenzahl der Kardinäle und Bischöfe scheint demgegenüber die der «einfachen» Priester, zeigt sich in ihr doch ein echtes Interesse relativ vieler in der praktischen Seelsorge Tätiger an der jüdischen Thematik.

Anfang 1928 nahmen Gariador und van Asseldonk eines der Hauptanliegen der «Amici» in Angriff und reichten bei der Ritenkongregation einen Antrag ein, die Karfreitagsbitte für die Juden abzuändern.[37] Seit dem frühen Mittelalter beteten die Christen in der Liturgie des Karfreitags «auch für die ungläubigen (perfidis) Juden. Gott, unser Herr möge den Schleier von ihren Herzen wegnehmen, auf daß sie auch unsern Herrn Jesus Christus erkennen. – Die Antwort ‹Amen, lasset uns beten› entfällt, desgleichen die Kniebeugung und die Aufforderung, sich wieder zu erheben; statt dessen wird sofort gesprochen: Allmächtiger, ewiger Gott, Du schließest sogar die Ungläubigkeit (perfidiam) der Juden von Deinem Erbarmen nicht aus; erhöre unsere Gebete, die wir ob der Verblendung jenes Volkes vor Dich bringen; mögen sie das Licht Deiner Wahrheit, das Christus ist, erkennen und ihrer Finsternis entrissen werden.»[38]

In diesem Text der Karfreitagsliturgie erkannten die «Amici» einen zentralen Impuls für Antijudaismus und Antisemitismus. Das semantische Feld des Adjektivs «perfidus» («perfidis, perfidiam») schien ihnen über die Bedeutungen «ungläubig», «nichtgläubig», «treulos» bis hin zu «charakterlich völlig verdorben» derart ins Negative gerückt, daß die «perfidia» geradewegs zum Stigma der Juden geworden sei. Als ausgrenzende oder diskriminierende Symbolhandlung erachteten sie das ostentative Weglassen der Kniebeuge und des stillen Gebets nach der Fürbitte, das liturgiehistorisch der Auffassung entsprungen ist, die Kniebeuge an dieser Stelle erinnere an die Verhöhnung des dornenbekrönten Christus durch Juden. Van Asseldonk und Gariador regten an, das irreführende Adjektiv zu streichen sowie den Kniefall auch bei der Bitte für die Juden einzuführen. In dem Abt der Benediktinerabtei S. Paolo fuori le mura, Ildefons Schuster, gewannen sie einen Fürsprecher. Schuster, ein bewährter Liturgiker, schloß sich – als Konsultor der liturgischen Kommission der Ritenkongregation befragt – dem Ersuchen der «Amici» an. Was einer «Mentalität früherer Zeiten entsprungen sei, sich heute jedoch schlecht mit dem Geist der Kirche verträgt», müsse getilgt werden. Um sich noch präziser zu erklären, fügte Schuster einige Tage später hinzu, das Reformanliegen sei auch durch die «klassische Tradition der römischen Liturgie» gedeckt. Es handle sich darum, eine «späte und abergläubische» Entwicklung der Liturgie zurückzunehmen. «Ich erlaube mir deshalb in aller Ehrerbietung, der gesamten Vorlage zuzustimmen.»[39]

Ende Januar reichte die Ritenkongregation, offenbar nicht gewillt, eine so weitreichende, jahrhundertealte liturgische Traditionen betreffende Entscheidung alleine zu fällen, den Vorgang an das Heilige Offizium weiter. Damit geriet nicht nur Gariadors und Asseldonks Petition, sondern die Vereinigung «Amici Israel» selbst unter die Lupe der Dogmenwächter. Der Konsultor Pater Marco Sales erhielt den Auftrag, ein Gutachten über die Bitte um Reform der Karfreitagsliturgie zu verfassen; zwei weitere Gutachten liegen über den theologischen Gehalt des ersten Heftes *Pax super Israel* von 1926, der eigentlichen Programmschrift der «Amici»,[40] in den Akten vor, ob ebenfalls von Sales oder von dem Redemptoristenpater Joseph Drehmanns erstellt, ist unklar.[41] Offen bleiben muß auch, inwieweit die Wahl mit Bedacht auf den Dominikaner Sales fiel; jedenfalls stand mit dieser Zuteilung bereits die Richtung fest, in die das Anliegen der «Amici» vor dem Heiligen Offizium getrieben werden sollte. Sales argumentierte in der Tradition jenes missionseifrigen dominikanischen Antijudaismus, der bereits die Judenprediger dieses Ordens, wie Aminta und Jabalot, geprägt hatte.

Verglichen mit den knappen und präzisen Formulierungen Schusters fiel Sales' Gutachten kraus und in sich widersprüchlich aus. Einerseits stimmte er Schuster sogar zu und hielt das Anliegen «unter dem Aspekt des Lehramtes und des Glaubens» für unbedenklich; andererseits legte er dann doch größten Wert darauf, festzustellen, daß die Liturgie der Heiligen Woche in einer uralten Tradition stehe, die nicht ohne weiteres gebrochen werden könne. Mehr als liturgische Erwägungen bewegte ihn die Frage der «Angemessenheit». Die «Amici Israel» erschienen ihm als reine «Privatangelegenheit». Fange man damit an, «die antike Liturgie auf einfache Petition dieser oder jener Vereinigung hin zu verändern, käme man zu keinem Ende mehr, denn so, wie die Amici Israel dasjenige gestrichen zu sehen wünschen, was hart für die Juden ist, möchte morgen vielleicht eine andere Vereinigung beispielsweise im ‹Credo› den Namen ‹Pontius Pilatus› getilgt sehen, weil dieser die Autorität des römischen Reichs untergrabe.» Im übrigen sei «klar, daß nur die Juden einen Bund mit Gott hatten und ausschließlich die Juden diesen Bund andauernd brachen und noch brechen. Also darf man sich nicht wundern, wenn sie deshalb treulos (perfidi) genannt werden.» Sales' Fazit: «Nihil esse innovandum», nichts sei zu verändern.[42]

Mehr auf theologische Inhalte bezogen äußerten sich die Stellungnahmen zur Programmschrift *Pax super Israel*. Der Gutachter schreckte vor jener von den Amici vorgeschlagenen gedanklichen Wende zurück, im Verhältnis zu den Juden nicht mehr das Trennende, sondern das Verbindende in den Vordergrund zu stellen. Das war bereits der Ansatz der Gebrüder Lémann gewesen; jetzt kehrte er in weiter durchdachter Form wieder. Im Grunde forderten die «Amici», das Verdikt der «Verstoßung» aus dem Weg zu räumen. Die Juden befänden sich unverändert in der Gnade Gottes und seien den Christen deshalb in unsichtbarer Weise verbunden – für den Gutachter eine «respektlose Mahnung an die Heilige Kirche» und eine «kühne Behauptung».[43] Die Juden bedürften daher keiner Konversion, also des Übertritts vom Falschen zum Richtigen, sondern lediglich eines Übergangs, einer *Transitio*; dem Reiche Gottes gehörten sie ja bereits an – für den Gutachter «regelrecht unerhört».[44] Die gegen die Juden (adversos Judaeos) gerichteten Texte vieler Kirchenväter enthielten ungerechtfertigte Verurteilungen: – für den Gutachter eine «höchst wunderliche und gewagte» Aussage.[45]

Nicht nur in der Präzision ihrer Thesen, auch in ihren Forderungen an die Kirche gingen die «Amici Israel» über die Gebrüder Lémann hinaus. Hatten diese mehr von den Juden verlangt, so verlangten jene Erhebliches von der Kirche: nicht lediglich ein Mehr an Nächstenliebe und gutem Willen, sondern das Eingeständnis eines Irrtums und eine strikte Revision der Tradition. Die «Amici Israel» konfrontierten die Kirche zum ersten Mal mit ihrem Antijudaismus und forderten ein Bekenntnis dazu. Diesen Kern des Anliegens erkannte nicht nur der Begutachter der Programmschrift *Pax super Israel*: «Die ganze Haltung dieses Werkchens ist dezidiert für die Juden, mit ziemlich ungünstigen Unterstellungen gegenüber der Kirche und ihren Dienern, so als ob die Braut Jesu Christi einer Nachlässigkeit angeklagt wäre oder, schlimmer noch, einer ungerechtfertigten Aversion gegenüber dem Volk, das das Auserwählte genannt werden muß.»[46] Auch Kongregationssekretär Merry del Val schien diese Herausforderung der Kirche aus ihren eigenen Reihen zu spüren. In der Feria-IV-Sitzung des Heiligen Offiziums vom 7. März 1928 kannte der Zorn des ehemaligen Kardinalstaatssekretärs kein Halten mehr. Sein Votum gegen die «Amici Israel» sprach jeglichem Brückenschlag Hohn, ja strotzte vor Antijudaismen. Er verstand nicht oder wollte nicht verstehen, worum es den «Amici» ging, führte die gesamte Palette der alten Separationstheologie ins Feld, die «Rebellion» und den «Verrat» der Juden, den Gottesmord, die Verfluchung. Polemisch bis zum Äußersten, bezog er all diese Verdikte direkt auf die

Gegenwart. Solle es nicht mehr erlaubt sein, von Ritualmorden jüdischer Sekten zu sprechen, von dem Bündnis der Juden mit der Freimaurerei, von dem Wucher, mit dem sie Christen in großem Stil ausbeuteten?[47] Daß hier nicht mehr der Kardinalstaatssekretär, der Leiter der Politik des Heiligen Stuhls, sondern der Sekretär des Heiligen Offiziums, der oberste Dogmatiker der katholischen Kirche, sprach, setzt diese Ausfälle in kein besseres Licht. Jetzt, 1928, negierte Merry del Val zweifellos sein besseres Wissen um das Gutachten Ganganellis, dessen Existenz und Inhalt er zwölf Jahre früher Nathaniel Rothschild gegenüber bestätigt hatte und das unverändert die offizielle Position des Heiligen Stuhls zur Ritualmordthematik bestimmte. Ließ ihn sein Zorn über die als «ganz und gar inakzeptabel» empfundene Forderung der Amici, die Karfreitagsliturgie zu verändern, in unverhältnismäßige antijudaistische Polemik ausbrechen? Hatten seine antijudaistischen Ressentiments mit steigendem Alter zugenommen? Oder fühlte er sich als ranghöchster Glaubenswächter in der historischen Situation des Jahres 1928 berufen, besonders nachdrücklich vor jüdisch-freimaurerischer Verschwörung zu warnen, argumentierte hier also – nicht zum ersten Mal in der Geschichte des Verhältnisses zwischen Heiligem Stuhl und Juden – ein hoher Würdenträger aus einer subjektiv als besonders bedrohlich empfundenen Defensive? «Das Judentum [...] erhebt sich heute, nach dem Krieg, mehr denn je und versucht das Reich Israels gegen Christus und seine Kirche neu aufzurichten. [...] Ich möchte nicht, daß diese ‹Amici d'Israele› unbemerkt in eine Falle gehen, gestellt von denselben Juden, die überall in die moderne Gesellschaft eindringen und mit allen Mitteln versuchen, die Erinnerung an ihre Geschichte zu vernebeln und die Christen in ihrer Gutgläubigkeit zu überrumpeln.» Merry del Val bezog eine Kampfposition nach zwei Seiten; der üblichen, antimodernistischen Defensive und ihren Verschwörungstheorien gesellte sich jetzt die Defensive gegen eine Gruppe von Priestern bei, die sich herausnahm, Dogmen und Traditionen der Kirche als fehlerhaft zu bezeichnen. Das war zuviel und trieb den Kardinal zur Weißglut. Sein abschließender Schlag galt Abt Schuster, der «schwer zu verwarnen» sei, habe er sich doch zu dem «Exzeß» hinreißen lassen, einen Ritus der Heiligen Kirche als «abergläubisch» zu bezeichnen.[48]

Stellungnahmen weiterer Kardinäle sind nicht überliefert. Immerhin gehörten, neben Merry del Val, weitere drei Eminenzen des Heiligen Offiziums zu den Abonnenten der Broschürenreihe *Pax super Israel*! Allerdings dürfte der Furor des Sekretärs kaum ein Mitglied ermutigt haben, eine abweichende Position zu beziehen. Die Kongregation beschloß am 7. März, den Antrag, die Karfreitagsbitte abzuändern, zurückzuweisen, die Vereinigung «Amici Israel» aufzulösen und die Äbte Schuster, Gariador sowie Pater van Asseldonk ins Heilige Offizium einzubestellen.[49] Am folgenden Tag wurde Papst Pius XI. über den Vorgang informiert. Damit begann der zweite Teil der Affäre um die «Amici Israel», der schließlich in das ambivalente Dekret des Heiligen Offiziums vom 28. März 1928 mündete.

Auf welche Weise die Verurteilung des Antisemitismus in dieses Dekret fand, geht aus den Akten genau hervor: Der Papst wollte es so. Über die Gründe seines Wollens läßt sich hingegen spekulieren.

Pius nahm den Bericht über die Kongregationssitzung aufmerksam zur Kenntnis, ließ sich die Stellungnahme des Sekretärs vorlesen und begann die Programmschrift *Pax super Israel* persönlich zu studieren. Abweichend zum Votum Schusters stimmte er schließlich der Auffassung des Heiligen Offiziums zu, es handle sich «um eine schwerwiegende Frage, die das Gebiet des Glaubens» berühre.[50] Das Ersuchen um Abänderung der Karfreitagsliturgie sei nicht nur zurückzuweisen, sondern zu verurteilen. Die «Amici» seien per Dekret aufzulösen, hätten sie sich doch ihrem ursprünglichen Zweck, für die Konversion der Juden zu beten, entfremdet und sich auf ein «falsches Terrain» begeben. Wo aber konnte dieses falsche Terrain nur liegen? In einer neuartigen Theologie des Judentums, die der kirchlichen Tradition Irrtümer und Verfehlungen attestierte. Initiativen, fuhr Pius fort, «die den universalen liturgischen Traditionen, ja der katholischen Lehre selbst zuwiderlaufen, kann nicht stattgegeben werden, dienten sie auch einem noch so heiligen oder lobenswerten Zweck.» Wie Merry del Val forderte der Papst, Abt Schuster vor das Heilige Offizium zu zitieren, um dort zu erklären, warum er «derart schwerwiegend und offensiv gegen die Kirche» gesprochen habe. Das Dekret solle jedoch auch «entsprechend der Ansicht Seiner Eminenz [Merry del Val] dazu dienen, dem Vorwurf des Antisemitismus vorzubeugen, indem es zum Ausdruck bringt, daß die Heilige Kirche jegliche Form von Antisemitismus stets verurteilte und ihre universale Nächstenliebe immer auch für das Volk Israel galt.»[51] Diese Aufzeichnung des Assessors über die päpstlichen Äußerungen während der Audienz muß in ihren Nuancen genau wahrgenommen werden. Pius XI. argumentierte exakt auf der seit Gutachter Sales eingeschlagenen Linie. Wichtiger als das, was die «Amici» über die Juden sagten, war das, was sie über die Kirche sagten. Genau deshalb sollte nach Auffassung des Papstes das vorzubereitende Dekret auch über den Antisemitismus sprechen – jedoch nicht über den Antisemitismus als solchen, sondern über den Vorwurf an die Kirche, sie sei antisemitisch (oder antijudaistisch) gewesen.

Am 16. März nahm Abt Schuster im Heiligen Offizium sein Votum zurück;[52] zwei Tage vorher hatten die Eminenzen mit der Diskussion über den Wortlaut des Dekrets begonnen. Ein Entwurf war besprochen und von einer Gruppe von Kardinälen mit Modifikationsvorschlägen versehen worden. Dabei schieden sich «Falken» und «Tauben»: «einige Eminenzen» (ohne Namensnennung) plädierten sogar dafür, den Hinweis zu streichen, «daß die Kirche den Antisemitismus verdamme».[53] Dieser Änderungsvorschlag bezog sich nicht auf die ursprüngliche Absicht des Papstes, den an die Kirche gerichteten Vorwurf des Judenhasses zurückzuweisen, sondern auf eine inhaltliche Weiterung des Entwurfs, die – über diese Absicht hinausgehend – auch eine Aussage über den gegenwärtigen Antisemitismus und dessen Verurteilung durch die Kirche traf. Denn, so erläuterten die Anhänger des Entwurfs, «daß die Kirche die Juden *immer* gegen ungerechte Verfolgungen in Schutz genommen hat, schien historisch gesichert. Der Begriff ‹Antisemitismus› wurde schließlich in seinem wörtlichen Sinne gewählt, nämlich als systematischer Kampf gegen die jüdische Rasse. Und genau um noch Platz zu lassen für einen uneigentlichen, im moralischen Sinn zulässigen (oder sogar gebotenen) Antisemitismus, wurde auch nicht gesagt, [die Kirche verurteile] ‹jede Form von Antisemitismus›, sondern einfach ‹den Antisemitismus›.»[54] Kaum zu unterschätzen ist die Brisanz dieses Kommentars, gaben hier doch Mitglieder der höchsten dogmatischen Behörde des Heiligen Stuhls zu Protokoll, daß möglicherweise auch eine spezifisch katholische Judenfeindschaft existiert haben könnte. Diese «andere Form von Antisemitismus» (vulgo Antijudaismus) wurde verteidigt; sie war ja nichts anderes als eine der Triebfedern der doppelten Schutzherrschaft gewesen. Aber sie war von hohen kirchlichen Repräsentanten nie Judenfeindschaft genannt worden. Nun stand sie als solche plötzlich zur Diskussion, und damit war das Anliegen der «Amici Israel», wenn auch ganz unbeabsichtigt, doch noch bis ins Heilige Offizium vorgedrungen. Hier war ein Keim gelegt, der noch zu reifen hatte.

Entscheidend für den unmittelbaren Umgang mit der Antisemitismusthematik erwies sich hingegen, daß Pius XI. die Verurteilung des modernen Rassenantisemitismus akzeptierte und dem Willen der «Falken», zu denen ausweislich seines Votums vom 7. März wohl auch der Sekretär der Kongregation zählte, bewußt nicht stattgab. Am 15. prüfte Pius den Entwurf und die Modifikationsvorschläge und gab dem Dekret höchstselbst seinen endgültigen Wortlaut. «Nach langem Nachdenken» entschloß er sich, den Antisemitismus der Gegenwart mit und in dem Dekret zu verurteilen. Der endgültige Text aus der Hand Rattis lautete: «Die katholische

Kirche hat die Juden stets als das Volk betrachtet, das bis zum Erscheinen des Heilands der Hüter der göttlichen Verheißungen gewesen ist; sie hat trotz seiner späteren Verblendung, ja gerade wegen dieser, immer für das jüdische Volk gebetet und hat es gegen ungerechte Verfolgungen in Schutz genommen. Die katholische Kirche verurteilt auf entschiedenste Weise den Haß gegen das einst von Gott auserwählte Volk, jenen Haß nämlich, den man heute mit ‹Antisemitismus› zu bezeichnen pflegt.»[55]

Pius billigte das Dekret abschließend am 22. März; drei Tage später, am 25. März 1928, erfolgte die Veröffentlichung. Mit seinem aktiven Eingreifen in die Textgestaltung war der Papst über das hinausgegangen, was ihn nur eine Woche zuvor, bei der ersten Kenntnisnahme der «Amici Israel-Affäre», bewegt hatte: Er wies grundsätzlich jeglichen Völkerhaß und insbesondere den modernen Rassenantisemitismus zurück. Gleichzeitig nahm er – wie von Anfang an vorgesehen – die Kirche gegen Vorwürfe in Schutz, selbst judenfeindlich gewesen zu sein, verteidigte also das alte Teilkonzept der doppelten Schutzherrschaft, demzufolge die Kirche die Juden vor den Christen zu schützen habe. Spuren einer Reflexion über kirchlichen Antijudaismus sind hingegen im Dekret selbst nicht zu finden; immerhin aber blitzte ein erstes Bewußtsein kirchlicher Judenfeindlichkeit in den Diskussionen des Heiligen Offiziums auf. Schließlich, und damit endete der Text des Dekrets, wurde die Vereinigung der «Amici Israel» aufgelöst, weil sie «eine Handlungs- und Denkweise angenommen hat, die zu Sinn und Geist der Kirche, zum Denken der Heiligen Väter und zur Liturgie im Gegensatz steht». Von der Karfreitagsliturgie sprach das Dekret nicht.[56]

Die Aufforderung der «Amici» zur theologischen Wende blieb so unverstanden wie sechzig Jahre zuvor diejenige der Gebrüder Lémann. Einhellig und unverändert lehnten Konsultoren, Inquisitoren und Heiliger Vater den erneuten Versuch ab, die Juden als das Volk zu begreifen, «dem Christus dem Fleische nach entstammt», als Brudervolk, das eigentlich nicht konvertieren müsse, sondern lediglich «vom Reich des Vaters in das des Sohnes» überzuwechseln habe. Noch hielten die Dogmenwächter der römisch-katholischen Kirche den Graben zwischen Christen und Juden offen.

Das Dekret des Heiligen Offiziums vom 25. März 1928 hinterläßt einen ambivalenten Eindruck; es dokumentiert Beharrung und Beweglichkeit gleichzeitig und ist in diesem Sinn ganz römisch-katholisch. Aus der Abwehr der als bedrohlich empfundenen Anliegen der «Amici» erwuchs etwas Neues: die Verurteilung des Antisemitismus und ein minimales, aber zukünftig nicht mehr zu unterdrückendes Bewußtsein für die Möglichkeit eines kirchlichen Antijudaismus – der freilich vorerst noch «moralisch zulässiger (oder sogar gebotener)» Antijudaismus hieß. Oder war die Verurteilung des modernen Antisemitismus nur ein taktischer Schachzug des Papstes, um sich rechtfertigen zu können im Falle öffentlicher Empörung über die Auflösung der Priestervereinigung? Für diese Annahme existieren keine Belege, und gegen sie ließe sich einwenden, daß in diesem Fall doch der Hinweis auf den traditionellen kirchlichen Judenschutz genügt hätte, ohne den zeitgenössischen rassistischen Antisemitismus angreifen zu müssen.

Öffentliche Empörung blieb ohnehin aus. Die «Amici» verschwanden ohne großes Echo, während das Dekret vom 25. März nicht berüchtigt aufgrund der Auflösung der Priestervereinigung, sondern berühmt wegen seines Urteils über den Antisemitismus wurde. Das Lob des evangelischen Theologen Eduard Lamparter noch aus demselben Jahr, 1928, bezeugt eine Wirkung, die der Heilige Stuhl vielleicht nicht beabsichtigt – und vor dem Hintergrund der Entstehungsgeschichte des Dekrets – wohl auch nicht in ganzem Umfang verdient hatte. Zum Schluß einer Abhandlung über evangelische Kirche und Judentum hob Lamparter die Stellungnahme Pius' XI. zum Antisemitismus hervor und stellte sie als vorbildlich auch für das wünschenswerte Verhalten der protestantischen Kirchen dar: «Wir werden ihre [der Juden] Herzen am ehesten gewinnen, wenn wir den dem Geiste wahren Christentums widerstreitenden Antisemitismus verleugnen. Papst Pius XI. hat ein scharfes Urteil über diesen gefällt. Sollte die evangelische Kirche nicht auch sich verpflichtet fühlen, nicht auch den Mut finden, gegen die schweren antisemitischen Verletzungen von Recht, Wahrheit und Liebe Zeugnis abzulegen? Es gilt, altes Unrecht gutzumachen und mitzuhelfen, daß kein neues Unrecht mehr geschieht.»[57]

Abt Ildefons Schuster, dessen avantgardistisches Gutachten Kardinal Merry del Val ebenso erregt hatte wie den Papst selbst, stieg dessen ungeachtet – oder gerade deshalb? – in der kirchlichen Hierarchie weiter auf. 1929 empfing er den Kardinalshut und ging als Erzbischof in eine der wichtigsten Diözesen Italiens, nach Mailand. Merry del Val starb, erst 64 Jahre alt, im Februar 1930. Abt Gariador und Pater van Asseldonk unterwarfen sich dem Dekret des Heiligen Offiziums und lösten die «Amici Israel» auf. Trotzdem äußerte sich van Asseldonk sogar zufrieden über die päpstliche Verurteilung des Antisemitismus. Das sei mehr, als er erwartet habe; das Dekret lege ein Fundament, auf dem sich in Zukunft aufbauen lasse.[58] Im Oktober 1928 berichtete der Patriarch von Jerusalem, Barlassina, Asseldonk befinde sich zusammen mit Franziska van Leer in Palästina.[59] Mehr als dreißig Jahre später, im April 1959, schrieb Asseldonk aus Belgien an Papst Johannes XXIII. und stellte sich als einstmaliger

«Gründer» der «Amici Israel» vor, der sich seit Jahrzehnten der Arbeit an dem «geistlichen Wohlbefinden» widme, das «der Herr diesem geliebten Volk zugedacht» habe. Van Asseldonk habe sogleich nach der Wahl Johannes' «Erleichterung» empfunden: «Schien es mir doch nun, meine Aufgabe nicht mehr alleine tragen zu müssen.» Er erbat die Aufmerksamkeit des Heiligen Vaters für die Juden auf der ganzen Welt und im Heiligen Land insbesondere. Keine bessere Gelegenheit gäbe es als «die bevorstehende Eröffnung des Ökumenischen Konzils, die geistliche Verantwortung dieses Volkes, insbesondere gegenüber Jesus Christus, wiederzuerwecken.»[60] Auch die «Amici» wünschten, nicht anders als die Abbés Lémann, im Grunde die Konversion der Juden. Diesen Weg versperrten jedoch die Ereignisse der Jahre 1933 bis 1945. Die neue Theologie konnte keine Konversionstheologie mehr sein. Was Papst Johannes auf dem Konzil für das Verhältnis von katholischer Kirche und Juden erreichen wollte, wies bereits in eine andere Richtung, wenngleich es auf den Grundgedanken der Lémanns und der «Amici» aufbaute.

Van Asseldonks Begeisterung über Johannes XXIII. gründete nicht allein in der Aussicht auf das Konzil. Der Papst hatte endlich und ohne Umschweife den Text der Karfreitagsbitte abgeändert. Wenige Tage vor dem ersten Osterfest seines Pontifikates, im März 1959, hatte er angeordnet, das Adjektiv «perfidus» aus dem Gebet für die Juden zu streichen. Für die Weltkirche galt diese Anordnung seit dem Dekret der Ritenkongregation vom 5. Juli 1959.[61] Kniebeuge und stilles Gebet der Gemeinde für die Juden waren bereits einige Jahre zuvor, noch unter Papst Pius XII., eingeführt worden.[62] In ihre endgültige reformierte Form fand die Karfreitagsfürbitte nach dem zweiten Vaticanum in zwei Schritten 1966 sowie im Meßbuch Pauls VI. von 1969. Heute beten Priester und Gläubige in der Karfreitagsliturgie «für die Juden»: «Laßt uns auch beten für die Juden, zu denen Gott, unser Herr, zuerst gesprochen hat: Er bewahre sie in der Treue zu seinem Bund und in der Liebe zu seinem Namen, damit sie das Ziel erreichen, zu dem sein Ratschluß sie führen will. – (Beuget die Knie. – Stille – Erhebet euch.) Allmächtiger, ewiger Gott, du hast Abraham und seinen Kindern deine Verheißung gegeben. Erhöre das Gebet deiner Kirche für das Volk, das du als Erstes zu deinem Eigentum erwählt hast: Gib, daß es zur Fülle der Erlösung gelangt. Darum bitten wir durch Christus, unseren Herrn.»[63]

Der Heilige Stuhl und die Verfolgung der Juden

Bereits die erste Welle antisemitischer Gewalt in Deutschland nach der Machtübernahme der Nationalsozialisten weckte auch die Aufmerksamkeit des Heiligen Stuhls. Der Boykott jüdischer Geschäfte in Deutschland vom 1. bis zum 3. April 1933 veranlaßte Menschen aus aller Welt, aus unterschiedlichsten Bevölkerungsgruppen und Berufen, an Papst Pius XI. oder seinen Kardinalstaatssekretär (Abb. 7) zu appellieren, den in Deutschland bedrängten Juden Hilfe zu leisten. Ein Rabbiner aus New York, William Margolis, wandte sich telegrafisch an den Papst, ein anderer, Artur Zacharias Schwarz aus Wien, erinnerte an seine seit 1907 bestehende Bekanntschaft mit Ratti, um seiner Bitte größeres Gewicht zu verleihen.[64] Aus Deutschland selbst schrieb eine aus dem Judentum übergetretene Ordensfrau, die gelehrte Dr. Edith Stein.

Seit Wochen sehen wir in Deutschland Taten geschehen, die jeder Gerechtigkeit und Menschlichkeit – von Nächstenliebe gar nicht zu reden – Hohn sprechen. Jahre hindurch haben die nationalsozialistischen Führer den Judenhaß gepredigt. Nachdem sie jetzt die Regierungsgewalt in ihre Hände gebracht [...] hatten, ist diese Saat des Hasses aufgegangen. [...] Ich bin überzeugt, daß es sich um eine allgemeine Erscheinung handelt, die noch viele Opfer fordern wird. [...] Seit Wochen warten und hoffen nicht nur die Juden, sondern Tausende treuer Katholiken in Deutschland – und ich denke, in der ganzen Welt – darauf, daß die Kirche Christi ihre Stimme erhebe [...] Ist nicht diese Vergötzung der Rasse und der Staatsgewalt [...] eine offene Häresie? Ist nicht der Vernichtungskampf gegen das jüdische Volk eine Schmähung der allerheiligsten Menschheit unseres Erlösers [...]? – Wir alle, die wir treue Kinder der Kirche sind und die Verhältnisse in Deutschland mit offenen Augen betrachten, fürchten das Schlimmste für das Ansehen der Kirche, wenn das Schweigen noch länger anhält. Wir sind auch der Überzeugung, daß dieses Schweigen nicht imstande sein wird, auf die Dauer den Frieden mit der gegenwärtigen deutschen Regierung zu erkaufen. Der Kampf gegen den Katholizismus wird vorläufig noch in der Stille und in weniger brutalen Formen geführt wie gegen das Judentum, aber nicht weniger systematisch. Es wird nicht mehr lange dauern, dann wird in Deutschland kein Katholik mehr ein Amt haben, wenn er sich nicht dem neuen Kurs bedingungslos verschreibt.[65]

Die Schärfe ihrer Prophezeiungen sollte sich am persönlichen Schicksal Edith Steins furchtbar erfüllen. Stets aufs neue ist die Lektüre ihres Briefes bewegend, nicht zuletzt aus diesem Grund. Für immer ist Edith Steins Brief mit den Kernfragen der Kirche-Juden-Thematik im 20. Jahrhundert verbunden. Hätte die Kirche, hätten insbesondere die beiden Päpste Pius XI.

und Pius XII. das Schicksal der Edith Stein und mit ihm das Schicksal vieler Millionen Juden und anderer aus rassistischen oder ideologischen Gründen Verfolgter mildern oder gar verhindern können? Wie ist die Haltung der Kirche vor dem Vorwurf des «Schweigens» zu bewerten? Welche Motive leiteten das Handeln der Verantwortlichen im Vatikan? Hatte der kirchliche Antijudaismus Anteil an dem zu zögernden Auftreten? Die auf diese Fragen möglichen Antworten können, mit jeweils guten Gründen, variieren. Voraussetzung jeder in redlichem Sinne abgewogenen Antwort muß freilich die genaue Kenntnis der Faktenlage bilden, deren historische Einordnung wiederum vor dem politischen Horizont der Zeit und vor dem Hintergrund der jahrhundertealten päpstlichen Handlungsmuster den Juden gegenüber erfolgen sollte, weniger jedoch vor dem ex post erworbenen Wissen um den nationalsozialistischen Völkermord an den Juden Europas.

Die alte päpstliche Aufgabe, die Juden zu schützen, war zweifellos vielen der Briefautoren des Jahres 1933 noch mehr oder weniger bewußt; auch die von Pius XI. wiederholt bekundete Ablehnung des Rassenantisemitismus dürfte nicht wenige zu einem Appell an den Papst bewogen haben. Aber neigte die Hoffnung auf die Macht der moralischen Instanz Kirche nicht auch dazu, die Spielräume und konkreten Einflußmöglichkeiten der Diplomatie des Heiligen Stuhls dem terroristischen Regime in Deutschland gegenüber zu idealisieren? Überschätzte sie nicht den Stellenwert, den die Politik des Heiligen Stuhls dem «Judenschutz» innerhalb eines Geflechts vielfältiger, teils in sich widersprüchlicher Leitlinien und Ziele einräumen wollte? So nüchtern, möglicherweise ernüchternd, wie für vergangene Jahrhunderte bleibt auch für 1933 festzustellen: «Judenpolitik» war nur ein Randbereich des Handlungsspektrums der römisch-katholischen Kirche – der jedoch durch die Ereignisse der folgenden Jahre durchaus etwas mehr ins Zentrum rückte.

Die politisch-diplomatische Situation des Heiligen Stuhls im Jahr 1933. – Bis nur knapp vier Jahre vor der nationalsozialistischen Revolution in Deutschland hatte eine der politisch-diplomatischen Hauptsorgen des Heiligen Stuhls darin bestanden, seine durch das Ende des Kirchenstaates verlorene territoriale Basis neu zu definieren. Diese seit 1870 bestehende Existenzfrage war im Februar 1929 durch die mit dem faschistischen Königreich Italien geschlossenen Lateranverträge gelöst worden. Mit der Gründung des «Vatikanstaates» war der Heilige Stuhl als völkerrechtliches Subjekt in die internationale Staatengemeinschaft zurückgekehrt. Dem Lateran-Staatsvertrag gesellte sich ein Konkordat bei, das die Rechte und Pflichten der katholischen Kirche im italienischen Staat regelte. Als besonderer Erfolg gelang den vatikanischen Unterhändlern, die Anerkennung des Katholizismus als einziger Staatsreligion Italiens im Staatsvertrag zu verankern. Im Gegenzug verpflichtete sich die Kirche – um ihrer «Friedensmission», ihrer «moralischen und geistlichen Macht» unangefochten gerecht werden zu können – zu außenpolitischer Neutralität. Eine zwiespältige Konzession: Was für den Papst wie eine ehrenvolle Anerkennung als «Macht über den Mächten» aussah, interpretierte der italienische Diktator Mussolini eher als eine Art politischer Ruhigstellung des Heiligen Stuhls. Ein Verstoß gegen die Neutralitätsverpflichtung konnte ohne weiteres als Verletzung des Staatsvertrags aufgefaßt werden. Diese unglückliche Klausel veranlaßte die päpstliche Politik zweifellos zu einer gewissen wohlwollenden Rücksichtnahme gegenüber dem faschistischen Mussolini-Regime, und nach 1933 vielleicht auch gegenüber dem verwandten und Italien schließlich verbündeten nationalsozialistischen System in Deutschland. Denn die frisch errungene staatliche Souveränität sogleich wieder akut zu gefährden – der Vatikan war beispielsweise abhängig von Strom-, Gas- und Wasserlieferungen durch Italien –, lag nicht im Interesse des Heiligen Stuhls.

Auch das Verhältnis des neugegründeten Vatikanstaates zu Deutschland änderte sich durch die Machtübernahme der Nationalsozialisten Ende Januar 1933. Wie in der Sowjetunion und in Italien etablierte sich nun auch in Deutschland ein totalitäres Regime, dessen Politik – ähnlich derjenigen des bolschewistischen Systems und stärker noch als die des faschistischen Italien – darauf abzielte, sich jegliches kirchliche Leben nicht nur zu unterjochen, sondern zu vernichten. Für Religion war im nationalsozialistischen Staat kein Platz, denn der Nationalsozialismus war, wie der Jesuit Friedrich Muckermann in einer Analyse der Schriften Hitlers und Rosenbergs vom Herbst 1934 herausarbeitete, selbst Religion.[66]

Diese gegenüber den Verhältnissen während der Zeit der Weimarer Republik dramatisch veränderte Situation löste im Vatikan erhebliche Unruhe aus. Die liberal-protestantische deutsche Demokratie war weit davon entfernt gewesen, den kurialen Wunschbildern einer idealen Staatsform zu entsprechen; trotzdem durfte die Politik des Heiligen Stuhls Deutschland gegenüber zwischen 1919 und 1933 als ein voller Erfolg gelten – als Erfolg eines Mannes vor allem: Eugenio Pacellis, seit 1917 Nuntius zuerst in München, seit 1924 in Berlin. Pacelli, hochgewachsener Abkömmling einer gutsituierten römischen Bürgerfamilie mit langer Tradition in päpstlichen Diensten, ausgestattet mit perfekten Umgangsformen und ausgesuchter Liebenswürdigkeit, liebte Deutschland und dessen Kultur, beherrschte dessen

Sprache auch in ihren Feinheiten und bewegte sich souverän und charisma-
tisch in den gesellschaftlichen Zirkeln zwischen München und Berlin.

Aber Pacelli war keineswegs nur Salonlöwe. Er sah seine Aufgabe als
Nuntius nicht darin, lediglich Repräsentant und ausführender Arm Roms
zu sein. Im Gegenteil, Pacelli verstand sich als gestaltender Diplomat mit
klaren politischen Zielen. Kaum minder als Pius XI. vertrat er die Vorstellung einer hierarchisch organisierten römisch-katholischen Weltkirche, in
der bis zu den entferntesten Gliedern der Wille des Papstes und der römischen Zentrale wirkte. In die Staaten hineinzutragen war die Richtlinien-
kompetenz Roms durch Konkordate, das hatte er während seiner Lehrjahre
an der Kurie verinnerlicht. Eugenio Pacelli war ein Spezialist, vielleicht *der*
Spezialist seiner Zeit, für jene Verträge, die das kirchliche Leben in den einzelnen Staaten, und vor allem die Rolle Roms bei dessen Gestaltung, penibel und umfassend regelten, von der Frage der Religionsausübung im frem-
den Land, konfessionell geprägter Schulbildung und weiterer kirchlicher
Jugend- und Vereinsarbeit, bis zur Frage nach dem Status der kirchlichen
Eheschließung, des zivilen, jurisdiktionellen und fiskalischen Status von
Orden und religiösen Gemeinschaften sowie der Rechte von Kirche und
Staat bei der Besetzung und Dotierung von Bischofsstühlen und theologi-
schen Universitätskathedern.

Ein erster Höhepunkt der Tätigkeit Pacellis als Mitarbeiter der römischen
Kongregation für die außerordentlichen kirchlichen Angelegenheiten war
im Juni 1914 das Konkordat mit dem Königreich Serbien. Während der Zeit
seiner Nuntiatur in Deutschland folgten, im wesentlichen von ihm ausge-
handelt, die Konkordate mit Bayern (1924/25), Preußen (1929) sowie, von
ihm als Nuntius noch vorbereitet, Baden (1932/33). Diese Verträge reichten aus, um ein im Sinne des Heiligen Stuhls hinreichend gutes Verhältnis
zur föderalistischen Weimarer Republik herzustellen, allen voran der mit
Preußen. Über ein Konkordat mit dem gesamten deutschen Reich war seit
Beginn der 1920er Jahre zwar wiederholt nachgedacht und mit den wechselnden Regierungen verhandelt worden. Angesichts der günstigen Lage
erschien dem Heiligen Stuhl eine Vereinbarung jedoch nicht dringend notwendig.

Die nationalsozialistische Diktatur drohte dieses ganze, über Jahre hinweg aufgerichtete Vertragswerk hinwegzufegen und einen neuen Kulturkampf gegen die katholische Kirche in Deutschland zu eröffnen. «Kulturkampf» jedoch bildete – in Erinnerung besonders an das Vorgehen der
preußischen Regierung gegen die katholische Kirche in den siebziger Jahren des 19. Jahrhunderts – die Angstvorstellung der kurialen Politiker,

wenn sie an Deutschland dachten. Auf dem Höhepunkt des preußischen Kulturkampfes waren Bischöfe verhaftet und ausgewiesen worden, blieben Bischofsstühle vakant und mehr als tausend Pfarreien unbesetzt, lagen Seelsorge und kirchliche Vereinsarbeit in weiten Teilen des Landes darnieder. Solche oder ähnliche Zustände als Resultat einer neuerlichen Konfrontation zwischen Kirche und Staat in Deutschland zu vermeiden, zeigte sich der Heilige Stuhl zu Konzessionen bereit, umso mehr, als sich sogleich nach der Machtübernahme der Nationalsozialisten aus dem gesamten Reichsgebiet, besonders auch aus Bayern, alarmierende Meldungen über Behinderungen und Einschränkungen des kirchlichen Lebens zu häufen begannen.[67] Doch tönte Hitler in seiner Regierungserklärung vom 23. März, die der Abstimmung über das Ermächtigungsgesetz vorausging, die christlichen Bekenntnisse seien eine wesentliche Grundlage des neuen Staates; er sei zu weitreichender Zusammenarbeit bereit und werde die Rechte der Kirchen respektieren.[68] Auch die deutschen Bischöfe wollten daraufhin ein Zeichen der Bereitschaft setzen, im «neuen Reich» mitzuarbeiten, und nahmen ihre Erklärung vom August 1932, in der sie die prinzipielle Unvereinbarkeit von Katholizismus und Nationalsozialismus festgestellt und den Katholiken die Mitgliedschaft in der NSDAP oder ihren Organisationen verboten hatten, zurück[69] – in den Augen des Nuntius wie des Kardinalstaatssekretärs etwas voreilig und den wolkigen Versprechungen Hitlers gegenüber zu leichtgläubig, da konkrete Zusagen der Regierung über die künftige Freiheit des religiösen Lebens in Deutschland fehlten.[70]

Der Primas der deutschen Bischöfe und Vorsitzende der Fuldaer Bischofskonferenz, Adolf Kardinal Bertram aus Breslau, versuchte Pacelli gegenüber die bischöfliche Strategie zu erläutern. «Wie Eurer Eminenz bereits bekannt ist», schrieb Bertram am 18. April nach Rom, «haben die Oberhirten der Diözesen Deutschlands die entgegenkommenden Erklärungen des Reichskanzlers Hitler zum Anlass genommen, ihre Stellung zu der jetzt im öffentlichen Leben herrschenden nationalsozialistischen Bewegung ohne Aufgeben unserer prinzipiellen Grundsätze so zu gestalten, dass friedliche Beziehungen zur neuen Regierung möglich werden. Es sind nun allerdings längst noch nicht alle Gefahren beseitigt und alle Bedenken behoben.» Gefährdet sah der Bischof nicht allein das katholische Beamtentum, sondern vor allem auch die Basis des katholischen Lebens in Deutschland, das reich ausdifferenzierte Vereinsleben. «Ein grosser Teil der Aufgaben der Katholischen Aktion vollzieht sich seit acht Jahrzehnten in diesen Vereinen, die ganz Deutschland umfassen. Die neue Regierung steht diesen Organisationen nicht freundlich gegenüber, erstrebt vielmehr eine Alleinherrschaft der nationalsozialistischen Organisationen. Damit würde die katholische Bewegung zum grössten Teile aus dem öffentlichen Leben verdrängt und [...] in die Sakristei zurückgedrängt.»[71]

Als das Angebot der deutschen Regierung in Rom eintraf, ein Reichskonkordat mit dem Heiligen Stuhl zu schließen, blieb Pacelli kaum eine Wahl; nach Lage der Dinge schien ein völkerrechtliches Abkommen die einzige Garantie für den Fortbestand autonomen kirchlichen Lebens in Deutschland zu sein, zumal sich auch das bevorstehende Ende der politischen Parteien bereits überdeutlich abzeichnete und mit ihm die parteipolitische Vertretung des deutschen Katholizismus, die Zentrumspartei, einschließlich ihrer Schwesterpartei, der Bayerischen Volkspartei, wegzubrechen drohte. Auch entsprach die Konkordatsofferte genau der bekannten diplomatischen Strategie des Heiligen Stuhls nicht nur demokratischen, sondern auch den neuartigen totalitären Staaten gegenüber: hatte nicht das Konkordat mit dem faschistischen Italien der Kirche in Italien eine vorteilhafte Position beschert, während auf der anderen Seite der Abbruch der während der zwanziger Jahre in Berlin geführten Konkordatsverhandlungen mit der kommunistischen Sowjetunion eine katastrophale Situation der katholischen Kirche unter der bolschewistischen Diktatur heraufbeschworen hatte? Natürlich war Pacelli nicht so naiv, zu glauben, Hitler werde die Paragraphen des Reichskonkordats in ihrer Gesamtheit einhalten; andererseits äußerte er die Hoffnung, der deutsche Diktator werde wenigstens «nicht alle Artikel [...] auf einmal verletzen.»[72]

Das Konkordat zwischen dem Heiligen Stuhl und dem Deutschen Reich vom 20. Juli 1933 sollte die rechtliche Bastion der römischen Kirche in Deutschland sein. Zu keiner Zeit hingegen bewegte der Gedanke, das «kleinere Übel» NS-Deutschland zu benutzen oder gar mit ihm zu paktieren, um das «größere Übel», den Sowjetkommunismus, einzudämmen, ernsthaft die vatikanische Politik. Derartige Vorstellungen zählten eher zum Ideenrepertoire des Rektors der deutschen Nationalstiftung Santa Maria dell'Anima, Bischof Alois Hudal, der zwar weitausgreifende kirchenpolitische Aktivitäten zu entfalten versuchte, jedoch sowohl beim Papst als auch im Staatssekretariat letztlich ohne Einfluß blieb.[73] Zweifellos: Auch Pius XI. gefielen – mehr als seinem Kardinalstaatssekretär Pacelli (Abb. 7) – Hitlers antibolschewistische Parolen eine Zeitlang[74], zweifellos auch wurde der Kommunismus zu Beginn der dreißiger Jahre als die größere Gefahr betrachtet[75]. Jedoch erstarb diese anfängliche Sympathie für den nationalsozialistischen Antibolschewismus umso schneller, je deutlicher wurde, wie sehr Nationalsozialismus und Sowjetkommunismus nur

Abb. 7 Papst Pius XI. und Kardinalstaatssekretär Eugenio Pacelli (hier 1931) sahen sich in der Gegnerschaft zum Nationalsozialismus in einer ungewollten Koalition mit den Juden. Beide waren zu stark in der traditionellen, von Antijudaismen keineswegs freien Lehre verwurzelt, um dies nicht mit Unbehagen und widerwillig zur Kenntnis zu nehmen – ein Widerstreben, das für manches Zögern in der Zeit nach 1933 mitverantwortlich war.

Varianten einer im Kern atheistisch-totalitären Ideologie waren.[76] «Anti-katholischer Charakter» war einer der ersten Eindrücke gewesen, die Nuntius Pacelli in seinem Bericht über den Hitler-Ludendorff-Putsch am 14. November 1923 über die neuen «Nazionalisti» nach Rom übermittelt hatte.[77] Elf Jahre später, im Oktober 1934, hielt Pius XI. Hudal vor, daß man von «Geist […] in dieser Bewegung nicht sprechen» könne. «Sie ist ein massiver Materialismus.» Eine derartige Bewegung konnte niemals, weder taktisch noch strategisch, Partner, sondern immer nur Gegner sein. «Wir glauben nicht», schloß der Papst die Audienz mit Hudal, «an die Möglichkeit einer Verständigung.»[78]

Nicht anders als den Antikatholizismus hatte Pacelli auch den Antisemitismus der Hitler-Partei – und dessen Folgen für das kirchliche Leben – bereits in seiner Münchener Zeit kennengelernt. Bischof Faulhaber war in einer Allerseelenpredigt vom 4. November 1923 gegen antisemitische Hetze und Gewalttätigkeit eingetreten, die sich in München seit Jahren ungeniert ausbreiteten. Daraufhin hatte die nationalsozialistische und völkische Presse eine massive Kampagne gegen den Kardinal losgetreten. Pacelli berichtete über die Ausschreitungen nationalistisch erhitzter Demonstranten gegen das erzbischöfliche Ordinariat und die Person des «gelehrten und glaubenseifrigen Kardinal Erzbischof […], der die Verfolgungen der Juden verurteilt hatte.»[79] Im April 1924 griff er das Thema wieder auf und stellte eine folgenschwere Synthese fest. Die Organe der extremen Rechten begannen, Judentum und Heiligen Stuhl zusammenzuspannen und in die Rolle der Hauptfeinde Deutschlands zu drängen. «‹Wir müssen› (liest man dort [in der *Großdeutschen Zeitung*, ThB]) ‹ein freies Volk sein. Undeutsche Mächte aber, der Jude und Rom, führen das große Wort im Lande.›»[80]

Diese Beobachtung mußte Pacelli in mehrfacher Hinsicht irritieren, und ihre Bedeutung für die Politik des Heiligen Stuhls den Juden gegenüber nach 1933 ist, gerade auch vor dem Hintergrund der älteren Geschichte des Verhältnisses von Kirche und Juden, kaum zu unterschätzen: Die Kirche fand sich von einer aufstrebenden nationalistisch-materialistischen Bewegung mit jenem Judentum in ein Boot gesetzt, dessen heilsgeschichtliche Sendung sie seit alters her durch die eigene Erwählung als erledigt erachtet und dessen Stellung sie – Stichwort Schutzherrschaft! – als der eigenen nicht adäquat erachtet hatte. Sie fand sich in ein Boot gesetzt mit jenem Judentum, dessen Emanzipationsprozeß im vorangegangenen Jahrhundert – also im Grunde dessen Losreißen aus der Schutzherrschaft – sie selbst in ihrem defensiven, gegen die Entwicklungen der Moderne gerichteten Kampf oft genug als Wurzel vielen Übels ausgemacht hatte. Pius XI. und

Pacelli (Abb. 7) verfügten beide über die geistige Statur, diese ihnen von außen zudiktierte Koalition mit den Juden zu begreifen und, jeder auf seine Art, politisch, diplomatisch handzuhaben, aber sie waren beide, ohne Antisemiten zu sein, doch auch so stark in jenem Trümmerfeld der traditionellen, von Antijudaismen keinesfalls freien alten Lehre von der doppelten Schutzherrschaft verwurzelt, daß ihnen diese ungewollte Koalition Unbehagen und Widerstreben bereitete – ein Widerstreben, das für manches Zögern in der Zeit nach 1933 zweifellos mitverantwortlich wurde. Zuallererst, und für kirchliche Politiker sofort begreifbar, bedeutete die neue gemeinsame Feindesrolle von Judentum und Papsttum, daß der Kampf des Nationalsozialismus gegen die Juden jederzeit in einen Kampf gegen die Kirche münden konnte. Mit der Bedrohung der Juden war untrennbar eine Bedrohung der eigenen Institution verbunden. Wie eine Versuchung konnte sich so der Wunsch aufdrängen, sich aus der ungewollten Koalition loszureißen, um die eigene Existenz zu retten.

Die erste und wichtigste Maßnahme, das kirchliche Leben in Deutschland aufrechtzuerhalten, das Reichskonkordat, «letzte Hoffnung» für 20 Millionen Katholiken und Schutz vor einem neuen, schlimmeren Kulturkampf «als derjenige der Bismarckzeit»[81], versagte. Die Nationalsozialisten mißachteten das Abkommen offen. Sie dachten gar nicht daran, ein «nichtpolitisches» kirchliches Leben in Deutschland zuzulassen, nachdem der politische Katholizismus in Form der Parteien ausgeschaltet war. Die massiven Übergriffe der nationalsozialistischen Organisationen und der Regierungsbehörden auch gegen jene katholischen Verbände und Organisationen, die der umkämpfte Artikel 31 des Konkordats eigentlich hätte schützen sollen, hielten während der Verhandlungen an und gingen nach Abschluß des Konkordats unverändert weiter. Das war eine Situation, die den bisherigen Erfahrungshorizont der kurialen Politik überstieg. Trotz und ungeachtet aller Verhandlungen begannen die Nationalsozialisten genau jenen Kulturkampf, den die Kurie unbedingt hatte vermeiden wollen. Die mühsam erkämpfte Rechtsbasis des Konkordats erwies sich als wertlos. Dieser Hintergrund bleibt unentbehrlich, um die Haltung des Heiligen Stuhls zur Judenverfolgung in Deutschland seit 1933 beurteilen zu können.

Weichenstellungen im April 1933. – Am 4. April 1933, unmittelbar nach dem Boykott der jüdischen Geschäfte in Deutschland und mindestens eine Woche, bevor der Brief Edith Steins im Staatssekretariat eintraf, wandte sich Pacelli aufgrund von Bitten «hoher israelitischer Würdenträger» telegraphisch an Orsenigo mit der Bitte, in Berlin Möglichkeiten zu erkunden, gegen die «antisemitischen Exzesse» in Deutschland zu intervenieren.[82] Bemerkenswert ist die Begründung des Kardinalstaatssekretärs für diesen Auftrag an den Nuntius: «Es liegt in den Traditionen des Heiligen Stuhls, seine universale Friedens- und Liebesmission allen Menschen gegenüber auszuüben, welcher sozialen Schicht oder welcher Religion sie auch immer angehören, und, wo es nötig sein sollte, dazu auch seine wohltätigen Einrichtungen einzuschalten.» Pacelli führte ein neues politisches Motiv ins Feld, das den Rahmen der üblichen diplomatischen Leitlinien nicht nur Deutschland gegenüber sprengte. Im nationalsozialistischen Deutschland zeichnete sich die existentielle Bedrohung einer großen, nichtkatholischen Bevölkerungsgruppe ab, deren Fürsprecher die Hilfe des Heiligen Stuhls reklamierten. Der Leiter der vatikanischen Politik erkannte die Berechtigung dieses Hilfersuchens nachdrücklich an; er leitete sie direkt aus dem Menschenbild der Kirche ab, aus ihrer «universalen» Sendung nicht nur für die eigenen Gläubigen, sondern für alle Menschen. Das bedeutete aber auch, daß Pacelli sah, wie sehr die nationalsozialistische Judenverfolgung die katholische Kirche vor eine neue, gegenüber den früheren völlig veränderte Aufgabe stellte. In Pacellis Instruktion für Orsenigo brach eine Dimension auf, die das althergebrachte Ziel «bloßer» Interessenvertretung und Selbsterhaltung weit überstieg.

Allerdings war diese neue Dimension abgetrennt von den alten nicht auszufüllen, ja nicht einmal zu erwägen. Welche Spielräume blieben dem nationalsozialistischen Deutschland gegenüber, die «universale Mission» auch zu erfüllen? Wäre dazu nicht eine gänzlich veränderte Politik notwendig gewesen und – gesetzt den Fall, daß Klarheit über eine solche Politik bestanden hätte – mit welchen Folgen für die Kirche in Deutschland? Denn bei jener unmittelbar bedrohten Bevölkerungsgruppe handelte es sich eben um die Juden, die der Nationalsozialismus zusammen mit der Kirche in die Feindesrolle zwang. Die «ungeliebte Koalition» holte Pacelli bereits im April 1933 sehr real ein und provozierte die beunruhigende Frage nach den Konsequenzen seines Appells an die «universale Mission».

Am 8. April meldete Orsenigo Pacelli einen veränderten Sachstand: «Der antisemitische Kampf hat seit gestern sozusagen regierungsamtlichen Charakter angenommen. Eine Intervention des Vertreters des Heiligen Stuhls wäre nun gleichzeitig ein Protest gegen ein deutsches Gesetz.»[83] Damit spielte der Nuntius auf das tags zuvor erlassene «Gesetz zur Wiederherstellung des Berufsbeamtentums» an, das die Entlassung jüdischer und katholischer Beamter legalisierte, also antisemitische und antikatholische Diskriminierung zu offiziellem deutschen Regierungshandeln erhob. Ein förmlicher Protest des Nuntius hätte nun umso leichter von der deutschen Regierung als «Einmischung in innere Angelegenheiten» zurückgewiesen werden können. Dies war schon deshalb zu vermeiden, um die Stellung des vatikanischen Gesandten beim Deutschen Reich nicht zu erschüttern, dessen Akkreditierung auf eine Vereinbarung mit der Weimarer Republik vom Juni 1920 zurückging. Erst Artikel 3 des Reichskonkordats vom Juli 1933 sollte die Apostolische Nuntiatur in Berlin auch gegenüber dem nationalsozialistischen Deutschland vertraglich absichern. Mehr denn je erschien jedenfalls am 8. April eine Abstimmung des Handelns mit dem deutschen Episkopat notwendig. Diese kündigte Orsenigo im gleichen Telegramm denn auch an: Der Bischof von Berlin werde versuchen, der deutschen Regierung die von der «carità universale» bewegten Wünsche der katholischen Kirche nahezubringen.[84] Am 9. April veröffentlichte die deutsche Tagespresse eine Erklärung der Bischöfe Schulte (Köln), Klein (Paderborn) und Berning (Osnabrück), in der höchste Besorgnis über das Schicksal aller von dem Gesetz betroffenen Deutschen zum Ausdruck kam. Die Bischöfe sahen «mit tiefster Kümmernis und Sorge, wie die Tage nationaler Erhebung zugleich für viele treue Staatsbürger und darunter auch gewissenhafte Beamte unverdientermaßen Tage des schwersten und bittersten Leidens geworden sind.»[85] In dem Ausdruck «treue Staatsbürger» meinte Orsenigo «auch eine Anspielung auf die Juden lesen zu können.» Zwar gebe es, faßte der Nuntius die Situation in Deutschland im gleichen Bericht zusammen, viele Ausnahmeregelungen, die die Wirkungen des Gesetzes linderten; dies ändere jedoch nichts daran, daß «die gesamte Regierung das antisemitische Prinzip» billige, «und diese Tatsache wird leider wie ein Schandmal der Niederträchtigkeit auf den ersten Seiten der Geschichte des deutschen Nationalsozialismus – die ja nicht ohne Verdienste ist – haftenbleiben.»[86]

Pacelli in Rom stellte sich die Lage indessen so dar: Er hatte versucht, den von jüdischer Seite vorgetragenen Bitten, aber auch der eigenen Verpflichtung zur «carità universale» zu entsprechen und Initiative zu ergreifen. Ihm stand vor Augen, daß die Judenverfolgung im nationalsozialistischen Deutschland die Politik des Heiligen Stuhls herausforderte. Durch das «Gesetz zur Wiederherstellung des Berufsbeamtentums» hatten sich die diplomatischen Spielräume des päpstlichen Vertreters in Deutschland verringert; hingegen nahm ein neuer Kulturkampf gegen die katholische Kirche tagtäglich drohendere Gestalt an. Gerade in letzterer Erwägung mußte sich Pacelli durch den Brief Bertrams vom 18., aber auch schon durch ein vorangehendes Schreiben Kardinal Faulhabers vom 10. April bestätigt fühlen. Der Münchner Erzbischof versuchte die Haltung des deutschen Episkopats zu erläutern und griff dazu wiederum das nationalsozialistische Feinde-Konstrukt Juden-Katholiken auf. «Uns Bischöfen wird zur Zeit die Frage vorgelegt, warum die katholische Kirche nicht, wie sooft in der Kirchengeschichte, für die Juden eintrete. Das ist zur Zeit nicht möglich, weil der Kampf gegen die Juden zugleich ein Kampf gegen die Katholiken werden würde und weil die Juden sich selber helfen können, wie der schnelle Abbruch des Boykottes zeigt.»[87] Diese Einschätzung enthielt zwei folgenschwere Irrtümer: 1) Die Juden kämen schon alleine zurecht; 2) bei einem Eintreten für die Juden schlüge der Zorn der Nationalsozialisten vollends auf die Kirche über, oder, anders gewendet, Zurückhaltung der Kirche in der Judenfrage werde die Machthaber in Deutschland der Kirche gegenüber freundlicher stimmen. Das Gegenteil war der Fall: Der Kulturkampf gegen die Kirche war in vollem Gange, unabhängig davon, ob diese für die Juden eintrat oder nicht.

Inwieweit die beiden Irrtümer Faulhabers sowohl in München als auch in Rom ohne weiteres erkennbar waren, stünde zu diskutieren. In jedem Fall aber liefert der Brief des Münchener Erzbischofs vom 10. April einen wichtigen Schlüssel zum Verständnis jenes «molto delicato», mit dem Unterstaatssekretär Giuseppe Pizzardo zwei Wochen später davon abriet, jüdischen Petenten gegenüber Stellung zu nehmen.[88] Eine öffentliche Intervention gegen die antijüdischen Ausschreitungen mußte dem vatikanischen Staatssekretariat deshalb als «molto delicato», äußerst heikel, erscheinen, weil die Position der katholischen Kirche in Deutschland selbst so akut gefährdet schien. Auf dem Wege der stillen Diplomatie ergriff Pacelli gleichwohl noch im April zweimal die Initiative. Als Vizekanzler von Papen am 9. in Rom eintraf, bildete die Reichskonkordatsofferte unbestritten das Hauptgesprächsthema der Audienzen, doch existieren Hinweise darauf, daß während der Empfänge auch kritische Worte der vatikanischen Politiker zur Verfolgung der Juden in Deutschland fielen.[89] Gegen Ende des Monats empfahl Pacelli einer namentlich nicht genannten Person – wahrscheinlich einem Vertreter der jüdischen Organisationen Berlins –, beim Nuntius vorzusprechen. Der ausführliche Bericht Orsenigos über die Unterredung hinterläßt einen zwiespältigen Eindruck. Orsenigo versicherte dem jüdischen Politiker, «alles Mögliche» sei bereits geschehen, auf eine Milderung der Verfolgungsmaßnahmen gegen die Juden hinzuarbeiten, und auch in Zukunft würden «gemäß den Prinzipien der christlichen und universalen Nächstenliebe» keine Anstrengungen unterbleiben. Konkrete Hilfszusagen konnte der Gesprächspartner allerdings nicht erreichen. Das Anliegen, die durch das

«Gesetz gegen die Überfüllung von deutschen Schulen und Hochschulen» vom 25. April 1933 aus den öffentlichen Schulen ausgeschlossenen jüdischen Schüler in katholische Privatschulen zu übernehmen, wies Orsenigo zurück. Dem stünde das Bildungsprinzip der Konfessionsschule entgegen, das die Kirche «immer und noch heute, auch in Deutschland» verfochten habe. «Die Kirche – fügte ich hinzu – hält diesen Gesichtspunkt aufrecht, in der Gewißheit, daß niemand in der Zurückweisung dieses Anliegens Antisemitismus erkennen wird.» Mit dem Vorschlag, die gefährdeten jüdischen Krankenhäuser in katholische Trägerschaft zu überführen, verwies der Nuntius den Funktionär an den Malteserorden und den Caritasverband. Trotzdem faßte Orsenigo zusammen: «Der Herr verabschiedete sich zufriedengestellt.»[90] Pacelli dankte für den Bericht und zeigte sich erfreut über den guten Ausgang des Gesprächs.[91]

Hinter der glatt, ja zynisch klingenden Abfertigung des jüdischen Politikers, verbarg sich Ratlosigkeit, Zögern und Angst. Bisherige Initiativen «auch höchster Persönlichkeiten», wie der Nuntius hinzufügte, hatten keinerlei Erfolge gezeigt. «Hier schreitet die Entfernung des semitischen Elements aus der Gesellschaft auf breiter Front fort, und an Appellen zur Mäßigung hat es wahrlich nicht gefehlt.»[92] Damit spielte Orsenigo auch auf jüngste Vorsprachen von Vertretern des deutschen Episkopats beim preußischen Kultusminister Rust, bei Göring, Papen und Hitler an, bei denen nichts erreicht worden war als Beschwichtigungen und monologisierende Belehrungen durch den Reichskanzler.[93] Das Damoklesschwert auch über den katholischen Konfessionsschulen war nur zu gut sichtbar; diese Bedrohung zu beseitigen, sollte zu einem Dauerthema der – erfolglosen – Verhandlungen zwischen Kirche und Staat der kommenden Zeit werden. Zweifellos aufrichtiger wäre gewesen, Orsenigo hätte seinem jüdischen Besucher den wahren Grund genannt, das Ersuchen um Aufnahme jüdischer Schüler in katholische Konfessionsschulen abzuschlagen, statt sich hinter Bildungsprinzipien zu verschanzen: Jüdische Schüler an katholischen Privatschulen hätten deren Ende nur noch schneller herbeigeführt. Wenig anders stand es um die Bitte, jüdische Krankenhäuser in katholische umzuwandeln; dazu fehlten sowohl dem Malteserorden als auch dem Caritasverband nicht nur die Mittel, sondern auch die politischen Spielräume. Die «Prinzipien der katholischen und universalen Nächstenliebe» konkret anzuwenden, entpuppte sich schon im April 1933 als schwerwiegendes Problem. Überfordert flüchtete sich der Nuntius in Floskeln, und das Staatssekretariat, mit Kirchenkampf und Konkordatspolitik vollauf beschäftigt, gab sich mit dem Bericht Orsenigos zufrieden.

Der Heilige Stuhl hoffte auf das Reichskonkordat, das die Kirche in Deutschland nach der Selbstauflösung der katholischen politischen Parteien dringender benötigte als die Nationalsozialisten.[94] Eine Stellungnahme des Papstes zugunsten der Juden vor der Unterzeichnung und Ratifizierung des Konkordates hätte dieses Vertragswerk mindestens gefährdet, wenn nicht gar zum Scheitern gebracht. Charakteristisch für die Diplomatie Pacellis erscheint vor diesem Hintergrund, wie er im September 1933 mit einer durch verschiedene Presseagenturen verbreiteten Meldung umging, Pius XI. habe die nationalsozialistische Judenverfolgung öffentlich verurteilt. Der *Jewish Chronicle* brachte die Meldung am 1. September, zehn Tage vor der Ratifizierung des Reichskonkordates: «Papst verurteilt Antisemitismus. – Auf Berichte über die anhaltenden antisemitischen Verfolgungen in Deutschland hin hat der Papst sein Mißfallen zum Ausdruck gebracht. Er stellte fest, daß diese Verfolgungen ein Armutszeugnis für den Zivilisationsstand eines so berühmten Volkes seien. Er rief die Tatsache ins Gedächtnis, daß Jesus Christus, Maria, die Apostel, Propheten und viele Heilige jüdischer Herkunft gewesen seien und daß die Bibel eine hebräische Schöpfung sei. Die arischen Rassen, erklärte er, hätten kein Recht, sich den Semiten gegenüber überlegen zu fühlen.»[95] Weder bestätigte der Heilige Stuhl die Meldung, noch dementierte er sie. Ob und bei welcher Gelegenheit sich Pius XI. 1933 im wiedergegebenen Sinne äußerte, ist unklar; Pacelli führte die Meldung auf eine «Indiskretion» zurück, was die Annahme nahelegt, Pius habe intern tatsächlich Entsprechendes verlauten lassen. Unabhängig davon war seine Einstellung zum Antisemitismus seit dem Dekret von 1928 ohnehin bekannt. Entscheidend an der Episode vom September 1933 ist jedoch, daß Pacelli nicht nur nichts unternahm, die Meldung zu dementieren, sondern ihre unautorisierte Verbreitung zustimmend quittierte. Aus dem Urlaub schrieb er am 21. September an Pizzardo: «Mir hat die Indiskretion der United Press über die Juden nicht schlecht gefallen; es ist nämlich gut, die Welt wissen zu lassen, daß sich der Heilige Stuhl der Frage angenommen hat.»[96] Auf das Wie kam es dem Kardinalstaatssekretär an; er zögerte nicht, auch einen Zufall zu nutzen, um eine wichtige Information über die Position des Heiligen Stuhls zur Judenverfolgung zu transportieren, ohne auf der anderen Seite diplomatische Verwicklungen mit dem deutschen Reich im Vorfeld der Konkordatsratifikation zu provozieren.

Die dogmatische Auseinandersetzung mit der Ideologie des Nationalsozialismus. – Nach der Machtübernahme durch die Nationalsozialisten in Deutschland konnte eine gründliche Prüfung ihrer ideologischen Grundlagen und deren Vereinbarkeit mit den Grundsätzen des Christentums nicht ausbleiben. Zuständig für alle lehramtlichen Fragen waren in der Regel das Heilige Offizium und sein verlängerter Arm, die Indexkongregation. Der Eröffnung eines Verfahrens ging im Normalfall eine *Denunzia*, eine formelle Anzeige voraus. So zweifelhaft die Rolle des ehrgeizigen, überaktiven und schließlich aus gekränkter Eitelkeit trotzigen Bischofs Alois Hudal in den späteren Jahren auch gewesen sein mag, kommt ihm in der Frühphase der nationalsozialistischen Diktatur ein Verdienst sicher zu, nämlich auf die Notwendigkeit einer dogmatischen Auseinandersetzung hingewiesen und damit den Prozeß vor dem Heiligen Offizium angestoßen zu haben.

Am 7. Oktober 1934 schrieb Hudal, der dem Kreis der Konsultoren, der Gutachter des Heiligen Offiziums angehörte, an den Kongregationssekretär, Kardinal Donato Sbarretti, und schlug vor, «es mögen nach einer Untersuchung von zuständiger Seite» die «drei modernen Häresien: radikaler Nationalismus, Rasse und Blut als Grundlagen der Religion (Weltanschauung) und Totalitärstaat vom Heiligen Stuhl in feierlicher Form verdammt werden, sei es durch eine Enzyklika oder durch einen neuen Syllabus.»[97] Zu diesem Zeitpunkt war bereits eine der ideologischen Hauptschriften des Nationalsozialismus, Alfred Rosenbergs *Mythus des 20. Jahrhunderts* – ebenfalls unter Hudals Mitwirkung – auf den Index der verbotenen Bücher gesetzt worden.[98] Dies war aber für Hudal nur ein erster Schritt. Nicht anders als der Jesuit Friedrich Muckermann wollte er das Gefahrenpotential des Nationalsozialismus als politischer Religion erkannt und angeprangert sehen. «So ist es also eine vorgetäuschte Behauptung, der Nationalsozialismus sei nur eine politische Partei, wie es zum Beispiel der Faschismus sein will, und er hätte nichts mit der Religion zu tun, oder erst recht, er gründe sich auf ein positives Christentum. [...] Außerdem ist es ein Irrtum, wenn manche [...] sagen, es handle sich nur um einige wenige überspannte und radikale Elemente ohne allen Einfluß auf die Erziehung der Parteimitglieder. [...] Nach dieser Lehre ist die christliche Religion ein orientalisch-semitisches Produkt und mithin ein Fremdkörper in der nordischen Rasse, die sich darum eine andere, aus der eigenen Rasse hervorgehende, Religion bilden will.»[99]

Was Hudal hier, vertieft durch die Erfahrungen einer längeren Reise nach Deutschland und Österreich, dem Heiligen Offizium unterbreitete, hatte er aller Wahrscheinlichkeit nach bereits im Spätsommer des vorangehenden Jahres dem Staatssekretariat vorgetragen. In dessen Akten liegt ein ausführliches, ungezeichnetes Gutachten über die ideologischen Irrtümer des Nationalsozialismus, dessen Inhalt und Diktion dem Brief an Sbarretti auffällig ähnelt, mit großer Wahrscheinlichkeit also auf die Feder Hudals zurückzuführen ist. Schon hier findet sich die Aufforderung an den Heiligen Stuhl, in geeigneter Form, vorzugsweise durch ein päpstliches Lehrschreiben, der Öffentlichkeit die unüberbrückbaren Gräben zwischen den Leitsätzen des Nationalsozialismus und der Kirche aufzuzeigen, um den Eindruck zu vermeiden, die Kirche habe mit dem Reichskonkordat die Ideologie des Nationalsozialismus anerkannt.[100] Anders als der Sbarretti-Brief befaßt sich das Gutachten vom Spätsommer 1933 unter dem Stichwort «Teoria della razza», dem Sprachgebrauch der Zeit entsprechend, auch mit dem Antisemitismus. Blut und Rasse könnten keinerlei Kriterien für die Ordnung menschlicher Gesellschaften sein. «Die Kirche kennt keine rassistischen Vorurteile.» Wenn sie die «natürlichen Grundprinzipien Volk und Nationalität» anerkenne, dann nicht aus physiologischen, sondern weit darüberstehenden geistigen Erwägungen. «Die Zugehörigkeit zu einem Volk bedeutet für einen Christen zuallererst geistige und kulturelle Gemeinschaft.» Haß, individualistisch wie kollektiv, entspreche nicht christlicher Lebensauffassung; dies gelte insbesondere auch für die Haltung den Juden gegenüber. «Wir befinden uns im Jubiläumsjahr [1933], das unter anderem auch der für die Söhne Israels verhängnisvollen Worte gedenkt: ‹Sein Blut komme über uns und unsere Kinder›, Worte, die für das Schicksal des Volkes Israel entscheidend waren. Diese Worte dürfen uns jedoch nicht zum Haß anleiten, weil die Kirche niemanden haßt. Sie betet vielmehr für alle. In diesem Jahr spielt sich in Deutschland eine der größten Judenverfolgungen der Geschichte ab. [...] Viele Juden sind infolge der Ereignisse in Deutschland verunsichert. Derartige Verunsicherung führt oftmals zu einer Neubesinnung. Vielleicht könnte ein Wort des Heiligen Vaters gegen die Verfolgung der Juden in Deutschland viele Herzen dem Namen Christi aufschließen, die ihm bisher verschlossen geblieben sind.»[101]

Das Gutachten nahm das bekannte theologische Fragment der Gottesmörderschaft der Juden auf. Das war ein gefährliches Spiel, konnte doch durch derartige Assoziation leicht der Eindruck entstehen, die Judenverfolgung in Deutschland sei eine weitere in der Reihe vieler von Gott den Juden auferlegter «Strafen». Was vulgärtheologisch zweifellos vielen Katholiken vermittelt wurde, entsprach jedoch nicht der herrschenden Lehre in Rom. Hier dominierte die von Pacelli verfochtene Linie der «carità universale». Unabhängig davon bleibt bezeichnend, wie stark das Gutachten unverändert den Konversionsgedanken in den Vordergrund schob. An dieser «Gewißheit» zweifelte sicher niemand im Vatikan: Den Juden könne das

Heil allein aus der Wendung zum Christentum erwachsen. Dafür galt es zu beten, aber dem Gutachter zufolge auch zu sprechen. Die in der Not den Juden gerichtete päpstliche Hand sollte das gewesene Volk Gottes nicht allein aus der physischen, sondern vor allem auch aus der geistigen Not retten. Noch immer war päpstliche Judenpolitik in ihrem Kern Konversionspolitik.

Sowohl Papst wie Staatssekretariat und Heiliges Offizium waren oder wurden durch die Berichte Hudals, Muckermanns und anderer über die Grundsätze der nationalsozialistischen Ideologie bis spätestens November 1934 ausreichend unterrichtet. Nichts anderes war zu erwarten als die päpstliche Anweisung, gemäß dem Vorschlag Hudals eine Stellungnahme vorbereiten zu lassen; den Auftrag hierzu erhielten die beiden Jesuitenpadres Franz Hürth und Johann Rabeneck. Die Rolle des Rektors der Anima aber war an dieser Stelle ausgespielt. In seinem Buch *Die Grundlagen des Nationalsozialismus*, erschienen 1936, formulierte Hudal seine Kritik an der Ideologie des Nationalsozialismus für eine größere Öffentlichkeit, verband seine scharfsinnigen Analysen allerdings mit dem penetranten Versuch, einen der Rassenlehre, dem Totalitarismus und radikalen Nationalismus entkleideten Nationalsozialismus mit dem Christentum zu versöhnen. Mit dieser und anderen Schriften erwies er der Kirche einen Bärendienst, erwarb sich selbst den zweifelhaften Ruf eines «Hoftheologen der Partei»[102] und verdarb sich jede weitere Ämterkarriere innerhalb der vatikanischen Hierarchie. Schon als Hudal Pius XI. Ende 1934 den Plan zu seinem Buch unterbreitet hatte, hatte der Papst seine deutliche Mißbilligung dieses Vorhabens zum Ausdruck gebracht; seither empfing er ihn nur noch selten in Audienz. Nach der Annexion Österreichs im März 1938 untersagte ihm der Papst, einen Dankgottesdienst in der Anima abzuhalten. Pacelli wies Faulhaber im November 1936 schneidend scharf darauf hin, daß «laut einer durch den Osservatore Romano veröffentlichten Notiz der Heilige Stuhl gewissen Publikationen des H.H. Titularbischofs von Ela [Hudal] durchaus fernsteht.»[103] Immerhin blieb Hudal Konsultor des Heiligen Offiziums und belieferte diese Behörde wie auch das Staatssekretariat weiterhin unermüdlich mit Strategiepapieren; an den Entscheidungen über die Politik des Heiligen Stuhls dem Nationalsozialismus gegenüber war er hingegen zu keiner Zeit maßgeblich beteiligt.

Im Heiligen Offizium nahm indessen eine Farce ihren Lauf, die alle Warnungen, alle Kritik Muckermanns am Vorgehen der Bischöfe und des Heiligen Stuhls auf deprimierende Weise bestätigte. «Es fehlt die Geschlossenheit des Vorgehens. Hier ein Bischofswort und dort eines wirken nicht viel. Sie müßten alle zugleich sprechen, alle das Gleiche sagen und wo möglich auf allen Kanzeln. Es fehlt die moderne Methode. Alles wird viel zu langsam gemacht, viel zu schleppend. Während der Gegner außergewöhnlich schnell arbeitet, ist der Apparat [...] außergewöhnlich schwerfällig.»[104] Das Heilige Offizium begann nach seinem über Jahrhunderte hinweg eingeübten Verfahren zu arbeiten, gerade so, als stünden die zu beurteilenden Fragen weltenfern von jeglicher Tagesaktualität.

Immerhin, schon etwas mehr als ein halbes Jahr später hatten die Jesuitenpadres ihre Aufgabe erfüllt und – im wesentlichen aus Hitlers «Mein Kampf» – ein Verzeichnis der Hauptirrtümer des Nationalismus, Rassismus und Totalitarismus zusammengestellt. Auf dieser Grundlage konnte sich die Kongregation ab Mai 1935 «in gewohnter Weise» einer «ersten Untersuchung» zuwenden.[105] Das Procedere bestand darin, drei Konsultoren zu beauftragen, das Papier der Jesuiten unabhängig voneinander zu kommentieren. Darüber verging ein weiteres Jahr. Im April 1936 lagen die drei ausgefeilten Stellungnahmen der Konsultoren – des Dominikanergenerals Gillet sowie der beiden hohen Kurienprälaten Ruffini und Tardini – vor. Vor allem das Tardini-Gutachten gab dem ganzen Unternehmen einen Impuls in eine andere Richtung: Sollte der Papst nicht im Rahmen eines großangelegten Syllabus alle Irrtümer des 20. Jahrhunderts gemeinsam verurteilen? Ohne Zweifel zählte zu diesen Irrtümern auch der Kommunismus. Eine neu zusammengestellte Kommission begann also die bisher geleistete Arbeit noch einmal gründlich zu revidieren und um Aussagen über den Kommunismus zu ergänzen.[106] Entsprechend arbeitete sie – jetzt in großer Eile – bis zum Oktober 1936 eine ergänzte Zusammenstellung falscher Thesen über «Rassismus, Nationalismus, Kommunismus und Totalitarismus» aus. Zwei Jahre nach Beginn der Arbeit lag damit der Entwurf eines Dekrets des Heiligen Offiziums oder aber einer päpstlichen Enzyklika zu den Häresien der Epoche vor. Zum «verfehlten Kult um die Rasse» verurteilte dieser Entwurf: 1) die Lehre von einer qualitativen Hierarchie der Menschenrassen, 2) die Lehre vom «Blut» als dem Träger der Rassenqualität und damit verbunden 3) alle Maßnahmen zu «Reinerhaltung des Blutes» und 4) zur Fortentwicklung der Rasse durch Körperkult; schließlich 5) die Vorstellung rassenspezifischer Religionen und damit verbunden 6) alle Maßnahmen, das Christentum als nicht rassenspezifische Religion aus dem öffentlichen Leben zu beseitigen. Abschließend wies der Entwurf 7) die Lehre vom Rasseninstinkt als «erster Quelle und höchster Regel der gesamten Rechtsordnung» und damit verbunden 8) vom «Selektionskampf» und vom «Recht des Stärkeren» zurück.[107]

Vom Antisemitismus war nicht ausdrücklich die Rede. Er erschien stets als Sonderfall des Rassismus und wurde als solcher auch verstanden: Welcher andere «Rassismus» als der Antisemitismus hätte in Europa in der Mitte der dreißiger Jahre auch gemeint sein können? Außerdem entsprach diese Zuteilung der Logik der kirchlichen Eigenwahrnehmung: Einer Mitschuld am Antisemitismus als einer rassistischen Doktrin war man sich nicht bewußt. Eine Reflexion über religiösen Antijudaismus hatte jedoch allenfalls in Ansätzen begonnen. Der Kommentar zum Dekretsentwurf hielt fest: «Die Unterschiede zwischen den Rassen dürfen nicht derartig übertrieben werden, daß die von der Offenbarung festgelegte Einheit des Menschengeschlechts aufgehoben wird. Niemals sollte vergessen werden, daß das Gesetz der Liebe und Gerechtigkeit für alle Rassen gilt, wobei die semitische Rasse unter keinen Umständen ausgeschlossen werden darf.»[108]

Jedoch, der umständlich-gründlich ausgearbeitete Syllabus wurde in Form eines Dekrets des Heiligen Offiziums nicht erlassen. Im November 1936 vertagte die Kongregation den Vorgang «auf unbestimmte Zeit», wobei die Untersuchungskommission allerdings weiterarbeiten sollte.[109] Die Gründe für diese Entscheidung sind in einem Ergebnisprotokoll der Feria-IV-Sitzung vom 18. November festgehalten. Die Eminenzen waren zu der Auffassung gelangt, «in dem gegenwärtig schweren Konflikt der Ideen und Kräfte und angesichts der großen moralischen und sozialen Gefahren» müsse nicht das Heilige Offizium, sondern der Papst selbst sprechen und «in ruhiger, sachlicher, positiver, objektiver Form» den Irrtümern der Zeit die zentralen Lehrsätze des Katholizismus entgegensetzen. Ein Syllabus zu verurteilender Thesen solle hingegen unterbleiben; derartige Zusammenstellungen – dachten die Kardinäle noch an die Nachwirkungen des Syllabus Pius' IX. von 1864? – «seien immer schwierig, erregten Diskussionen, provozierten Widerspruch.» Lägen hingegen triftige Gründe vor, die ein päpstliches Wort unangebracht erscheinen ließen, dann müsse auch das Heilige Offizium schweigen.[110]

Sicher: Innerhalb des Heiligen Offiziums existierten unterschiedliche Auffassungen über taktische Aspekte des Vorgehens, inhaltlich wohl auch über die Frage, ob Nationalsozialismus, Faschismus, Kommunismus und Rassismus zusammen oder einzeln und in welcher Reihenfolge zu verurteilen seien. Der Vorschlag, auf den Syllabus der zu verurteilenden Thesen zu verzichten, um «Schwierigkeiten mit den Regierungen» zu vermeiden, war bereits im Entwurf des Dekrets zu finden.[111] Keiner der Eminenzen jedoch, nicht einmal Kardinalvikar Marchetti Selvaggiani, der – Hudal zufolge – ein Zerwürfnis mit dem faschistischen Italien vermeiden wollte[112], plädierte für völliges Schweigen. Im Gegenteil: «Es ist nicht einzusehen, wie vor der Welt, vor den Gläubigen, und auch vor der Geschichte [...], angesichts derartiger Irrtümer und derart großer Abweichungen von der wahren Lehre der Heiligen Kirche ein absolutes Schweigen der Höchsten Kirchlichen Autorität gerechtfertigt sein könnte, während ein gebieterisches Wort von so vielen Seiten gewünscht und erbeten wird.»[113]

Das Heilige Offizium forderte den Papst auf; Pius XI. nahm an und erklärte in der Audienz vom 19. November, er werde «persönlich etwas unternehmen.»[114] Gleichzeitig bestätigte er das ebenfalls am 18. November, möglicherweise unter dem Eindruck des spanischen Bürgerkrieges gefällte Votum des Heiligen Offiziums, eine kurze Instruktion über den Kommunismus vorzubereiten.

Mit der Kongregationssitzung vom 18. und der Audienz vom 19. November waren die Weichen in Richtung der beiden Enzykliken *Mit brennender Sorge* und *Divini Redemptoris* gestellt. Das Heilige Offizium, dem auch Kardinalstaatssekretär Pacelli angehörte, und der Papst hatten eine Linie gefunden. «Vertagt auf unbestimmte Zeit» war nur der Syllabus, nicht jedoch die Frage, ob gesprochen werden sollte oder nicht. Für die Enzyklika-Variante sprachen auch die gleichzeitigen Entwicklungen in und Nachrichten aus Deutschland. Seit dem 19. August 1936 lag die Bitte der deutschen Bischöfe an den Papst vor, in Form eines Hirtenschreibens zur Situation der Kirche in Deutschland Stellung zu nehmen. Diese Bitte kam der Aufforderung gleich, das nationalsozialistische Regime öffentlich und *ex cathedra* zu verurteilen, nachdem alle Bemühungen der Bischöfe fehlgeschlagen waren, durch Gespräche mit Vertretern der deutschen Regierung doch noch die Einhaltung des Konkordats zu erreichen. Auch der Besuch Kardinal Faulhabers bei Hitler auf dem Obersalzberg am 4. November 1936 sollte daran nichts mehr ändern. Am 21. Dezember erging Pacellis Einladung an die Bischöfe Bertram, Faulhaber, Schulte, Preysing und Galen. Nach der Jahreswende beschleunigte sich das Vorgehen: Papst, Staatssekretär und Bischöfe erarbeiteten die Enzyklika *Mit brennender Sorge*. Am 21. März 1937, dem Palmsonntag, wurde sie von den Kanzeln in Deutschland verlesen. Zwei Tage zuvor, am 19. März, war die Enzyklika *Divini Redemptoris* ergangen. Damit waren die beiden Totalitarismen Nationalsozialismus und Kommunismus verurteilt. Was war jedoch mit dem Rassismus?

Zunächst nahm die Enzyklika *Mit brennender Sorge* selbst das Rassismusthema auf, und zwar in einem Umfang, der in etwa dem entsprach, den der Syllabus-Entwurf vom Oktober 1936 vorgesehen hatte. Die Enzyklika wies jegliche Verabsolutierung von Staat, Volk und Rasse zurück. Das Prinzip «Recht ist, was dem Volke nützt» führe in einen ewigen Kriegszustand zwischen den verschiedenen Nationen und mißachte die gottgegebenen Persönlichkeitsrechte jedes einzelnen Menschen. «Nur oberflächliche Geister können der Irrlehre verfallen, von einer nationalen Religion zu sprechen, können den Wahnversuch unternehmen, Gott, den Schöpfer aller Welt [...], in die Grenzen eines einzelnen Volkes, in die blutmäßige Enge einer einzelnen Rasse einkerkern zu wollen.» Die göttliche Offenbarung kenne «keinen Ersatz und keine Ablösung durch die willkürlichen ‹Offenbarungen›, die gewisse Wortführer der Gegenwart aus dem sogenannten Mythus von Blut und Rasse herleiten wollen.» Träger wahrer, göttlicher Offenbarung sei insbesondere auch das «alttestamentliche Bundesvolk», die Juden: «Wer die biblische Geschichte und die Lehrweisheit des Alten Bundes aus Kirche und Schule verbannt sehen will, lästert das Wort Gottes.»[115]

Die beiden Enzykliken vom Frühjahr 1937 enthielten inhaltlich kaum anderes als der vom Heiligen Offizium vorgelegte Entwurf, wenn auch formal abweichend, nicht als Dekret mit einem Anhang zu verurteilender Thesen, sondern als päpstliches Lehrschreiben. Am 17. März 1937 vertagte das Heilige Offizium die Entscheidung über eine Instruktion zum Kommunismus ein weiteres Mal, um die unmittelbar bevorstehende Publikation der Enzyklika *Divini Redemptoris* (19. März) abzuwarten.[116] Unabhängig davon führte die Kongregation die Arbeiten an einem Syllabus zum Rassismus weiter; die in *Mit brennender Sorge* nicht direkt angesprochenen Teilaspekte des Rassismus-Problems sollten «an geeignetem Ort» zusätzlich abgehandelt werden.[117] Sekretär Sbarretti betonte, «nach der Enzyklika über die Situation des Katholizismus in Deutschland» bestünden «keine Gründe mehr [...], auf die Thesen zum Rassismus zu verzichten.»[118] Dies bedeutete, daß die Konfrontation mit dem Nationalsozialismus aus der Sicht des Vatikans einen Grad erreicht hatte, der keinerlei Rücksichten mehr erforderte; «Schwierigkeiten mit Regierungen» stellten also für Sbarretti kein Argument mehr dar.

Gleichwohl zögerten die Eminenzen im Juni erneut, wohl auch aufgrund der seit der Enzyklika noch besorgniserregenderen Situation der Kirche in Deutschland. Nach der Kanzelverkündung der Enzyklika war eine Welle von Verhaftungen, Hausdurchsuchungen, Beschlagnahmungen und Enteignungen über die deutsche Kirche niedergegangen. In Abwesenheit Pacellis verschob das Heilige Offizium den Syllabus zu «Comunismo e razzismo» ein zweites Mal «auf unbestimmte Zeit».[119] Pius XI. billigte diese

Entscheidung mit den Worten, man möge «angesichts der schwierigen Situation» noch abwarten, um die «Untersuchung wieder aufzunehmen», wenn sich der augenblickliche Sturm gelegt habe.[120] Während der «Verschnaufpause» vom Sommer und Herbst 1937 entwarf das Heilige Offizium allerdings eine neue Initiative, diesmal mit dem Ziel, der «antichristlichen Bewegung» des Nationalsozialismus mit einer großangelegten Offensive des Weltkatholizismus entgegenzutreten. Das Heilige Offizium rief die Katholiken aller Nationen zur Mitarbeit auf. Unter der Leitung von Nuntien, Delegaten und Bischöfen sollten in großem Stil Kurse und Kongresse veranstaltet sowie Artikel publiziert werden, um über «die nazistischen Theorien» – zu denen auch der Antisemitismus zählte – «aufzuklären und sie zurückzuweisen. Auch sollen konkrete Fakten dargelegt werden, um auf praktische Weise zu zeigen, zu welch furchtbaren Konsequenzen die Anwendung dieser Theorien für das individuelle wie gesellschaftliche Leben führt.»[121] Im Dezember 1937 sandte Sbarretti den beim Heiligen Offizium tätigen Priester Giuseppe Graneris mit dem Text des Aufrufs nach München, um die Meinung Faulhabers einzuholen. Dieser riet jedoch ab. Die Gefahr für die Kirche in Deutschland, deren Existenz nicht nur durch die politische Verfolgung und finanziellen Druck, sondern zusätzlich durch propagandistisch aufgebauschte Sittlichkeitsprozesse gegen Priester und Ordensangehörige schwerst gefährdet sei, bleibe unkalkulierbar.[122] Die Kongregation, Staatssekretär Pacelli und der zweifellos in Kenntnis gesetzte Papst nahmen die Argumente Faulhabers ernst und zogen die Initiative zurück – eine Entscheidung, die nicht ohne Konsequenzen für das weitere Schicksal des Syllabus über den Rassismus blieb.

Sowohl das Heilige Offizium als auch der Papst wünschten die Verurteilung des Rassismus über das hinaus, was bereits die Enzyklika *Mit brennender Sorge* formuliert hatte. Sekretär Sbarretti hatte sich dazu im April 1937 deutlich geäußert. Ende März 1938 forderte die Versammlung der Konsultoren noch einmal mit Nachdruck dazu auf, das Schema vom Oktober 1936 zu veröffentlichen, um die in den Enzykliken ausgesprochene «Verurteilung von Nazismus und Kommunismus noch zu bekräftigen.»[123] Dieser Aufforderung leistete der Papst in jenem Teil Folge, der sich auf den Rassismus bezog. Am 13. April erging ein Reskript der päpstlichen Studienkongregation, das alle katholischen Universitäten und Fakultäten aufforderte, die «höchst gefährlichen» rassistischen Irrlehren zu bekämpfen.[124] Der *Osservatore Romano* publizierte den Text dieses sogenannten «Rassensyllabus» am 3. Mai, jenem Tag, an dem Hitler zu seinem Staatsbesuch in Rom eintraf.[125] Die in ihm zusammengestellten acht zu verurtei-

lenden Thesen decken sich fast wörtlich mit dem von der Untersuchungskommission des Heiligen Offiziums im Oktober 1936 vorgelegten Entwurf.

[Warum erging der «Rassensyllabus» nicht als Dekret des Heiligen Offiziums, sondern als Reskript einer niedrigeren Behörde, der Studienkongregation?] Ein grundlegender Dissens zwischen Papst und Heiligem Offizium
ist angesichts der klaren Voten des Sekretärs und der Konsultoren kaum
anzunehmen; daß einzelne Kardinäle für weiteres vorsichtiges Abwarten
plädierten, scheint hingegen nicht ausgeschlossen. Ein Motiv für solches
Abwarten hätte sich aus Rücksicht auf die Situation der Kirche in Deutschland ergeben können – eine Rücksichtnahme, die ja bereits dazu geführt
hatte, die Offensive vom Herbst 1937 abzublasen. In der Situation des
Frühjahrs 1938 erscheint der «Rassensyllabus» wie ein Kompromiß zwischen dem Wunsch nach Ruhe und dem Drang zum Aufruhr. Er entsprach
zum Teil der Forderung Sbarrettis: Die Rassismus-Thesen wurden verurteilt, aber eben nicht vom Heiligen Offizium, sondern «nur» von der Studienkongregation; andererseits entsprach er zum Teil auch dem Votum der
Konsultoren: Nicht das gesamte Dekret wurde erlassen, sondern eben nur
die Passagen über den Rassismus. Über den Nationalsozialismus und den
Kommunismus fiel kein weiteres Wort.

Allein, der Zorn Pius' XI. wuchs; zunehmend zeigte er sich jetzt zum offenen Konflikt auch mit dem faschistischen Italien bereit. Im Juni beauftragte er den amerikanischen Jesuitenpater John LaFarge, den Text einer
weiteren Enzyklika auszuarbeiten, die sich nunmehr in umfassendem Sinn,
als eine Art Kulturkritik der Moderne, mit Nationalismus und Rassismus
befassen sollte. Ende September 1938 reichte LaFarge die deutsche, englische und französische Textfassung einer Enzyklika *Societatis Unio* oder
Einheit des Menschengeschlechts bei der Generalkurie der Jesuiten in Rom
ein. Neben LaFarge und dem französischen Pater Gustave Desbuquois trug
der deutsche Jesuit Gustav Gundlach den Hauptanteil der Verfasserschaft.

Anschließend an allgemeine Ausführungen zum Thema Rassismus kamen die Textentwürfe in ihren jeweils abschließenden Paragraphen explizit auf die Haltung der Kirche zum Judentum in historischer Perspektive zu
sprechen. Trotz leicht unterschiedlicher Akzentsetzungen hielten sie gemeinsam an der Unterscheidung Antijudaismus/Antisemitismus fest, freilich in einer Weise, die bei Erscheinen der Enzyklika nicht anders als kontraproduktiv hätte wirken können. Denn zwar verurteilten die Entwürfe mit
dem Rassismus allgemein auch den rassistischen Antisemitismus, hielten jedoch an einer «gesellschaftlichen Besonderung», einer «tiefen, von sich aus

unverrückbaren Grenze» fest, die Juden und Christen aufgrund des biblischen Geschehens, der Ablehnung Jesu Christi durch die Juden, scheide.[126]
Sie bestätigten – ohne diesen Begriff zu gebrauchen – den traditionellen
christlichen Antijudaismus. Besonders der Gundlach-Text entfaltete, 68 Jahre nach dem Ende des Kirchenstaates, ein letztes Plädoyer für das alte Konzept der doppelten Schutzherrschaft. «Die Linie, die die Kirche selbst in der
Behandlung des Volkes Israel grundsätzlich eingehalten hat», sei von dem
Grundsatz bestimmt gewesen, «gleichzeitig zwischen Christen und Juden
schädlichen Einfluß abzuhalten.»[127] Worte wie diese aus dem Munde des
Papstes hätte die faschistische und nationalsozialistische Propagandamaschine mit Sicherheit in ihrem Sinne zu verarbeiten verstanden.

Vielleicht lag in diesem Ungeschick dreier gelehrter, jedoch realitätsfer-
ner Theologen mit ein Grund dafür, daß die Enzyklika *Societatis Unio* zunächst verschleppt wurde und schließlich in den Archiven verschwand. Die
Einzelheiten liegen im dunkeln. Offenbar gelangten die Entwürfe erst nach
einigen Wochen in der Jesuitenkurie auf den päpstlichen Schreibtisch, zu
einem Zeitpunkt, als der Gesundheitszustand des Papstes keine Auseinandersetzung mit den Texten mehr zuließ. Auch außertheologische, rein
politische Faktoren dürften dazu beigetragen haben, den Erlaß der Enzyklika nicht zu forcieren: Das Münchener Abkommen vom Herbst 1938
stärkte die Machtposition der Diktatoren Hitler und Mussolini. Gleichzeitig spitzte sich der Konflikt mit dem faschistischen Italien über die Rassengesetzgebung so bedrohlich zu, daß die Folgen einer Enzyklika nicht
kalkulierbar waren. Unverändert galt die Neutralitätsverpflichtung des
Lateranvertrages, ganz zu schweigen von der ökonomischen Abhängigkeit
des Vatikanstaates vom italienischen Staat. Schließlich: War die «Rassen-
enzyklika» wirklich so wichtig? Die beiden vorangehenden päpstlichen
Lehrschreiben sowie das Reskript der Studienkongregation hatten doch im
Grunde alle dogmatischen Positionen des Heiligen Stuhls zu diesem
Thema hinreichend formuliert. Pius XII. scheint *Societatis Unio* wenige
Tage nach seiner Wahl endgültig begraben zu haben. Auch über die Einzelheiten dieses Vorgangs schweigen die Quellen. Wenn Pacelli jedoch die
Entwürfe gelesen hat, dürfte auch ihm die Problematik der theologischen
Aussagen über das Judentum aufgefallen sein. Obgleich er diese Theologie
sicherlich selbst vertreten hätte, wäre sie doch seinen politisch-diplomatischen Intentionen im Frühjahr 1939 zuwidergelaufen. Unabhängig von den
1938/1939 ausschlaggebenden Gründen und Konstellationen ist dem Urteil des Jesuiten Johannes Nota zuzustimmen: «Gott sei Dank ist dieser
Entwurf ein Entwurf geblieben.»[128]

Am 14. Juli 1938 läutete das sogenannte *Manifest der Rassenforscher* die Wende in der Judenpolitik Italiens ein. «Es ist an der Zeit, daß sich die Italiener freimütig zum Rassismus bekennen. [...] Die Juden gehören nicht der italienischen Rasse an.»[129] Pius XI. stellte im *Osservatore Romano* die Frage, warum es Italien unglücklicherweise nötig habe, Deutschland zu imitieren.[130] Rassismus sei Barbarei. Während in der deutschen gleichgeschalteten Presse ob dieser Verlautbarung ein Sturm der Entrüstung über Pius XI. ausbrach,[131] berief der italienische Außenminister Ciano Nuntius Borgoncini Duca ein, um ihn zu warnen. Fahre der Papst auf diese Weise fort, sei ein Zusammenstoß unvermeidlich.[132] Anfang August meinte Ciano feststellen zu können, der Papst beginne in der Rassenfrage «abzurüsten»;[133] aber er sollte sich irren. Am 5. September 1938 schloß das erste italienische Rassengesetz alle jüdischen Schüler, Lehrer und Dozenten von den staatlichen Schulen und Hochschulen aus.[134] Tags drauf verkündete Pius XI., Antisemitismus könne mit den Grundwerten des Christentums niemals vereinbar sein. «Antisemitismus ist unvertretbar. In geistigem Sinne sind wir Semiten.»[135] Den Anlaß zur Ansprache des Papstes gab eine Audienz für belgische Pilger; die Ursache seiner Äußerung lag hingegen nur zu offensichtlich in dem italienischen, vom König unterschriebenen Gesetz.

Wer angesichts des nicht ergangenen Dekrets des Heiligen Offiziums ein «Schweigen Pius' XI.» erkennen zu können glaubt,[136] mißdeutet die gesamte Entwicklung seit der Enzyklika *Mit brennender Sorge*. Die Äußerungen des Papstes zu Rassismus und Antisemitismus waren deutlich und eindeutig. Vom Dekret des Heiligen Offiziums aus dem Jahr 1928 mit seiner vom Papst durchgesetzten Verurteilung des Antisemitismus bis zur Ansprache vor den belgischen Pilgern im September 1938 zieht sich ein Bogen. Die antijudaistischen und antisemitischen Einflüsse, denen Ratti in der Zeit seiner polnischen Mission ausgesetzt gewesen war, entfalteten zumindest keine anhand der Quellen nachvollziehbaren Langzeitwirkungen. Zusammen mit dem Papst lehnten die maßgeblichen Politiker des Heiligen Stuhls die totalitären Ideologien des Jahrhunderts einschließlich des Rassenantisemitismus in ihrer Gesamtheit und ungeachtet variierender Gewichtungen in Einzelfragen ab. Anders noch als in den Diskussionen um die «Amici Israel» in den 20er Jahren, geht aus den überlieferten Akten über die Debatten des Heiligen Offiziums der 30er Jahre zum Thema Rassismus kein nennenswerter Antijudaismus hervor. Auch läßt sich, von rein taktischen Überlegungen abgesehen, kein Versuch erkennen, die totalitären Ideologien unterschiedlich zu bewerten, also etwa mit dem National-

sozialismus vorsichtiger umzugehen, um dessen Bollwerkfunktion gegen-
über dem Kommunismus nicht zu beschädigen. Nationalsozialismus und
Kommunismus, stellten vielmehr die Konsultoren des Heiligen Offiziums
Ende März 1938 fest, arbeiteten «mit denselben Methoden, denselben
Zielen sowie Hand in Hand gegen die Kirche.»[137]

Zu fragen steht andererseits, ob angesichts der Situation in Deutschland
die offiziellen vatikanischen Stellungnahmen seit dem Frühjahr 1937 nicht
zu spät, zu zögernd kamen. Wenn in der Geschichte der dogmatischen
Auseinandersetzungen des Heiligen Stuhls mit der Ideologie des Nationalsozialismus ein Skandal zu suchen ist, dann nicht darin, daß weder Hitlers
Mein Kampf indiziert wurde noch die Hüterin des Lehramts, das Heilige
Offizium, selbst sprach, sondern darin, daß sich diese Behörde zwei Jahre
lang mit unendlichen gelehrten Diskussionen und scholastischen Spitzfin-
digkeiten verzettelte, während sich in Deutschland das Vorgehen gegen die
Juden von Monat zu Monat verschärfte. Hier wirkten jene strukturellen
Unzulänglichkeiten weiter, an denen bereits der Kirchenstaat zugrunde-
gegangen war. Friedrich Muckermanns Diagnose von der mangelnden
Modernität und Schlagkraft des kurialen Apparats traf mitten ins Herz.
Sicher, das vorsichtige Agieren Deutschland gegenüber entsprach in allen
seinen Zügen den strategischen, einem traditionellen Verständnis von Diplomatie geschuldeten Entscheidungen des Frühjahrs 1933. Ein Bruch mit
Deutschland, wie auch mit Italien, wurde bis zuletzt sorgsam vermieden.
Die Sorge um den Fortbestand des kirchlichen Lebens in Deutschland dominierte das Handeln in Rom; alles andere war sekundär. Doch selbst hier
erwies sich die Kirche als dem Gegner nicht ebenbürtig, weil sie zu lange
der Hoffnung verhaftet blieb, die Nationalsozialisten würden früher oder
später doch noch zu christlich-abendländischen Wertvorstellungen zu-
rückfinden und sich an Konkordate halten oder Enzykliken berücksichtigen. Als sich im Herbst 1937 auch diese Hoffnung verflüchtigt hatte und
das Heilige Offizium mit seiner internationalen Kampagne gegen den Nationalsozialismus die Bereitschaft zum endgültigen Bruch signalisierte,
führten die – aus deutscher Sicht sicher nicht unbegründeten Zweifel Faulhabers – die vatikanische Politik erneut in das alte Gleis zurück.

War es zu spät, als sich Papst und Heiliges Offizium Ende 1936 dazu
durchrangen, der Form der Enzyklika den Vorzug zu geben? Mußte wirklich ein weiteres Jahr vergehen, ehe den Verurteilungen von Nationalsozialismus und Kommunismus der «Rassensyllabus» folgte? Hätte der Ge-
samtsyllabus des Heiligen Offiziums das Wüten der Nationalsozialisten in
Deutschland bremsen können? Oder hätte er es nur noch mehr angesta-

chelt, und mit welchen Folgen für die Kirche in Deutschland? Fragen wie diese bewegten auch die Verantwortlichen im Vatikan; sichere Antworten darauf zu geben, war schwer und ist schwer.

Die «Judenpolitik» des Heiligen Stuhls in den konkreten Spielräumen 1935–1939. – Die Beschleunigung der päpstlichen Aktivitäten gegen Rassismus und Antisemitismus lief auffällig parallel zur rassistischen und antisemitischen Wende des Mussolini-Regimes seit etwa 1937.[138] Durch die offene Politik der Rassentrennung im eroberten Abessinien (Äthiopien) erhielt der Protest gegen den Rassismus eine zusätzliche Stoßrichtung. Gleichzeitig verschlechterte sich aber auch die Position des Heiligen Stuhls in Italien: Im November 1936 rief Mussolini in Mailand die «Achse Berlin-Rom» aus. Zweifellos gab die gegenseitige Annäherung von Faschismus und Nationalsozialismus jenen Stimmen Anlaß, die für eine Mäßigung päpstlicher oder kurialer Proteste eintraten, sei es aus Angst oder aus Opportunismus. Breite antijudaistische Strömungen innerhalb des italienischen Klerus begünstigten das Meinungsklima zugunsten einer italienischen Rassengesetzgebung. Unverändert proklamierte die *Civiltà Cattolica* den Kampf gegen die jüdisch-freimaurerische Weltverschwörung; ähnliche Positionen vertrat die Mailänder Zeitschrift *Vita e pensiero* und deren Spiritus rector Pater Agostino Gemelli. Mit diesen Kräften im Lande und an der Kurie suchten die Faschisten Verbindungen zu knüpfen; den opponierenden Papst hingegen erklärte der Radikalfaschist und fanatische Antisemit Roberto Farinacci für senil und vom Staatssekretariat aufgehetzt; schon geringe Andeutungen eines Kirchenkampfes würden jedoch genügen, den Vatikan zum «Rückwärtsgang» zu bewegen.[139]

Eine derartige offene Erpressung erwies sich nicht als notwendig. Dem Vatikan als «auswärtiger Macht» blieben ohnehin nur geringe Möglichkeiten, gegen ein Gesetz des italienischen Staates Einspruch zu erheben, ohne sich eine Abfuhr der bekannten Art einzuholen: Einmischung in innere Angelegenheiten. Eine vom Völkerrecht gedeckte Intervention konnte allenfalls über den Protest gegen eine Konkordatsverletzung erfolgen. Seit im Oktober 1938 die Absicht des faschistischen Regimes greifbar geworden war, eine die Juden diskriminierende Rassengesetzgebung zu erarbeiten, zeichnete sich ein Verstoß gegen den Vertrag mit dem Vatikan im Bereich der Verfügungen über die Eheschließung ab. Mischehen zwischen «Nichtariern» und «Ariern» sollten – wie in Deutschland auch – untersagt werden. Weil die Definition von «Nichtariern» über Rassekriterien und nicht nach Religionszugehörigkeit erfolgte, waren von diesem Verbot auch

Ehen zwischen zum Katholizismus übergetretenen Juden oder solchen Katholiken, deren Eltern konvertiert waren, betroffen. Kirchenrechtlich bestanden gegen derartige Eheschließungen keine Einwände. Wer ordnungsgemäß zum Katholizismus übergetreten war, galt ohne Einschränkungen als Katholik. Der Vatikan pochte auf sein Recht, diese Ehen weiterhin einzusegnen. Ihm dieses Recht zu bestreiten, bedeutete gleichzeitig einen Verstoß gegen das Konkordat von 1929, das die kirchliche Eheschließung zur Standardform der Heirat von Katholiken erhoben und die Zivilehe für diese Fälle nicht vorgesehen hatte. Verhandlungen zwischen Vertretern der Kurie und der italienischen Regierung führten lediglich zu einem Entgegenkommen der Faschisten in marginalen Punkten. Wenige Tage vor den entscheidenden Sitzungen des Ministerrates wandte sich Pius XI. persönlich an Mussolini und an König Vittorio Emanuele III. und forderte, konvertierte Juden von der Ehegesetzgebung auszunehmen. Mussolini ließ den Papst mit vagen Zusagen hinhalten.[140] Auch eine letzte Intervention des Jesuitenpaters Tacchi Venturi, der vielfach als Mittelsmann zwischen dem Heiligen Stuhl und Mussolini fungierte, war erfolglos.[141] Am 17. November 1938 erging jenes Dekret «zum Schutz der Rasse in Italien», das eine ganze Reihe diskriminatorischer Gesetze gegen die Juden einläutete und gleich im ersten Artikel die Eheschließung zwischen «Ariern» und «Nichtariern» in Italien untersagte. Der Heilige Stuhl überreichte dem italienischen Botschafter eine formale Protestnote gegen die Verletzung des Konkordats – und viele Priester fuhren fort, die verbotenen «Mischehen» einzusegnen. Verhandelt wurde weiter, bis in das Jahr 1939 hinein, ohne allerdings eine Einigung zu erreichen.

Trotz aller ungehörten Proteste und fehlgeschlagenen Versuche, für die «nichtarischen Katholiken» einzutreten, nahm der Vatikan den Konkordatsbruch durch Italien zuletzt ebenso hin wie seit Jahren denjenigen durch Deutschland. Die äußerste Konsequenz – Kündigung des Konkordats und Abbruch der diplomatischen Beziehungen – unterblieb auch Italien gegenüber. Sicher: Ein mit Deutschland vergleichbarer Kampf gegen die Kirche tobte in Italien nicht; gleichwohl wäre eine offene Konfrontation mit dem italienischen Regime nicht minder riskant gewesen. Sie hätte Pius' Lieblingskind, die katholische Aktion, gefährdet – die entsprechende Auseinandersetzung mit Mussolini über die katholischen Jugendorganisationen von 1931 war noch zu gut im Gedächtnis –, ja hätte womöglich sogar den Lateran-Staatsvertrag und damit die rechtliche Basis des Vatikanstaates mitten in italienischem Territorium in Frage gestellt. So weit war die vatikanische Politik für «katholische Nichtarier» und Juden nicht zu

gehen bereit. Selbst wenn der im November 1938 schon kranke Papst den
Willen und die Kraft zu einer derartigen Konfrontation besessen hätte,
wäre noch immer fraglich gewesen, ob er seine Vorstellungen gegenüber
anderen Strömungen an der Kurie, gegenüber der vielfach verbreiteten offenen Sympathie für das Mussolini-Regime und dessen antisemitischen
Kurs, hätte durchsetzen können. Kardinäle wie der 1934 verstorbene ehemalige Staatssekretär Gasparri, wie Generalvikar Marchetti Selvaggiani,
Diplomaten wie der Nuntius beim italienischen Staat, Borgoncini Duca,
waren nicht die einzigen vatikanischen Politiker, die den Faschismus im
Grunde für eine legitime Äußerung des italienischen Nationalempfindens
hielten, an dem zu partizipieren den Katholiken nicht untersagt werden
könne.

Sehr unterschiedliche Motivationen ließen davon abraten, die Kirche
wegen der Judenverfolgung einer absoluten Konfrontation, einem Martyrium gar, auszusetzen. Bestimmend für die weitere Haltung des Heiligen
Stuhls gerade auch in den Kriegsjahren ist die von Pacelli getroffene und
vertretene Entscheidung geworden, ein unsicheres gesinnungsethisches
Heldenspiel gegenüber einer verantwortungsethisch stillen Diplomatie
und Hilfsaktivität in den Hintergrund zu stellen. Verglichen mit dem zu
spontanen Ausbrüchen neigenden Pius XI. war der ausgebildete Diplomat
Pacelli eher ein Zauderer (Abb. 7); schwerer jedoch als persönliche Dispo-
sitionen wogen Sachgründe und Erfahrungen, die im Laufe der 30er Jahre
vor allem mit Deutschland gemacht wurden.

1938 war dem Vatikan die Perfidie rassistischer Kategorisierung in Voll-,
Halb- und Vierteljuden, das Thema der Mischehen und der sogenannten
«katholischen Nichtarier» aus Deutschland längst geläufig. Hier waren
die gemischten Ehen zwischen «Ariern» und «Nichtariern» bereits durch
die «Nürnberger Gesetze» von 1935 verboten worden – ohne jeglichen
Protest seitens der deutschen Kirche oder des Heiligen Stuhls. Mussolini
lag so falsch nicht, wenn er dem Vatikan vorwarf, er «spanne immer den
Bogen, wenn es um Italien geht, lasse jedoch in anderen Fällen locker».[142]
Freilich war das Lockerlassen Deutschland gegenüber anderen Umständen
geschuldet als das Bogenspannen im Falle Italiens. Schon im September
1933, anläßlich des Austausches der Ratifikationsurkunden zum Reichskonkordat, hatte Pacelli ein Wort für die zum Katholizismus konvertierten
Juden eingelegt.[143] Damit war er einer Anregung Bertrams gefolgt, sich für
die Opfer des Gesetzes «zur Wiederherstellung des Berufsbeamtentums»
zu verwenden; Reichsinnenministerium und Auswärtiges Amt fertigten
Pacelli kühl ab, erachteten eine formelle Antwort auf die vatikanische Note

als gar nicht erst notwendig: Weder die «Säuberung der Beamtenschaft» noch die «Judenfrage» habe mit konfessionellen Fragen etwas zu tun.[144] Bereits diese Stellungnahme des Heiligen Stuhls zu einem Gebiet der Politik, das nur wenig außerhalb der durch das Reichskonkordat beschriebenen Schnittmenge kirchlicher und staatlicher Interessen lag, wies Berlin zurück, von einem Einsatz der Kirche für «nichtkatholische Nichtarier» ganz zu schweigen. Als Faulhaber im November 1941 Bertram gegenüber anregte, angesichts der Massenabtransporte von Juden aus den Städten beim Reichssicherheitshauptamt auch für diese Opfer zu intervenieren, waren sich beide Eminenzen einig: Die «Rassenfanatiker» würden eine derartige Eingabe wegen Unzuständigkeit der Bischöfe sofort unbesehen ablehnen.[145]

Weder offizielle diplomatische Noten, noch Verhandlungen mit hohen und höchsten Regierungsvertretern, noch öffentliche Proteste (*Mit brennender Sorge*) konnten die Nationalsozialisten dazu veranlassen, von ihrer mörderischen Politik auch nur in Ansätzen abzulassen. Pacelli beschritt trotzdem für lange Zeit alle drei Wege. Indem er Preysing 1935 auf den Berliner Bischofsstuhl versetzte, verschaffte er der Eingabepolitik Bertrams einen konfrontationsbereiteren Gegenpart. Im selben Jahr spitzte sich das Verhältnis zwischen katholischer Kirche und Nationalsozialismus dramatisch zu, nachdem Bischof von Galen gefordert hatte, einen Auftritt Rosenbergs in Münster abzusagen. Sachlich protestierte von Galen vor allem gegen die Sterilisationsbestimmungen des «Gesetzes zur Verhütung erbkranken Nachwuchses», in denen er eine neuerliche Verletzung des Konkordats erkannte. Kein Katholik könne gezwungen werden, an der Ausführung dieses Gesetzes mitzuwirken, und niemand könne die Kirche davon abhalten, dies zu lehren. Pacelli versuchte die Protestbewegung zu stärken und drängte die Bischöfe via Orsenigo, einen Artikel des *Osservatore Romano* über die Vorgänge in Münster drucken und an die Katholiken verteilen zu lassen. Sollte die deutsche Regierung die Verbreitung des Artikels behindern, behalte sich der Heilige Vater «weitergehende Maßnahmen» vor.[146] Bertram zögerte, keine Druckerei in Deutschland würde wagen, diesen Auftrag auszuführen; immerhin wurde der Artikel in Berlin und in den Diözesen des Bistums Berlin am 21. Juli von den Kanzeln verlesen. So habe, wie Orsenigo bemerkte, «wenigstens die Haupstadt gesprochen».[147] Fast gleichzeitig erging durch den preußischen Ministerpräsidenten Hermann Göring ein interner Runderlaß, der die zuständigen Behörden einschließlich der Polizei aufforderte, scharfe Maßnahmen im Falle weiterer «politischer Betätigung» des «vom Gedankenkreis der ehemaligen Zentrumspartei» beeinflußten Klerus zu ergreifen. Diese «sehr strenge Anweisung» untersage «jede Reaktion gegen ein Gesetz wie das über die Rasse» [«Gesetz zur Verhütung erbkranken Nachwuchses», ThB], telegraphierte Orsenigo nach Rom.[148]

Der Göring-Runderlaß ergänzte einen Erlaß des Innenministers Frick, der bereits am 10. Juli «Hetze» gegen das Sterilisationsgesetz unter Strafe gestellt hatte. Zusätzlich zum Kampf gegen die Jugendorganisationen und zu den stark aufgebauschten Prozessen wegen Devisenvergehen sahen sich katholische Geistliche und Ordensangehörige nun mit weiteren Verhaftungen, Prozessen, Hausdurchsuchungen, Beschlagnahmungen und Suspendierungen konfrontiert. Schon im September standen zwei Padres in Stuttgart vor Gericht, angeklagt, eine Broschüre zum Thema *Sterilisierung und Seelsorge* verfaßt und verbreitet zu haben.[149] Sicher: Angehörige des deutschen Episkopats wurden nicht verhaftet, obwohl Anfang August 1935 eine konkrete Gefahr für von Galen zweifellos bestanden hatte und sogar Orsenigo eine Durchsuchung der Nuntiatur befürchtete; die Nationalsozialisten gingen viel sublimer vor und hielten sich an die schwächeren und schwächsten Glieder, um die führenden Kleriker durch solche «Appelle» an ihr «Verantwortungsbewußtsein» nur umso ruhiger zu stellen. Pacelli verwahrte sich in einer Note vom 26. Juli 1935 an Botschafter von Bergen gegen die Unterstellungen des Göring-Runderlasses. Die zur Versammlung in Fulda zusammentretenden Bischöfe ermahnte er zu einem «klärenden, richtunggebenden, von apostolischem Freimut und edler Hirtenliebe getragenen Wort [...], welches [...] den vielfältigen Formen des Irrtums und der Verhetzung die Maske abreißt.»[150] Am 1. September wurde der Hirtenbrief des deutschen Episkopats von allen Kanzeln verlesen. Gleichzeitig ging eine von Faulhaber vorbereitete *Denkschrift des deutschen Episkopats* an Hitler. Dieser öffentliche und amtliche Widerspruch gegen Göring und Frick war angesichts der von beiden Ministern aufgezogenen Drohkulisse ein mutiger Schritt; um jedoch neben den «Irrtümern und Verhetzungen» gegenüber der katholischen Kirche auch noch diejenigen gegenüber den Juden anzuprangern, reichte der Mut nicht aus. Immerhin wiederholten beide Texte den bereits früher geäußerten Protest gegen einen zur «nackten Rassenzucht» herabgewürdigten Ehebegriff,[151] womit die Opposition der Kirche zu dem geplanten Verbot von «Mischehen» durch das «Gesetz zum Schutz des deutschen Blutes und der deutschen Ehre» erneut unmißverständlichen Ausdruck erhielt.

Aus dieser aufs äußerste gespannten Atmosphäre berichtete Orsenigo im September über den Nürnberger Parteitag, dessen «Gesetze» den Boden zur endgültigen und vollständigen Entrechtung der Juden in Deutschland legten. Dabei zeigte der Nuntius ein bemerkenswertes Gespür für die Psychologie und Propagandamethoden des Nationalsozialismus. Der Antibolschewismus diene den Nationalsozialisten zum Vorwand, die «Jagd» auf die Juden voranzutreiben: «Der Kongreß scheint das Ziel zu verfolgen, in allen Nationen einen schrankenlosen Krieg gegen den Bolschewismus anzustiften, indem er ausschließlich die Juden dafür verantwortlich macht. Diese [Parteitags-]Reden, gespickt mit Zahlen, Namen und Fakten, rufen im deutschen Volk einen tiefen und auf schreckliche Weise aufpeitschenden Eindruck hervor, sprechen sie doch die spezifische, zu Untersuchungen, Berechnungen, Statistiken geneigte Mentalität der Deutschen an. Man wird sich nicht wundern dürfen, wenn die antisemitische Jagd nach dem Parteitag mit noch größerer Hitze wieder aufgenommen wird. Auf der anderen Seite wird sie durch den Bolschewismusvorwurf in den Augen des Volkes so geschickt gerechtfertigt, daß es schwierig ist, hier einen nichtjüdischen Deutschen zu finden, der es wagt, sie gänzlich abzulehnen; die Gemäßigteren beschränken sich darauf, einige Bedenken gegen die Methoden zu erheben, mit denen der Kampf geführt wird. [...] Ich weiß nicht, ob der gesamte russische Bolschewismus ein ausschließliches Werk der Juden ist; aber hier hat man einen Weg gefunden, diese Behauptung glauben zu machen und als Konsequenz daraus gegen die Juden vorzugehen. Wenn, wie es den Anschein hat, der nationalsozialistischen Regierung lange Dauer beschieden sein wird, sind die Juden dazu verurteilt, aus dieser Nation zu verschwinden»[152]

Hitlers Parteitagsrede empfand Orsenigo als «Zurschaustellung einer eigenartigen, um nicht zu sagen überheblichen Geschichtsphilosophie des deutschen Volkes.» In ihr offenbare sich das Fehlen jeglichen Glaubens, sei er nun christlich oder einfach nur religiös.[153] Auf das «Reichsbürgergesetz», den Auftakt zum sukzessiven Entzug der bürgerlichen Rechte der «Nichtarier», ging der Nuntius nur am Rande ein. Über die Verfügungen des «Gesetzes zum Schutz des deutschen Blutes und der deutschen Ehre» berichtete er ausführlicher. Aus dem Vatikan wie von den deutschen Bischöfen unterblieb jeglicher öffentliche Kommentar zu den Nürnberger Gesetzen. Der in den Pacelli-Noten vom Juli und August, im Hirtenbrief vom 1. September und in der Denkschrift der Bischöfe an Hitler ausgesprochene Protest gegen Sterilisationsgesetz und rassistische Eheauffassung erschien in der Sache deutlich genug. Außerdem lenkten die Sorgen um die kirchlichen Jugendverbände und die Auslegung des Reichskonkordats sowie die bevorstehenden Verhandlungen mit dem neuen Reichskirchenminister

Kerrl die Aufmerksamkeit der Bischöfe sogleich wieder auf andere Themen und überlagerten den Eindruck des Reichsparteitags und seiner Beschlüsse.

Die Haltung der Kirche im August und September 1935 blieb, vor allem in den eigenen Reihen, nicht unumstritten. Trug die Kirche ihren fundamentalen Dissens mit dem nationalsozialistischen Regime auch auf die richtige Weise vor? «Der neue Hirtenbrief unserer deutschen Bischöfe», klagte ein Katholik dem Papst, «wird wieder sein Ziel völlig verfehlen, wenn nicht endlich aus den abstrakten Lehren die konkreten Ableitungen gezeigt werden. [...] Es sind in letzter Zeit soviele Hirtenbriefe in abstrakten Phrasen geschrieben worden, dass das Volk dagegen abgestumpft wird.»[154] Der Theologe und Papsthistoriker Joseph Schmidlin forderte Pius XI. sogar auf, den absoluten Bruch mit dem Nationalsozialismus endlich herbeizuführen.

Die geradezu diabolischen und haßstrotzenden antikirchlichen Angriffe und Hetzreden, die sich in letzter Zeit von offizieller deutscher Seite häufen, werden Ew. Heiligkeit nicht mehr darüber im Zweifel lassen, dass vom nationalsozialistischen und neuheidnischen Lager her alles zum Kampfe drängt. Umso dankbarer müssen wir anerkennen, dass wenigstens Ew. Heiligkeit persönlich den schärfsten Protest gegen all diese Vergewaltigungen und Konkordatsverletzungen erheben. [...] Weiter wird gefragt, warum man nicht statt der blossen Reden auch einmal zum unzweideutigen Handeln schreitet, z.B. durch Kündigung des Konkordats, das ja ohnehin schon hundert Mal gebrochen ist. [...] Welchen Schaden muss uns auch ferner diese faule Friedenspolitik zufügen, indem sie unsere Freunde einschläfert und unsere Feinde ermutigt! Umgekehrt werden viele aufwachen und wird sich die kirchliche Widerstandskraft bewähren, sobald es zum ausgesprochenen Kampfe kommt. [...] Wie kann auch die Kurie den Bischöfen vorwerfen, dass sie zu viel nachgeben und nicht hinreichend die katholischen Interessen verteidigen, wenn sie selbst darin mit dem übelsten Beispiel vorangeht? Als Papsthistoriker darf ich wohl behaupten, dass die Geschichte dereinst über dieses Versagen (um nicht mehr zu sagen) sehr scharf urteilen wird. Ich weiss wohl, dass man im Vatikan diese freimütige Sprache nicht liebt, sie mir niemals verzeihen wird [...]; wenn man aber alle Warnungen in den Wind schlägt und sich lieber mit dem Teufel abfinden will, dann habe ich wenigstens alles dagegen versucht und mein Gewissen entlastet.[155]

Schmidlins «freimütige Sprache» war diejenige des entschlossenen Individualisten, der Entscheidungen nur für sich selbst und keinen anderen zu treffen hat, und entbehrte als solche nicht einer Spur Selbstgerechtigkeit. Ihre Argumente trafen zum Teil, waren andererseits aber auch polemisch zugespitzt oder, was die «kirchliche Widerstandskraft» betraf, rein spekulativ. Immerhin gab er die Antwort auf die Frage, warum der Heilige Stuhl den absoluten Bruch vermied, gleich selbst: Die Konsequenzen seien «so kritisch, dass man versteht, wenn man sie vermeiden oder die Kriegserklärung dem Gegner aufladen will.»[156]

Spätestens nachdem Faulhaber an Weihnachten 1937 davon abgeraten hatte, die geplante internationale Aktion des Heiligen Offiziums gegen den Nationalsozialismus durchzuführen, begann der Heilige Stuhl, die Kirchenpolitik in Deutschland definitiv den Bischöfen zu überlassen, und akzeptierte damit im Grunde die Entscheidung der dominanten Bertram-Faulhaber-Gruppe, mit der Eingabepolitik fortzufahren. Mit den drei Paukenschlägen Pius' XI. gegen Rassismus und Antisemitismus – «Rassensyllabus» im April 1938, *Osservatore-Romano*-Verlautbarung von Ende Juli sowie der gegen Mussolinis Rassengesetze gerichteten Verurteilung des Antisemitismus im September – war die Position des Heiligen Stuhls ja auch deutlich artikuliert. Drückte sich Pacelli seit dem Antritt seines Pontifikates verklausulierter und vorsichtiger aus – was nicht «unverständlich» bedeutete –, hing dies mit der wesentlich veränderten Situation zusammen. Die ständig anwachsende Zahl existentiell verfolgter Nichtarier rückte zunehmend den Aspekt konkreter Hilfeleistung in den Vordergrund. Die Alternative, vor welcher der Vatikan am Jahreswechsel 1938/39 stand, lautete: völliger, kompromißloser Bruch oder karitative Wirksamkeit mit notgedrungenen Kompromissen. Möglicherweise fiel die Entscheidung für die zweite Variante leichter, vielleicht fiel sie auch unbewußt oder einfach durch den Lauf der Dinge; andererseits hätte eine Entscheidung für die erste Variante wahrscheinlich bedeutet, alle Einflußmöglichkeiten in Deutschland und Italien aufzugeben, den Katholizismus in Deutschland einem offenen Existenzkampf auszusetzen, dessen Ausgang keineswegs kalkuliert werden konnte, und auf jegliche Hilfsoption für die inzwischen große Zahl der Verfolgten zu verzichten. Nicht zuletzt standen aber auch Mentalitätsprobleme sowie die Tradition des Obrigkeitsstaates gegen einen solchen Schritt. «Der Geist Christi», formulierten die Bischöfe in ihrem Hirtenbrief vom 1. September 1935, «kämpft nach anderen Gesetzen und kommt mit anderen Waffen zum Siege als der Geist der Welt. Ihr dürft nicht Feuer vom Himmel rufen! Ja, Ihr müßt verzeihen und für Eure Feinde beten. [...] Katholiken machen keine Revolte und leisten keinen gewalttätigen Widerstand.»[157]

Hilfsorganisationen und Hilfsaktivitäten hatten sich sowohl in Deutschland als auch beim Vatikan bereits seit 1933 entwickelt. Das «Caritas-Notwerk» unter dem Vorsitz des ehemaligen Zentrumsabgeordneten und letztem Vorsitzenden des «Vereins zur Abwehr des Antisemitismus», Heinrich

Krone, unterstützte politisch und rassisch verfolgte Katholiken. Die Arbeit des Caritas-Notwerkes mündete in das im Sommer 1938 gegründete «Hilfswerk beim Bischöflichen Ordinariat Berlin» unter Leitung von Domprobst Bernhard Lichtenberg. Das «Sonderhilfswerk» des St. Raphaels-Vereins bemühte sich seit 1933, «konvertierten Juden und Nichtariern» die Emigration vor allem nach den USA, Südafrika, Brasilien und Argentinien zu ermöglichen. Seit dem Frühjahr 1935 wurden die Aktivitäten beider Hilfswerke im «Hilfsausschuß für katholische Nichtarier» unter dem Vorsitz des Osnabrücker Bischofs Wilhelm Berning koordiniert. Gestapo und Sicherheitsdienst überwachten diese Einrichtungen ständig; der St. Raphaels-Verein sollte zeitweise sogar durch einen Devisenprozeß seiner wirtschaftlichen Existenzgrundlage beraubt werden.

Um die Emigrationsvorhaben durchzuführen, Gelder, Visa, Arbeitsplätze, Wohnungen zu beschaffen, waren Kontakte zu den Einwanderungsländern unumgänglich;[158] ab 1936 begann mit Unterstützung des Heiligen Stuhls, der amerikanischen Bischöfe und des Roten Kreuzes in Genf eine internationale Vernetzung der einzelnen Initiativen. In zwei Rundbriefen vom 30. November 1938 und 9. Januar 1939 wandte sich Papst Pius XI. zunächst an die Nuntien in Nord- und Südamerika, Afrika, im Nahen Osten und Irland, schließlich an die Erzbischöfe der freien Staaten der Welt, mit der Bitte, Gelder für die zur Auswanderung gezwungenen «Nichtarier» zu sammeln sowie weitere Hilfskomitees zu gründen. Den Bischöfen Kanadas und der USA legte er insbesondere die aus Deutschland vertriebenen «nichtarischen» Wissenschaftler ans Herz.[159]

Mit diesen, seinen letzten Initiativen reagierte Pius XI. auf die weitere dramatische Verschärfung der Judenhetze in Deutschland und das Novemberpogrom von 1938. Wiederum hatte Orsenigo mit Gespür für die wahren Urheber der Pogromnacht über die Vorgänge informiert. Aus dem Ablauf der Ereignisse sei sehr deutlich zu sehen gewesen, daß nicht wie von Goebbels behauptet der «Volkszorn» gegen die Juden gewütet habe, sondern die Aktionen «von sehr viel weiter oben angeordnet» worden seien. «Mit seiner Behauptung, die sogenannte ‹antisemitische Reaktion› [auf die Ermordung des Legationssekretärs Ernst vom Rath durch Herschel Grynszpan in Paris, ThB] sei ein ‹Werk des deutschen Volkes› gewesen, hat Göbbels dem wahren und gesunden deutschen Volk, dem sicherlich die Mehrheit der Deutschen angehört, großes Unrecht getan: ein achtzigjähriger pensionierter protestantischer Superintendent ist eigens in die Nuntiatur gekommen, um gegen diesen Satz Göbbels' Protest einzulegen.»[160] Keinen Protest formulierten Heiliger Stuhl und Kirche gegen den «antisemitischen

Vandalismus». Wie der Reichsparteitag von 1935 war die Pogromnacht vom November 1938 eine Aufforderung zum absoluten Bruch, zur Revolte gegen das Regime. Wie damals nahm die Kirche auch jetzt diese Aufforderung nicht an, diesmal wohl auch aus Angst davor, daß sich der inszenierte «Volkszorn» in einem solchen Falle gegen sie selbst richten würde. Präzedenzfälle lagen vor: Nur einen Monat vor der Pogromnacht hatten jugendliche Randalierer auf Anweisung von nationalsozialistischen Parteistellen hin das erzbischöfliche Palais in Wien verwüstet. Auch Kardinal Faulhaber protestierte nicht bei Regierungsstellen gegen den Angriff eines aufgehetzten Pöbels auf seine Residenz in München und seine Person, eine direkte Nachwirkung der Ausschreitungen gegen die Juden am Abend des 11. November. Besonders in München hatte die nationalsozialistische Propaganda keinen Zweifel daran gelassen, daß ihre Kampfansage dem «Weltjudentum und seinen schwarzen und roten Bundesgenossen» gelte. «Vorgestern gegen die Juden, heute gegen die Katholiken»:[161] Fünfzehn Jahre nach seiner Allerseelenpredigt des Jahres 1923 verfolgte den Kardinal noch immer und vielleicht stärker als je das Doppelfeindbild der Nationalsozialisten, Juden und Katholiken. Noch immer hatte die Kirche dieses Doppelfeindbild nicht als gemeinsam zu tragendes Joch begriffen. Allein Bertram protestierte – gegen eine Aufforderung des NS-Lehrerbundes, nach den Vorgängen vom 9. November allen konfessionellen Religionsunterricht einzustellen, «da wir eine Verherrlichung des jüdischen Verbrechervolkes an den deutschen Schulen nicht mehr länger dulden können.» Diese Forderung müsse entschieden zurückgewiesen werden, schrieb Bertram an Erziehungsminister Rust, behandle doch der katholische Religionsunterricht «nicht die Geschichte des jüdischen Volkes, sondern die Geschichte der göttlichen Offenbarung. Er will nicht jüdische Gestalten verherrlichen, sondern die Träger und Künder der Offenbarung zeigen.»[162] Die eigene Haut lag den deutschen Bischöfen mitunter näher als die fremde, und die Sorge um die eigene Klientel hatte Vorrang vor derjenigen um andere, nicht ohne gute Gründe. Haben sie, hat der Heilige Stuhl, wie Joseph Schmidlin 1935 anklagte, deshalb versagt?

Die Kirche erntete ja keineswegs nur Kritik. Gerade auch Juden nahmen die Haltung des Heiligen Stuhls dem Nationalsozialismus gegenüber durchaus positiv wahr. Am 22. Februar 1936 wandte sich der Rotterdamer Unternehmer Joseph Salomon an Pius XI. mit dem Vorschlag, angesichts der Bedrohung sowohl von Katholiken als auch von Juden das Handeln «der beiden Kirchen» gegen das Terrorregime zu vereinen. Einzelheiten wollte er als «gläubiger Jude» dem Papst in einer persönlichen Audienz vortragen. Den Anstoß zu seiner Initiative habe jedenfalls gegeben, «daß seine Heiligkeit sowie seine Eminenz Kardinal Faulhaber und noch viele andere hohe katholische Geistliche die Utopien der Rassen- und Religionsbekämpfungen in Deutschland öffentlich als nicht christlich und im Gegensatz zu dem Fundament aller Religionen und den zehn Geboten gebrandmarkt haben.»¹⁶³ Aussagekräftiger noch als dieser Brief mag der Bericht eines professionellen Beobachters europäischer Politik sein. Im Mai 1938 notierte der zionistische Delegierte Moshe Waldmann die Ergebnisse eines Gesprächs mit dem Oberrabbiner von Rom, David Prato, zu dem ihm Dante Lattes geraten hatte. Waldmann schrieb nicht nur über die erstaunlich guten Kontakte des Oberrabbiners zum Kardinalstaatssekretär nach Jerusalem, sondern auch über Pacellis und des Papstes wohlgesonnene Haltung «jüdischen Forderungen» gegenüber. Pacelli habe polnischen Kirchenfürsten gegenüber zum Ausdruck gebracht, «daß er es ungerne sähe, wenn sich die polnische Kirche in ein antisemitisches Fahrwasser im Bunde mit polnisch-faschistischen Elementen begebe.» Die katholische Kirche müsse sich davor hüten, den Regimen Hilfe zu leisten, wenn sie, etwa in rituellen Fragen, auf die Juden Gewissenszwang ausübten. Unter anderem habe Pacelli, der sich kurz vor der Abreise zum Eucharistischen Kongreß in Budapest befand, Prato versprochen, «auf die ungarischen Katholiken in dem Sinne ein[zu]wirken, daß das Judengesetz im Oberhause in Budapest Ablehnung oder zumindest wesentliche Änderungen erfahre. Wie weit diese Bemühungen von Erfolg begleitet sind, steht dahin. Kennzeichnend ist die Bereitwilligkeit Pacellis, d. h. der Kurie, in dieser Sache für die Juden einzutreten.» Aus der fundamentalen «Gegnerschaft des Vatikans gegen das Neuheidentum des Nationalsozialismus» habe sich ein «psychologisch günstiger Zustand» entwickelt, der unter Umständen sogar zu einer veränderten vatikanischen Haltung gegenüber der Idee eines jüdischen Staates in Palästina führen könne.¹⁶⁴

Inwiefern sich Pacelli 1938 in Budapest während des Eucharistischen Weltkongresses für die ungarischen Juden eingesetzt hat, ist bisher nicht erforscht. Eine ungarische Rassengesetzgebung konnte er nicht verhindern, bestenfalls verzögern. Sie wurde im Frühjahr 1939, gegen die Stimmen der ungarischen Bischöfe im Oberhaus, verabschiedet.¹⁶⁵ Bemerkenswert ist gleichwohl die Einschätzung Pacellis durch Lattes, Prato und Waldmann; der Realismus zionistischer Politiker ließ für Wunschdenken in der Regel wenig Raum.

Von einer anderen Initiative Pacellis wußte Prato nicht zu berichten; sie hätte freilich seine Auffassung nur stützen können: Der Kardinalstaats

sekretär versuchte an einer internationalen Koalition gegen den Nationalsozialismus zu arbeiten. Während seiner Nordamerikareise im Herbst 1936
hatte er Präsident Franklin D. Roosevelt kennengelernt und mit diesem
auch Gespräche über die Situation in Europa geführt. Als ihn der amerikanische Botschafter in Großbritannien, Joseph P. Kennedy, im April 1938 im
Vatikan besuchte, knüpfte Pacelli an diesen Kontakt wieder an und überreichte Kennedy ein Memorandum, dessen klar zu erkennender Adressat
Präsident Roosevelt war. Vorderhand war Pacelli darum bemüht, Irritationen über das Verhalten des österreichischen Episkopats nach dem «Anschluß» abzubauen; der Heilige Stuhl, so legte er dar, habe sich sogleich
von der Willkommensbotschaft der Bischöfe an die Nationalsozialisten
distanziert. Zwischen Heiligem Stuhl und nationalsozialistischer deutscher Regierung könne von einem «agreement» weder über Österreich
noch über sonstige Politik die Rede sein. Im Gegenteil, in Deutschland
herrsche «Kulturkampf».[166] Aber Pacelli ging noch weiter. Wenn auch nur
in Form «persönlicher, privater Gedanken», regte er an, einen Plan weiter-
zuverfolgen, «über den wir nachdachten, während ich in Amerika war,
und von dem ich weiß, daß er Ihren Zielen entspricht», den Plan, eine
Gegenkoalition der Moralität zu bilden. Angesichts der «Wirren der Gegenwart» steige die Notwendigkeit, in enger Verbindung «mit den höchsten moralischen Mächten der Welt» zu bleiben, «die sich zu Zeiten
machtlos und isoliert fühlen in ihrem täglichen Kampf gegen alle Arten politischer Exzesse aus den Reihen der Bolschewiken und der neuen, den jungen ‹arischen› Generationen entwachsenden Heiden».[167] Diese Koalition
der Moralität auch umzusetzen, hätte gleichzeitig den Abschied Pacellis
von seiner alten Leitlinie der Friedenspolitik qua Unparteilichkeit bedeutet. Unabhängig von der Frage, ob eine derartige Koalition im Jahre 1938
mit den Vereinigten Staaten auch realistisch gewesen wäre und wie sie
denn konkret hätte aussehen sollen, nahm Pacelli hier erneut sein Thema
der «universalen Mission» vom April 1933 auf. Ein Jahr später saß er auf
dem Papstthron, hatten England und Frankreich Hitler in München den
Anschluß des Sudentenlandes konzediert und ihm damit die Tschechoslo-
wakei geopfert. Zwei Wochen nach der Wahl Pacellis zum Papst mar-
schierten deutsche Truppen in Böhmen und Mähren ein. Es sah nicht so
aus, als seien mit den Westmächten wirksame «Koalitionen der Moral» zu
schließen.

8. Geschwiegen oder gehandelt? Pius XII., der Zweite Weltkrieg und der Holocaust

Einleitungssatz:

Der Papst, der geschwiegen hat: Die Frage nach der Haltung Papst Pius' XII. zur Verfolgung und Ermordung der europäischen Juden durch den Nationalsozialismus während des Zweiten Weltkriegs zählt zu den am meisten abgehandelten Themen aus der Geschichte des 20. Jahrhunderts. Obwohl die primäre Quellenüberlieferung, diejenige des vatikanischen Staatssekretariats, nach wie vor nur in den elf Auswahlbänden der *Actes et Documents du Saint Siège relatifs à la seconde guerre mondiale* und nicht im Archiv selbst zugänglich ist, stellt ein breiter Strang sekundärer Überlieferung aus fast allen großen Archiven der Welt zusammen mit den elf vatikanischen Bänden eine mehr als gute Quellenbasis bereit. Kaum anzunehmen steht, daß aus den bisher noch verschlossenen Beständen der vatikanischen Archive dereinst noch Dokumente ans Tageslicht finden werden, die den bisher ermittelten Befund wesentlich verändern könnten.

Während die Faktenlage zur Haltung Pius' XII. kaum umstritten ist, toben und toben um die Bewertung dieser Fakten noch immer heftige Scharmützel unter Gelehrten und in der interessierten Öffentlichkeit. Sie nutzen ein geschichtspolitisches Potential, das die Pius XII.-Thematik wie kaum eine andere zeithistorische Thematik in sich trägt: Hier war eine Person, auf die ein Teil jener übergroßen, nicht quantifizierbaren Schuld an der Judenvernichtung abgeladen werden konnte; hier war eine Negativfolie, von der sich andere, «moralischere», «heroischere», «antifaschistische» Haltungen absetzen konnten, nicht selten mit Genugtuung über das «Versagen» einer Institution, die sich selbst für das Gewissen der Welt zu halten schien. Nachgerade genial instrumentalisierte Rolf Hochhuths Theaterstück *Der Stellvertreter* 1963 dieses Potential und zementierte scheinbar unverrückbar das Verdikt vom Schweigen des Papstes, das noch heute, über vierzig Jahre später, die Leitperspektive auf Pius XII. bestimmt. Dies alles hat mit Geschichtswissenschaft nichts zu tun, die dazu verpflichtet ist, wenigstens den Versuch zu unternehmen, alles Für und Wider, alle Zeitumstände, alle Freiheiten und Zwänge, kurz alle «Realitäten» der vergangenen Zeit sorgfältigst abzuwägen und ein weitmöglichst differenziertes Urteil abseits aller Ideologien, Zeitgeistigkeiten, «Befindlichkeiten» zu fällen.

Sollen Ergebnisse dieser geschichtswissenschaftlichen Arbeit vermittelt werden, macht es wenig Sinn, die (Irr-)Wege durch den Dschungel der Details nachzuzeichnen. Vielmehr bietet sich der Versuch an, das komplexe Problem auf jene seiner Grundkomponenten zu reduzieren, die sich in den verschiedensten Einzelsituationen stets wiederfinden lassen, um so die handlungsleitenden Prinzipien zu erkennen. Eine derartige Reduktion hilft auch dabei, jene Aussagen sowohl der geschichtswissenschaftlichen als auch der geschichtspolitischen Debatte, die auf empirisch überprüfbaren Tatsachenbehauptungen beruhen, von denjenigen zu scheiden, denen Spekulation zugrunde liegt, die also lediglich Meinungsäußerung sind.

Ad maiora mala vitanda: Grundabwägungen

«Der Papst, der geschwiegen hat», verbindet ein ausgesprochenes mit einem unausgesprochenen Urteil: Pius XII. (Abb. 8) hat zum Judenmord – und in weiterem Sinne zu den Verbrechen der Nationalsozialisten – geschwiegen. Durch dieses Schweigen ist er schuldig geworden. Bezogen auf das Handeln von Papst und römischer Kirchenzentrale während des Zweiten Weltkrieges leitet sich daraus die Behauptung ab: Dieses Handeln, ein Nicht-Handeln, ein Schweigen, war falsch. Ein anderes Handeln wäre besser gewesen, nämlich: eine donnernde öffentliche Erklärung des Papstes gegen die Verbrechen der Nationalsozialisten und ihrer Verbündeten, Abbruch der diplomatischen Beziehungen zu Deutschland, Abzug des Nuntius, Aufkündigung des Reichskonkordats. Um die Annahme zu stützen, ein solches Handeln hätte das Hitler-Regime dazu bewegen können, den systematischen Völkermord an den europäischen Juden zu verzögern oder gar nicht erst zu beginnen, können und konnten auch seinerzeit nur spekulative Argumente ins Feld geführt werden.

Für die Abwägung im Vatikan mußte zunächst das komplizierte, vielschichtige Verhältnis sowohl zum nationalsozialistischen Deutschland als auch zum faschistischen Italien ausschlaggebend sein, wie es sich in den Problemlagen der 30er Jahre entwickelt hatte. Als Erfahrungswerte galten: Die Eingabe- und Verhandlungspolitik gegenüber Deutschland war gescheitert; gescheitert waren gleichfalls die variierenden Formen des Protests, von der diplomatischen Note bis hin zur päpstlichen Enzyklika. Eigentlich blieb schon beim Pontifikatswechsel im März 1939 nicht mehr viel anderes als der absolute Bruch, manifestiert durch die Aufkündigung des Konkordats und den Abbruch der diplomatischen Beziehungen. Dagegen sprach die Verantwortung gegenüber der Kirche. Als eine Deutschland und möglicherweise auch Italien dann «feindliche Macht» hätte der Heilige Stuhl in diesem Fall mit den kirchlichen Institutionen in Deutschland nur noch über inoffizielle oder Untergrundkanäle kommunizieren können, von weiteren, unabsehbaren Folgen für Katholizismus und Katholiken in Deutschland ganz zu schweigen. Statt einer seitens der Regierung permanent mißachteten Rechtsbasis hätte dann gar keine Rechtsbasis mehr bestanden – ein gefundenes Fressen obendrein für die NS-Propaganda, die den Schwarzen Peter der Kündigung stets nach Rom hätte schieben können. Rein spekulativ und bei genauerem Hinsehen einfach naiv war schließlich die Annahme Schmidlins, bei einem Zeichen offenen Widerstands aus dem Vatikan stünden sogleich alle Katholiken Deutschlands wie ein Mann hinter dem Papst. Abweichend von der Einschätzung des Theologieprofessors dominierte im Staatssekretariat eher Skepsis über die Gefolgschaftstreue und Leidensstärke der Katholiken; hätten sich viele Katholiken nicht auch verlassen fühlen können, wenn der Papst seinen Nuntius abzog? Schlichtweg Unklarheit herrschte zuletzt darüber, wieviele Katholiken seit 1933 aktiv zum Nationalsozialismus übergelaufen waren. Die Berichte des Nuntius aus dem Jahr der «Machtergreifung» hatten dazu zwar überzogen hohe Zahlen veranschlagt, aber im Vatikan waren sie nicht korrigiert worden. Die Befürchtung war also nicht von der Hand zu weisen, daß sich viele Katholiken im Falle einer «Revolte» der Kirche eher für die nationalsozialistische «Autorität» statt für die kirchliche Identität entscheiden würden.

Ein ermutigendes Zeichen hätte immerhin sein können, daß die Nationalsozialisten nicht wagten, gegen hohe kirchliche Würdenträger in Deutschland polizeilich vorzugehen, wenn diese öffentlich protestierten. Kardinal Faulhaber blieb nach seinen Adventspredigten des Jahres 1933 ebenso unbehelligt wie Bischof von Galen 1935. Dieser freilich rechnete mehrfach ernstlich mit seiner Festnahme, besonders nachdem er im Juli 1941 gegen das Euthanasieprogramm der Nationalsozialisten gepredigt hatte. NS-Parteifunktionäre forderten sogar seine Hinrichtung; zuletzt setzte sich jedoch wieder das sublimere Prinzip durch, nicht den Hirten, sondern die ihm anvertrauten Untergebenen zu strafen. Als Reaktion auf die Predigten von Galens verhaftete die Gestapo dreißig Priester des Bistums Münster, von denen mehrere in Konzentrationslagern ihr Leben lassen mußten. Auch der Berliner Domprobst Bernhard Lichtenberg, der am 23. Oktober 1941 verhaftet wurde, büßte nicht allein für sein offenes Gebet für die Juden, sondern stellvertretend auch für seinen Bischof Preysing, dessen ablehnende

Haltung dem Regime gegenüber bekannt war. Papst und Bischöfe hatten, wenngleich sie persönlich unangetastet blieben, ihre Aktionen stets mit ihrer Verantwortlichkeit gegenüber jenen katholischen Amtsträgern und auch Laien in Einklang zu bringen, die durch ihre exponierte Stellung nicht über eine gewisse Schutzaura verfügten.

Kaum minder wichtig war eine zweite, ebensowenig sicher zu kalkulierende Abwägung: Konnten durch «lauten» Protest mehr Opfer vermieden werden als durch «leisen» Protest und beharrliche Hilfeleistungen? Als negativer Präzedenzfall und Bestätigung der eigenen «stillen» Linie galten im Vatikan die Ereignisse um die Deportation der holländischen Juden im Sommer 1942. Mitte Juli waren die ersten Transporte mit holländischen Juden in Richtung Osten abgegangen. Dagegen hatten die katholischen und protestantischen Bischöfe Hollands gemeinsam bei der deutschen Besatzungsmacht protestiert und in einem Hirtenbrief vom 20. Juli die Gläubigen über ihre Intervention informiert. Dieser öffentliche Einspruch von den Kanzeln hatte jedoch genau das Gegenteil dessen bewirkt, was er hätte erreichen sollen. In einer Art «Strafaktion» ließ die Gestapo am 26. Juli zusätzlich auch noch diejenigen «nichtarischen» Christen abtransportieren, die zu verschonen sie den Bischöfen vorher bereits zugesagt hatte.[1] Hatte der Protest der Bischöfe gegen die Deportation und Ermordung aller anderen holländischen Juden ohnehin nichts ausrichten können, wirkte er nun sogar kontraproduktiv. Unter den Opfern der Deportation aus Holland vom Juli 1942 befand sich auch Schwester Edith Stein. Die Rettung der 7000 dänischen Juden im Oktober 1943 war hingegen nicht dem Protest der lutherischen Bischöfe zu verdanken, sondern einer gezielten Indiskretion aus den Kreisen der deutschen Besatzer. Weil der Deportationstermin bekannt war, konnte die gegen die Okkupanten mutig und couragiert handelnde dänische Zivilbevölkerung die Juden in einer konzertierten Aktion rechtzeitig in das neutrale Schweden verschiffen lassen. Ohne den Mut der lutherischen Bischöfe zum Protest zu schmälern, steht bei den dänischen Vorgängen zu berücksichtigen, daß der eigene Karriereziele strategisch verfolgende Reichsbevollmächtigte Werner Best weder ein Interesse noch die personelle Ausstattung hatte, Strafmaßnahmen gegen die Kirche im Lande zu ergreifen. Die Situation in Dänemark unterschied sich insofern wesentlich von derjenigen in Deutschland oder in den mit stärksten deutschen Kontingenten besetzten Gebieten Osteuropas, die der Heilige Stuhl stets im Auge haben mußte.

Pius XII. vertrat seit Kriegsbeginn immer wieder offen die Überzeugung, ein lauter Protest des Papstes könne die Situation nicht nur der jüdischen,

sondern aller Opfer in den von Deutschland besetzten Gebieten nicht verbessern, sondern nur verschlimmern. Am 13. Mai 1940 brachte er diesen
Gedanken dem italienischen Botschafter Alfieri gegenüber zum Ausdruck,
um den Einspruch Mussolinis gegen die Parteinahme des Heiligen Stuhls
für die von Hitler überfallenen neutralen Benelux-Staaten zurückzuweisen. «Die Italiener wissen sicher und genau über die schrecklichen Dinge
Bescheid, die sich in Polen ereignen. Wir müßten Worte des Feuers gegen
derartige Dinge schleudern, und das einzige, was uns davon abhält, ist das
Wissen, daß wir das Los dieser Unglücklichen nur noch verschlimmern
würden, wenn wir sprächen.»[2] Fast drei Jahre später entgegnete er auf eine
Bitte Preysings angesichts der neuen Welle von Deportationen aus Berlin,
«noch einmal [zu] versuchen, für die vielen Unglücklichen – Unschuldigen
einzutreten»: «Den an Ort und Stelle tätigen Oberhirten überlassen Wir es
abzuwägen, ob und bis zu welchem Grade die Gefahr von Vergeltungs-
massnahmen und Druckmitteln im Falle bischöflicher Kundgebungen [...]
es ratsam erscheinen lassen, trotz der angeführten Beweggründe, ad maiora
mala vitanda Zurückhaltung zu üben. Hier liegt einer der Gründe, warum
Wir selber Uns in Unseren Kundgebungen Beschränkungen auferlegen.»[3]
Papst und Staatssekretariat hielten diese Linie selbst Bitten gegenüber aufrecht, deren Emotionalität sie zweifellos zutiefst berühren mußte. Delegat
Cicognani übermittelte aus Washington mehrfach das flehentliche, teils
«unter Tränen» geäußerte Ersuchen amerikanischer Juden und Rabbiner,
der Papst möge mit einem «öffentlichen Appell» Hitler entgegentreten.[4]
Die interne Richtlinie des Staatssekretariates lautete, eine öffentliche Stellungnahme zu vermeiden, «um zu verhindern, daß Deutschland, wenn es
von entsprechenden Erklärungen des Heiligen Stuhls erfährt, die antijüdischen Maßnahmen in den besetzten Gebieten noch verschärft und neuen,
noch stärkeren Druck auf die verbündeten Achsenmächte ausübt.»[5]
   Orsenigos Meldungen aus Deutschland konnten diese Auffassung nur
bestätigen. Ständig damit befaßt, im Auftrag des Staatssekretariates und
dessen Mitarbeiter Giovanni Battista Montini (Abb. 8), des späteren Papstes Paul VI., für die vatikanische Kriegsopferhilfe in Berlin zu intervenieren, stieß Orsenigo bei den Regierungsstellen auf unverhohlene feindselige
Zurückweisung. «Ich bedaure hinzufügen zu müssen», schrieb er beispielsweise am 24. Juni 1942 an Montini, «daß ich festgestellt habe, daß diese
Empfehlungen [des Vatikans für einzelne Juden] nicht nur nutzlos sind,
sondern daß sie vor allem auch schlecht aufgenommen werden; sie führen
letztlich nur dazu, die Behörden auch gegen weniger schwierige Fälle auf-
zubringen, die nicht bereits im Vorfeld durch allgemeine Regeln entschie-

den werden, wie es bei nichtarischen Personen der Fall ist.»[6] Am Tag nach diesem Bericht teilte Staatssekretär von Weizsäcker Orsenigo im Auswärtigen Amt mit, die deutsche Regierung konzediere ihm keine Zuständigkeit mehr für die annektierten und besetzten Gebiete. «Erörterungen mit der Kurie» seien künftig auf Fragen zu beschänken, «die sich auf das Altreich beziehen, d. h., auf das Reichsgebiet, wie es zur Zeit des Konkordatsabschlusses im Jahre 1933 bestand.»[7] Dies bedeutete im Klartext, daß keinerlei Anfragen des Nuntius, auch solche über das Schicksal deportierter Juden, mehr beantwortet wurden.

«Wo der Papst laut rufen möchte, ist ihm leider manchmal abwartendes Schweigen, wo er handeln und helfen möchte, geduldiges Harren geboten», hatte Pius im Februar 1941 dem Würzburger Bischof Ehrenfried gegenüber geklagt;[8] genau ein Jahr später stimmte er Bischof Bornewasser von Trier zu: «Es ist wahr, was Du schreibst, daß die Zeiten auch und gerade für den Stellvertreter Christi schwer sind, und daß sie Papsttum und Kirche allmählich in eine Lage versetzen so verwickelt und gefahrdrohend wie selten in ihrer langen und leidvollen Geschichte.»[9] Bei allen sicherlich zulässigen Diskussionen über die Richtigkeit des Verhaltens der Kirche gegenüber den Nationalsozialisten wird gerechterweise kein Zweifel an der Wahrhaftigkeit des Handelns Pius' XII. bestehen können. Der Papst war im Innersten davon überzeugt, mit der von ihm gewählten Strategie bestmöglichst jenen Pfad zu verfolgen, «den er gehen muss, um zwischen den sich widerstreitenden Forderungen seines Hirtenamts den richtigen Ausgleich zu finden»[10], und er war bereit, zugunsten dieser Überzeugung jene andere innere Stimme, die ihn zu einem lauten Aufschrei drängte, zu überhören.

Verwoben mit alledem wirkte zuletzt auch die von Benedikt XV. übernommene Leitlinie der «obsession de la paix» und der «passion de la neutralité» in der Politik Pius' XII. während des Zweiten Weltkrieges fort. Sehr zum Ärger der Alliierten betonte der Papst wieder und wieder die Unparteilichkeit des Heiligen Stuhls: Auf seine eigene Idee einer «Koalition der Moralität» kam er nach Kriegsbeginn nicht mehr explizit zurück. Dies bedeutete nicht, daß er mit den Westmächten, insbesondere auch mit den Vereinigten Staaten, keinen regen Kontakt pflegte, für den die «Koalition der Moralität» die mehr oder weniger ständig präsente Kommunikationsgrundlage bildete. Seit dem ersten Kriegsweihnachtsfest, 1939, nahm der zum Geschäftsträger beim Heiligen Stuhl bestellte amerikanische Diplomat Myron C. Taylor, später vertreten durch Harold Tittman, die Aufgabe wahr, die Verbindung zwischen Papst und amerikanischem Präsidenten aufrechtzuerhalten. Pius XII. und Präsident Roosevelt tauschten sich darüber hinaus in regelmäßigem Briefwechsel aus. Aber eine offene Parteinahme des Heiligen Stuhls für Frankreich, Großbritannien oder die Vereinigten Staaten blieb, aus nachvollziehbaren Gründen, unerreichbar. Sie hätte nicht nur alle verbliebene Einflußnahme auf die Achsenmächte sowie jegliche Politik zugunsten der Kriegsopfer in Deutschland, Italien und in den besetzten Territorien beendet, sondern möglicherweise auch den Katholiken jener Länder den Eindruck vermittelt, der Papst kehre sich von ihnen ab. Die seit seiner gescheiterten Friedensinitiative vom Mai 1939 unverändert weiterbestehenden Hoffnungen des Papstes, doch noch als Vermittler den Frieden herbeiführen zu können, wären ohnehin ein für allemal vereitelt worden, hätte er den Boden der Unparteilichkeit zugunsten einer offenen Erklärung für die Alliierten verlassen.

Das Echo der «ungeliebten Koalition»

Existierten über diese realpolitischen Erwägungen und Erfahrungswerte hinaus noch andere Gründe, die den Heiligen Stuhl und Papst Pius XII. davon abhielten, mit deutlicheren Worten gegen die Verfolgung der Juden zu protestieren? Von einer irgend gearteten Sympathie für den Nationalsozialismus kann zu keinem Zeitpunkt die Rede sein, und auch die These von einer Koalition zwischen Vatikan und nationalsozialistischem Deutschland zur Bekämpfung des Bolschewismus darf auf sicherem Quellenfundament in den Bereich des Mythos verwiesen werden.[11] Ein gewisses Wohlwollen bestand in kurialen Kreisen, besonders auch im Kardinalskollegium, hingegen sehr wohl für den Mussolini-Faschismus. Dies hing wesentlich mit der «Conciliazione» von 1929 zusammen, aber auch damit, daß Mussolini keinen dem Hitlerschen vergleichbaren Kampf gegen die katholische Kirche anzettelte. Pius' XI. Protest gegen die italienische Rassengesetzgebung vom November 1938 richtete sich denn auch nicht so sehr gegen die Diskriminierung der Juden als gegen den Angriff Mussolinis auf die kirchliche Lehre von der Ehe.

Zweifellos trug schließlich das in der katholischen Kirche unverändert vorherrschende Bild von den Juden nicht unwesentlich dazu bei, das «jüdische Problem» stets nur allenfalls auf den zweiten Punkt der Tagesordnung zu setzen. Die Aufgabe der «universalen Mission» stand in ständiger Konkurrenz nicht nur mit dem – verständlichen und legitimen – Schutz der eigenen Klientel, sondern auch mit den Relikten der traditionellen Theologie vom Judentum. Das galt für Pacelli wie für Faulhaber wie für Bertram. Dagegen ist jedoch zu betonen, daß bei Pius XII. ein nennenswerter Einfluß des «säkularisierten» Antijudaismus – also der «jüdisch-freimaurerischen Weltverschwörung» – ebensowenig anzutreffen ist wie des ins Rassistische tendierenden Antisemitismus Osteuropas einschließlich des «jüdischen Bolschewismus». Die Erlebnisse während der Räterepublik in München hatten sich bei Pacelli sowenig zu einer Phobie verdichtet wie die polnischen Beeinflussungen bei Ratti. Vorhanden waren jedoch die tradierten theologischen Versatzstücke und, wie bei Faulhaber, die innerste Aversion gegen die von den Nationalsozialisten zudiktierte «ungeliebte Koalition», das Feindbild «Juden-Katholiken». Sicher: Je mehr Leid den Juden in Europa zugefügt wurde, umso mehr versuchte der Heilige Stuhl zu helfen und in neuer Weise das alte Prinzip des Schutzes der Juden vor den Christen anzuwenden. Das eigentliche, psychologische Hemmnis jedoch lag tiefer; sein Ursprung ist bereits 1923 zu suchen, als Pacelli und Faulhaber in München zum ersten Mal mit der «ungeliebten Koalition» konfrontiert wurden und nicht begreifen konnten, daß dem antisemitischen und antichristlichen Hypernationalismus nur mit einer grundsätzlichen Wende im Verhältnis von Kirche und Juden, nur in Form absoluter Solidarisierung der «Brüder im Glauben» begegnet werden konnte. Dem freilich stand das ganze Gewicht der jahrhundertealten theologischen Tradition entgegen und verhinderte das Vorrücken der jüdischen Thematik auf Platz eins der Tagesordnung, nicht vor, aber doch wenigstens dicht neben die «innerkatholischen» Belange. Zu den schlimmsten Erfahrungen in der Geschichte des Christentums gehört, daß es erst des Völkermordes bedurfte, dieses unheilvolle Gewicht endlich zu beseitigen.

Nur vor diesem Hintergrund sind die schier unglaublichen Worte Pius' XII. an das Kollegium der Kardinäle und Kurienprälaten vom Heiligen Abend 1942 zu verstehen. Unmittelbar vor seiner von Radio Vatikan übertragenen Weihnachtsansprache schnitt er den Kardinälen gegenüber das Thema der kirchlichen Defensive in einer «aufgewühlten und verwirrten Welt» an. Die Kirche als Braut Christi und ihre Diener dürften freilich «in ihrer Verteidigung der Wahrheit und Tugend» über diese Welt nicht Klage führen, nicht in Kleinmut versinken, nicht verzagen. «Die dem Apostel würdige Klage, die Klage, über die sich der Diener des Evangeliums nicht zu schämen braucht, erklingt aus jener Trauer, die auf dem Herz des Erlösers lastete und ihn Tränen vergießen ließ beim Anblick Jerusalems, das seiner Einladung und seiner Gnade mit starrer Verblendung und hartnäckiger Verleugnung entgegentrat, die es auf dem Wege der Schuld bis hin zum Gottesmord geführt hat.»[12]

Mit den Stereotypen der Theologie entgleiste der Papst hier auf makabre Weise. Er sprach nicht über die Juden, vielmehr wollte er den Kardinälen gegenüber der unheilvoll abgekehrten Welt Mut zusprechen und sie an ihre apostolische Aufgabe erinnern. Er verglich diese Situation mit der Zeit Christi und mahnte die Kardinäle, nicht kleinmütig zu klagen, sondern zu trauern wie Christus, dessen Tränen Mitleid waren und nicht (An-)Klage angesichts seiner eigenen, von ihm entfernten Welt. Griff Pius zu dem Bild Jerusalems und führte er die Juden der Zeit Christi und ihre «gottesmörderische Verblendung» an, brachte er zum Ausdruck, daß Christus auch über sie nicht klagte, sondern über sie trauerte, mit ihnen litt. Das war ein komplexer theologischer Sachverhalt und kein Urteil über die Situation der Juden in der Gegenwart oder gar die Behauptung, die Juden der Gegenwart trügen eigene Schuld an der Verfolgung, die sie durchlitten. Angesichts der Situation des Jahres 1942 war die Wahl dieser Bildsprache jedoch schlichtweg ein Fehler. Pius wählte einen theologischen Topos, der ihm wie selbstverständlich geläufig war, ohne über diesen Topos und die Bedeutung, die er unter den Umständen der Zeit annehmen mußte, nachzudenken. Bot sich kein anderes Bild an, die Trauer Christi über die Welt zum Ausdruck zu bringen, als das der «verblendeten Juden»? Die alten Deutungsmuster saßen tief; wenig hatte sich die Kirche seit den Initiativen der Abbés Lémann und der «Amici Israel» theologisch bewegt.

Weihnachten 1942: Das uneigentliche Sprechen

Obwohl der Papst aus den angeführten Beweggründen ein großes «J'accuse» nicht sprach, existieren doch viele kleine Anklagen. Diese Feststellung gehört zu den Paradoxa der Pius XII.-Thematik: «Öffentliche Stellungnahme» war nicht gleichbedeutend mit «öffentlicher Stellungnahme». Pius XII. schwieg nicht wirklich. Im Gegenteil, wer seinen Verlautbarungen zuhörte, mußte sie verstehen. Aber ihre Formulierungen waren doch stets so gewählt, daß sie den Eindruck erwecken konnten, sie ließen im Notfall auch noch einen Rückweg offen. Meisterlich entwickelte er eine Art des uneigentlichen Sprechens. Diese spezifische Ausdrucksweise, das Verharren im Allgemeinen, das Vermeiden der Worte «Nationalsozialismus» oder «Juden» erregte und erregt die Kritiker Pius' noch immer. Wog alles Eingebundensein des Papstes in seine Verantwortlichkeiten, in seine «Sachzwänge» so schwer, daß er nicht ein einziges Mal im Klartext sprechen konnte?

Die berühmte Radiobotschaft zu Weihnachten 1942 gilt als äußerste und deutlichste Form des öffentlichen Protests, der von Pius XII. gegen Nationalsozialismus und Judenverfolgung zu vernehmen war. Nach Ausführungen über Menschenwürde und Menschenrecht, über die Einheit der Gesellschaft und der Familie, über das Konzept des Staates nach christlichem Verständnis mündete sie in «Betrachtungen über den Weltkrieg und die Erneuerung der Gesellschaft». Wie bereits den Kardinälen gegenüber prangerte der Papst den «Mangel der modernen Gesellschaft an jeglicher moralischen Höhe» an. Auch Katholiken seien an dieser Entwicklung mit schuldig. Der Krieg habe Aktionen entfesselt, die allem humanen und christlichen Geist entgegenstünden. Die internationalen Konventionen des Kriegsrechts seien nichts als «leblose Buchstaben». Wäre es nicht an der Zeit, «daß die Völker auf den Ruinen einer sozialen Ordnung, die einen derart tragischen Beweis ihrer Unfähigkeit geliefert hat, dem Wohle der Menschen zu dienen,» eine neue Ordnung errichteten? Die Menschheit sei, im Namen der Menschlichkeit, ein Gelöbnis für eine erneuerte Gesellschaft schuldig: den unzähligen, auf den Schlachtfeldern begrabenen Toten, den Müttern, den Witwen, den Waisen des Krieges, den vom «Wirbelsturm des Krieges» aus ihrer Heimat Vertriebenen und Zerstreuten sowie «den vielen Hunderttausend Menschen, die ohne den Hauch einer eigenen Schuld, sondern allein aufgrund ihrer Nationalität oder ihrer Herkunft zum Tod oder zu langsamer Verelendung verurteilt sind.»[13]

Auf die Nachfrage Tittmans antwortete Pius, es sei doch «jedem klar geworden, daß er auf die Polen, Juden und Geiseln verwiesen habe.» Nicht wenige hielten seine Worte trotzdem für zu allgemein. Verstanden wurden sie jedenfalls in Berlin. Das Reichssicherheitshauptamt analysierte die Weihnachtsbotschaft im Januar 1943 in einem langen Bericht. Der Papst habe in ihr, so eines der Ergebnisse, «seinen grundsätzlichen Gegensatz und seine Gegnerschaft zum Nationalsozialismus» bekundet. «Auch wenn er seinen Namen nicht nennt.» Er habe «praktisch dem deutschen Volk ein Unrecht an Polen und Juden vorgeworfen. [...] Der Papst macht sich zum Fürsprecher und Vorkämpfer für diese wahrsten Kriegsverbrecher.»[14] Außenminister von Ribbentrop ließ Pius durch Botschafter von Bergen Vergeltungsmaßnahmen für den Fall androhen, daß der Heilige Stuhl seine traditionell neutrale Haltung aufzugeben beabsichtige.

Die Weihnachtsbotschaft von 1942 kann exemplarisch für zahlreiche weitere öffentliche Appelle Pius' XII. während des Krieges stehen (Abb. 8). Regelmäßig nutzte er die üblichen Anlässe, sich zu Wort zu melden: Weihnachten (1939–1944), Ostern (1940, 1941), Pfingsten (1941), seinen Na-

menstag am 2. Juni (1943, 1944, 1945) oder das Jubiläum seiner Bischofs-ernennung am 13. Mai (1942). Hinzu kamen – um nur die wichtigsten zu nennen – die beiden Enzykliken *Summi Pontificatus* (20. Oktober 1939), *Mystici Corporis* (29. Juni 1943), der «Aufruf an die Welt zu einem ge-rechten Frieden» vom 24. November 1940 sowie die Ansprachen zum Fest Peter und Paul am 29. Juni 1941, nach dem deutschen Überfall auf die So-wjetunion, und zum fünften Jahrestag des Kriegsbeginns am 1. September 1944. Gebetsmühlenartig wiederholte er die immer gleichen Gedanken, verdammte den Krieg, drängte zum Frieden, forderte eine Staats- und Ge-sellschaftsordnung nach christlichen Werten, verurteilte den modernen heidnischen Totalitarismus, reklamierte die Einhaltung des göttlichen und des Menschenrechts, flehte und betete für die unschuldigen Opfer. In Deutschland verhinderten die Behörden die Verbreitung der päpstlichen Verlautbarungen, wo immer möglich. Das Propagandaministerium hatte bereits im Herbst 1939 der Presse verboten, die Antrittsenzyklika *Summi Pontificatus* zu erwähnen, ja gar im Wortlaut zu drucken. Auch vor Fäl-schungen zur «Volksaufklärung» schreckte der Goebbels-Apparat nicht zurück: In Polen wurde ein manipulierter Text der Enzyklika in Umlauf ge-setzt, um die Bevölkerung durch den Eindruck zu demoralisieren, der Papst unterstütze und bete für die Deutschen und nicht, wie Pius in Wirk-lichkeit geschrieben hatte, für die Polen. Im Gegenzug warfen französische Flugzeuge zehntausende Flugblätter mit dem originalen Text der Enzy-klika über Deutschland ab.

Am 2. Juni 1943 wiederholte Pius den Kardinälen gegenüber und an-schließend öffentlich im *Osservatore Romano* sein Wort «für diejenigen, die aufgrund ihrer Nationalität oder ihrer Rasse zur Zielscheibe für noch größere Katastrophen und noch heftigere Schmerzen geworden sind und die manchmal sogar, ohne eigenes Verschulden, zur Ausrottung bestimmt sind.»[15] Wiederum nannte er die Juden nicht direkt beim Wort, blieb also dem «uneigentlichen Sprechen» treu; andererseits sprach er bei gleicher wie bei anderer Gelegenheit direkt von den Polen als Kriegsopfern. Wa-rum? Weil die Polen Katholiken waren, die Juden – zumindest die «Glau-bensjuden» – hingegen nicht? Oder weil die Polen über eine bessere Lobby beim Heiligen Stuhl verfügten als die Juden?

Pius konnte gar nicht anders, als früher oder später in Widerspruch zu seiner eigenen Strategie zu geraten. Sobald er anhob zu sprechen, mußte er notgedrungen sein eigenes Gebot der Unparteilichkeit mißachten, ob er nun «eigentlich» oder «uneigentlich» sprach. Was aber nützte alles Spre-chen? Weder den «eigentlich» genannten Polen noch den «uneigentlich»

Abb. 8 Papst Pius XII. während seiner Radioansprache zu Weihnachten 1941. Neben ihm (zweiter von rechts) steht Giovanni Battista Montini, der spätere Papst Paul VI. Gebetsmühlenartig verdammte Pius XII. den Krieg, drängte zum Frieden, forderte eine christliche Staats- und Gesellschaftsordnung, verurteilte den «heidnischen» Totalitarismus, flehte und betete für die unschuldigen Opfer. Daß er dabei im Allgemeinen verharrte und Wörter wie «Nationalsozialismus» oder «Juden» vermied, trug ihm den Vorwurf ein, zu den nationalsozialistischen Verbrechen geschwiegen zu haben. Seine Ansprachen waren andererseits so deutlich, daß die deutschen Behörden ihre Verbreitung behinderten.

genannten Juden gegenüber änderten die Nationalsozialisten ein Jota ihrer Vernichtungspolitik, nur weil der Papst sein Mißfallen darüber äußerte. Wie wenig der offene Protest sogar in Italien auszurichten vermochte, zeigte Ende 1943 noch einmal das Eintreten des *Osservatore Romano* gegen die Konzentration und Deportation von Juden aus Norditalien. Der «unchristliche und unmenschliche Befehl»[16] war nicht zu revidieren. Mehr als auf Worte kam es offenbar doch auf tätige Hilfeleistung an.

Politik der Hilfe

Sogleich mit Kriegsbeginn, im September 1939, ordnete Pius an, beim Staatssekretariat ein Informationsbüro für Kriegsgefangene einzurichten. Damit ließ er bereits während des Ersten Weltkrieges betriebene Fürsorgeaktivitäten des Heiligen Stuhls wieder aufnehmen. Unter Leitung von Monsignor Montini bearbeitete eine wachsende Zahl von Mitarbeitern täglich bald mehrere Hundert Anfragen über das Schicksal von Kriegsgefangenen, Verschollenen, Verschleppten und Deportierten an allen Kriegsschauplätzen. Das weltweite Netz der Nuntien, Delegaten, Bischöfe, Ordensleute und Priester war wie kein zweites geeignet, diese Aufgabe zu erfüllen. Auch das Medium Radio fand verstärkten Einsatz zur Nachrichtenübermittlung für die Personensuchdienste. Wo immer möglich, wurde versucht, die reine «Datenerhebung» durch konkrete Hilfeleistungen, Besuche in Gefangenen- und Konzentrationslagern, Lieferungen von Lebensmitteln, Kleidung, Medikamenten zu ergänzen. Neben dem internationalen Roten Kreuz bildete das vatikanische Informationsbüro sehr schnell die wichtigste Anlaufstelle für all jene, die verzweifelt nach dem Schicksal ihrer verschwundenen Angehörigen fahndeten; sein erst jüngst veröffentlichtes Archiv dokumentiert diese bisher oftmals unterschätzte humanitäre Aktivität des Heiligen Stuhls in ihrem gesamten Umfang und ihrer Systematik: Etwa vier Millionen Datenblätter verzeichnen die Erfolge und auch Mißerfolge der vatikanischen Bemühungen um alle – auch die jüdischen – Opfer des Krieges.[17]

Für diese wie alle andere Hilfstätigkeit war die «Unparteilichkeit» des Heiligen Stuhls wesentliche Voraussetzung. Der große, von vielen geforderte öffentliche Protest des Papstes hätte die Aktivität nicht nur des Informationsbüros stark gefährdet. An die Stelle «flammender Worte» trat beharrliches, der Öffentlichkeit vielfach verborgenes Wirken. Freilich reichte der Arm des Heiligen Stuhls gerade dorthin am wenigsten, wo die meisten zivilen Opfer ihr Leben ließen. In die von den Deutschen nahezu hermetisch abgeriegelten Gebiete des Ostens, insbesondere nach Polen, bestanden für den Heiligen Stuhl nach dem September 1939 keinerlei geregelte Informationskanäle mehr. Die polnische Kirche war zerschlagen, ihre Bischöfe vertrieben, unzählige Priester in Konzentrationslager verschleppt oder getötet. Nachrichten drangen allenfalls zufällig, über den Untergrund oder die polnische Exilregierung und oft auch in zweifelhafter Qualität in den Vatikan. Trotzdem verdichteten sich sehr bald bange Ahnungen über das Schicksal der Deportierten zu zwar nicht faktisch detailliertem, aber doch intuitivem Wissen. Wenn der 4. Juli 1942 als der Tag gelten muß, an dem die systematische Vernichtung in Auschwitz begann, war Orsenigo einer der ersten, die, selbst ungläubig, von irrlichternden Meldungen über diese Ereignisse in Berlin zu berichten wußten. «Unglücklicherweise kursieren auch schwer zu überprüfende Gerüchte über katastrophale Transporte und sogar Massentötungen von Juden.»[18] Eine Aufzeichnung der als Exilorganisation weiterarbeitenden polnischen Botschaft für das Staatssekretariat vom 19. Dezember 1942 sprach von über einer Million ermordeter polnischer Juden und beschrieb präzise das deutsche Vernichtungssystem, die Selektion «Arbeitsunfähiger» zur sofortigen Tötung sowie die «Vernichtung durch Arbeit» der arbeitsfähigen Juden. Dies alles geschehe an «Orten, die speziell für diesen Zweck eingerichtet wurden.»[19] Cicognani schrieb im März 1943 von «alarmierenden, vor allem aus London kommenden Nachrichten über eine systematische Vernichtung [der Juden], die von Hitler, wie man sagt, jüngst angeordnet worden sei und erbarmungslos vor allem in Polen durchgeführt werde.»[20] Spätestens am 5. Mai 1943 bestand im Staatssekretariat allenfalls noch ungläubiger, jedoch kein begründeter Zweifel mehr an der Existenz von Todeslagern, Todestransporten und dem Einsatz von Giftgas. Von etwa viereinhalb Millionen polnischer Juden seien vielleicht noch 100000 übrig. Die anderen seien verschwunden, ohne daß weitere Nachrichten über sie existierten.[21]

Eine der frühesten Informationen über den Plan einer völligen Vernichtung der Juden Europas und dessen bereits begonnene Ausführung war jedoch bereits ein Jahr früher, im März 1942, über den Nuntius in Bern im Vatikan eingegangen. Nur knapp zwei Monate nach der berüchtigten Wannseekonferenz, auf der unter der Leitung Heydrichs koordinierende Maßnahmen zur «Endlösung der Judenfrage» beschlossen worden waren, hatten die beiden Mitarbeiter des Jüdischen Weltkongresses Richard Lichtheim und Gerhart Riegner ein ausführliches Memorandum über die Situation der Juden in den von den Deutschen dominierten Gebieten Europas zusammengestellt.[22] Das sogenannte Riegner-Memorandum, in dem speziell um eine Intervention für die Juden in der von Deutschland abhängigen Slowakei gebeten wurde, führte sogleich zu verstärkten diplomatischen Bemühungen des Heiligen Stuhls, den Deportationen aus der Slowakei Einhalt zu gebieten. Wiederholte nachdrückliche Proteste des Staatssekretariats im Namen des Papstes erreichten jedoch nur wenig. Dies war umso bedrückender, als der slowakische Präsident Josef Tiso katholischer Priester war. «Ich weiß nicht», notierte Monsignor Tardini am 27. März 1942, «ob unsere Schritte genügen, diese Verrückten zu bremsen! Und verrückt sind beide: Tuka [der Ministerpräsident der Slowakei, ThB], der handelt, und Tiso – ein Priester –, der ihn machen läßt!»[23] In der Tat: Erst nach über einjährigem beständigem Drängen auf allen Ebenen – auch die slowakischen Bischöfe erließen ein Hirtenschreiben zugunsten der Juden – fühlte sich Tiso im Juli 1943 bemüßigt, weitere Deportationen aufzuschieben. Allerdings begannen die Verfolgungen 1944 von neuem. Nun sandte der Papst seinen Geschäftsträger in Preßburg persönlich zu Tiso, um diesen

Beispiel Slowakei erfolgreich

eindringlich seiner priesterlichen Würde und seines priesterlichen Gewissens zu gemahnen. Die Vorgänge unter seiner Präsidentschaft, ließ Pius XII. Tiso übermitteln, verstießen gegen die Prinzipien der Humanität und Gerechtigkeit und stärkten diejenigen Kräfte, die es darauf abgesehen hätten, Klerus und Kirche auf der ganzen Welt zu diskreditieren.[24] Tiso antwortete dem Papst mit einem Brief voller Ignoranz und Borniertheit, der keinerlei Einsicht verriet.[25] Welche Einflußmöglichkeiten blieben dem Vatikan nun noch? Tiso zu exkommunizieren, wie ein anonymes Telegramm an Pius XII. bereits 1941 gefordert hatte?[26] Ob eine derartige kirchliche Disziplinierungsmaßnahme Tiso zu einem dauerhaften Einlenken hätte bewegen können, läßt sich wiederum nur spekulativ beantworten. Zu bedenken steht in jedem Fall, daß Tisos Handlungsspielräume als Präsident einer Regierung von deutschen Gnaden gering waren und auch durch eine Exkommunikation nicht verändert worden wären. Pius hingegen, der den Einsatz von Kirchstrafen in politischen Fragen auch aus anderen, grundsätzlichen Gründen ablehnte, hätte durch die Exkommunikation Tisos wiederum seine Position der Unparteilichkeit und damit die Basis aller Hilfsbemühungen aufs Spiel gesetzt. Alle Proteste des Heiligen Stuhls konnten die Deportationen aus der Slowakei nicht verhindern; immerhin jedoch trugen sie in Verbindung mit der Arbeit der unterschiedlichen, auch vom Vatikan unterstützten oder geleiteten Hilfsorganisationen dazu bei, daß etwa ein Drittel der slowakischen Juden vor der Deportation bewahrt und gerettet werden konnte.[27]

weltweite Hilfeleistungen

Das Beispiel der Slowakei läßt ein weiteres Grundmuster des vatikanischen Handelns erkennen: an die Seite hartnäckiger diplomatischer Intervention über den Weg der Nuntien und Botschaften trat in allen Ländern, in denen Juden verfolgt, deportiert, ermordet wurden, der Versuch, so viel Hilfeleistungen wie möglich zu erbringen. Da in Polen selbst kaum etwas zu erreichen war, mußte die Hilfe vor Ort ansetzen, mußten einzelne Transporte verhindert oder zumindest verzögert werden. Konkret bedeutete Hilfeleistung dann meist, bestimmte eindeutig zu fassende Gruppen vor der Deportation zu bewahren: «nichtarische Katholiken», Neugetaufte – nicht selten wurden große Mengen von «Taufscheinen» ohne jede Bedingung ausgegeben –, jüdische Ehepartner von Katholiken, Kinder, Kranke. Noch dringender als in der Vorkriegszeit waren in Zusammenarbeit mit den verschiedensten Hilfsorganisationen Emigrationsmöglichkeiten zu erschließen, Ausreisen zu finanzieren, Visa zu beschaffen. In der sogenannten «Brasilienaktion» war es dem Heiligen Stuhl bereits 1939/40 gelungen, die Zusage für 3000 Einreisevisa nach Brasilien zu erhalten, die dann frei-

Brasilienaktion → erfolgreich
+ Rumänien → erfolgreich

lich wegen anderer Schwierigkeiten mit Deutschland nur in geringem Umfang wahrgenommen werden konnten. In Rumänien entstand eine enge Kooperation zwischen dem Nuntius Cassulo und den Häuptern der jüdischen Gemeinden bei der Evakuierung von Juden aus den von Deutschland besetzten Gebieten; zusammen mit dem «War Refugee Board» und dem Delegaten in der Türkei und Griechenland, Roncalli, gelang es, mehr als tausend Juden über Istanbul in Richtung Palästina ausreisen zu lassen. Roncalli, der spätere Papst Johannes XXIII., wirkte die gesamten Kriegsjahre über nicht nur als Nachrichtenzentrale im Südosten Europas, sondern auch als zuverlässiger Helfer bei allen Bemühungen, besonders die Juden Griechenlands und Bulgariens der Deportation zu entziehen.

Die Politik der diplomatischen Intervention erzielte ihren größten Erfolg in Ungarn, wo Reichsverweser Horthy nach einem Telegramm Pius' XII. im Juli 1944 die Deportationen stoppen ließ.[28] Freilich glich die Situation in Ungarn insofern derjenigen in der Slowakei, als auch Horthy, wie Tiso, unter deutschem Druck stand und über wenig Entscheidungsfreiheit verfügte. Fand im Fall Horthy der Appell des Papstes an Gewissen und Humanität mehr Gehör als bei Tiso, fruchtete er in Ungarn auf Dauer ebensowenig wie in der Slowakei. Im Oktober 1944 wurde Horthy gestürzt und durch den fanatischen Antisemiten Szalási ersetzt, der die Verfolgung der Juden sogleich wieder aufnahm. Mit einer Botschaft an den ungarischen Kardinalprimas Serédi schloß sich Pius einem Aufruf der ungarischen Bischöfe für die Verfolgten an[29] – erneut ohne wirklich durchschlagende Wirkung. Wenigstens konnten durch Schutzbriefe, die von der Nuntiatur ausgegeben wurden, einige tausend «katholische Nichtarier» Ungarns vor der Deportation bewahrt werden. Das moralische Gewicht des Heiligen Stuhls genügte nicht, um gegen die realen Machtverhältnisse Bedeutendes auszurichten. Dies zeigte sich auch in Kroatien, für dessen 40 000 Juden – die zum größten Teil getauft waren – nur sehr wenig zu erreichen war. Wer sich bis Ende 1941 in die von italienischen Truppen besetzten Gebiete retten konnte, hatte Glück und wurde, auch dank vatikanischer Bemühungen, nicht wieder nach Kroatien abgeschoben.

Italien und die von Italien besetzten oder kontrollierten Gebiete in Dalmatien, Albanien, Griechenland und Südfrankreich blieben bis zum September 1943 von Deportationen bewahrt. Die italienische Regierung diskriminierte zwar die Juden, aber sie ermordete sie nicht. In Italien bestand die Hilfe für Juden also zunächst im wesentlichen darin, Abschiebungen von Flüchtlingen zu vermeiden sowie Emigrationsmöglichkeiten zu schaffen, um Flüchtlinge in Drittländer ausreisen zu lassen. Hier bewährte sich die Zusammenarbeit des Heiligen Stuhls und dessen Sondervermittler bei der italienischen Regierung, Pater Tacchi Venturi, mit der italienisch-jüdischen Hilfsorganisation «Delasem» («Delegazione assistenza ebrei emigranti») und dem St. Raphaelswerk. Eine höchst aktive Hilfszelle insbesondere für jüdische Flüchtlinge aus Südfrankreich leitete zusammen mit Delasem-Mitarbeitern der Kapuzinerpater Benedetto da Bourg d'Iré in Rom, der darüber auch dem Papst persönlich berichtete.[30] Hier wurden etwa 4000 Juden unterstützt und um die 25 Millionen Lire, großenteils aus kirchlichen Fonds an Hilfsgeldern investiert.[31] Nach der Besetzung Nord- und Mittelitaliens durch die Deutschen Anfang September 1943 änderte sich auch die Lage in Italien schlagartig auf dramatische Weise. Die «Delasem» war gezwungen, in den Untergrund abzutauchen, und die kirchlichen Organisationen hatten sich auf eine erbarmungslose Verfolgung und Deportation ihrer Hilfsbefohlenen einzustellen.

Heiliger Stuhl und katholische Kirche entfalteten während des Zweiten Weltkriegs weitverzweigte und differenzierte Hilfsaktivitäten. Den Umständen entsprechend fielen die Erfolge dieser Arbeit nicht selten frustrierend gering aus. Trotzdem, dies zeigen die Akten, ließen die Bemühungen auch in dunkelsten Zeiten niemals nach. Auch wenn nur ein kleiner Bruchteil der von den Nationalsozialisten verfolgten Juden gerettet werde konnte – die von Pinchas Lapide «errechnete» Zahl von 700 000 bis 860 000 Juden, «zu deren Rettung die katholische Kirche beigetragen hat», erscheint grotesk übertrieben;[32] ein Schätzwert von etwa 100 000 Personen wird der Realität deutlich näherkommen –, schrieb der Heilige Stuhl diesen Hilfsaktivitäten jederzeit höchste Priorität zu. Leben zu retten ging vor, wobei jedes einzelne Leben zählte; falsches Sprechen, so war die Überzeugung, hätte diese Aufgabe behindert, wenn nicht gar akut gefährdet.

16. Oktober 1943: Die Juden von Rom

Eine Schlüsselepisode in den Diskussionen um die Haltung Papst Pius' XII. gegenüber der nationalsozialistischen Judenverfolgung bildet seit jeher die Deportation der römischen Juden am 16. Oktober 1943. Hat der Papst herzlos zugesehen, wie die SS-Truppen «unter seinen Fenstern» die Juden der Ewigen Stadt aus den Häusern trieben und abtransportierten? Rolf Hochhuth hat diese Wendung aus einem Bericht des Botschafters Ernst von Weizsäcker dramaturgisch wirkungsvoll in sein Theaterstück montiert, um seine These vom Versagen des Papstes auch in bühnengerechter

Bildlichkeit, wenngleich nicht den Fakten entsprechend, zum Ausdruck zu bringen. Noch immer kursieren über die römischen Vorgänge vom September und Oktober 1943 teils absurde Fehlinformationen und -urteile. Obwohl einige Details der Vorgänge vom und um den 16. Oktober bisher tatsächlich nicht restlos geklärt sind, ist doch der Handlungsablauf im Ganzen weder unklar noch schwer zu interpretieren.

Mit der Verhaftung Mussolinis und der Regierungsübernahme durch Marschall Badoglio hatte in Italien Ende Juli 1943 der Umsturz begonnen. Am 3. September schloß Badoglio einen Waffenstillstand mit den Alliierten, woraufhin deutsche Truppen ab dem 8. September Norditalien und am 10. September Rom besetzten. Die Besatzungsmacht respektierte die Integrität des Vatikanstaates; vor dem Petersplatz zogen deutsche Wachen auf. Die Bedrohung des Heiligen Stuhls und des Papstes war gleichwohl offensichtlich, zumal Hitler bereits mehrfach angedroht und wohl auch bereits einen Geheimauftrag an SS-Truppen erteilt hatte, den Vatikan besetzen zu lassen.

Den Juden Roms schien hingegen zunächst nichts zu geschehen. Zwischen dem 10. und dem 25. September herrschte trügerische Ruhe. Am 26. bestellte SS-Kommandant Kappler jedoch den Präsidenten der Union der jüdischen Gemeinden Dante Almansi und den Vorsitzenden der jüdischen Gemeinde Roms Ugo Foà ein, um ihnen ein Lösegeld von 50 Kilogramm Gold innerhalb von 36 Stunden abzufordern. Im Falle rechtzeitiger Ablieferung sagte Kappler den Juden Roms Verschonung zu; andernfalls drohte er an, 200 jüdische Bürger deportieren zu lassen. In einer außergewöhnlichen Sammelaktion, zu der außer den Juden auch viele christliche Römer beitrugen, brachte die Gemeinde die geforderte Menge auf. Der Vatikan hatte sich sogleich bereit erklärt, einen eventuell fehlenden Teil des Goldes zu ergänzen; diese Hilfestellung brauchte aber zuletzt nicht in Anspruch genommen zu werden. Mit dem materiellen Opfer gaben sich die nationalsozialistischen Besatzer jedoch nicht zufrieden. Zwischen dem 29. September und dem 13. Oktober durchsuchten SS-Offiziere penibel die Gemeinderäume einschließlich der Synagoge, beschlagnahmten Geld und Wertgegenstände sowie schließlich die wertvolle Bibliothek der Gemeinde und des Rabbinerkollegs. Im Morgengrauen des 16. Oktober rückten speziell zu diesem Zweck nach Rom zusammengezogene SS-Einheiten an, riegelten das Quartier des Ghettos ab, durchkämmten alle Häuser und trieben etwa 1250 Personen zusammen, die in die nahegelegene Militärschule abgeführt wurden. Etwa 250 «Mischlinge» und zufällig mitaufgegriffene «Arier» wurden wieder auf freien Fuß gesetzt, die anderen am 19. Oktober nach Auschwitz deportiert. In den kommenden Monaten bis zum Ende der deutschen Besatzung Roms Anfang Juni 1944 griffen die deutschen Polizeikräfte noch etwa weitere 650 Juden auf; insgesamt wurden knapp 1700 der etwa 8000 Juden Roms deportiert und ermordet.

Drei Viertel der jüdischen Bevölkerung Roms wurden demzufolge gerettet. Dies war einem Zusammenspiel verschiedener Kräfte und Faktoren zu verdanken, in dem der Vatikan, die kirchlichen Einrichtungen Roms, die deutsche Botschaft sowie die christliche Bevölkerung wesentliche Rollen spielten. Nachdrücklich hatte sofort nach der Besetzung Roms durch die Deutschen der Botschaftsrat Albrecht von Kessel in Absprache mit Botschafter Ernst von Weizsäcker die römischen Juden auf die Gefahr hinweisen lassen, in der sie sich befanden.[33] Einige tauchten daraufhin unter, ohne allerdings die Gefahr ernst genug zu nehmen, da die Besatzer während der ersten Wochen auf die Juden keinen Druck ausübten. Auf eine zweite Warnung hin sowie nach der Lösegeldforderung Kapplers vom 26. September verstärkten sich die Bemühungen, Juden zu verstecken. Die Gruppe um den Kapuzinerpater Benedetto da Bourg d'Iré fertigte falsche Pässe und Lebensmittelmarken aus. Viele Verfolgte kamen in römischen Privatwohnungen unter. Botschafter von Weizsäcker ließ großzügig Schutzbriefe für Gebäude ausstellen, die wirklich oder angeblich dem Vatikanstaat gehörten und als solche exterritorial und für die deutschen Truppen unverletzlich waren. Mindestens 4000 Juden fanden Unterschlupf in kirchlichen Einrichtungen, in Klöstern, Konventen, Kongregationen, Pfarreigebäuden, Stiftungen, Kinderheimen, Waisenhäusern sowie im Vatikan selbst, in den exterritorialen Liegenschaften um die Lateranbasilika und S. Paolo fuori le mura.[34] Nicht wenige, vor allem Frauenklöster, öffneten die Klausuren, um Verfolgte aufzunehmen; mancher gutsituierte jüdische römische Geschäftsmann legte die Mönchskutte an. Die Franziskaner von S. Bartolomeo auf der Tiberinsel, direkt gegenüber dem Ghetto, beherbergten bis zu vierhundert Personen. Manche blieben nur wenige Tage, um in andere Verstecke überführt zu werden; der weitaus größte Teil harrte unter abenteuerlichen Bedingungen monatelang in den kirchlichen Einrichtungen aus, bis zum Abzug der Deutschen und zur Befreiung durch die Alliierten.

Natürlich konnten diese Aktionen, etwa die Öffnung der Klosterklausuren, nur mit Wissen, ja auf ausdrücklichen Wunsch des Heiligen Stuhls hin erfolgen. Das Staatssekretariat hatte schon am 17. September die mißtrauische Frage gestellt, warum bisher den Juden Roms nichts geschehen sei, und hatte zusammen mit dem Papst überlegt, welche Maßnahmen ergriffen werden könnten. Dabei war auch an eine offizielle Intervention des

Heiligen Stuhls bei der deutschen Botschaft gedacht worden. Staatssekretär Maglione sprach darüber zweimal mit Botschafter von Weizsäcker.[35]
Alle bekannten Quellen deuten darauf hin, daß von Weizsäcker Maglione
und Pius XII. davon abgeraten hat, für die römischen Juden öffentlich das
Wort zu ergreifen. Albrecht von Kessel, 1943 als Botschaftsrat enger Mitarbeiter von Weizsäckers, deutete 1963 in der Debatte mit Rolf Hochhuth
an, der Botschafter habe Pius aus begründeter Angst vor Übergriffen der
deutschen Truppen auf den Vatikan und die Person das Papstes selbst den
Rat gegeben, «keine unbedachten Aktionen zu unternehmen, das heißt Aktionen, über deren letzte, vielleicht tödliche Folgen er sich nicht im klaren
wäre.»[36] In einer jüngst aus dem Nachlaß publizierten zweiten Aufzeichnung wiederholte und präzisierte von Kessel seine Erinnerung. «Parallel zu
meiner Aktion» – die Juden schon kurz nach der deutschen Besetzung
Roms am 8. September warnen zu lassen – «war Weizsäcker beim Papst gewesen und hatte ihn vor einem offiziellen Protest gewarnt. Denn ein solcher Protest werde keinem einzigen Juden das Leben retten und Hitler in
äußerste Wut versetzen, die auch vor seiner, des Papstes, Person möglicherweise nicht haltmachen werde.»[37] Kessels Memoiren decken sich in diesem
Punkt mit der Aussage des Botschaftssekretärs Gerhard Gumpert, Weizsäcker habe ihm gesagt, «daß ich [Weizsäcker, ThB] damals [während des
Abtransports der römischen Juden, ThB] sehr vertraulich mit Montini [...]
gesprochen und ihn unterrichtet habe, daß eine Äußerung des Papstes nur
bewirken würde, daß die Abtransporte erst recht durchgeführt werden.
Ich kenne doch die Reaktionen dieser Leute bei uns. Montini hat das übrigens eingesehen.»[38]

Vor dem Hintergrund dieser gut belegten persönlichen Einstellung
Weizsäckers bildet auch sein Gespräch mit Kardinalstaatssekretär Maglione am Morgen das 16. Oktober keinerlei Interpretationsprobleme. Die
Nachricht von der Razzia im Ghetto erreichte den Papst erst am frühen
Morgen durch die junge römische Adelige Enza Pignatelli Aragona Cortés.
Maglione bestellte unverzüglich den Botschafter ein und protestierte «so
gut ich konnte, im Namen der Humanität und der christlichen Barmherzigkeit. [...] Exzellenz, Sie haben ein weiches und gutes Herz. Sehen Sie zu,
all diese Unschuldigen zu retten. Es ist schmerzhaft für den Heiligen Vater,
über jedes Maß schmerzhaft, daß gerade in Rom, unter den Augen des
Papstes, so viele Menschen allein deshalb leiden müssen, weil sie einer bestimmten Herkunft sind.» Weizsäcker erkundigte sich, was geschähe,
wenn die Razzia weiterginge. Maglione antwortete: «Der Heilige Stuhl
möchte sich nicht dazu gezwungen sehen, ein Wort der Mißbilligung spre-

chen zu müssen.» Weizsäcker entgegnete in beschwörendem Ton, der Heilige Stuhl habe sich in den vier Jahren des Krieges überaus klug verhalten und solle auch jetzt darüber nachdenken, ob es gut sei, «alles zu gefährden. Ich denke an die Folgen, die ein Schritt des Heiligen Stuhls provozieren könnte. [...] Die Anweisungen kommen von höchster Stelle...» Diese Haltung entsprach exakt jener von Kessel und Gumpert beschriebenen Linie. Maglione betonte noch einmal, an das Gewissen des Botschafters appelliert zu haben, stellte jedoch dessen persönlicher Einschätzung anheim, über den Inhalt des Gesprächs offiziell in Berlin Meldung zu erstatten. Noch einmal «mußte ich ihm jedoch sagen, daß der Heilige Stuhl nicht in den Zwang versetzt werden darf, zu protestieren. Sollte dies der Fall sein, würde er sich, was die Konsequenzen betrifft, der göttlichen Vorsehung anvertrauen.» Diese Worte Magliones belegen zur Genüge, daß er von Weizsäcker verstanden hatte und wußte, worauf dieser mit dem Begriff «Konsequenzen» anspielte. Der Kardinalstaatssekretär entließ den Botschafter mit einer nachdrücklichen Erinnerung an dessen Versprechen, «etwas für die armen Juden unternehmen zu wollen. Dafür danke ich Ihnen. Was das Übrige angeht, verlasse ich mich auf Ihr Urteil.»[39]

Ganz wollten sich Papst und Staatssekretariat freilich nicht dem Wort des Botschafters anvertrauen, sondern begannen, eine eigene, indirekte Intervention vorzubereiten. Offenbar ließen sie sich dabei von dem Gedanken bewegen, der als NS-freundlich geltende Rektor der Anima, Alois Hudal, könne bei den deutschen Stellen am meisten erreichen. Deshalb erhielt Hudal noch am Vormittag des 16. Oktober Besuch vom Neffen des Papstes, Carlo Pacelli; wenig später ging beim Befehlshaber der Wehrmacht, General Stahel, ein Brief Hudals mit der Bitte ein, «eine Order zu geben, daß in Rom und Umgebung diese Verhaftungen [von Juden, ThB] sofort eingestellt werden. Das deutsche Ansehen im Ausland fordert eine solche Maßnahme und auch die Gefahr, daß der Papst öffentlich dagegen Stellung nehmen wird.»[40] Gleichzeitig übermittelte die deutsche Botschaft den Brief Hudals mit etwas verändertem Wortlaut telegrafisch an das Auswärtige Amt in Berlin. Hudal drohte zwar einen öffentlichen Protest des Papstes für den Fall an, daß die Verhaftungen weitergingen; sein entscheidendes Argument stand hingegen zwischen den Zeilen und war militärischer Natur: Ein Volksaufstand in Rom gegen die deutschen Besatzer könne auf keinen Fall im Interesse der Wehrmacht liegen, die auf ein ruhiges Rom als Nervenzentrum zwischen den im Norden und im Süden Italiens stehenden deutschen Truppen angewiesen sei. Am folgenden Tag notierte Hudal den Inhalt eines Telefongesprächs mit Stahel. Der General habe «die Sache an die hiesige Gestapo und an Himmler unmittelbar sofort weitergeleitet; Himmler gab Order, daß mit Rücksicht auf den besonderen Charakter Roms diese Verhaftungen sofort einzustellen sind.»⁴¹ Tatsächlich fanden nach dem 17. Oktober 1943 keine Massenrazzien in und Massendeportationen aus Rom mehr statt. Damit trug diese indirekte, diplomatisch klug eingefädelte Einflußnahme des Heiligen Stuhls via Wehrmacht auf die SS-Führungsspitze ihren Teil dazu bei, viele weitere Juden Roms vor dem Tod zu retten. Allerdings half sie den in der Militärschule gefangenen Juden nicht mehr. Zwar wurde ein Mitarbeiter des Staatssekretariats noch am 17. Oktober in die Militärschule vorgelassen, um einige Verpflegungspakete und Hilfsmittel auszugeben; er durfte allerdings mit keinem der Opfer sprechen. Weitere Erkundigungen des Staatssekretariats nach dem Schicksal der Deportierten führten in den folgenden Monaten zu keinerlei Ergebnissen mehr. Weizsäcker beschied Montini am 15. November 1943, er könne «wenig bis gar nichts unternehmen». Allein Informationen über «diese Armen» zu erhalten, sei unmöglich.⁴² Bereits im Oktober hatte ein Beamter der Gestapo dem römischen Senator Motta unumwunden erklärt: «Diese Juden werden nie mehr nach Hause zurückkehren.»⁴³

Ein jüdischer Politiker beim Papst

Im April 1945, wenige Wochen vor der Ermordung Mussolinis durch Partisanen am Comer See und der Kapitulation der deutschen Streitkräfte in Norditalien, besuchte wiederum ein zionistischer Politiker aus Jerusalem das jetzt befreite Rom. Anders als sieben Jahre zuvor Moshe Waldmann, erreichte Moshe Shertok eine Audienz beim Papst persönlich. Nicht allein der Inhalt, auch die von Shertok vermittelte Atmosphäre des Gesprächs mit Pius XII. verleihen seinem bisher nicht bekannten Bericht besondere Bedeutung.

Ich bat um das Gespräch und ich bekam es. Man hat mich sehr freundlich empfangen. [...] Wenn er die Überschrift «Palästina» sieht, spricht er einige Wörter auf Hebräisch. – Er eröffnete das Gespräch. Wir sprachen englisch. Ich sagte ihm, daß ich mich außerordentlich geehrt [...] fühle. Er sei der höchste Vertreter der christlichen Welt und er sei zugleich die Verkörperung des Gewissens eines großen Teiles der kultivierten Menschheit. [...] – Ich sagte ihm, daß es meine erste Pflicht sei, ihm zu danken und über ihn der katholischen Kirche im Namen der jüdischen Öffentlichkeit für alles, was sie in verschiedenen Staaten getan haben, um Juden zu retten, zur Rettung von Kindern und Juden überhaupt. Er sagte: Von den schrecklichen

Verfolgungen zu retten. Ich sagte: Das waren nicht nur Verfolgungen. [...] Das war ein Abschlachten. Er sagte: Ich habe einige schreckliche Sachen gehört, die in Polen und Ungarn geschehen sind. Ich sagte: Nicht nur den Juden dieser Länder, sondern allen Juden, die dort hingebracht wurden. Ich sagte ihm, daß wir glaubten, in diesem Krieg fünf Millionen Juden in Europa verloren zu haben. Er sagte: Fünf Millionen, wirklich? Das bedeutet, daß dies auf ihn einen riesigen Eindruck hinterließ. – Ich sagte: Ich möchte eine Sache betonen, obgleich wir voller Dankbarkeit der Katholischen Kirche gegenüber sind für das, was sie [...] getan hat, um unsere Brüder zu retten. Wir sind ein Volk mit einem starken Gedächtnis. [...] Ebenso wie wir nicht vergessen, was man uns Schlechtes getan hat, vergessen wir nicht, was man uns Gutes getan hat. Wir müssen jetzt die Rückgabe der Kinder verlangen. Ich verstehe den Standpunkt der Mönche sehr gut, aber für uns geht es nicht nur um die Rettung der Kinder als Menschen, sondern um ihre Rettung als Juden. Sie müssen zurückkehren in den Schoß des Judentums und des jüdischen Volkes. Wir hoffen, alle nach Eretz Israel zu bringen und ihnen dort ein volles jüdisches Leben zu ermöglichen. Er sagte: Ja, ja, ich verstehe. – Trotzdem sah ich, daß er nicht da saß, um wirklich zu diskutieren. Er sitzt nicht da, um mich zu empfangen, sondern, um mir seinen guten Willen zu zeigen. Er antwortete, indem er seinen guten Willen bekundete und Wertschätzung. Alles, was ich konkret aus diesem Gespräch mitnehmen konnte, ist die Tatsache, daß es mir möglich war, dem Papst zu sagen, daß wir die Kinder zurückverlangen. Er äußerte keinen Widerspruch. Ich hatte den Eindruck, daß er die Sache gut versteht. Danach begann er mich zu fragen: Woher kamen Sie? ‹Ich komme aus Jerusalem.› [...] Er: Sie bleiben hier? ‹Ich kam, um die jüdischen Soldaten zu besuchen. Wir haben hier eine jüdische Brigade. [...] Wir haben hier noch Soldaten. Wir haben neuntausend Soldaten in diesem Land.› Er: Neuntausend? Ich: [...] Sie kämpfen, damit das jüdische Volk eine Zukunft habe. Wir glauben, das jüdische Volk hat fünf Millionen seiner Söhne und Töchter verloren; das ist nur uns widerfahren, daß wir drei Viertel unserer Söhne und Töchter in Europa verloren haben. Und das geschah nur, weil wir kein eigenes Land, keinen eigenen Staat haben. Nach dem Krieg muß eine fundamentale, eine radikale Veränderung im historischen Prozeß des jüdischen Volkes geschehen. Er sagte: Ja, ja. Ich: Es muß zwischen uns und der katholischen Kirche Übereinstimmung geben. Wir wissen von keinem Gegensatz zwischen unseren Absichten bzw. Wünschen in Eretz Israel und den [...] Angelegenheiten des Christentums und der katholischen Kirche in Eretz Israel. Wir haben immer gesagt, daß wir die heiligen Stätten ehren werden und ähnliches. Und wir erwarten die moralische Unterstützung der katholischen Kirche, um unsere Existenz in Eretz Israel zu erneuern. Er sagte: In diesen schweren Zeiten. Ich sagte: [...] Eine große Schwierigkeit ist die jüdische Frage. Und diese Schwierigkeit möchten wir uns selbst und der ganzen Welt erleichtern. Dann sagte er: Es gibt in Eretz Israel Araber. [...] Wieviele? Ich sagte: Jetzt 3:2. Er sagte: sie sind die Mehrheit. Ich sagte: Ja, aber sie haben auch noch andere breite und große Länder und Reichtum ohne Ende, und wir haben nur dieses kleine Land. Das ist unser einziger Ort in der ganzen Welt. – Er sagte: Ja, ja. Das ist sicherlich nicht die Gefahr. Er habe aber jene Dinge gehört. Und damit endete das Gespräch [...] Er sagte: Gott segne Sie. Ich dankte ihm und wünschte ihm alles Gute. – Bevor ich in das Gespräch gegangen war [...] hatte man mir nicht gesagt, daß ich mein Knie beugen und seine Hand küssen müsse.»[44]

Shertok sprach in der Audienz einen für die jüdischen Politiker wichtigen Punkt an: die Rückgabe jüdischer Kinder, die in kirchlichen Einrichtungen und Klöstern vor der Deportation bewahrt werden konnten. Dieses Anliegen zielte nicht allein auf die in Rom, sondern in vielen von der Judenverfolgung betroffenen Ländern versteckten Kinder, Flüchtlingskinder vor allem, die von den verzweifelten Eltern in die Klöster gegeben worden waren, damit wenigstens sie überlebten. Die israelischen Organisationen schätzten ihre Zahl auf 8000 bis 10 000. Shertok war nicht der einzige jüdische Politiker, der deshalb bei Pius XII. vorsprach. Oberrabbiner Herzog berichtete im März 1946 von einem Versprechen des Vatikan, das Bemühen um Rückführung der Kinder zu unterstützen; allerdings beharrten Papst und Heiliges Offizium auf einer Fürsorgepflicht der Kirche, besonders für die vielen verwaisten und die wenigen getauften jüdischen Kinder. Eine Instruktion des Heiligen Offiziums von Ende September 1946 wies Roncalli, mittlerweile Nuntius in Paris, an, auf Einzelfallprüfungen zu bestehen, bevor Kinder in die Obhut jüdischer Institutionen überstellt wurden; sollten jedoch die Eltern noch leben, seien ihnen die Kinder in jedem Fall auszuhändigen.[45] Die Einzelfallprüfungen zogen sich in die Länge, die «Rückgabeaktionen» beanspruchten Jahre. Immerhin: nahezu alle Kinder wurden zuletzt zurückgeführt;[46] ein Heer von Mortaras entstand nicht. Die Hilfe in der Not mußte nicht durch Konversion bezahlt werden. Was wie eine Selbstverständlichkeit klingt, war auch ein Zeichen des Umdenkens; schon bevor die theologische Wende festgeschrieben wurde, zeitigte sie erste Früchte. Die jüdischen Kinder durften und sollten Juden bleiben.

Neben seinem konkreten Anliegen lenkte Shertok das Gespräch mit dem Papst auch auf wesentliche Aspekte des katholisch-jüdischen Verhältnisses der Zukunft. Vor allem riß er ihm das Problem eines jüdischen Staates in Palästina auf. Seine Forderung nach «moralischer Unterstützung» des zu gründenden Israel durch die römisch-katholische Kirche trug den Appell in sich, die gemeinsame Basis theologisch wie real grundsätzlich neu zu bauen. Pius hörte nachdenklich und nicht ohne Wohlwollen zu. Sein Pontifikat sollte noch weitere dreizehn Jahre dauern, während derer sich diese Themen kontinuierlich weiter entfalteten, ohne daß der Papst sie entschieden vorantrieb. Von einzelnen kleinen Schritten abgesehen, verharrte er vor ihnen in jener Haltung, die er auch Shertok gegenüber zeigte: wohlwollend, nachdenklich, aber doch passiv.

Nachrufe

Pius XII. starb am 9. Oktober 1958. Der israelische Botschafter in Italien, Eliahu Sasson, kondolierte unverzüglich. «Als Jude werde ich niemals die unermüdlichen Anstrengungen vergessen können, die der Papst besonders während des Zweiten Weltkrieges unternahm, um die Juden Deutschlands und Westeuropas gegen die rassistischen Verfolgungen durch die National-sozialisten zu verteidigen.» Als er dem Heiligen Stuhl einige Wochen spä-ter für Gedenkmünzen und -briefmarken dankte, kam Sasson ein zweites Mal auf das Thema zurück. Der israelische Staatspräsident sowie das ge-samte israelische Volk sähen sich durch die Gaben stets an die Anstren-gungen des verstorbenen Papstes erinnert, «die Juden aus den Händen der Nazis» zu retten.[47] Zweifellos sprengte diese doppelte Würdigung den Rahmen reiner diplomatischer Höflichkeit. Die israelische Außenministe-rin Golda Meir meldete sich vom Sitz der Vereinten Nationen in New York zu Wort: «In den Jahren des Naziterrors erhob sich die Stimme des Papstes mitleidend für die Opfer [...]. Wir trauern um einen großen Diener des Friedens.»[48] Auch Elio Toaff, der Oberrabbiner von Rom, lobte die «mit-leidende Güte und die Großherzigkeit des Verstorbenen während der Jahre der Verfolgung und des Terrors» und erinnerte an die Bereitschaft des Pap-stes, zu der von den römischen Juden erpreßten Goldmenge beizutragen.[49] Einer der Vorgänger Toaffs, Israel Zolli, jener Rabbiner, der im September 1943 im Vatikan gewesen war, um die päpstliche Zusicherung entgegenzu-nehmen, die Goldforderungen der SS erfüllen zu helfen, hatte sich 1945 taufen lassen und aus Dankbarkeit den bürgerlichen Vornamen des Pap-stes, Eugenio, angenommen.

Waren all diese Danksagungen von jüdischer Seite – aus den Jahren der Verfolgung selbst ließen sich zahlreiche weitere ergänzen – Irrtümer, die das «gerechte Urteil» der Historie als solche enthüllt? Sicher nicht. Sie waren eine der Wahrheiten dieser Geschichte, die, wie alle Geschichte, mehrere wahre Gesichter zeigt, wenn man sie lange genug betrachtet. Zu diesen anderen Wahrheiten gehört, daß die römisch-katholische Kirche die jüdische Katastrophe trotz allen Engagements doch nie zu einem Problem mit absoluter Priorität erhob, daß ihr führendes Personal den Opfergang für die «älteren Brüder» nicht wählte. Für diese Entscheidung kann der Historiker zahlreiche Motive anführen, zu denen auch jene «ungeliebte Koalition» zählt, die mit den Juden einzugehen die Kirche nicht bereit war, weil ihr historischer Antijudaismus ebenso dagegenstand wie ihr gegen die

Moderne gerichteter «ökonomischer» Antisemitismus. Wer freilich die Meinung vertritt, die Kirche hätte unabhängig von allen Gründen, einfach weil ihr Innerstes sie dazu verpflichtet hätte, das Martyrium wählen müssen, wer die Meinung vertritt, der Papst hätte – was im Drama Hochhuths der einfache Jesuitenpater Riccardo Fontana «stellvertretend» tat – nach Auschwitz oder zumindest neben den römischen Juden zum Bahnhof gehen müssen, der wird all dies nicht anerkennen können und sein Urteil vom Versagen der Kirche aufrechterhalten. Aber auch derjenige, der bereit ist, die Kirche als einen Akteur in realen und nicht nur idealen Räumen wahrzunehmen, wird mit Léon Poliakov Schmerz darüber empfinden können, «daß die hohe geistliche Autorität des Vatikans es nicht für notwendig erachtete, einen deutlichen und feierlichen Protest zu erheben, der durch die Welt gegangen wäre – obwohl man nicht sagen kann, daß es für dieses Schweigen keine treffenden und gültigen Beweggründe gegeben hätte.»[50]

Gerhart Riegner hielt dem Heiligen Stuhl vor, trotz denkbar bester Informationen das Ausmaß der Katastrophe bis zuletzt nicht erkannt zu haben. «Ich glaube, daß der Vatikan generell enorm lange gebraucht hat, um wirklich zu begreifen, was da geschah.»[51] Diese Diagnose trifft sehr wahrscheinlich zu; Pius' von Moshe Shertok überlieferte offen bestürzte Reaktion auf die Konfrontation mit der Opferzahl von fünf Millionen stützt sie. Ohne jedoch Erwägungen darüber anzustellen, wer unter den mit Macht- und Druckmitteln weit besser ausgestatteten Alliierten dieses Ausmaß zu welchem Zeitpunkt begriffen und welche Maßnahmen dagegen ergriffen hat, sollte sich dem Urteil Riegners als Frage hinzugesellen: Was hätte sich allein bedingt durch die Kenntnis des gesamten quantitativen Ausmaßes an der vom Heiligen Stuhl eingeschlagenen Linie denn ändern sollen? Müßte die Annahme, das Gewissen des Papstes hätte bei sechs Millionen Opfern anders sprechen können als bei dreien, nicht völlig absurd erscheinen?

Denn diese «Gewissensqualität» der Entscheidungen Pius' XII. wird, bei aller möglichen und berechtigten Kritik, ernsthaft von niemandem in Frage gestellt werden können. «Pius XII.», erinnerte sich Albrecht von Kessel 1963, «den ich schon als Staatssekretär und zwölf Jahre später als Papst gekannt habe, war eine große Gestalt, die allerdings, das war damals meine Überzeugung und ist es auch heute, unter der Gewissensnot fast zusammenbrach. Er hat, ich weiß es, Tag für Tag, Woche für Woche, Monat für Monat um die Antwort gerungen. Keiner konnte ihm die Verantwortung für diese Antwort abnehmen.»[52]

9. Kleine Schritte. Anfänge des christlich-jüdischen Dialogs nach 1945

Initiativen «von unten»

Mit Vehemenz begann nach dem Ende des Krieges die Diskussion um ein erneuertes Verhältnis zwischen Christen und Juden. Shertoks Forderung dem Papst gegenüber, an einer neuen «Übereinstimmung» zwischen Katholiken und Juden zu arbeiten, war nicht länger zurückzuweisen. Dabei ging es nicht nur um Politik, um den jüdischen Staat in Palästina, sondern endlich auch um Theologie. Die Vernichtung der Juden Europas durch die Nationalsozialisten, deren ganzes Grauen nach und nach ans Tageslicht kam, wirkte wie ein Katalysator. Die Frage nach Schuld und Versagen der Christen, nach den historischen Formen christlicher Judenfeindschaft und deren Ausläufern und Wirkungen ins 20. Jahrhundert hinein bildete lange Zeit den wichtigsten Motor des Dialoges. Allenthalben schossen interreligiöse Arbeitsgemeinschaften, Gesprächskreise, christlich-jüdische Räte, Verbände, Dachverbände, Periodika aus dem Boden: in Deutschland die Gesellschaften für christlich-jüdische Zusammenarbeit mit einem übergeordneten «Koordinierungsrat», international der «Council of Christians and Jews» und die Genfer «Fraternité Mondiale», als Expertenforen die Seelisberger Konferenzen oder die Arbeitsgemeinschaft Apeldoorn, der von Karl Thieme und Gertrud Luckner gegründete *Freiburger Rundbrief* oder die *Cahiers Sioniens* des Paters Paul Démann, um nur wenige zu nennen. Mitunter, wie im Falle des in ein Institut für christlich-jüdische Studien übergeführten «Pauluswerks» des konvertierten Juden und Priesters Johannes Oesterreicher, verlagerten Initiativen, deren Ziel in den 30er Jahren in der Missions- und Konversionsarbeit für Juden bestanden hatte, ihren Schwerpunkt auf den christlich-jüdischen Dialog. Was seit dem Ende des Kirchenstaates kaum denkbar schien, was die Abbés Lémann, die «Amici Israel» kategorisch zurückgewiesen hätten, hatte nun – um welchen Preis! – der Völkermord an den Juden erreicht: den Verzicht auf den Konversionsgedanken. Besaß die Religion der Täter noch ein Recht, bei den Opfern für sich zu werben? Nun konnte der Versuch beginnen, ein wirkliches Gespräch der Religionen zu führen. Eine optimistische Vorstellung: Denn ein Dialog Gleichgestellter entspann sich aufs neue nicht; an die Stelle der alten traten andere Komplexe, Ungleichgewichte, Ressentiments und Interessenlagen, die ihn stets belasteten und bis heute belasten. Der Heilige Stuhl spielte in all diesen Bemühungen der 50er Jahre keine aktive Rolle. Die römische Zentrale ließ sich informieren und wartete ab, mal mehr, mal minder aufgeschlossen. Diese Passivität geht nicht allein auf das Konto des alternden Papstes; unter dem Dach seines stagnierenden Pontifikates formierten sich die Kräfte an der Kurie wie so vielen anderen Problemen der Nachkriegszeit auch der «jüdischen Frage» gegenüber neu. Während das Heilige Offizium, seinem Amt entsprechend, eher bremste, sobald es die Dogmenfestigkeit durch den neuartigen «Dialog» gefährdet wähnte, bezogen progressive Hauptakteure der Entwicklung nach 1960, wie der Bibelwissenschaftler und Psalmenübersetzer Augustin Bea, bereits während der 50er Jahre vorsichtig Position.

Mitte November 1950 übermittelte der Nachfolger Nuntius Orsenigos, Aloysius Muench, dem Vorsitzenden der Deutschen Bischofskonferenz, Kardinal Frings, ein Schreiben des vatikanischen Staatssekretariats zur Mitteilung an alle Bischöfe Deutschlands. Es enthielt ein Monitum des Heiligen Offiziums über die Teilnahme von Katholiken an Veranstaltungen des «International Council of Christians and Jews»: «Die genannte Bewegung bezweckt zwar, den Antisemitismus zu bekämpfen und unter Beihilfe der Christen die Juden vor ungerechten Verfolgungen zu schützen. Aber sie beschäftigt sich in ihren Kongressen und Zusammenkünften auch mit erzieherischen Fragen und sucht die religiöse Toleranz, ja sogar die vollständige Gleichheit der verschiedenen religiösen Bekenntnisse zu fördern. Auf dem Kongreß von Freiburg wurde von einem Redner der Standpunkt vertreten, die Jugend sei zu erziehen zu einer absolut *indifferenten Haltung* bezüglich Nationalität, Rasse und Religion. [...] Selbst wenn Katholiken von der zuständigen kirchlichen Obrigkeit ermächtigt sind, so können sie an solchen Veranstaltungen der genannten Bewegung *nur in der Eigenschaft als Beobachter teilnehmen*. [...] Es empfiehlt sich nicht, daß eine solche Erlaubnis zur Teilnahme an Personen erteilt wird, die im katholischen Leben an bedeutender Stelle stehen. [...] Es empfiehlt sich ferner nicht, daß die Zusammenkünfte in Räumen katholischer Anstalten stattfinden. Ew. Exzellenz wollen außerdem die hochwürdigsten Ordinarii darauf aufmerksam machen, daß die genannte Bewegung ‹International Council of Christians and Jews›, die wie gesagt das Ziel verfolgt eine interkulturelle Erziehung zu verbreiten, auch dort, wo es möglich ist, die Bildung der ‹Interkulturellen Allianz› betreibt.»[1]

Die deutschen Gesellschaften für christlich-jüdische Zusammenarbeit fürchteten, der Indifferentismusvorwurf könne auch auf ihre Arbeit fallen, und entsandten ihren Berater in religiösen Angelegenheiten, Karl Thieme, im Frühjahr 1951 nach Rom, um in Gesprächen mit vatikanischen Amtsträgern die Positionen zu klären. Thieme hatte bereits ein Jahr zuvor in Rom sondiert und Kontakte zu Robert Leiber, dem Privatsekretär Pius' XII., und Augustin Bea geknüpft. Leiber hatte ihm zugesagt, den Papst zu informieren und gegebenenfalls auch ein päpstliches Wort des Wohlwollens den Absichten der christlich-jüdischen Gesellschaften gegenüber zu gewinnen. Das Monitum des Heiligen Offiziums vom Herbst 1950 schien dieses zarte Pflänzchen zu gefährden. Um dieser Gefahr zu begegnen, brachte Thieme vier Thesen zur Erläuterung der Ziele der christlich-jüdischen Zusammenarbeit in Deutschland mit nach Rom. Die dritte These wies den Indifferentismusvorwurf kategorisch zurück; die Gesellschaften beabsichtigten, «keine Kompromisse zwischen den religiösen Bekenntnissen an[zu]streben oder [zu] begünstigen, die verschiedenen Glaubensüberzeugungen nicht auf einen Nenner [zu] bringen [...] und die Meinung nicht zu vertreten oder [zu] begünstigen, eine Religion oder Konfession sei so gut wie die andere.» Wie unter dieser Voraussetzung ein Dialog Gleichberechtigter beginnen sollte, mochte ein Geheimnis des Koordinierungsrates bleiben; unmittelbar wichtiger erscheint die in der ersten These angegebene Motivation, den Dialog zu beginnen: Die Gesellschaften beabsichtigten, «die geschichtliche Tatsache zum Segen zu wenden, dass von 1933 bis 1945 erstmals in der Geschichte Christen und Juden gemeinsam von den Verächtern Gottes und der Menschen verfolgt worden sind.» Gemeinsam mit Juden wollten die Christen nun aus dieser Erfahrung die Konsequenz ziehen und eine «neue menschliche Aufgeschlossenheit» finden.[2] Hier war nun endlich für die Zukunft nichts anderes gestellt als die Aufgabe, die «ungeliebte Koalition» endlich anzunehmen.

Thieme verließ Rom mit dem beruhigenden Eindruck, «daß die Ziele dieser Bewegung von den leitenden Behörden der römisch-katholischen Kirche in vollem Umfang gebilligt werden.»[3] Das war eine möglicherweise zu optimistische Einschätzung. Den seit 1952 von den Gesellschaften für christlich-jüdische Zusammenarbeit veranstalteten «Wochen der Brüderlichkeit» stand der Vorsitzende der Fuldaer Bischofskonferenz, Kardinal Frings, mit Berufung auf das Monitum des Heiligen Offiziums in den ersten Jahren distanziert gegenüber. Diese Haltung des Primas strahlte auch auf andere deutsche Bischöfe aus und änderte sich erst seit 1954.[4]

Das Mißtrauen der Glaubenswächter

Das Heilige Offizium selbst war und blieb mißtrauisch. Bereits Ende 1944 hatte die Kongregation ein Verfahren gegen Pater Benedetto da Bourg d'Iré eröffnet, jenen Kapuziner, der sich für die Betreuung und Rettung jüdischer Flüchtlinge in Rom engagiert hatte. Nach der Befreiung Roms hatte Pater Benedetto begonnen, Vortragsveranstaltungen abzuhalten, um die «während der jüngsten traurigen Periode der Verfolgung eingetretene Annäherung zwischen Juden und Christen zu erhalten und geistlich zu vertiefen.»[5] Dieses Vorhaben erregte im Heiligen Offizium den Verdacht, die Vereinigung der «Amici Israel» lebe wieder auf. Gebe, so lautete die Befürchtung, der Pater eine korrekte Exegese der Schriften des Alten Testaments? Trotz überschwenglichen Lobes Pater Benedettos durch seinen Ordensgeneral glaubte das Gutachten des «Promotore di Giustizia» empfehlen zu müssen, den Pater zur Belehrung ins Heilige Offizium zu zitieren. «Padre Benedetto sollte dazu aufgefordert werden, seinen Vorträgen auch das Neue Testament zugrunde zu legen, um [...] dessen Abweichungen und dessen Überlegenheit über das Alte Testament zu erhellen; sollte dies jedoch – wie vorherzusehen ist – aufgrund der Natur seines Auditoriums nicht möglich sein, sollten ihm diese Vorträge untersagt werden.»[6] Das Votum des Promotore vertrat in der Feria IV-Sitzung vom 7. März 1945 Kardinal Raffaello Rossi. Dagegen stand die freundlichere Auffassung des Kardinals Fumasoni Biondi, der sich darauf zu beschränken empfahl, dem Pater ein Lob auszusprechen und ihm für seine zukünftigen Veranstaltungen einen maßvollen Ratschlag mitzugeben. Dieser Position schlossen sich vier der Eminenzen an, während die härtere Linie nur von zwei Kardinälen vertreten wurde, von Rossi sowie dem Sekretär der Kongregation, Kardinal Marchetti Selvaggiani.[7]

Papst Pius XII. entschied tags darauf im Sinne des Minderheitsvotums. Am 20. März 1945 erschien Pater Benedetto vor dem Assessor des Heiligen Offiziums, Alfredo Ottaviani, nahm seine Belehrung entgegen und versicherte, weitere Vortragsveranstaltungen ausschließlich im aufgetragenen Sinne durchzuführen.[8] Das Ziel einer unter den Augen von Papst und Heiligem Offizium abgehaltenen Vortragsveranstaltung mit und für Juden mußte unverändert darin bestehen, die «Überlegenheit» des Neuen Testaments hervorzukehren. Freilich waren in diesem Verfahren aber auch Zeichen der Veränderung nicht zu verkennen. Immerhin vier Kardinäle, angeführt von Fumasoni Biondi, dem Präfekten der Missionskongregation Propaganda

Fide, erachteten eine strenge Ermahnung Pater Benedettos nicht für erforderlich und wollten ihm primär Lob für seine Arbeit zollen. Assessor Ottaviani schließlich – einer derjenigen Konservativen, die dann während des Zweiten Vatikanischen Konzils zu den Gegnern einer Erklärung zur Ökumene und zu den nichtchristlichen Religionen zählen sollte – beauftragte Pater Benedetto sogar damit, ihm seine Ansichten über die Konversionsfrage schriftlich zu unterbreiten. Sollte Ottaviani damit versucht haben, den Pater aus der Reserve zu locken, zog dieser sich glänzend aus der Affäre. Am 7. Juli 1945 unterbreitete er dem Assessor seine Position. Natürlich, die Kirche neige dazu, alle Juden wie alle anderen Völker auch zum katholischen Glauben zu bekehren. Aber: «Nicht alle Mittel sind geeignet, um die Konversion der Juden herbeizuführen.» Pater Benedetto wiederholte die seit dem Mittelalter entwickelten Argumente zur Konversionstheologie den Juden gegenüber, vor allem die Lehre vom guten Beispiel des christlichen Lebens und der christlichen Barmherzigkeit. Diese Art «passiver Bekehrung» gehe einer «aktiven», aufdringlichen Bekehrung allemal vor. Schließlich brachte er jedoch auch die aktuelle Situation subtil ins Spiel: penetranter Konversionsdruck sei auch deshalb zu vermeiden, um «das Wirken der Kirche zugunsten der verfolgten Juden nicht mit einer negativen Bedeutung zu belasten. [...] Oftmals wird es genügen, sie nur zu lehren, gute Juden zu sein, nach dem mosaischen Gesetz und ihrem Gewissen, ihnen den steten Respekt vor dem Gewissen einzuschärfen, der für ein friedliches Zusammenleben der Menschen unabdingbar ist.»[9] Damit brachte Pater Benedetto implizit genau das Gegenteil dessen zum Ausdruck, was ihm die Belehrung hatte vermitteln sollen. Den Juden gegenüber ständig von der «Überlegenheit des Neuen Testaments» zu sprechen, hielt er für unangebracht, ja, angesichts der unmittelbaren Vergangenheit sogar für abträglich. Das war noch keine Aufforderung zum Dialog, jedoch für römische Verhältnisse ein weiterer in einer langen Reihe kleiner Schritte. Pater Benedetto sprach weiterhin mit den Juden, das Heilige Offizium hatte ihn ordnungsgemäß ermahnt, und seine «Unterwerfung» hatte er selbst derart wohlklingend kommentiert, daß in der Glaubensbehörde gar nicht aufgefallen war, wie sehr der Pater tatsächlich auf den Spuren der «Amici Israel» voranschritt und neues Terrain bereitete.

Indessen stand der Papst selbst weiterhin im Visier jüdischer Politiker und Denker. Der Generalsekretär des Jüdischen Weltkongresses, Léon Kubowitzki, knüpfte im September 1945 den von Moshe Shertok angesponnenen Faden weiter und bat Pius um eine offene Erklärung, vielleicht in Form einer Enzyklika, über das Verhältnis der katholischen Kirche zum Judentum. Am 16. Oktober 1949 empfing Pius XII. den Religionsphilosophen Jules Isaac in Castel Gandolfo zur Audienz. In seinem ein Jahr zuvor erschienenen, für den jüdisch-christlichen Dialog impulsgebenden Werk *Jésus et Israel* hatte Isaac theologisch gegen den Gottesmordvorwurf argumentiert. Jetzt brachte er dem Papst gegenüber erneut die Frage der Karfreitagsliturgie auf den Tisch. Nachdem bereits im Jahr zuvor die Ritenkongregation einen Hinweis auf die korrekte Übersetzung des Adjektivs «perfidus» (nicht «treulos», sondern «ungläubig») gegeben hatte, versuchte nun Isaac bei der Kniebeuge anzusetzen. Deren Weglassen in der Fürbitte für die Juden habe für das Bild des gläubigen Volkes von den Juden kaum minder negative Folgen als das falsch verstandene «perfidus». Isaac berichtete, wie Shertok, von liebenswürdiger und wohlwollender Aufnahme durch den Papst. Seine Audienz im Oktober 1949 bildete den Anfang eines längeren Prozesses, der schließlich im November 1955 in eine erste Reform der Karfreitagsbitte für die Juden und die Einführung der Kniebeugung mündete.

Doch nicht nur Juden, auch christliche Protagonisten des neuen Dialoges wurden von Pius empfangen. Die internationale Dachorganisation zum christlich-jüdischen Dialog, «Fraternité Mondiale», mit Sitz in Genf, bemühte sich sogleich nach dem Erscheinen des Monitums des Heiligen Offiziums von 1950 darauf hinzuweisen, daß ihre Spitzenvertreter seit 1948 den Papst «in zahlreichen privaten Audienzen» über ihre Ziele unterrichtet hätten. Ihre Arbeit erfolge in dem Bewußtsein, «mit der stillschweigenden Billigung aller interessierter kirchlicher Autoritäten zu handeln.»[10] Pius XII. war über die aktuellen Entwicklungen der 50er Jahre zweifellos gut informiert. Wie weit er sich persönlich, wie weit er seine eigene Theologie diesen Impulsen öffnete, bleibt schwer zu ermitteln und sollte sicherlich nicht zu enthusiastisch eingeschätzt werden.

Die 50er Jahre dürfen als Jahrzehnt eines Aufbruchs in kleinen Schritten gelten. Sie sollten nicht vergessen werden, bereiteten sich doch in ihnen die großen Entscheidungen des neuen Papstes, Johannes' XXIII., in den Jahren 1959 und 1960 vor. Immerhin war die theologische Wende bereits am Ende dieses Vorbereitungsjahrzehnts so weit gediehen, daß der französische Pater Paul Démann 1961 eine kleine enzyklopädische Monographie unter dem Titel *Das Judentum* mit den Worten einleiten konnte: «Noch vor dreißig Jahren wäre ein Buch über das Judentum in der Gruppe ‹Nichtchristliche Religionen› erschienen. Heute hingegen halten wir es für selbstverständlich, die Juden den ‹getrennten Brüdern› zuzugesellen [...]. Damit wird von vornherein für den christlichen Leser die grundlegende Beziehung zwischen Judentum und Christentum, zwischen Israel und der Kirche betont. Die Juden, die als allererste und auf die schmerzlichste Weise von uns getrennt sind, diese Juden bleiben nichtsdestoweniger unsere Brüder in einem ganz besonderen Sinne, ja sogar unsere ‹älteren Brüder›, jene, die ‹im Glauben älter› sind.»[11] Sicher war dieses neue Bild von den Juden noch nicht in die Breite gedrungen. Démanns eigene empirische Forschungen über das Bild von den Juden in katechetischen Texten und Schulbüchern hatten genau das Gegenteil gezeigt, und sein enzyklopädisches Bändchen sollte dazu beitragen, Breitenwirkung erst zu erzeugen. Umso bemerkenswerter erscheint, daß der Pater, ein wichtiger Akteur des Dialoges, nach nur gut einem Jahrzehnt bereits von Selbstverständlichkeiten sprach. Damit behauptete Démann: unter denjenigen, die sich theologisch ernsthaft mit dem Verhältnis von Christentum und Judentum befassen, sind die alten Verdikte von Verblendung, Gottesmord und Verstoßung ein für allemal passé. Freilich fehlte dieser Behauptung noch die amtliche Bestätigung von ganz oben, aus dem Vatikan. Bis dahin sollte kein langer, aber ein schwieriger Weg noch zu gehen sein.

10. Päpste, Zionismus, Israel: Schlaglichter 1904–1964

Eine «Bombenzündung»

«Und nun gestattet, Euch abschließend von einem Vorhaben in Kenntnis zu setzen, das schon seit einiger Zeit in Uns heranreift. […] Die Überzeugung, uns in Gebet und Arbeit noch stärker einsetzen zu müssen, um das Konzil erfolgreich beenden zu können, bewegt Uns so stark, daß wir nach reiflicher Überlegung und intensivem Gebet den Entschluß gefaßt haben, Uns selbst als Pilger in das Land Christi, Unseres Herrn, zu begeben. Ja, mit Gottes Hilfe, wollen wir Uns im kommenden Monat Januar nach Palästina begeben.»[1] Ein wahrer Christ, so hatte Papst Paul VI. die Beobachter des Zweiten Vatikanischen Konzils bereits wenige Monate nach seiner Wahl, im Oktober 1963, aufgeklärt, dürfe keine Unbeweglichkeit kennen.[2] Wie ein Kommentar zu dieser programmatischen Äußerung erscheint jener Paukenschlag, mit dem er seine Pilgerreise ins Heilige Land den versammelten Konzilsvätern und damit der Öffentlichkeit ankündigte. Nicht wenige der vom Ausmaß der Feierlichkeit erschöpften Bischöfe dürfte er gegen Ende der Schlußsitzung zur zweiten Sessionsperiode am 4. Dezember 1963 aus dem Halbschlaf gerissen haben, als er seinem offiziellen und nicht gerade als aufregend empfundenen Redetext den unerwarteten Passus anfügte. Die geschliffene Latinität seiner Sätze mündete in eine «Bombenzündung».[3] Erste Kontaktnahmen und Vorbereitungen waren in Rom und Jerusalem unter völliger Geheimhaltung erfolgt. Nur vier Wochen nach der offiziellen Ankündigung, am Morgen des 4. Januar 1964, startete Paul VI. vom Flughafen Fiumicino aus mit einer Maschine der Alitalia – die erste Auslandsreise eines Papstes nach 150 Jahren. Seit der Rückkehr Pius' VII. aus der napoleonischen Gefangenschaft im März 1814 hatte kein Papst mehr Italien verlassen.

Gab dieser Umstand an sich bereits ausreichend Anlaß, dem Unternehmen breite Aufmerksamkeit zu sichern, so verstärkte sich dies noch durch das Ziel der Reise: das krisengeschüttelte, zwischen zwei nominell verfeindete Staaten aufgeteilte Palästina mit seinem ebenfalls geteilten Zentrum Jerusalem, dessen Altstadt 1964 noch zu Jordanien gehörte. Auch wenn der Papst nicht müde wurde, den rein religiösen Zweck seiner Pilgerfahrt zu betonen, und sein Gefolge dieser Zielsetzung entsprechend klein hielt, konnte doch kein Zweifel an ihren politischen, ökumenischen, interreligiösen und innerkirchlichen Nebenaspekten bestehen. Insbesondere die Frage nach einer veränderten Haltung des Heiligen Stuhls zum Staat Israel rückte dabei in den Mittelpunkt des öffentlichen Interesses.[4]

Ließ der *Osservatore Romano* den Papst nach «Palestina» reisen,[5] war dies im Dezember 1963 ein Anachronismus. Das aus dem Ersten Weltkrieg hervorgegangene britische Mandatsgebiet «Palästina» existierte nicht mehr, seit die UNO-Vollversammlung im November 1947 die Teilung des Heiligen Landes beschlossen hatte. Israel erklärte seine Unabhängigkeit am 14. Mai 1948; ein Palästinenserstaat, wie gleichfalls vorgesehen, entstand hingegen nicht – dafür das Königreich Jordanien durch den Eroberungsfeldzug König Abdallahs im Westjordanland und in Ostjerusalem. Die haschemitische Dynastie, von der Mandatsmacht Großbritannien nach «Transjordanien» verpflanzt, 1946 mit Königswürden ausgestattet, arrondierte auf diese Weise ihr Territorium links des Jordan. Israel und Jordanien teilten sich nun das Heilige Land; die Palästinenser hatten in jeder Hinsicht den kürzeren gezogen. Trotz dieser faktischen Lage vermieden die vatikanischen Verlautbarungen über die Papstreise die Nennung beider Staaten und wählten jenes anachronistische «Palestina», wenn es darum ging, das Heilige Land in seiner politischen Qualität anzusprechen. Warum?

Nicht in erster Linie konnte dies damit zusammenhängen, daß der Heilige Stuhl keine offiziellen diplomatischen Beziehungen zu den neuen Staatswesen im ehemaligen Mandatsgebiet unterhielt. «Keine diplomatischen Beziehungen» bedeutete für den Vatikan nicht automatisch «Nichtanerkennung», zumal seine grundsätzliche Haltung darin bestand und besteht, niemals von sich aus um Aufnahme diplomatischer Beziehungen zu einzelnen Staaten nachzusuchen. Dies sei «zur Erfüllung seiner Mission nicht unbedingt notwendig».[6] Unabhängig von diesem Prinzip hatte freilich der Wandel der konkreten Situation im Heiligen Land seit 1917 für die päpstliche Politik Probleme aufgeworfen, die weder 1948 noch 1963/64 in einer die Interessen des Heiligen Stuhles befriedigenden Weise gelöst erschienen. Dreh- und Angelpunkt dieser Probleme bildete die Frage nach dem Status Jerusalems, eng damit verbunden stellte sich die Situation der Katholiken, ihrer Einrichtungen und Besitzungen unter jüdischer beziehungsweise muslimischer Herrschaft als klärungsbedürftig dar. Einen geistesgeschichtlichen Kontrapunkt lieferte das alte Thema des katholisch-jüdischen Verhältnisses. Angesichts derartiger Aufgaben zogen die vatikanischen Diplomaten die auf das Interim der christlichen Mandatsverwaltung verweisende, Offenheit suggerierende Titulatur «Palästina» den endgültiger scheinenden Bezeichnungen «Jordanien» und «Israel» klar vor, zumal Israel Jerusalem als Hauptstadt beanspruchte.

Von Theodor Herzl zu Paul VI.

Die Haltung von Päpsten und vatikanischer Diplomatie dem Zionismus und später dem Staat Israel gegenüber folgte einer Entwicklungslinie, die sich von anfänglicher Ablehnung bis zur schließlichen Aufnahme der gegenseitigen diplomatischen Beziehungen zwischen Heiligem Stuhl und jüdischem Staat im Grundlagenvertrag vom 30. Dezember 1993 zog. Dazwischen lagen die Erfahrungen zweier Weltkriege, die Auswüchse eines ungezügelten Antisemitismus, der in den Völkermord des Holocaust mündete, kirchlicherseits die langsame, doch schließlich entschiedene theologische Wende, das Konzil und eben der Aufbruch Papst Pauls ins Heilige Land. Gemeinsame Wege von Katholiken und Juden hatte bereits Theodor Herzl am Beginn seiner zionistischen Überlegungen entworfen, freilich im Sinne einer Konversionsbewegung, um den Preis des Judentums.[7] Im letzten Jahr seines Lebens, 1904, zur Audienz bei Pius X. stießen dann seine mittlerweile sehr veränderten Pläne auf verständnislose Zurückweisung durch einen als fundamentalistisch geltenden Papst, dessen Judenbild vom Gedanken der «Blindheit» gegenüber Jesus Christus und der Notwendigkeit aktiver Missionierung geprägt war. Unterstützung für die zionistische Bewegung, so Pius X. nach dem Bericht Herzls, könne der Besucher nicht erwarten. «Non possumus.» «Wenn Sie nach Palästina kommen und Ihr Volk ansiedeln werden, wollen wir Kirchen und Priester bereit halten, um Sie alle zu taufen.»[8] Zumindest nachdenklicher zeigte sich der junge Merry del Val. Der Heilige Stuhl habe sich mit der von Herzl vorgetragenen politischen Problematik bisher so wenig befaßt wie mit dem Zionismus. Aber auch der Kardinalstaatssekretär erkannte weder Handlungsbedarf noch -möglichkeit. «Die Geschichte Israels ist unser eigen, es ist unsere Grundlage. Aber um uns für das jüdische Volk zu erklären, wie Sie es wünschen, müßte es sich bekehrt haben. [Herzl:] Denken Sie an den Wanderer und seinen Mantel, Eminenz. Der Wind konnte ihn nicht rauben, die Sonne lächelte ihn weg. Den Verfolgungen haben wir widerstanden, wir sind noch heute da. [Merry del Val:] Gewiß, das ist ein Argument, das ins Gewicht fallen kann. Aber ich sehe doch keine Möglichkeit, eine Initiative zu ergreifen.»[9]

Dreizehn Jahre später, im Mai 1917, unter sehr veränderten weltpoliti-
schen Bedingungen, fand Nahum Sokolow bei Benedikt XV. «eine überaus
befriedigende Haltung [...] gegenüber dem Zionismus» vor. Der Papst
konnte sich vorstellen, mit den Juden im Heiligen Land «in guter Nachbarschaft» zu leben.¹⁰ Sich für die von den Kriegswirren bedrängten Juden in
Palästina, insbesondere auch für die jüdischen heiligen Stätten in Jerusalem
einzusetzen, entsprach dem politischen Konzept des «Friedenspapstes» Benedikt. Noch kurz vor der Einnahme Jerusalems durch die Briten, Anfang
Dezember 1917, versuchte das Staatssekretariat über Nuntius Pacelli und
das Außenministerium in Berlin Schritte zum Schutz der jüdischen Bevölkerung Jerusalems vor befürchteten Übergriffen der Osmanen einzulei-
ten.¹¹ Was aber die konkrete politische Perspektive betraf, bedeutete «Nachbarschaft» auch für diesen Papst nicht «Unterordnung», mußte doch das
Interesse des Heiligen Stuhls nach der «Befreiung» des Heiligen Landes
aus der Hand der Muslime in erster Linie darauf abzielen, eine christliche
und keine jüdische Macht zu etablieren. Mit der Politik der Mandatsmacht
Großbritannien zeigte sich der Vatikan bald unzufrieden. Die Balfour-Er-
klärung – die Zusage der britischen Mandatsmacht an die Zionisten, eine
«nationale Heimstätte» in Palästina errichten zu dürfen – flößte Angst um
den Bestand der katholischen Kirchengüter ein, zumal in Rom ständig Berichte eingingen, die ein stark pessimistisches Bild von der Lage der Katholiken im Heiligen Land zeichneten und obendrein die Gefahr einer Bol-
schewisierung Palästinas durch russisch-jüdische Einwanderer an die
Wand malten.¹²

Vom muslimischen Regen in die jüdische Traufe zu kommen, war aus
der Sicht des Heiligen Stuhles zunächst nicht akzeptabel. Weil aber Päpste
keine Bataillone haben, blieben diese Positionen ohnehin hypothetisch;
Interessenpolitik mit Folgen betrieben andere. Zusammen mit einer Supplik der aschkenasischen Juden Jerusalems sandte der zukünftige Lateini-
sche Patriarch Barlassina 1919 immerhin den Rat nach Rom, sich um der
katholischen Institutionen im Heiligen Land willen mit der einflußreichen
neuen Bevölkerungsgruppe gut zu stellen. Gasparri reagierte prompt und
versicherte den Juden die Hochachtung des Heiligen Vaters sowie dessen
Einsatz für alle Menschen, ungeachtet der Religion, gemäß den Regeln des
Völkerrechts.¹³ Im übrigen hatte der Heilige Stuhl kaum eine andere Wahl,
als die reale Entwicklung in Palästina zur Kenntnis zu nehmen und den
eigenen Standpunkt kundzugeben. Den sahen sowohl Pius XI. als auch
Pius XII. in der wiederholten Forderung nach einer angemessenen Form
der Wahrung kirchlicher Rechte im Heiligen Land, die mit den Ansprü-

chen der anderen Religionen und politischen Gruppierungen in Einklang zu bringen seien.[14] Für Jerusalem und dessen unmittelbare Umgebung, aber auch für die anderen heiligen Stätten der Christenheit schien dies nur im Rahmen einer Exterritorialisierung, einer internationalen Garantie oder beider zusammen möglich.

Nicht ohne Spannungen gestaltete sich das Verhältnis zwischen Vatikan, Zionismus und Jischuw – der vorstaatlichen jüdischen Gemeinschaft im Heiligen Land – während der 20er und 30er Jahre des 20. Jahrhunderts. Den teils aggressiven Antizionismus italienischer Katholiken nährten nicht allein Berichte kirchlicher Funktionsträger aus dem Heiligen Land, wie des Patriarchen Barlassina, dessen mitunter unkontrollierte Ausdrucksweise die Position der Kirche vor Ort nicht eben festigte. Auch politische Interessen Italiens an einer Mitsprache im Nahen Osten bestärkten, vermittelt durch die Presse, antijudaistische und -zionistische Ressentiments im italienischen Katholizismus.[15] Als Multiplikator eines religiös argumentierenden Antizionismus wirkte schließlich regelmäßig der *Osservatore Romano*[16]. Hingegen brach sich im Staatssekretariat unter Gasparri, vor allem nach dem Heiligen Jahr 1925, eine gewisse Pragmatik Raum, die auch der Notwendigkeit geschuldet war, in Palästina mit der britischen Mandatsmacht besser zurechtzukommen. Bereits im April 1922 hatte Gasparri zweimal den Präsidenten der Zionistischen Weltorganisation, Chaim Weizmann, zu einem längeren Gespräch empfangen. Ein apostolischer Visitator setzte schließlich der Intransigenz Barlassinas Signale der Offenheit und Verhandlungsbereitschaft entgegen und ebnete den Weg zur Errichtung der Apostolischen Delegatur in Jerusalem im Jahr 1929. Auf zionistischer Seite versuchten einzelne Organisationen über verschiedene Kanäle, wie den Rabbiner Dante Lattes in Rom oder den Kölner Kardinal Schulte und den Referenten für katholische Angelegenheiten im Auswärtigen Amt, Delbrück, an Einfluß beim Heiligen Stuhl zu gewinnen. Als Minderheiten in Palästina, lautete das Argument, verfolgten Juden und Katholiken ähnliche Interessen; warum diese also nicht bündeln? 1938 glaubte denn auch der zionistische Politiker Moshe Waldmann nach Sondierungen in Rom, judenfreundliche Strömungen im Staatssekretariat nützen zu können, um eine positive Äußerung des Vatikans zur Idee einer jüdischen Staatsgründung in Palästina zu erreichen. Auch Oberrabbiner Prato hielt den Zeitpunkt für günstig, um mit der Kurie nach «seit Jahrzehnten andauernden Anstrengungen […] zu einem modus vivendi in Sachen des Zionismus zu gelangen.»[17]

Dieses Kalkül sollte allerdings nicht aufgehen. Ein jüdischer Staat entsprach nicht gerade der Wunschvorstellung des Heiligen Stuhls von der Zukunft Palästinas. Zwar verknüpfte der Apostolische Delegat in Washington, Amleto Giovanni Cicognani, in seinem Schreiben an den amerikanischen Sondergesandten Myron Taylor am 22. Juni 1943 nur zu offensichtlich persönliche Aversionen mit offiziellen Positionen päpstlicher Politik; im Kern gaben seine Äußerungen jedoch zweifellos die vatikanische Linie wieder: «Wenn der größere Teil Palästinas dem jüdischen Volk gegeben wird, wäre dies ein schwerer Schlag für die religiöse Bindung der Katholiken an dieses Land. [...] Wird eine ‹hebräische Heimstätte› angestrebt, wäre es nicht allzu schwierig, ein passenderes Gebiet als Palästina zu finden.»[18]

Die in der UNO-Resolution 181 vom November 1947 vorgesehene Einrichtung eines «Corpus Separatum» aus dem Stadtgebiet von Jerusalem einschließlich eines zehnkilometrigen Streifens ringsherum scheiterte. Pius XII. gab im April 1949, ein Jahr nach der israelischen Unabhängigkeitserklärung, in der Enzyklika *Redemptoris nostri* die Grundposition des Heiligen Stuhls erneut zu den Akten. Von einem sehr versteckten päpstlichen Hinweis im Zusammenhang mit der Suezkrise von 1956 abgesehen, blieb es dabei.[19] Hoffnungen jüdischer Politiker in den beiden letzten Jahren des Pacelli-Pontifikates, zwischen dem Vatikan und Israel könne eine Annäherung aus der Einsicht heraus stattfinden, daß der christliche Libanon allein durch ein starkes Israel gesichert werden könne, erwiesen sich als trügerisch. Eine anti-kommunistische und anti-panarabische Koalition Israel-Vatikan ließ sich nicht erreichen. Zuletzt galt als sicher, daß unter Pius XII. nichts mehr zu gewinnen sei; vor allem dem offen als Antisemiten bezeichneten Staatssekretär Tardini attestierten israelische Diplomaten einen unheilvollen Einfluß auf den Papst. Während Pius XII. abgesehen von der Internationalisierungsforderung auf ein eigenes Urteil zum Staat Israel «noch nicht festgelegt» sei, halte Tardini die Gründung des jüdischen Staates für einen Irrtum.[20] Daneben existierten sehr wohl jedoch konservative, aber politisch zumindest wandlungsfähigere, auch dogmatisch flexiblere Geister, wie Kardinal Gregor Petrus Agagianian, sowie Individualisten mit weitem Horizont, wie der Ostkirchenexperte Kardinal Eugène Tisserant und, bis 1954 als Prosekretär neben Tardini, Giovanni Battista Montini, der spätere Papst Paul VI. Ihm trauten die israelischen Politiker – vielleicht schon als Staatssekretär unter dem zum «aggiornamento» entschlossenen Papst Roncalli? – auch eine Wende in der Nahostpolitik zu. Neben, in und mit all diesen Akteuren wirkte während der 50er Jahre die historische Erfahrung des Völkermordes an den europäischen Juden. Katalysatorisch beschleunigte sie nicht nur die Entwicklung des neuen Verhältnisses zum Judentum, sondern auch des sich wandelnden Bildes vom Jüdischen Staat. Nicht von ungefähr fielen die Diskussionen über die «Judenerklärung» auf dem Konzil und die Pilgerreise Pauls VI. zeitlich zusammen.

Bezeichnete Paul die «Luoghi Santi» als Ziel der Reise, bewegte er sich exakt auf der Linie seines programmatischen Konstrukts der Pilgerreise: Als Pilger besuchte er Grabeskirche, Ölberg, Bethlehem, Nazareth, See Genezareth. Aber bereits die Begrifflicheit der «Terra Santa» mußte vor ihrem historischen Hintergrund einen gemischten Eindruck hinterlassen. Theologisch-heilsgeschichtliche und politische Konnotationen durchdrangen sich in ihr. Wenn sich der Papst selbst auch vor 1967 zur Frage des Jerusalem-Status nicht äußerte, stellte die Internationalisierungsforderung doch den nach wie vor gültigen Rahmen der vatikanischen Politik dar, ganz zu schweigen vom Bewachungs- und Bewahrungsanspruch, in dem sich Paul VI. einig mit Pius VI., Leo XIII. und allen seitherigen Päpsten wußte. Eher als Theorem denn als Ziel realer Politik bringt der Heilige Stuhl den Wunsch nach einem Sonderstatus Jerusalems noch heute vor, ungeachtet der seit 1993 bestehenden diplomatischen Beziehungen und weiterer Verträge zur Regelung der Situation katholischer Institutionen in Israel.[21] Vielleicht hat dieser Wunsch das himmlische mehr als das irdische Jerusalem im Auge, womit sich der Kreis zur heilsgeschichtlichen Begrifflichkeit wieder schlösse.

Der erste Papst in Israel: Politik jenseits der «Heißen Grenze»

Ganz entgegen aller Befürchtungen arabischer Staaten befand sich der Heilige Stuhl auch nach der Reise Papst Pauls weit davon entfernt, diplomatische Beziehungen zu Israel aufzunehmen. Entsprechende Anfragen beschied das Staatssekretariat im Laufe des Frühjahrs 1964 negativ. Die vatikanische Position resultierte weder aus einer generell judenunfreundlichen noch pro-arabischen Einstellung, sondern schlichtweg aus der eigenen Interessenlage nach innen wie außen. Hatte Johannes XXIII. mit der Einberufung des Konzils und seinem Willen, das Verhältnis zum Judentum zu klären, theologische Bewegung verursacht, so sorgte Paul VI. nun mit der Pilgerreise für politisch-diplomatische. Ein Anfang war gemacht; jedoch blieb, realistisch betrachtet, noch unendlich viel zu leisten. Abgesehen von der theologischen Reflexion, die ja keinesfalls abgeschlossen war, hätte allein die Aufnahme diplomatischer Beziehungen sowohl zu Jordanien als auch zu Israel mehr erfordert als einen Besuch – nämlich Verträge über die Stellung kirchlicher Institutionen in beiden Ländern. Über allem stand die nicht nur für den Heiligen Stuhl ungelöste Jerusalemfrage. Die Zeit für solche Schritte war nicht reif.

Für die Pilgerreise, für einen *ersten* Schritt, war die Zeit allerdings reif. Auch die israelischen Politiker mußten die Situation nüchtern als nicht mehr und nicht weniger analysieren. Daß sie weiterhin davon absahen, beim Heiligen Stuhl um die Aufnahme diplomatischer Beziehungen nachzusuchen, bestätigt diese Einschätzung. Das *Faktum* des Papstbesuches genügte vorerst. Der im israelischen Religionsministerium für christliche Angelegenheiten zuständige Paul Colbi sprach sogar schon vor der Reise von einer «de-facto-Anerkennung».[22] Wenn in Jordanien solche Fragen gar nicht oder nur sehr am Rande aufkamen – obwohl der Heilige Stuhl zu Jordanien so wenig diplomatische Beziehungen unterhielt wie zu Israel –, dann legt diese Diskrepanz den Schluß nahe, das Legitimationsbedürfnis Israels sei sehr viel stärker ausgeprägt gewesen. Politische und religiöse Motive durchdrangen sich dabei, Israels Rolle als «Störenfried» der Region spielte ebenso mit wie sein von der zionistischen Bewegung ererbter Anspruch, die Juden der Welt an erster Stelle zu repräsentieren. Wurzelte Jordanien wenigstens nominell fest im Geflecht der arabischen Staaten, so stand Israel allein und war an jeglicher Geste der Wertschätzung, noch dazu von seiten einer hohen moralischen Instanz wie dem Heiligen Stuhl, stark interessiert.

Israel *glaubte*, den Anschein päpstlicher Anerkennung auf der politischen wie auf der weltanschaulich-religiösen Bühne nutzen zu können. «Lassen Sie uns hoffen, daß dieser Besuch ein Schritt auf dem langen Weg zur Normalisierung der Verhältnisse im Nahen Osten war.»[23] Geradezu euphorisch bewertete Teddy Kollek – damals Staatssekretär im Büro des israelischen Ministerpräsidenten und Leiter des offiziellen Organisationskomitees für den Papstbesuch – das Resultat des Besuches nicht allein für Israel. Er, Kollek, könne sich nichts vorstellen, was das Verhältnis des Heiligen Stuhls zu den Juden in aller Welt auf Dauer hätte mehr verbessern können. In jeder Hinsicht sei der Papstbesuch optimal verlaufen. Pauls Ansprache in Jerusalem sei von größerer Bedeutung als eine «formale Anerkennung Israels durch den Vatikan.»[24] Wäre der Papst lediglich an einer freundlichen Geste den Juden gegenüber interessiert gewesen, ohne politische Untertöne oder Beiklänge, so hätte er seine Botschaft auch zu Hause, an die Adresse irgendeiner jüdischen Delegation richten können.[25] Staatspräsident Salman Shazar deutete das Ereignis nicht anders, verpackte für die Öffentlichkeit freilich den israelischen Führungsanspruch in die Form einer hehren Empfindung: In Gegenwart des Papstes habe er gefühlt, nicht nur als Präsident des Staates Israel zu sprechen, sondern im Namen all der Generationen, die seit dem Goldenen Zeitalter des jüdischen Volkes bis hin zu dessen jüngster Leidenszeit gelebt hätten, kurz, im Namen aller, Theodor Herzls, des Visionärs des jüdischen Staates, ebenso wie der zwölf Millionen Juden in der Welt.[26] Israel als institutioneller Kopf des Judentums insgesamt – diese Botschaft sollte der Papstbesuch in den Augen der israelischen Regierung vor allem vermitteln.

Anerkennung Israels: nein, ja, unklar, nachrangig. Die Bewertungen differierten, je nach Standpunkt. Sie konnten differieren, weil sich auch Pauls Besuchstag in Israel in seiner realpolitisch-diplomatisch zweckmäßigen Offenheit nach allen Richtungen von den beiden anderen Tagen der Reise kaum unterschied. Wie waren die Begegnungen mit den Vertretern der israelischen Regierung am 5. Januar 1964 in Israel abgelaufen?

Premier Eschkol hatte noch am Vorabend des 5. Januar erklärt, das «israelische Volk» gedenke, den Willen des Papstes hinsichtlich des ausschließlich religiösen Zieles der Reise zu respektieren[27] – was im Klartext bedeutete, daß ihm keine politischen Gespräche aufgedrängt werden sollten. Mit dem Hinweis auf die jahrtausendealte Friedensbotschaft der Propheten hatte er schließlich eine Reihe historischer und religionsgeschichtlicher Reminiszenzen eröffnet, die vor allem Shazar in den offiziellen Ansprachen des folgenden Tages fortsetzen sollte. Wie dem Nachfolger Christi stand auch den erklärten Erben des Alten Bundes eine moralisch herausgehobene Position als Sachwalter einer universalen Friedensidee zu. Dieser Kunstgriff hob Israel über den Rang einer nur gastfreundlichen Institution hinaus auf die dem Gast ebenbürtige Stufe einer Instanz. Denjenigen Kräften an der Kurie, die noch immer dem zusammengebrochenen Konzept der doppelten Schutzherrschaft nachtrauerten, mußte dieser Anspruch wie eine Ungeheuerlichkeit erscheinen.

Am Morgen des 5. Januar fuhr die päpstliche Wagenkolonne bei Temperaturen um den Gefrierpunkt und strahlender Wintersonne in Megiddo ein, jenem biblischen Armageddon, von dessen Hängen herab die Apokalypse des Johannes die Heere des Bösen sich zur endgültigen Niederlage gegen das Gute versammeln sieht. Im frischen Wind flatterten, fast einträchtig, die blau-weiße und die gelb-weiße Flagge. Shazar, den Zylinder in der Hand, empfing Paul an der Wagentür (Abb. 9). Auf der Tribüne angekommen, ergriff der Präsident das Wort. Shazar sprach hebräisch, verzichtete auf eine Anrede, begrüßte jedoch «im Namen der Regierung von Israel und in meinem eigenen» den «höchsten Bischof, den geistlichen Vater der

katholischen Kirche in der Welt.» [...] «Von Jerusalem, unserer Hauptstadt, der Stadt Davids, bin ich, sind die Mitglieder der Regierung Israels
herabgekommen nach Megiddo, der von Salomon erbauten Stadt, um
Euch gleich beim Betreten des Bodens unseres Landes, dieses Heiligen
Landes, willkommen zu heißen.»[28]

Die Ansprache des gelehrten Historikers, Lyrikers und Sozialisten Shazar glühte vor nationalem und religiösem Selbstbewußtsein; voller Fort-
schrittspathos führte er dem Papst blühende Landschaften vor das geistige
Auge. «Vor uns hier in Megiddo erstreckt sich das Tal Jesreel, dessen Felder
wieder Frucht tragen und in dem Dutzende neuer Siedlungen entstanden
sind, die auf der Grundlage von Arbeit, Gleichberechtigung und Gerechtigkeit beruhen. Und jedes Dorf und jede Stadt, die in unserem Land neu
entstehen, zeugen von der Erfüllung der Verheißung eines neuen Lebens.
So wird unser Glaube gestärkt, daß die von unseren Propheten vorausge-
schaute Vision eines allgemeinen Friedens und der sozialen Gerechtigkeit
sich verwirklichen wird.»[29] Der Heilige Vater, so implizierte diese Rede,
möge in seinem Friedenssehnen nur auf Israel blicken, wo sich die Utopie
soeben verwirkliche. Auch den religiösen Überbau bekam er mitgeliefert,
als einen Triumph des Alten über die Anmaßung des Neuen Bundes. «Unser Land ist ein lebender Beweis für die Erfüllung der Voraussagungen der
Propheten.» Shazar erinnerte an die «Leiden meines Volkes in der letzten
Generation», warnte vor dem «Abgrund von Unmenschlichkeit und Verlust des göttlichen Ebenbildes, in den alte Vorurteile und Rassenhaß die
Menschheit reißen können.» Mit größtem Interesse vernehme er die Absicht des Papstes, eine Reise des Gebetes zu unternehmen, «um für die
ganze unter Schmerzen, Hunger und Konflikten leidende, nach Frieden,
Wohlfahrt, Freiheit und Gerechtigkeit dürstende Menschheit Barmherzigkeit zu erbitten.» Dazu sei er, wie Shazar zweimal betonte, von der «Regierung von Israel» herzlich gegrüßt.[30]

Von der Hauptstadt Jerusalem nach Megiddo «herabgekommen» zu
sein, war nicht nur eine der Haltung des Gastes gegenüber kritische Be-
merkung, sondern auch eine Geste der Stärke in Richtung derjenigen israelischen Politiker, vor allem aus dem Lager der rechtsliberal-nationalisti-
schen Herut-Partei Menachem Begins, die der Meinung waren, Shazar
hätte den Papst ausschließlich in Jerusalem und nicht «irgendwo im Lande»
empfangen dürfen.[31] Mag die Notwendigkeit, auch innenpolitischen
Rücksichten zu genügen, zu dem etwas forschen Ton der Ansprache beigetragen haben, erscheint sie doch im Vergleich zu König Husseins Rede vom
Vortag insgesamt von weitaus größerem politisch-religiösen Sendungsbe-

Abb. 9 Papst Paul VI. mit dem israelischen Staatspräsidenten Salman Shazar (Mitte) und Ministerpräsident Levi Eschkol (rechts) beim Empfang in Megiddo am 5. Januar 1964. Der Israelbesuch des Papstes war ein Meilenstein auf dem Weg zu einem veränderten Verhältnis zwischen katholischer Kirche und Juden. Spätestens seit diesem Besuch hat der Heilige Stuhl den Staat Israel zumindest de facto anerkannt. Von der Pilgerreise des Jahres 1964 führt eine Linie über die Konzilserklärung *Nostra Aetate* im Oktober 1965 und die formelle Aufnahme diplomatischer Beziehungen zwischen dem Heiligen Stuhl und Israel im Dezember 1993 bis zur Israelreise Johannes Pauls II. im März 2000.

wußtsein getragen. Wie tags zuvor in Amman, ließ sich der Papst jedoch auch in Megiddo zu keiner direkten Entgegnung hinreißen. Er blieb seiner Rolle völlig treu und las den vorbereiteten Text in französischer Sprache. «Exzellenz! [...] Zuallererst möchten Wir den Empfindungen Ausdruck geben, die Wir haben, da Wir dieses Land mit unseren eigenen Augen sehen [...], dieses Land, in dem einst die Patriarchen, Unsere Väter im Glauben, lebten, dieses Land, in dem seit Jahrhunderten die Stimme der Propheten widerklang, die im Namen des Gottes Abrahams, Isaaks und Jakobs sprachen, dieses Land endlich und besonders, welches durch die Gegenwart Jesu Christi gesegnet ist, und allen Christen, und man kann sagen, dem ganzen Menschengeschlecht für immer gesegnet und geheiligt ist. [...] Wir kommen als Pilger, um die heiligen Stätten zu verehren, Wir kommen, um zu beten. In unser Gebet schließen Wir beglückt die Söhne des ‹Volkes des Bundes› ein, dessen Anteil an der religiösen Geschichte der Menschheit niemals vergessen werden kann. [...] Möge Gott Unser Gebet erhören [...], möge Er sich herablassen, der gequälten Welt von heute diese unvergleichliche Gabe zu verleihen, die durch alle Seiten der Bibel widerklingt und in der Wir Unseren Gruß, Unsere Gebete und Unseren Wunsch zusammenfassen: ‹Shalom! Shalom!›»[32]

Den Ansprachen folgte der Austausch der Geschenke. Im israelischen Organisationskomitee war die Wahl des Geschenkes für den Papst heftig diskutiert worden. Unter anderem hatte man, wie für Staatsgäste üblich, die Gabe eines Alten Testaments erwogen, diesen Gedanken jedoch aus gutem Grund alsbald wieder verworfen. Denn keinerlei prekäre Reminiszenz sollte damit jenem Ritual der Geringschätzung erwiesen werden, das seit dem Beginn des 15. Jahrhunderts lange Zeit zu jeder päpstlichen Krönungsfeierlichkeit gehört hatte. Die Juden Roms hatten dem jeweils neugewählten Papst eine hebräische Bibel überreichen müssen, die sie sogleich mit dem Kommentar zurückerhielten: «Euer Gesetz ist gut, aber ihr versteht es nicht, denn die alten Dinge sind vergangen, und alles ist neu gemacht worden.» (Abb. 1, Seite 38)[33] Die Entscheidung war schließlich zugunsten von Medaillen für Papst und begleitende Kardinäle gefallen. – Nach einer knappen halben Stunde war die Zeremonie in Megiddo vorüber; die Vertreter der israelischen Regierung blieben zurück, und der Konvoi des Papstes zog weiter nach Nazareth.

Wie die israelische Regierung insgesamt, hoffte auch Präsident Shazar auf Affirmation. Beim Abschied am Abend in Jerusalem versuchte er noch einmal, den Papst zu einer solchen Bestätigung zu bewegen. Seine «Reise durch unser Land» habe den hohen Gast nun sicher davon überzeugt, daß

«die Hoffnungen aller Völker Zions» völlig mit seinen eigenen Friedensbe-
strebungen übereinstimmten. «Unsere Hand ist ausgestreckt zum Frieden
mit den Nachbarstaaten, und wir halten Ausschau nach einem wahren
Frieden in der Welt, der sich auf gegenseitiges Vertrauen und auf Beziehungen voller gegenseitigem Respekt unter den Nationen gründet.»[34] Aber
Papst Paul konnte und wollte, schon von der ganzen programmatischen
Konstruktion seiner Reise her, dem Präsidenten die ersehnte Bestätigung
nicht geben. Er sprach weder vom «Staat Israel», allenfalls von den «Behörden», den «Autoritäten», noch gönnte er Shazar die Anrede «Herr
Präsident», sondern blieb bei der neutralen «Exzellenz». Immerhin hob er
jedoch seine Freude darüber hervor, daß «die Katholiken im Lande sich
jetzt und in Zukunft der Rechte und Freiheiten erfreuen, die heutzutage
gemeinhin allen Menschen zuerkannt werden.»[35] Weil eindeutigere Worte
ausblieben, begann in Israel eine Diskussion um das «Hat er oder hat er
nicht?» Als Negativa verzeichnete sie, daß Paul nicht von Israel, aber doch
von Jordanien gesprochen, daß er Shazar nicht als «Präsident», Hussein
jedoch als «Majestät» tituliert hatte, daß er auf die Hauptstadtfrage mit
keinem Wort eingegangen war. Der hebräische Friedensgruß hingegen
schlug deutlich positiv zu Buche, ebenso die Nennung der Stammväter
Abraham, Isaak und Jakob sowie Pauls Bitte an Gott um Versöhnung und
Eintracht.[36]

Neue Hoffnungen keimten auf, als während des päpstlichen Rückfluges
ein Danktelegramm Pauls an «Seine Exzellenz, den Staatspräsidenten Israels, Herrn Salman Shazar, Jerusalem» einging. Die Adressierung fachte
die Diskussion erneut an; freilich, die Zusätze «Israel» und «Jerusalem»
stammten nicht vom Papst, sondern von den Stellen, die den Funkspruch
aufgenommen und als Telegramm weitergeleitet hatten.[37] Aber schließlich
gewann die Tatsache der bloßen Anwesenheit des Heiligen Vaters mehr
Gewicht als alle positiven oder negativen Einzelheiten. Debatten über
Marginalien seien «unnötiger Masochismus», wie der stellvertretende Leiter der Abteilung für christliche Gemeinschaften im Religionsministerium,
Meir Mendes, resümierend an Kollek schrieb. «Da machen wir uns über-
flüssige Sorgen.»[38]

Unbestritten waren die elfeinhalb Stunden des Papstes auf israelischem
Boden ein großer Schritt in der Entwicklung der realpolitischen Beziehungen des Heiligen Stuhls zu Israel. De-facto-Anerkennung als öffentlich-
keitswirksames Wunschergebnis kontrastierte hingegen deutlich mit der
nüchternen Einschätzung innerhalb der Regierung, daß von De-Jure-Aner-
kennung längst nicht die Rede sein könne. Denn Paul hatte ja eigentlich

mit den Staatsoberhäuptern gar nicht gesprochen, sondern nur *zu* ihnen – und umgekehrt.

Gedanken politischer Natur beschäftigten auch den Pilger gleichwohl. Wenn er sich bald nach seiner Heimkehr von dem Palästinaexperten Kardinal Tisserant dessen Einschätzung der Lage im Nahen Osten darlegen ließ, zeugt dies mit wünschenswerter Klarheit vom Stellenwert, den er den politischen Aspekten seiner Reise eben doch beimaß. Tisserant erörterte für den Papst die Jerusalemfrage und entwarf eine Lösung, die nicht ohne theoretischen Charme war. Angesichts der «sehr gefährlichen Lage» – der Teilung der Stadt zwischen den beiden «Okkupanten» – befürworte der Heilige Stuhl nach wie vor den UNO-Entwurf des «Corpus separatum.» Freilich sei auch dieser Plan mit Risiken behaftet. Denn, um den internationalen Status zu garantieren, wäre eine militärische Schutztruppe einzusetzen, und mit ihr «notwendigerweise ein erhebliches Kontingent von Soldaten aus kommunistischen Ländern, die als Propagandisten des Marxismus wirken würden.» Deshalb zöge er, Tisserant, die Einrichtung eines souveränen Stadtstaates Jerusalem vor, mit einem Regierungssystem, das den Charakter der Stadt zu respektieren hätte. Natürlich müßten die beiden Nachbarstaaten «Jordanien und Israel» der Konstituierung eines kleinen Parlamentes zustimmen, dem Vertreter dieser Länder auch angehören sollten. Zusätzlich wären Repräsentanten der einzelnen Religionsgruppen Jerusalems ins Parlament zu wählen. Die Exekutive könnte entweder durch ein «Triumvirat», bestehend aus «einem Juden, einem Christen und einem Moslem», oder durch einen Magistrat ausgeübt werden, der von jeder der drei Religionsgruppen jeweils abwechselnd zu besetzen sei. Für die außerhalb Jerusalems gelegenen Heiligen Stätten «würde es genügen, von den Regierungen Jordaniens und Israels denjenigen Status garantiert zu bekommen, den diese Stätten unter dem Osmanischen Reich genossen, das heißt vor allem die Zollprivilegien und andere.» Als Gegenleistung für den Rückzug aus der Altstadt von Jerusalem hätte sich Jordanien einen territorialen Ausgleich verdient.[39]

Den Worten Shazars in Megiddo hätte Tisserant eigentlich entnehmen müssen, daß eine Verselbständigung Jerusalems für Israel nie und nimmer in Frage gekommen wäre. Davon abgesehen: Dem Grundproblem der Region begegnete der Kardinal mit Unverständnis, ging darüber mit einem Hinweis auf die politischen und finanziellen Regulierungskräfte der UNO hinweg und konzentrierte sich auf Rechnungen und Gegenrechnungen, die dem Reservoir aufgeklärt-absolutistischer Kabinettspolitiker des späteren 18. viel eher denn dem Fundus des religiös-ethnischen Nationalpathos der nahöstlichen Konfliktparteien des 20. Jahrhunderts entstammten. Doch jenseits ihrer geringen Aussicht, verwirklicht zu werden, gewinnen diese Gedanken des ranghöchsten Kurienkardinals trotzdem besondere Bedeutung. In ihrer Bereitschaft, die drei monotheistischen Religionen paritätisch zu gewichten, zeugen sie von einer nachgerade nathanesken Toleranz. Sie zeigen, daß und wie auch am Heiligen Stuhl versucht wurde, die eigene Position fortzuschreiben, machen aber auch deutlich, daß eine Lösung der Statusfrage nur mit und nicht gegen Israel und Jordanien prinzipiell denkbar war. Obgleich Tisserant beide Länder im Hinblick auf Jerusalem als «Okkupanten» betrachtete, zog er die grundsätzliche Legitimität ihrer Existenz nicht in Zweifel. Im Gegenteil, sein Modell bemühte sich, beide einzubinden, ging also von der realen Situation im Nahen Osten aus.

Wer Tisserants Aufzeichnung als Ausdruck eines von der offiziellen Version des Staatssekretariates naturgemäß abweichenden Prozesses interner Meinungsfindung akzeptiert, wird auch denjenigen israelischen Interpretatoren der Papstreise sicherlich recht geben, die von einer De-facto-Anerkennung sprachen. Desgleichen trifft in diesem Lichte die rückblickende vatikanische Einschätzung vom Januar 1991 zu, derzufolge «der Heilige Stuhl die Existenz Israels nach seiner Unabhängigkeitserklärung niemals in Frage gestellt hat.» Beweis dafür sei unter anderem das «Treffen Papst Pauls VI. mit dem Präsidenten des Staates Israel in Megiddo, anläßlich der Reise ins Heilige Land im Januar 1964.»[40] Paul selbst äußerte sich nach der Reise nicht unmittelbar zu dieser Thematik; erst als sich durch den Sechstagekrieg vom Juni 1967 die politische Situation im Heiligen Land ein weiteres Mal dramatisch veränderte, kam er wieder, und drängender, auf sie zurück.

Sechs Kerzen für das «Volk des Bundes»

Mit dem politischen aufs engste verwoben war der interreligiöse Aspekt der Pilgerreise. Der Papst bereiste zwei Länder, in denen nicht nur jeweils eine andere Religion als die christliche Staatsreligion war; auch der Anteil der Christen, noch dazu der katholischen, an der Gesamtbevölkerung bewegte sich hier wie dort lediglich im Rahmen verschwindender Minderheiten. Weniger als zwei Prozent der Jordanier und Israelis, in absoluten Zahlen jeweils deutlich unter 50000, bekannten sich in den 60er Jahren zur katholischen Form des Christentums. Zahlenverhältnisse wie diese mußten auch ablehnende, ja feindselige Stimmen hervorrufen. Warum empfängt die Regierung des jüdischen Staates in feierlicher Zeremonie das Oberhaupt einer Religion, die vorgibt, das Judentum überwunden zu haben, fragten ultra-orthodoxe Gruppen in Israel und verboten in Aufrufen die Teilnahme an den Festakten. Andere befürchteten ein verstärktes Wiedereinsetzen der christlichen Judenmission. Freilich, solche Kritik blieb diejenige von Extremisten. Das Gros der Muslime wie der Juden nahm es als Bereicherung, aus Anlaß des Papstbesuches sowohl selbst mehr über das Christentum lernen als auch – und dahin kehrten sich die Hoffnungen hauptsächlich – mit dieser Religion in Dialog treten zu können, um das Bild der eigenen Religion im Bewußtsein der römisch-katholischen Kirchenhäupter zu verändern.

Befremdlicher als die Verweigerungshaltung der Ultra-Orthodoxen erschien das Verhalten des sephardischen Oberrabbiners Nissim. Obwohl eingeladen, hatte dieser es abgelehnt, der Begrüßung in Megiddo persönlich beizuwohnen, hatte jedoch den Papst durch einen schriftlichen, mit herzlichen Worten formulierten Gruß willkommen geheißen. Die israelische Öffentlichkeit diskutierte dieses Verhalten mit unterschiedlichen Wertungen. Exegeten Nissims erklärten, die Anwesenheit des Oberrabbiners habe sich erübrigt, weil der Papst eben als Pilger und nicht als Staatsgast sowie außerdem nicht zu interreligiösen Gesprächen erschienen sei. Dagegen erhob sich die Ansicht, der Oberrabbiner von Jerusalem, Pardess, habe sich von solchen Erwägungen keineswegs abhalten lassen, Papst Paul bei seiner Einfahrt in Jerusalem persönlich in Empfang zu nehmen. Die einhellig negative Reaktion auf Nissims Verhalten im Kreis des Organisationskomitees und dessen Interpretation des Sachverhalts legen jedoch den Schluß nahe, der Oberrabbiner habe sich des Papstbesuches nur als Mittel zum Zweck bedient, um im innenpolitischen Konflikt zwischen Religiösen und Nichtreligiösen ein Zeichen zu setzen. Kollek ordnete denn auch Nissims ostentative Abwesenheit beim Papstempfang zusammen mit anderen Beispielen in die Rubrik innerer «religiöser Kontroversen» ein, die ihn mit zunehmender Sorge erfüllten.[41] Nissim protestiere nicht gegen den Papst, sondern gegen die eigene Staatsregierung.

Interreligiöse Gespräche mit offiziellem Charakter wurden während der Pilgerreise in der Tat sowenig geführt wie politische; aber es waren wiederum die Gesten, aus denen auch auf diesem Feld das Geschehen seine Bedeutung bezog. Der Papst trat den Juden vor dem Hintergrund einer gemeinsamen Geschichte gegenüber, die nicht gerade spannungsarm zu nennen war, und unabhängig von protokollarischen Fragen wären Motivationen denkbar gewesen, die einen Oberrabbiner hätten völlig ausreichend legitimieren können, nicht mit dem Oberhaupt der römisch-katholischen Kirche zusammentreffen zu wollen. Stimmen, die auf jene dunkleren Seiten der christlich-jüdischen Vergangenheit hinwiesen, fehlten nicht. Ein New Yorker Rabbiner Biberfeld hatte sich etwa betrübt an Oberrabbiner Nissim gewandt und Parallelen zwischen der Bulle *Cum nimis absurdum* von 1555 und den Judengesetzen der Nationalsozialisten gezogen.

Aber die öffentliche Stimmung ließ sich nicht mitreißen von eindimensionalen Verkettungen des christlichen Antijudaismus mit dem rassistischen Antisemitismus. Natürlich galt Papst Paul weder als Anhänger des einen noch des anderen, jenes alten Antagonismus, der das «aus eigener Schuld verworfene» Volk des Alten Bundes dem erwählten des Neuen so fatal gegenübergestellt hatte. Er galt als Hoffnungsträger, dessen Aufgabe in den Spuren seines großen Vorgängers Johannes darin bestehen sollte, ein neues Verhältnis zu besiegeln: theologisch zusammen mit dem Konzil durch die Erklärung über das Judentum, historisch-politisch durch seine persönliche Anwesenheit in Israel, womit – so die Worte eines britischen Beobachters – sich zum ersten Mal ein Haupt der Christenheit mit Vertretern der Judenheit «auf der Basis von Gleichheit» traf.[42] Die historisch-politische Besiegelung ging dabei der theologischen zeitlich voran und setzte dort an, wo der christlich-jüdische Dialog nach 1945 völlig neu zu beginnen hatte, beim nationalsozialistischen Völkermord an den europäischen Juden.

Die neue christlich-jüdische Theologie war erst im Entstehen begriffen, ihre Grundsätze waren, wenngleich vorbereitet, vom Konzil noch nicht in Ausführlichkeit diskutiert, geschweige denn verabschiedet. Paul streifte diese Positionen immerhin, wenn er von den Patriarchen als «Unseren Vätern im Glauben» sprach und vom «Volk des Bundes», dessen «Anteil an der religiösen Geschichte der Menschheit niemals vergessen werden kann.»[43] Mit seiner Bezugnahme auf den Genozid hingegen berührte er direkt den Fix- und Wendepunkt des neueren christlich-jüdischen Verhältnisses. Er ehrte nicht nur alle Juden, indem er die Opfer ehrte, sondern konzedierte auch die Notwendigkeit einer gemeinsamen Heilssuche und Heilsbesinnung angesichts eines allesbedrohenden, «kaum noch zu überbietenden Bösen.» Vom Völkermord an den Juden als dem «entscheidenden Gradmesser für das theologische und humane Verhalten der modernen Menschheit»[44] ausgehend, verstand es Papst Paul VI., in Jerusalem glaubwürdig zu machen, daß das Anliegen universalen Friedens nie mehr als Konkurrenzunternehmen, sondern nur noch in gemeinschaftlicher Anstrengung Aussicht auf Verwirklichung haben könne.

Die wirkungsvollste Geste dieser christlich-jüdischen Begegnung anzu-
bahnen, hatte freilich eine gewisse Nachhilfe von jüdischer Seite erfordert.
Am 18. Dezember war der Direktor der Gedenkstätte Yad Vashem an
Außenminister Eban mit der Frage herangetreten, ob der Papst nicht zu bewegen wäre, auch nach Yad Vashem zu gehen.[45] Angesichts der sehr selbst-
bewußten vatikanischen Vorbereitungsstrategie bedurfte es forcierteren
Auftretens, um diesen oder einen ähnlichen Gedanken erfolgreich bis in
die päpstlichen Planungsstäbe vordringen zu lassen. Das Verdienst gebührt
dem späteren Religionsphilosophen und Vorreiter des interreligiösen Dialogs, Pinchas Lapide, der 1963 im Amt des Ministerpräsidenten für Tou-
rismusangelegenheiten zuständig war und dem israelischen Ausschuß für
Pilgerfragen vorstand. Zusammen mit den deutschen Benediktinern der
Dormitio hatte er die Überlegung angestellt, wenn aus Gründen des gedrängten Programmes ein Besuch des Papstes in Yad Vashem nicht in Frage
käme, so solle dieser wenigstens im sogenannten Trauerkeller «Martef Hashoah» Kerzen zum Gedenken an die Holocaustopfer entzünden. Unterwegs zum Berg Zion, zum Abendmahlssaal und zur Dormitio werde er an
diesem Ort ohnehin vorbeikommen, so daß er seine Route dafür nicht ab-
ändern müsse. «Ich [bin] sicher, daß ein Besuch im Holocaust-Keller den
Höhepunkt der Papstreise in der Wahrnehmung des jüdischen Volkes darstellen wird, daß er besser als jede andere Geste geeignet sein wird, die
Wunden der Vergangenheit zu heilen und die Herzen in Zukunft einander
näher zu bringen.»[46]

Weil am 21. Dezember die Zeit bereits sehr knapp war und auch der von
Kollek eingeschlagene Weg über die engen päpstlichen Mitarbeiter Dell-
l'Acqua und Macchi zu unsicher erschien, schaltete Lapide den israelischen
Ehrenkonsul in Mailand und Präsidenten der dortigen jüdischen Gemeinde, Astorre Mayer, ein. Dieser war seit Jahren mit dem ehemaligen
Erzbischof von Mailand, Montini, persönlich bekannt, weshalb ihm ein
direkterer und erfolgversprechenderer Weg zum Ohr des Papstes zugetraut
wurde. Konnte Mayer auf Lapides Bitte hin Paul tatsächlich davon überzeugen, «wie sehr diese kleine Geste erwartet wird und wieviel sie für die
‹Approximatio Cordum› in der nächsten Zukunft erreichen wird»?[47] Oder
entwickelten die Planer am Heiligen Stuhl just denselben Gedanken zur
selben Zeit? Völlige Unabhängigkeit scheint da kaum denkbar, und so
dürfte eine der symbolkräftigsten Handlungen der gesamten Pilgerreise im
wesentlichen doch wohl auf die Anregung der Israelis hin zustande gekommen sein.

Auf der anderen Seite war deren individuelle Ausgestaltung durch Paul wiederum symptomatisch. Er übernahm zwar die Anregung Lapides, doch nicht vollständig. Nicht er selbst besuchte die Gedenkstätte, sondern der ranghöchste Kardinal des Gefolges: Tisserant. Weil vorher darüber nichts bekannt geworden war, blieb auch dies eine Überraschung. Während Paul im Saal des letzten Abendmahles betete und anschließend die Kirche «Maria Heimgang» und die Mönche der Dormitio besuchte, erschien Tisserant in Begleitung von Religionsminister Wahrhaftig im «Martef Hashoah», ließ sich die Geschichte des Ortes erklären und las die Aufschriften der Wandtafeln, allesamt Namen der Vernichtungslager. Dann entzündete er sechs Kerzen, eine für jede Million ermordeter Juden. Journalisten wollten beobachtet haben, wie ihm Tränen in den weißen Bart liefen. Er verharrte im Gebet und erklärte dann: «Im Namen des Papstes bringen wir unser Mitgefühl und unsere Teilnahme am Schmerz und dem Leid zum Ausdruck ob der schrecklichen Vernichtung, die Euch heimgesucht hat.»[48]

Nur wenige Minuten nach dieser Szene trat am Mandelbaumtor Papst Paul ins Licht der Scheinwerfer, um seine Abschiedsrede zu halten. Nach einigen Worten des Dankes und der Friedenshoffnungen kam er, für das Auditorium völlig unerwartet, auf seinen Vorgänger Pius XII. zu sprechen. Jedermann wisse, was dieser große Papst zur Verteidigung und zur Hilfe aller Geprüften, ohne irgendeinen Unterschied, getan habe. «Aber gleichwohl […] hat man [sein] Andenken mit Verdächtigungen und sogar mit Anschuldigungen beflecken wollen. Wir sind froh, die Gelegenheit zu haben, heute zu versichern: Nichts ist ungerechter als dieser Angriff auf ein so ehrwürdiges Andenken. Wer, wie Wir, diesen bewunderungswürdigen Geist aus der Nähe gekannt hat, weiß, wie tief sein Mitgefühl, sein Mitleiden mit menschlicher Not, sein Mut, die Empfindsamkeit seines Herzens gehen konnten. Das wußten ebensogut jene, die nach dem Kriege mit tränenerfüllten Augen gekommen sind, ihm für die Rettung ihres Lebens zu danken.»[49]

Montinis Verteidigungsrede auf seinen Ziehvater Pacelli erst war es, die Kollek und auch Colbi in ihrer Überzeugung stärkte, nun habe der Papst Israel wirklich als die Spitze des Judentums der Welt anerkannt.[50] Freilich wirkte sie nicht bei allen Israelis, geschweige denn bei allen Juden gleichermaßen in diese Richtung. Im ersten Moment wurde sie mit Ratlosigkeit aufgenommen, verschiedentlich stellten beobachtende Diplomaten ein gewisses Befremden, ja eine Mißbilligung der Worte Pauls fest. Aber dieser Eindruck war weder anhaltend noch repräsentativ, und Interpreten, die, aus geringerer oder auch größerer zeitlicher Distanz urteilten, Paul habe sich mit seinen Äußerungen über Pius die Sympathien vieler Israelis verscherzt und den Erfolg seines Besuches im letzten Augenblick verspielt,[51] mochten damit vielleicht Teile der öffentlichen Meinung treffen, nicht jedoch die Stimmung innerhalb der Regierung. Wenn die Erwähnung Pius' XII. für deren Bewertung der Reise eine maßgebliche Rolle spielte, dann die ihr von Kollek und Colbi zugeschriebene. Und schließlich, wiederum der Einschätzung selbst gutunterrichteter Diplomaten entgegenlaufend, bildete Tisserants Besuch im Trauerkeller für die israelischen Politiker die zweite Seite der Medaille, kaum minder wichtig als die erste.[52]

Den 1964 jedermann bekannten Anlaß für Pauls Äußerung lieferte Rolf Hochhuths kaum ein Jahr zuvor erschienenes Theaterstück *Der Stellvertreter*. Dessen Vorwurf, Pius XII. habe zur nationalsozialistischen Judenverfolgung und -vernichtung schuldhaft geschwiegen, hatte eine erbitterte internationale Debatte ausgelöst und den Heiligen Stuhl wie auch den Mailänder Kardinal Montini mehrfach dazu bewogen, für Pacelli Stellung zu beziehen. Dies nun in Jerusalem ein weiteres Mal zu tun, stellte sicherlich eines seiner Motive dar. Aber Pius XII. am Mandelbaumtor in Schutz zu nehmen, war darüber hinaus doch eine komplexere Handlung. Zweifellos wirkte in Pauls Äußerung sein ganzes, psychologisch schwieriges Verhältnis zu jenem Papst nach, dem er alles zu verdanken hatte. Unter Pacellis straffer Führung in Diensten der Kurie aufgewachsen, hatte Montini immer nur eine Meßlatte gekannt. Trotzdem hatte der Meister ihm den letzten Adel verweigert und ihn 1954 ohne die obligatorische Kardinalswürde nach Mailand befohlen. Wollte er den brillanten Intellektuellen Montini, den bienenfleißigen Arbeiter, kasteien, zu größerer Demut führen? Oder war es doch eine Strafversetzung, weil sich Montini die Freiheit genommen hatte, über den Kommunismus anders zu denken als Pacelli? Der Bischof von Mailand, von Johannes XXIII. dann sogleich in den Kardinalsrang erhoben, demonstrierte weiterhin ostentative Loyalität – ein Akt des «geistigen Vatermordes» ist nicht bekannt. Im Gegenteil, den Eindruck, Pius XII. etwas nachzutragen, wollte er um jeden Preis vermeiden. «Ja man könnte fast meinen», formulierte Botschafter van Scherpenberg, «daß er das Bestreben hat, diese alte Wunde gleichsam durch besonders starkes Eintreten für Pius XII. zu überkompensieren.»[53] Möglicherweise ging Paul darin sogar soweit, in einer Attitude der Selbstgeißelung Pacelli auch dort im Munde zu führen, wo es – wie er wissen mußte – riskant war, ja unter Umständen den Erfolg seines gesamten so ambitionierten Unternehmens der Pilgerreise aufs Spiel setzen konnte.

Hinzu kam: Eine Verteidigung Pius' XII. bedeutete auch eine Verteidigung seiner selbst, denn Pacellis Politik war auch diejenige Montinis gewe-

sen (Abb. 8). Präsident Shazar hatte am Morgen in Megiddo den Holocaust direkt angesprochen und vor «Unmenschlichkeit, Verlust des göttlichen Ebenbildes, alten Vorurteilen und Rassenhaß» gewarnt.[54] Pauls
Rede am Mandelbaumtor mußte wie eine Antwort darauf klingen, obwohl unklar war und ist, ob sie improvisiert oder längst vorbereitet war.
Unabhängig von dieser offenen Frage bezog sie in jedem Fall deutlich Stellung. Sie signalisierte in Richtung Hochhuth, daß der Holocaust in erster
Linie ein deutsches, kein vatikanisches Problem sei; sie entgegnete auf Shazar: Ja, auch wir sind erschüttert angesichts der Entmenschlichungen des
Jahrhunderts, aber auch wir haben versucht, in jener Zeit unser Bestes zu
tun. In Verbindung mit Tisserants Gebet im Trauerkeller schließlich stellte
sie eine Verneigung vor den Leiden der Juden dar. Beide Akte zusammen
transportierten wiederum eine in die Zukunft gerichtete Botschaft: Gemeinsam stehe zu verhindern, daß ähnliches sich je wiederhole. Wer darüber hinaus vom Papst ein Bekenntnis direkter Mitschuld an den Leiden
der Juden erwartet hatte, sah sich enttäuscht.

Daß Papst Paul die Wirkung der Pius XII.-Apologie in Jerusalem mindestens ambivalent einschätzte, sich ihrer grundsätzlichen Problematik also
durchaus bewußt war, zeigt ein Artikel des *Osservatore Romano* vom
9. Januar, der die Rede offiziell in das richtige Licht zu setzen versuchte.
Die Erwähnung Pius' XII. und seiner Hilfeleistungen sei, hieß es darin,
eine Verteidigung der Juden vor allen Angriffen, eine Würdigung ihres Lei-
densweges gewesen.[55] Sicherlich hatte Paul damit einige Juden verletzt,
freilich aber eher emotional-atmosphärisch denn sachlich. Insofern ließe
sich über die Klugheit seiner Äußerung vor dem Mandelbaumtor mit
Recht diskutieren. Andererseits mußte gerade dem Papst gestattet sein, in
der unseligen Hochhuth-Debatte eindeutig Stellung zu beziehen, und gerade von Juden war ja in der Tat die Haltung Pius' XII. noch nie in dem
Maße wie von Hochhuth in Zweifel gezogen worden. Warum hätte seine
Verteidigung ihre Pietät nun verletzen sollen?

Die israelischen Offiziellen verstanden die Rede richtig einzuordnen.
Den christlich-jüdischen Dialog, der sich an einer entscheidenden Weg-
marke befand, hat sie nicht negativ beeinflußt. Entscheidend für diesen
war die Anwesenheit des Papstes in Israel als solche, sein Bekenntnis zu
den Stammvätern, den gemeinsamen Wurzeln des Glaubens und also zur
neuen Theologie, sowie die Erschütterung vor dem Holocaust als dem Fanal des Bösen, gegen das es in Zukunft miteinander anzutreten galt. Als
deren Ausdruck mußte vor allem der Weg des Kardinaldekans in den
Trauerkeller angesehen werden.

Neben allen anderen wichtigen Resultaten der Pilgerreise Papst Pauls VI. ins Heilige Land markierte sein Tag in Israel einen wichtigen Meilenstein auf dem Weg zu einem neuen Verhältnis zwischen katholischer Kirche und Juden. Wenn auch nicht de jure, so hat der Heilige Stuhl Israel spätestens seit diesem Besuch doch de facto anerkannt. Die theologische Neufundierung der katholischen Grundpositionen den Juden und dem Judentum gegenüber, wie sie der Reise unmittelbar vorangehend während der zweiten Sessionsperiode des Konzils begonnen worden war, ergänzte der Papst durch seinen Besuch nach der kirchendiplomatischen und religionspolitischen Seite hin. Insofern führt eine Linie von Pauls Pilgerreise über die Konzilserklärung *Nostra aetate* im Oktober 1965 zur formellen Aufnahme diplomatischer Beziehungen zwischen dem Heiligen Stuhl und Israel im Dezember 1993 bis zur Israelreise Johannes Pauls II. im März 2000.

11. Juden als «ältere Brüder».
Das Zweite Vatikanische Konzil

Johannes XXIII. und Augustin Bea

Mit der Wahl Angelo Giuseppe Roncallis nach viertägigem Konklave am 28. Oktober 1958 setzte sich unter den Kardinälen, vielleicht unbewußt, der Wunsch nach Diskontinuität durch. Dem kühlen Asketen Pacelli folgte der rundliche, lebendige Bauernsohn aus Bergamo, der durch sein Auftreten und sein Handlungstempo frischen Wind in den Vatikan brachte. Gewiß: Der Pontifikat des bei der Wahl fast Siebenundsiebzigjährigen war auch als Übergangspontifikat angelegt; aber der «Übergangspapst» übernahm sein Amt mit dem Wunsch, Türen zu öffnen, die nach seinem Tod nicht mehr ohne weiteres zugestoßen werden konnten.

Johannes XXIII. war Gelehrter, wie Pius XI., und Diplomat, wie Pius XII., in einem. Fast zwanzig Jahre, von 1934 bis 1953, hatte er im Ausland zugebracht, vor allem in Südosteuropa, zuerst als Visitator in Bulgarien, dann als Delegat und Nuntius in der Türkei und in Griechenland, zuletzt als Nuntius in Paris und Beobachter des Heiligen Stuhls bei der UNESCO. Johannes XXIII. war weltläufig; er hatte exzellente Kontakte zu den orthodoxen christlichen Kirchen des Ostens aufgebaut, die Not der Judenverfolgung hautnah miterlebt und geholfen, wo er konnte, sie zu lindern. Beides wirkte zusammen in seinem Wunsch, als Papst ein neues Verständnis der Ökumene zu fördern, zu der seinem Verständnis nach auch die Juden gehörten.

Bereits zum ersten Osterfest seines Pontifikats, 1959, erfüllte Johannes die alte Bitte der «Amici Israel» und strich das Adjektiv «perfidus» aus der Karfreitagsliturgie.[1] Zu diesem Zeitpunkt hatte er bereits seine Absicht kundgegeben, ein allgemeines Konzil einzuberufen. Auf die Tagesordnung dieses Konzils fand die «jüdische Thematik» aber erst im Laufe des Jahres 1960.[2] Womöglich hat auch der enthusiastische Brief des «Amici»-Vordenkers Antonius van Asseldonk vom April 1959 dazu beigetragen, diese Entscheidung reifen zu lassen; auf jeden Fall ergänzt van Asseldonks Schreiben die theologie- und geistesgeschichtlichen Verbindungslinien zwischen der Initiative der Gebrüder Lémann 1870 über die «Amici Israel» von

1926 bis zur «Judenerklärung» des zweiten Vatikanums durch eine Note persönlicher Kontinuität. Der eigentliche geistige Vater der Erklärung *Nostra Aetate* war aber der persönlich von der nationalsozialistischen Judenverfolgung betroffene Religionsphilosoph Jules Isaac. In einer Audienz am 13. Juni 1960 überreichte Isaac dem Papst eine Denkschrift, die zu einer Revision der theologischen Grundaussagen über das Judentum durch das Konzil aufforderte. Isaac scheint Johannes XXIII. von der Notwendigkeit überzeugt zu haben, die Judenthematik in das Arbeitsprogramm des Konzils aufzunehmen. Er übergab Isaacs Denkschrift zur Prüfung an Augustin Bea, den er einige Tage zuvor zum Präsidenten des neugeschaffenen Sekretariats zur Förderung der Einheit der Christen ernannt hatte. Am 18. September 1960 übertrug der Papst dem Kardinal offiziell auch die Zuständigkeit für die Beziehungen zu den Juden. Wenig später begrüßte Johannes XXIII. eine Gruppe jüdischer Delegierter in der Audienz mit einem Satz, der um die Welt ging: «Ich bin es, Josef, Euer Bruder!»[3] Mit den Worten des Stammvaters Josef, mit denen dieser sich in Ägypten seinen Brüdern zu erkennen gab, brachte der Papst seinen Willen zum Ausdruck, vergangenes Leid zu vergessen und brüderliche Eintracht und Liebe zu erneuern.

Abseits solch programmatischer Bekundungen stand der deutsche Kardinal Bea vor einer in höchstem Maße undankbaren Aufgabe. Unversehens fand er sich zwischen mehrere Fronten gestellt. Die theologische Erneuerung des Verhältnisses zu den Juden entwickelte sich zu einem veritablen Polit-Krimi, in dem nicht nur die Liberalen und die Konservativen an der Kurie ihre handfesten Interessen gegeneinander ausspielten. Kein anderes Konzilsthema als die «Judenerklärung» zog mehr weltpolitische Gegensatzpaare vor die Pforten von St. Peter in Rom: Juden und Christen, Katholiken und Orthodoxe, Ultra-Konservative, Konservative und Liberale, Zionisten und Antizionisten, Araber und Israelis, Kommunisten und Kapitalisten.

Bea wollte in ein Gespräch mit «dem Judentum» treten, das freilich als monolithisch-institutionalisierter Block, der römisch-katholischen Kirche vergleichbar, nicht existiert. Auch über eine oberste theologische Autorität, ähnlich dem Papst, verfügt das Judentum nicht. Hinzu kam, daß viele, vor allem orthodoxe Rabbiner Konsultationen mit dem Heiligen Stuhl ablehnten, da sie das «Judenproblem» der katholischen Kirche als rein innerchristliches Problem betrachteten. Mit wem sollte Beas Einheitssekretariat also in Kontakt treten? In die Bresche sprangen nicht primär religiös, sondern gesellschaftspolitisch operierende, vor allem amerikanisch-jüdische Organisationen: der «World Jewish Congress» (WJC), das «American Jewish Committee» (AJC) und die «Anti Defamation League» der Loge B'nei

B'rith (ADL). Waren die Gespräche mit Vertretern dieser Gruppen in theologischer Hinsicht eher eine Verlegenheitslösung, sah das Bea-Sekretariat andererseits mit Bedacht davon ab, vertiefte Verbindungen in Richtung Israel zu knüpfen, um politische Irritationen vor allem im Nahen Osten zu vermeiden. Dies sollte, wie sich seit der sogenannten Goldmann-Wardi-Affäre vom Sommer 1962 zunehmend zeigte, nicht gelingen.

Der Weg zu «Nostra Aetate»

Im November 1960 nahm das Einheitssekretariat seine Arbeit auf und ergingen Einladungen an AJC, WJC und ADL, Memoranden über den Antisemitismus einzureichen. Eine «Unterkommission für den jüdischen Problemkreis», der als treibende Kräfte Pater Gregory Baum, Abt Leo Rudloff von der Dormitio in Jerusalem, Johannes Oesterreicher sowie später Johannes Willebrands angehörten, erarbeitete während verschiedener Treffen bis zum Jahresende den Erstentwurf eines «Decretum de Judaeis». Aus diesem wie auch den bis dahin von den jüdischen Organisationen vorgelegten Memoranden kristallierten sich deutlich die Hauptthemen heraus, mit denen sich die Diskussion um eine Judenerklärung des Konzils zu befassen haben würde: An erster Stelle der Gottesmordvorwurf, damit verbunden die Frage nach der Verwerfung des Volkes Israel und nach der bleibenden Gültigkeit des Bundes Gottes mit den Juden sowie nicht zuletzt auch die Frage einer Verurteilung des Antisemitismus.

Eine erste Krise entstand im Sommer 1962, wenige Monate vor der Eröffnung des Konzils. Der Präsident des WJC hatte den Referenten für christliche Angelegenheiten im israelischen Religionsministerium, Chaim Wardi, zum Beobachter und Repräsentanten des WJC beim Konzil ausgerufen, ohne dies mit den anderen Organisationen oder dem Heiligen Stuhl selbst abzusprechen. Dies erzürnte nicht nur das Staatssekretariat, sondern rief auch arabische Staaten auf den Plan, die gegen eine vermeintliche Koalition zwischen «Weltzionismus» und katholischer Kirche protestierten. Kardinalstaatssekretär Cicognani, gleichzeitig Vorsitzender der zentralen Vorbereitungskommission des Konzils, ließ deshalb den vom Bea-Sekretariat vorbereiteten Entwurf nicht zur Diskussion in der Zentralkommission und damit auch nicht im Konzil zu. «Die heutigen scharfen Auseinandersetzungen zwischen Juden und Arabern», so Cicognani, «sind wohlbekannt; es könnte für die Politiker leicht der Verdacht entstehen, daß wir für die eine oder andere Seite Partei ergreifen. Entsprechende Gerüchte sind bereits im Umlauf. Juden und alle anderen außerhalb der Kirche wissen, daß die Kirche sie mit großer Liebe aufnehmen wird, wenn sie sich dem katholischen Glauben zuzuwenden wünschen.»[4]

Cicognani versuchte zwei Fliegen mit einer Klappe zu schlagen: Er instrumentalisierte den arabischen Protest, um eigene Interessen zu verfolgen. Nicht wenige Konservative an der Kurie hielten eine Erklärung über das Verhältnis zum Judentum für unnötig; die Theologie zum Judentum sei klar und durch die Tradition gedeckt; wer sich der Kirche nähern wolle, werde mit offenen Armen aufgenommen. Das Argument des Kardinalstaatssekretärs bewegte sich auf der Linie des Heiligen Offiziums während der zweiten Hälfte der 40er und der 50er Jahre. Das Ziel des Dialogs müsse letzten Endes die Demonstration der «Überlegenheit» des Neuen Testaments und die Konversion sein. Ungewollt betrieb Cicognani mit seiner Entscheidung gegen den Bea-Entwurf nicht nur kurialen Lobbyismus, sondern vermittelte den antiisraelischen Kräften im Nahen Osten auch die fatale Botschaft, eine Koalition mit der konservativen Fraktion der Kardinäle könne die geplante Judenerklärung auf Dauer zu Fall bringen.

Beinahe wäre sie auch schon nach dem ersten Anlauf für immer in den Archiven verschwunden, hätte nicht der unermüdliche Bea nach dieser Niederlage gegen Cicognani weiter für die Notwendigkeit der Judenerklärung geworben. In einem vielbeachteten programmatischen – allerdings zunächst unter einem anderen Autorennamen erschienenen – Aufsatz über «Die Schuld des jüdischen Volkes am Tod Christi» unterzog Bea sowohl den Gottesmordvorwurf als auch die Frage der Verwerfung des Volkes Israels zum ersten Mal einer systematisch-exegetischen Analyse. Die Kollektivschuldthese wies er ebenso zurück wie den daraus gezogenen Schluß einer kollektiven Verstoßung der Juden. «Von welcher Seite […] man die Frage betrachtet, niemals kommt eine Kollektivschuld heraus, als ob das damalige jüdische Volk als ganzes in irgendeiner Weise an der Tötung Jesu mitgewirkt hätte. Das einzige, was man sagen kann, ist, daß die wirklich Verantwortlichen mit Ausnahme von Pilatus Angehörige des jüdischen Volkes waren. Aber man kann nicht aus einem Verbrechen, das innerhalb eines Volkes begangen worden ist, ein Verbrechen des Volkes machen.»[5]

Entscheidend für den Fortgang des Projekts erwies sich, daß Bea während der ersten Sessionsperiode des Konzils, im Herbst 1962, wichtige Verbündete aus den Reihen der nordamerikanischen Bischöfe gewinnen konnte: die Kardinäle Cushing (Boston), Spellman (New York), Meyer (Chicago) sowie Erzbischof Ritter von St. Louis. Die Amerikaner hatten ein eigenes Interesse an einer Judenerklärung der katholischen Kirche.

Selbst einer Glaubensminderheit in den Vereinigten Staaten angehörend, waren sie auf gute Beziehungen zur anderen Glaubensminderheit, den Juden, angewiesen und pflegten auch traditionell bessere Kontakte zu jüdischen Gemeinden und Institutionen als die Kirche in Europa. Aber auch mit Blick auf die amerikanische Rassendebatte wünschten sie eine Erklärung über das Judentum und mit ihr gegen den Antisemitismus. Mit den amerikanischen Konzilsvätern, immerhin um die 250, konnte Bea einen nicht kleinen Kern von Anhängern um sich scharen, der sich um Bischöfe aus Frankreich, den Niederlanden, der Schweiz, aber auch Deutschlands und Österreichs kontinuierlich erweiterte – kein schlechtes Ergebnis der ersten Konzilssession.

Aber noch fehlte eine Äußerung des Papstes. Auch diese verstand Bea zu gewinnen, indem er persönlich an Johannes XXIII. schrieb, noch einmal die Dringlichkeit der Revision der theologischen Positionen der Kirche zum Judentum verdeutlichte und davor warnte, sich von Drohungen tagespolitischer Natur beeindrucken zu lassen.[6] Auch wies er den Papst auf eine Resolution gegen den Antisemitismus hin, die der ökumenische Weltkirchenrat Ende 1961 erlassen hatte. Der Erfolg blieb nicht aus. Am 13. Dezember 1962 erteilte Johannes XXIII. dem Konzil den Auftrag, sich in der nächsten Sitzungsperiode mit einer Erklärung zum Judentum zu befassen.[7] Um weiterer Kritik aus den Reihen der Vorbereitungskommission zu begegnen, deren Vorsitzender Cicognani ein eigenständiges Dekret zum Judentum abgeblockt hatte, sowie den Einwand abzufangen, daß das Konzil auch über andere Religionen, etwa den Islam, sprechen sollte, fiel im Bea-Sekretariat die Entscheidung, den Text über die Juden in den Entwurf eines anderen Dekrets zu integrieren. Dafür bot sich das ebenfalls vom Einheitssekretariat vorbereitete Schema über den Ökumenismus an. Bis Anfang März 1963 hatte die Unterkommission eine neue Fassung erarbeitet, die nun als Kapitel IV des Dekrets über den Ökumenismus der aus der Vorbereitungskommission hervorgegangenen Koordinierungskommission zugeleitet wurde. Wie der Erstentwurf betonte auch diese neue Fassung die Kontinuität des Bundes Gottes mit den älteren Brüdern und wies die Auffassung zurück, die Juden seien von Gott verworfen. Desgleichen verurteilten beide Entwürfe jegliche Art von Antisemitismus. Die zweite Fassung ging jedoch insofern über die erste hinaus, als sie die Priester anwies, nichts zu predigen, «was Haß oder Verachtung gegen die Juden hervorrufen könnte.» Vor allem jedoch sprach sich diese Fassung zum ersten Mal explizit dagegen aus, die Juden ein «gottesmörderisches Volk» zu nennen.[8] Papst Johannes XXIII. starb am 3. Juni 1963. Sein Nachfolger, Paul VI.

(Abb. 8, 9), bekundete sogleich den Willen, das Konzil fortzusetzen, und eröffnete am 29. September die zweite Sessionsperiode. Mit unendlichen Diskussionen über das Schema «De Ecclesia» – Über die Kirche – und die Kollegialität der Bischöfe verspielte das Gremium in diesem Herbst viel Zeit und schlitterte in eine ernste Krise. Erst zwei Wochen vor dem Ende der Sitzungsperiode wandten sich die Väter dem Ökumenismus-Schema zu. Die Bekanntgabe des Textes des vierten Kapitels, über die Juden, wurde verschleppt; noch immer hielten sich innerhalb der Koordinierungskommission die alten Bedenken; neue kamen hinzu: Die Bischöfe aus den arabischen Ländern fürchteten um Pressionen gegen die katholischen Minderheiten in diesen Ländern, sollte das Konzil eine Erklärung zum Judentum verabschieden, die Patriarchen der syrischen, koptischen, melkitischen, unierten Ostkirchen erhoben zusätzlich Vorbehalte gegen eine Judenerklärung im Rahmen des Ökumenismus-Dekrets. Die Juden hätten nichts in einer Erklärung zu suchen, die sich mit der innerchristlichen Einheit befasse. In den letzten Tagen dieser Sitzungsperiode spitzten sich die Ereignisse dramatisch zu. Kapitel I bis III des Ökumene-Schemas wurden am 21. November abgestimmt, nicht jedoch Kapitel IV über die Juden und Kapitel V über die Religionsfreiheit. Bea hatte am 19. ein pathetisches Plädoyer vor der Konzilsaula für Kapitel IV gehalten. Freilich schien unter den Konzilsvätern der Unmut über die Plazierung der Judenerklärung innerhalb des Ökumene-Schemas zu überwiegen, so daß die Gefahr bestand, daß es bei einer Abstimmung aus rein formalen Gründen abgelehnt werden würde. Insofern war es eher ein Glück, daß sich Bischof Helmsing von Kansas City am 29. November nicht mit seinem Antrag durchsetzen konnte, eine sofortige Abstimmung über Kapitel IV und V herbeizuführen. Die zweite Sitzungsperiode endete in dieser Hinsicht enttäuschend, vor allem für die amerikanischen Bischöfe. Die Presse zitierte ein Mitglied des amerikanischen Episkopats mit den Worten: «Je länger wir hier zögern, desto stärker versuchen die Araber uns zu erpressen. Wir brauchen gerade jetzt die beiden Kapitel in Amerika so dringend. Das über die Juden wegen der Rassenfrage, das über die Religionsfreiheit der anderen Christen wegen.»[9]

Jedoch war aufgeschoben in diesem Fall nicht aufgehoben. Die kommenden Wochen bestimmte ein Thema, das indirekt das weitere Schicksal der Erklärung über das Verhältnis zum Judentum sicherlich beeinflußte und vom Papst wohl auch als eine Art Hilfestellung gedacht war: die Pilgerreise Pauls VI. ins Heilige Land. Diesem Vorhaben hatte sich die Judenerklärung möglicherweise im Vorfeld sogar unterordnen müssen. Eine positive Abstimmung durch das Konzil unmittelbar vor der Papstreise wäre in den arabischen Staaten zweifellos auf stärkste Mißbilligung gestoßen und hätte den Besuch des Papstes im muslimischen Jordanien stark gefährdet, wenn nicht gar vereitelt. Auch wenn sichere Belege für einen Zusammenhang zwischen der Verschiebung der Abstimmung über die Judenerklärung und der Papstreise ins Heilige Land nicht vorliegen, steht ein solcher Zusammenhang doch sehr zu vermuten: Zwar gab der Papst seine Reiseabsicht erst durch jenen Überraschungscoup vom 4. Dezember bekannt, geplant und vorbereitet war die Reise jedoch längst vorher.

Im Februar 1964 nahmen die Experten des Bea-Sekretariates unverzüglich ihre Arbeit wieder auf. Die Probleme waren nicht geringer geworden, im Gegenteil. Der ägyptische Staatspräsident Nasser hatte bei Paul VI. persönlich mit Repressionen gegen Katholiken und katholische Einrichtungen in Ägypten für den Fall gedroht, daß die Kirche eine Erklärung über das Judentum verabschiede; im Oktober 1964 wiederholte er diese Drohung. Auch die unierten Bischöfe blieben bei ihrer Ablehnung. Gleichzeitig verschärfte sich die kuriale Opposition gegen Bea, als deren Hauptprotagonisten neben Cicognani nun immer mehr die italienischen Kardinäle Ottaviani, Ruffini und der Bischof von Genua, Siri, in Stellung gingen. Das gesamte Ökumene-Schema, berichtete ein jüdischer Beobachter vom Konzil, sei diesen Kardinälen suspekt, begünstige es doch «Häresie, Atheismus und Kommunismus».[10] Die von Paul VI. fortgesetzte Öffnungspolitik Johannes' XXIII. brach vor allem auch in die traditionell in sich abgeschlossenen kurialen Entscheidungsgremien ein; kein Wunder, daß erbitterter Widerstand genau aus jenen Zirkeln erwuchs, denen das «demokratische Mitregieren» des Konzils in höchstem Maße zuwiderlief.

Trotz allen Gegenwindes gelang es den Mitarbeitern des Bea-Sekretariates, sowohl eine Vielzahl von Änderungsvorschlägen aus dem Kreis der Konzilsväter einzuarbeiten als auch dem Text insgesamt eine neue Position zuzuweisen, die der Kritik an seiner Eingliederung in das Ökumene-Schema Rechnung tragen sollte. Nun erschien er als Anhang zum Kapitel über die Religionsfreiheit und zwar versehen mit einem zusätzlichen Paragraphen über die nichtchristlichen Religionen unter besonderer Nennung des Islam. In dieser Form ging der überarbeitete Entwurf im März 1964 an die Cicognani-Kommission, die nun ihrerseits den Text «bearbeitete». Diese Bearbeitung bestand zum ohnmächtigen Ärger Beas, aber auch der amerikanisch-jüdischen Organisationen im wesentlichen darin, die explizite Ablehnung des Gottesmordvorwurfs und der kollektiven Verstoßung zu streichen. Diesmal frohlockte die arabische Propaganda: Sollte es die Kirche doch nicht wagen, die Juden von der Schuld am Tode Christi «freizusprechen»? Eine erregte öffentliche Debatte erhob sich vor allem in den USA, nachdem die Eingriffe der Koordinierungskommission bekannt geworden waren. Das AJC mobilisierte sogar Präsident Johnson, beim Papst für eine «starke» Judenerklärung, also für die Beibehaltung der gestrichenen Passagen zu intervenieren.

Die dritte Sessionsperiode trieb die Auseinandersetzung zwischen Gegnern und Befürwortern der Erklärung auf die Spitze und brachte die Entscheidung. In der Debatte über die abgeschwächte dritte Fassung dominierten eindeutig die Befürworter einer Erklärung über das Judentum überhaupt und unter diesen die Befürworter einer «starken» Erklärung. Die abgeschwächte Variante der Koordinierungskommission fand fast einhellig Ablehnung als ein nicht adäquater Entwurf. Jetzt kamen auch Stimmen auf, die über die bisherigen Inhalte hinauszugehen und ein Schuldbekenntnis der Kirche zu formulieren forderten. Am weitesten wagte sich Bischof Elchinger aus Straßburg vor: «Wir können nicht leugnen, daß nicht nur in diesem Jahrhundert, sondern auch in den vergangenen den Juden gegenüber Verbrechen von Söhnen der Kirche begangen wurden und nicht selten, wenn auch fälschlich, im Namen der Kirche. [...] Warum können wir aus jenem Geist des Evangeliums nicht jene Größe schöpfen, daß wir im Namen so vieler Christen Verzeihung erflehen für so viele und so große Ungerechtigkeiten?»[11]

Durch diese Wende der Debatte fühlten sich die kurialen Gegner provoziert und griffen zu Geschäftsordnungstricks und anderen unseriösen Methoden. Ein anonymes Pamphlet mit dem Titel *Die jüdisch freimaurerische Aktion auf dem Konzil* kursierte durch das Plenum, verbreitete Verschwörungstheorien und denunzierte Bea und seine Mitarbeiter, vor allem Gregory Baum und Johannes Oesterreicher als Kryptojuden, denen es gelungen sei, Johannes XXIII. zu beeinflussen, ihnen im Einheitssekretariat eine Propagandaplattform zu verschaffen. Das waren Rückzugsgefechte, in denen noch einmal alle antijudaistischen Ressentiments, vor allem das der jüdisch-freimaurerischen Weltverschwörung vom Beginn des Jahrhunderts aufgefahren wurden. Unmittelbar gefährlich mußte jedoch die Volte der Cicognani-Ottaviani-Gruppe sein, die versuchte, dem Bea-Sekretariat die Zuständigkeit für die gesamte Erklärung zur Religionsfreiheit einschließlich des Textes über das Judentum zu entziehen und einer anderen, mehr in ihrem Sinne zusammengesetzten Kommission zu übertragen. Dagegen erhob sich nun zum ersten Mal die Stimme deutscher Bischöfe und ihres Wortführers, des Kölner Kardinals Josef Frings.

Die deutschen Konzilsväter hatten sich in der Debatte um die Judenerklärung bisher bewußt zurückgehalten. Die Gründe für diese Zurückhaltung faßte der deutsche Botschafter van Scherpenberg in einem Bericht für das Auswärtige Amt in Bonn zusammen: «1) Das Eintreten deutscher Bischöfe für diese Erklärung hätte wahrscheinlich bei vielen Nichtdeutschen den Gedanken ausgelöst, daß es wohl besser gewesen wäre, wenn solche Worte für die Juden unüberhörbar deutlich während der Verfolgungen der Juden gesprochen worden wären. 2) Auf jeden Fall hätte ein deutscher Sprecher im Konzil das Verhalten der Bischöfe während der Nazi-Regierung streifen und begründen müssen. Das hätte wahrscheinlich zu weiteren unfruchtbaren Debatten, Mißverständnissen und wohlmöglich zu einer Heranziehung des Verhaltens Papst Pius XII. führen können. Das alles wäre auch im Interesse der Sache selbst unerfreulich und schädlich gewesen.» [12] Im September 1964 jedoch, wenige Tage nach Eröffnung der dritten Sessionsperiode hatte die Fuldaer Bischofskonferenz eine Judenerklärung des Konzils ausdrücklich «begrüßt», auch «weil wir uns des schweren Unrechts bewußt sind, das im Namen unseres Volkes an den Juden begangen worden ist.» [13] Frings empfand den Angriff der Gegner der Erklärung via Geschäftsordnungsmanipulation als unerträglich. Am 11. Oktober verfaßte er mit fünfzehn weiteren Kardinälen ein Schreiben an Paul VI., in dem er den Versuch, Bea die Zuständigkeit für das Kapitel über die Religionsfreiheit zu entziehen, als Verletzung der Würde des Konzils anklagte. Paul VI. gab dem statt; er empfing die Kardinäle Frings, Döpfner und König und erklärte, die Kompetenzen Beas unangetastet zu lassen.

Mit diesem Spruch des Papstes war der Weg frei für *Nostra Aetate*: Daß die Erklärung über das Judentum ganz und gar aus dem Zusammenhang mit dem Ökumenismus-Schema gelöst und zu einer eigenständigen «Erklärung über das Verhältnis der Kirche zu den nichtchristlichen Religionen» ausgebaut werden sollte, die auch über Hinduismus, Buddhismus und Islam spricht, ergab sich aus der Debatte im Plenum, deren Tendenz mit theologischen Vorstellungen Pauls VI. zur Deckung kam. Nach einem dreiwöchigen Arbeitsmarathon konnte Bea bereits am 18. November die Urfassung von *Nostra Aetate* unter den Konzilsvätern verteilen lassen. Sie enthielt, wieder eingearbeitet, die explizite Zurückweisung des Gottesmordvorwurfes und der Verstoßungstheologie. Der Beginn des Abschnitts über das Judentum strich nun noch deutlicher als alle früheren Entwürfe den Zusammenhang zwischen *Ecclesia* und *Synagoga* heraus: Die Kirche des Neuen Bundes habe das Israel des Altes Bundes nicht ersetzt und überwunden, sondern Alter und Neuer Bund seien stets und untrennbar aufeinander bezogen. «Daher kann die Kirche nicht vergessen, daß sie von dem Volk, mit dem Gott aus seiner unaussprechlichen Barmherzigkeit den Alten Bund eingehen wollte, die Offenbarung des Alten Testamentes empfangen hat und daß sie von der Wurzel des guten Ölbaums genährt wird, in die die Zweige aus dem wilden Ölbaum der Heiden eingepflanzt worden sind.» Mit Paulus weist die Erklärung darauf hin, daß die Erwählung der Juden durch Gott unabhängig davon bestehen bleibe, daß sie Christus als den Messias nicht angenommen haben. Die Juden «bleiben [...] dennoch, wie der Apostel bezeugt, Gott, der seine Gaben und seine Berufung nicht bereut, um der Väter willen noch immer sehr lieb.» Die heilige Synode – das Konzil – beweine und verwerfe «eingedenk des gemeinsamen Erbes, den Haß und die Verfolgungen gegen die Juden, seien sie einst oder seien sie in unseren Zeiten begangen.»[14]

Am 20. November fand eine erste Abstimmung über die Erklärung statt. Von 1996 Konzilsvätern stimmten 1651 mit Ja, 99 mit Nein und 242 Ja mit Vorbehalt – ein überwältigend positives Ergebnis, das freilich noch nicht die endgültige Annahme des Dokuments, sondern lediglich dessen Erhebung in den Rang eines Konzilsdokuments bedeutete. Die Endabstimmung sollte in der vierten und vom Papst zur letzten erklärten Konzilssession erfolgen. Bis dahin blieb der Arbeitsgruppe um Augustin Bea die Aufgabe, einen endgültigen Text zu formen und dabei die Einwände vor allem derjenigen weitestmöglich zu berücksichtigen, die nur «mit Vorbehalt» zugestimmt hatten.

Aber natürlich verging das Dreivierteljahr bis zur Eröffnung der vierten Session nicht ohne erhebliche Irritationen, die mitunter fürchten ließen, die Erklärung scheitere doch noch hundert Meter vor dem Ziel. Zunächst fachte die arabisch-antiisraelische Propagandamaschine einen Sturm der Entrüstung an und zieh den Vatikan einer Koalition mit Israel mit dem Ziel, Jerusalem – dessen Altstadt damals noch zu Jordanien gehörte – internationalisieren zu wollen. Die Regierung Ägyptens nötigte den syrisch-unierten Patriarchen von Alexandrien dazu, die Abstimmung über die Judenerklärung als Ergebnis einer «kolonialistischen Verschwörung» zu bezeichnen.[15] Allenthalben erhöhte sich der nur empfundene oder auch tatsächliche Druck auf kirchliche Einrichtungen in arabischen Ländern. Im Frühjahr 1965 sandte der Heilige Stuhl Johannes Willebrands und Pater Pierre Duprey, der bereits die Papstreise mit vorbereitet hatte, zu Konsultationen mit den orientalischen Patriarchen in den Nahen Osten. Ihr Bericht während der Vollversammlung des Bea-Sekretariats im Mai verbreitete große Unruhe, ja Niedergeschlagenheit; bei einer endgültigen Annahme der Erklärung über das Judentum seien Ausschreitungen gegen die Christen, vielleicht gar Verfolgungen zu befürchten. Die Regierungen könnten nicht garantieren, die Spannungen in den Griff zu bekommen. Was sollte man tun? Den Drohungen nachgeben und auf die Erklärung ganz verzichten? Im Juli unternahm die Delegation eine zweite Reise, um unter den Patriarchen Aufklärungsarbeit über den eigentlichen Inhalt und die Ziele der Erklärung zu leisten.

Eine andere Debatte entzündete sich derweil in Italien über den theologischen Gehalt des Gottesmordvorwurfes, nachdem Bischof Luigi Maria Carli von Segni in einem Klerusblatt offen dafür plädiert hatte, die Juden weiterhin, auch kollektiv, am Tod Jesu Christi schuldig zu erklären.[16] Unglücklicherweise griff auch Paul VI. selbst in seiner Palmsonntagspredigt daneben, als er – ähnlich Pius XII. in seiner Allokution vor dem Heiligen Kollegium an Weihnachten 1942 –, ganz der eingeschliffenen theologischen Ausdrucksweise hingegeben, von den Juden sprach, die Jesus «schließlich töteten».[17] Parallel dazu kursierten Gerüchte, der Papst beabsichtige die Erklärung gänzlich neu formulieren, ja, sie gar überhaupt zurücknehmen zu lassen, auch aus Sorge um die Katholiken in den arabischen Ländern.

Diese Sorge hatte sich in der Spezialistenkommission des Bea-Sekretariates zuletzt nicht durchsetzen können. Aber auch innerhalb dieses zwischenzeitlich erweiterten Gremiums spitzten sich die Debatten auf die Frage zu, ob der Begriff des «Gottesmordes» beibehalten werden sollte oder nicht. Dagegen sprachen sich nicht nur diejenigen aus, die bereit waren, die Wünsche der Araber zu berücksichtigen. Auch rein semantische Argumente konnten die Auffassung stützen, besser auf den Begriff zu verzichten: «Gottesmord» sei ein gegen die Juden gerichtetes Verdikt, das über Jahrhunderte im Umkreis der Kirche tradiert wurde. Könne es angehen, diesen negativen Begriff in ein Konzilsdokument aufzunehmen? Selbst wenn er dort im Sinne der Aussage «Die Juden waren und sind keine Gottesmörder» zurückgewiesen werde, bleibe doch allein durch seinen Gebrauch ein letzter Verdacht an den Juden immer hängen. Nach zäher Diskussion beschloß das Gremium, das Wort «Gottesmord» zu streichen, jedoch den Text so zu gestalten, daß sein Sinn, nämlich die Zurückweisung des Gottesmordvorwurfs, erhalten blieb.

Am 14. Oktober 1965 stellte Kardinal Bea dem Konzil den endgültigen Text der Erklärung *Nostra Aetate* in einer ausführlichen Relation vor. Am gleichen Tag begannen die Abstimmungen, die nach einem komplizierten Procedere zunächst über Einzelaussagen der Erklärung erfolgten. Am wenigsten Ja-Stimmen erhielt, wie nach den Diskussionen der vergangenen Wochen zu erwarten war, die Aussage, die Juden dürften nicht als von Gott verstoßen angesehen werden (1821 Ja-Stimmen) sowie die Zurückweisung von Gottesmordvorwurf und Kollektivschuldthese (1877). Deutlicher fiel die Zustimmung aus, den Antisemitismus zu verurteilen (1905). 1763 Stimmen nahmen die Erklärung als Ganzes an, mehr als bei der Vorabstimmung des vorangegangenen Jahres. Doch immerhin 250 Väter lehnten die Erklärung insgesamt mit «Nein» ab. Nun führte Paul VI. selbst einen letzten Stimmungswandel herbei. Er ließ Gerüchten über weitere bevorstehende Textänderungen aufgrund der relativ vielen Nein-Stimmen keinen Lauf mehr und teilte während des Angelus-Gebetes am 17. Oktober der Menge auf dem Petersplatz mit, das Konzil werde am 28. Oktober zur Endabstimmung über *Nostra Aetate* schreiten, so daß die Erklärung anschließend durch ihn feierlich promulgiert – öffentlich verkündet – werden könne. Dieses Votum des Papstes veranlaßte eine weitere große Zahl von Kritikern, ihre Bedenken zurückzustellen. In der Schlußabstimmung verabschiedeten die Konzilsväter mit 2221 Ja-Stimmen gegen 88 Nein-Stimmen bei drei ungültigen Stimmen die Erklärung *Nostra Aetate* über das Verhältnis der Kirche zu den nichtchristlichen Religionen.[18]

Zwei Päpste, ein Konzil und eine von einem deutschen Kardinal geleitete Arbeitsgruppe hatten in fünfjähriger, mehrfach am Rande des Scheiterns stehender Arbeit eine der bedeutendsten Veränderungen in der Geschichte der katholischen Theologie erkämpft und dem Verhältnis zum Judentum, das durch Gottesmordvorwurf und Verstoßungstheologie über eineinhalb Jahrtausende lang von Grund auf belastet war, eine neue Grundlage gegeben. Internationaler politischer Druck und kuriale Sonderinteressen hatten sie von ihrem zuallererst der Theologie und der katholischen Glaubenslehre dienenden Ziel nicht abbringen können. «Hätte ich sämtliche Schwierigkeiten, auf die wir stoßen würden, voraussehen können», wird von Kardinal Bea nach der Schlußabstimmung überliefert, «so weiß ich nicht, ob ich den Mut gehabt hätte, den Weg einzuschlagen.»[19]

Kapitel vier der Deklaration *Nostra Aetate* über das Verhältnis der Kirche zum Judentum lautet:

Bei ihrer Besinnung auf das Geheimnis der Kirche gedenkt die Heilige Synode des Bandes, wodurch das Volk des Neuen Bundes mit dem Stamme Abrahams geistlich verbunden ist.

So anerkennt die Kirche Christi, daß nach dem Heilsgeheimnis Gottes die Anfänge ihres Glaubens und ihrer Erwählung sich schon bei den Patriarchen, bei Moses und den Propheten finden. Sie bekennt, daß alle Christgläubigen als Söhne Abrahams dem Glauben nach in der Berufung dieses Patriarchen eingeschlossen sind und daß in dem Auszug des erwählten Volkes aus dem Lande der Knechtschaft das Heil der Kirche geheimnisvoll vorgebildet ist. Deshalb kann die Kirche auch nicht vergessen, daß sie durch jenes Volk, mit dem Gott aus unsagbarem Erbarmen den Alten Bund geschlossen hat, die Offenbarung des Alten Testamentes empfing und genährt wird von der Wurzel des guten Ölbaums, in den die Heiden als wilde Schößlinge eingepfropft sind. Denn die Kirche glaubt, daß Christus, unser Friede, Juden und Heiden durch das Kreuz versöhnt und beide in sich vereinigt hat.

Die Kirche hat auch stets die Worte des Apostels Paulus vor Augen, der von seinen Stammverwandten sagt, daß «ihnen die Annahme an Sohnes Statt und die Herrlichkeit, der Bund und das Gesetz, der Gottesdienst und die Verheißungen gehören wie auch die Väter und daß aus ihnen Christus dem Fleische nach stammt» (Röm 9,4-5), der Sohn der Jungfrau Maria. Auch hält sie sich gegenwärtig, daß aus dem jüdischen Volk die Apostel stammen, die Grundfesten und Säulen der Kirche, sowie die meisten jener ersten Jünger, die das Evangelium Christi der Welt verkündet haben.

Wie die Schrift bezeugt, hat Jerusalem die Zeit seiner Heimsuchung nicht erkannt, und ein großer Teil der Juden hat das Evangelium nicht angenommen, ja nicht wenige haben sich seiner Ausbreitung widersetzt. Nichtsdestoweniger sind die Juden nach dem Zeugnis der Apostel immer noch von Gott geliebt um der Väter willen; sind doch seine Gnadengaben und seine Berufung unwiderruflich. Mit den Propheten und mit demselben Apostel erwartet die Kirche den Tag, der nur Gott bekannt ist, an dem alle Völker mit einer Stimme den Herrn anrufen und ihm «Schulter an Schulter dienen» (Soph 3,9).

Da also das Christen und Juden gemeinsame geistliche Erbe so reich ist, will die Heilige Synode die gegenseitige Kenntnis und Achtung fördern, die vor allem die Frucht biblischer und theologischer Studien sowie des brüderlichen Gespräches ist.

Obgleich die jüdischen Obrigkeiten mit ihren Anhängern auf den Tod Christi gedrungen haben, kann man dennoch die Ereignisse seines Leidens weder allen damals lebenden Juden ohne Unterschied noch den heutigen Juden zur Last legen. Gewiß ist die Kirche das neue Volk Gottes, trotzdem darf man die Juden nicht als von Gott verworfen oder verflucht darstellen, als wäre dies aus der Heiligen Schrift zu folgern. Darum sollen alle dafür Sorge tragen, daß niemand in der Katechese oder bei der Predigt des Gotteswortes etwas lehre, das mit der evangelischen Wahrheit und dem Geiste Christi nicht im Einklang steht.

Im Bewußtsein des Erbes, das sie mit den Juden gemeinsam hat, beklagt die Kirche, die alle Verfolgungen gegen irgendwelche Menschen verwirft, nicht aus politischen Gründen, sondern auf Antrieb der religiösen Liebe des Evangeliums alle Haßausbrüche, Verfolgungen und Manifestationen des Antisemitismus, die sich zu irgendeiner Zeit und von irgend jemandem gegen die Juden gerichtet haben.

Auch hat ja Christus, wie die Kirche immer gelehrt hat und lehrt, in Freiheit, um der Sünden aller Menschen willen, sein Leiden und seinen Tod aus unendlicher Liebe auf sich genommen, damit alle das Heil erlangen. So ist es die Aufgabe der Predigt der Kirche, das Kreuz Christi als Zeichen der universalen Liebe Gottes und als Quelle aller Gnaden zu verkünden.»[20]

Rückblick und Ausblick

Am 22. Mai 2004 zeichnete Papst Johannes Paul II. eine Botschaft an den Oberrabbiner von Rom, Riccardo Di Segni. Der hundertste Jahrestag der Einweihung der neuen römischen Synagoge am Tiberufer, des «Tempio maggiore» (Abb. 6), gab ihm Anlaß zurückzublicken. Der Papst erinnerte daran, daß die jüdische Gemeinde «seit über 2000 Jahren [...] ein wichtiger Bestandteil der Stadt Rom» sei. «Sie kann sich rühmen, die älteste jüdische Gemeinde Westeuropas zu sein und wesentlich zur Verbreitung des Judentums auf diesem Kontinent beigetragen zu haben.» Der Papst grüßte «unsere ‹bevorzugten Brüder› im Glauben Abrahams, unseres Patriarchen, Isaaks und Jakobs, Saras und Rebekkas, Rahels und Leas.» Er zitierte die theologischen Kernaussagen der Erklärung *Nostra Aetate*: «‹Unwiderruflich sind Gnade und Berufung, die Gott gewährt hat› (Röm 11,29), und Ihr seid weiterhin das erste Volk seines Bundes.» Zwischen Kirche und Synagoge bestehe nicht nur eine tiefe, sondern eine «unlösliche» Verbindung, die in dem gemeinsamen spirituellen Erbe gründe. Johannes Paul ging über die dunklen Seiten der Vergangenheit nicht hinweg, bedauerte «die Feindseligkeiten gegen das jüdische Volk, von denen die Geschichte häufig geprägt war», und gedachte der Opfer des nationalsozialistischen Völkermordes und insbesondere der am 16. Oktober 1943 gefangengenommenen und schließlich nach Auschwitz deportierten römischen Juden. «Die Kirche [...] zögert nicht, ‹die Fehler ihrer Kinder jedes Zeitalters zu bedauern›, und in einem Schuldbekenntnis hat sie um Vergebung gebeten für ihre auf jegliche Weise mit dem Übel des Antijudaismus und des Antisemitismus verbundene Schuld.» Damit spielte der Papst auf sein großes Schuldbekenntnis im Rahmen des Heiligen Jahres 2000 an. Er gedachte aber auch weiterer Meilensteine, die sein eigenes, langes Pontifikat auf dem Weg zu einem besseren Verhältnis zwischen Christen und Juden gesetzt hat: seines Besuchs in der römischen Synagoge am 13. April 1986, des ersten Besuchs eines Papstes in einer römischen Synagoge «nach dem Apostel Petrus». «Es war eine Umarmung zwischen Brüdern, die sich nach langer Zeit, in der es an Unverständnis, Ablehnung und Leid nicht fehlte, wiedergefunden haben.» Der Papst gedachte seiner Pilgerreise ins Heilige Land mit dem Besuch in der Gedenkstätte Yad Vashem, ebenfalls im Jahr 2000, sowie des von ihm in der Vorbereitung auf das Heilige Jahr angeregten Dokuments *Wir erinnern uns. Eine Reflexion über die Shoah* vom 16. März 1998. Er betete für den Frieden im Heiligen Land, den Frieden zwischen «Juden, Christen und Muslimen» und rief zu einem gemeinsamen Weg in Brüderlichkeit auf, ehe er das österliche «Hallel»-Gebet König Davids anstimmte. «Wenn wir die Werte der Verteidigung des Lebens und der Würde jeder menschlichen Person teilen, können wir unsere brüderliche Zusammenarbeit auf konkrete Weise intensivieren.»[1]

Alle Themen der zweitausendjährigen Geschichte des Verhältnisses zwischen Christen und Juden scheinen in der Grußbotschaft des Papstes an den Oberrabbiner zusammenzufließen; mehr noch, in dieser Grußbotschaft scheint jene Dynamik zu kulminieren, die dieses so lange zementierte Verhältnis im Laufe von nur etwa 130 Jahren fundamental veränderte. Das ist, gerade vor dem Hintergrund des Traditionsbewußtseins der katholischen Kirche, deren Mühlen bekanntermaßen langsam mahlen, ein nicht zu unterschätzendes Ergebnis. Das jahrhundertealte Konzept der doppelten Schutzherrschaft – während der aus der Defensive geführten Auseinandersetzung der Kirche mit der Moderne zunächst einseitig gewichtet und schließlich als Norm politischen Handelns entwertet und zusammengebrochen – wurde abgelöst von einem theologischen Konzept der unlösbaren brüderlichen Verbundenheit durch und vor dem gleichen Gott. Die Kirche verurteilte nicht nur jeglichen Antijudaismus und Antisemitismus, sondern bekannte auch jene Mitschuld, die ihre Mitglieder, Amtsträger und Institutionen über die Jahrhunderte hinweg an Antijudaismus und Antisemitismus auf sich luden.

Allerdings sollte angesichts dieses zuletzt bedeutenden Ergebnisses nicht aus den Augen geraten, wie schwierig dieser Prozeß der Umorientierung gewesen ist. Die Kirche hatte ihr Verhältnis zu den Juden in einem denkbar ungünstigen allgemeinhistorischen Kontext zu klären. Dieser Kontext bestimmte sicher die Art und Weise der Klärung, gab ihr entscheidende Impulse und Wendungen, beschleunigte sie. Wie eine bittere Ironie muß es erscheinen, daß der zentrale Impuls ausgerechnet der nationalsozialistische Völkermord an den Juden Europas war. Festzuhalten bleibt indessen auch: Der Holocaust wirkte für den Wandlungsprozeß der Kirche als Katalysator, war jedoch nicht der Grund, das Verhältnis zu den Juden zu revidieren. Abgesehen von dem Aspekt der Beschleunigung bestand diese Katalysatorwirkung in zweierlei. Sie setzte ein Nachdenken über die Schuld der Christen in Gang und sie räumte den Konversionsgedanken aus dem Weg, der bis dahin jeden «Dialog» mit Juden motiviert hatte.

Der Grund für den Veränderungsprozeß hingegen lag im Scheitern der doppelten Schutzherrschaft. Die «Befreiung» von 1870 löste das zuletzt mit diesem Konzept erreichte Stadium der Handlungsunfähigkeit der Päpste den Juden gegenüber auf die vielleicht einzig mögliche Weise, gewaltsam, aber freilich nur, insofern Juden als Untertanen des Papstes betroffen waren. Die direkten, althergebrachten Aufgaben der doppelten Schutzherrschaft – die Christen vor den Juden und die Juden vor den Christen zu schützen – waren mit dem Fall der weltlichen Herrschaft obsolet geworden. Mit dem Anwachsen des neuartigen rassistischen Antisemitismus, der sich antijudaistischer Stereotypen der Vergangenheit bediente, traten sogleich aber neue Anforderungen an die katholische Kirche heran. Das alte Konzept konnte darauf erst recht keine Antworten mehr geben; ein neues aber mußte erst mühsam erarbeitet, teils aus theologischem Nachdenken heraus, teils – und sehr großen Teils – aus dem Handeln und, natürlich auch, dem Nichthandeln der Kirche in jenen Katastrophen des 20. Jahrhunderts geboren werden.

Lange Zeit überlagerten sich die Reste des nun seiner realen Basis beraubten älteren Konzepts der doppelten Schutzherrschaft und die Anfänge der neuen, schließlich in der Konzilsdeklaration *Nostra Aetate* von 1965 festgeschriebenen Auffassung von den Juden als den älteren Brüdern im Glauben. Die Jahre zwischen 1870 und 1933/45 erscheinen als eine Art Scharnierzeit, in der die ältere Position in vieler Hinsicht nachwirkte und die neuere noch nicht vollständig ausgebildet war.

Spuren der doppelten Schutzherrschaft lassen sich lange weiterverfolgen, im Interview Leos XIII. in *Le Figaro* von 1892 beispielsweise, in Artikeln des *Osservatore Romano* oder im Textentwurf Gustav Gundlachs zu einer gegen den Rassismus gerichteten Enzyklika *Einheit des Menschengeschlechts* von 1938. Solange jene Versatzstücke der in ihrem Wesenskern trennenden, separierenden doppelten Schutzherrschaft nicht endgültig ausgeräumt waren und kein neues Konzept gefunden und verbindlich etabliert war, konnte – aller höchstamtlichen Zurückweisung des rassistischen Antisemitismus zum Trotz – von einer vollständigen Resistenz wenigstens der Zentralinstanz der römisch-katholischen Kirche, des Heiligen Stuhls und der römischen Kurie, gegen dessen Einfluß nicht die Rede sein. Am unglücklichsten schlug dieser Einfluß sicherlich in der Jesuitenzeitschrift *Civiltà Cattolica* zu Buche, gepaart mit Verschwörungstheorien und Antifreimaureraffekten. Das Einfallstor für solche Affekte stand offener denn je, hatte doch das Ende des Kirchenstaates die Defensive keineswegs beseitigt, sondern zunächst nur noch vergrößert. Die staatsrechtliche

Situation des Heiligen Stuhls war nach 1870 ungeklärt, der Papst verstand sich als Gefangener im Vatikan, inmitten liberalen Feindeslandes. Eine denkbar ungünstige Situation, Resistenzen, ja gar eine neue Theologie gegen Judenfeindschaft zu entwickeln. Im Gegenteil, eine Art «säkularer», also der religiösen Versatzstücke des Antijudaismus entkleideter, nichtrassistischer, sondern mit sozioökonomischen Affekten und diffusen Ängsten vor Verschwörungen arbeitender Antisemitismus fand lange Zeit bis in höchste Kirchenkreise hinein Anklang.

Freilich bedeutete dies nicht, daß sich die gesamte Kurie schrankenlosem Antisemitismus hingab. Den aggressiven französischen Antisemiten gegenüber zeigte beispielsweise das Staatssekretariat die kalte Schulter; Leo XIII. wies den rassistischen Antisemitismus zurück; Pius X. nutzte die Ausfälle Ernesto Nathans gegen das Papsttum nicht seinerseits für eine Kampagne gegen die Juden. Die Zumutungen dieses neuartigen Rassenantisemitismus setzten, langsam aber sicher, auch solche Kräfte in Bewegung, die, bewußt oder unbewußt, einem neuen Paradigma den Juden gegenüber zuarbeiteten. Bereits in der Initiative der Abbés Lémann auf dem ersten Vaticanum ist ein Keim dieser Entwicklung auszumachen, doch sollte der Erste Weltkrieg noch vorübergehen müssen, bis während des Pontifikates Pius' XI. nicht nur der Antisemitismus mehrfach eine unmißverständliche Ablehnung erfuhr, sondern auch die neuen theologischen Grundlagen dieser Ablehnung zunehmend stärker aufschienen. Auch die «Amici Israel» trugen wesentlich zu dieser Wende bei, unabhängig davon, daß sie 1928 vom Heiligen Offizium in Übereinstimmung mit dem Papst aufgelöst wurden. Pius' XI. Ansprache vom 6. September 1938 gegenüber einer Gruppe belgischer Pilger mündete schließlich in jene Standortbestimmung der Christen als «geistlicher Semiten», auf die dann auch Johannes XXIII. zweiundzwanzig Jahre später anspielen sollte, indem er sich einer Delegation des «United Jewish Appeal» als «Joseph, Euer Bruder» vorstellte. Beides waren nicht einfach freundlich dahingesprochene, belanglose Worte. Den theologischen Grund der Zurückweisung des Antisemitismus – «Nein, für Christen ist es unmöglich, den Antisemitismus zu befürworten. [...] Antisemitismus ist unzulässig.» – hatte Pius XI. bereits mitgeliefert: «Bitte nehmen Sie wahr, daß Abraham unser Patriarch, unser Ahnherr genannt wird. [...] Durch Christus und in Christus stehen wir in einer geistigen Abstammungslinie mit Abraham.»[2] Im Gegensatz zur alten doppelten Schutzherrschaft waren dies unverkennbar neue Akzente. Nicht mehr das Trennende, sondern das Gemeinsame wurde betont, nicht mehr die Diskontinuität, sondern die Kontinuität. Folgerichtig konnte und

durfte auch die Aufgabe der Päpste nicht mehr darin bestehen, die eine
Gruppe vor der anderen zu schützen, beide Gruppen voneinander zu sepa-
rieren, ihren gegenseitigen Umgang zu reglementieren. Die neue Aufgabe
mußte darin bestehen, Juden und Christen aufeinander zu beziehen.

Gleichwohl: Erst das Konzil sollte den neuen Rahmen verbindlich für die
katholische Weltkirche festsetzen. Was einzelne, auch Päpste, lange schon
predigten, war deshalb weder bereits in konkretes Handeln umgesetzt –
zumal unter den Bedingungen der Jahre 1933 bis 1945 – noch «an der Basis» immer angekommen. Selbst an der Kurie geisterten die Versatzstücke
der doppelten Schutzherrschaft noch vielfach umher, zwar nicht länger als
Grundlage realer Politik, aber doch als jahrhundertealte Ideologeme einer
Strategie religiöser Abschottung. Die doppelte Schutzherrschaft hatte ja
nur deshalb entstehen können, weil die Verstoßungstheologie und der kol-
lektivistisch überdehnte Gottesmordvorwurf zentrale Bestandteile des –
ambivalenten – Bildes von den Juden waren. Solange beides im Raum
stand, mußte es auch Katholiken geben, die ausgesprochen oder unausge-
sprochen der Ansicht waren, Verfolgung und Vernichtung könnten gar
eine Strafe Gottes für die «uneinsichtigen» Juden sein. Die zunehmend
drängende neue, gegenüber der alten vielleicht um vieles gewaltigere, die
realen Möglichkeiten des Heiligen Stuhls wohl auch überfordernde Pflicht
den Juden gegenüber – sie nämlich vor den mordenden Rassisten zu schützen – konnte vor den Resten des Konzepts der doppelten Schutzherrschaft
nur unzureichend erkannt und ausgeübt werden. Selbst Pius XII., dem die
Aufgabe der «carità universale», einer «universalen Mission», deutlich vor
Augen stand, sperrte sich innerlich dagegen, jene «ungeliebte Koalition»
mit den Juden einzugehen, die das Feindbild der nationalsozialistischen
«Neuheiden» der Kirche nachgerade aufdrängte. Vor dem Hintergrund
dieser geistes- und realgeschichtlichen Konstellation sollte beurteilt werden, was die Spitze der römisch-katholischen Kirche in Rom und die katholischen Institutionen in den einzelnen Ländern für die verfolgten Juden
nicht, desgleichen aber auch, was sie trotz dieser Konstellation für sie getan
haben.

Die Konzilserklärung über das Verhältnis der Kirche zu den nichtchristlichen Religionen, *Nostra Aetate*, vor allem ihr viertes Kapitel über das Judentum, fiel der Kirche gleichfalls nicht in den Schoß, sondern war ein hart
umkämpftes Ergebnis langjähriger Bemühungen, in denen zuletzt – auch
gegen schwere politische Geschütze – der Wille siegte, die veränderten
Grundlagen des Verhältnisses zu den Juden endlich festzuschreiben. Als
solches konnte dieses Ergebnis nichts anderes sein als ein Kompromiß. Die

Umstände ihrer Entstehung sollte stets bedenken, wer die Erklärung für zu schwach und zu formelhaft hält, wer ihr, sicherlich nicht ganz zu Unrecht, vorhält, die Anschuldigung des Gottesmordes nicht deutlich genug und nur in umschreibenden Worten zurückzuweisen.

Nostra Aetate Nr. 4 ist kein Dokument des Dialogs, sondern ein innerkirchliches Dokument, obwohl jüdische Organisationen und auch einzelne Rabbiner an seiner unmittelbaren Entstehungsgeschichte beteiligt waren. Anderseits ist es zu einem guten Teil einem Dialog zu verdanken, der bereits in den 50er Jahren von verschiedenen Institutionen und Theologen geführt wurde, ohne daß die Kirche ihre neue Position zuvor offiziell bestimmt gehabt hätte. *Nostra Aetate Nr. 4* entsprang also nicht allein dem Willen Johannes' XXIII., sondern auch einer «Bewegung von unten». Als neue offizielle Basis hat *Nostra Aetate Nr. 4* seither jedoch jeden weiteren Dialog gehalten und befruchtet. Darüber hinaus hat die Erklärung auch in die Breite gewirkt und, ergänzt durch exegetische Handreichungen und Kommentare,[3] das in den Pfarreien dem «Kirchenvolk» vermittelte Bild von Juden und Judentum maßgeblich verändert.

Natürlich ist dieser Prozeß noch längst nicht abgeschlossen, ebensowenig wie derjenige der historischen Aufarbeitung des Verhältnisses von katholischer Kirche und Juden in möglichst vielen seiner Einzelheiten. Aber unglücklicherweise ist diese Arbeit noch immer von gegenseitigem Mißtrauen einzelner Parteien sowie durch unterschiedliche geschichtspolitische Interessen belastet. Die schon von Paul VI. als Reaktion auf Hochhuths *Stellvertreter* eingeleitete Politik der Freigabe von Archivmaterial findet in jüngster Zeit beschleunigte Fortsetzung und sollte dazu beitragen, die Debatten der Geschichtswissenschaft endlich zu versachlichen.

Kern der neuen, von Johannes Paul II. in seiner Grußbotschaft an den Oberrabbiner von Rom beschworenen «brüderlichen Zusammenarbeit» muß freilich nicht die Vergangenheit, sondern die Gegenwart sein. Hier bleiben allerdings große Fragen unverändert offen. Welche Richtung wird der theologische Dialog in Zukunft nehmen? Ist etwa die Sicht auf die «älteren Brüder», ja überhaupt die «Familienmetaphorik» haltbar, oder wird nicht ein zunehmend historisierender Ansatz zeigen müssen, wie sich nicht nur das Christentum in der Auseinandersetzung mit dem Judentum, sondern auch das rabbinische Judentum in der Reaktion auf das Christentum entwickelt hat? Daß das Christentum nicht ohne das Judentum zu begreifen ist, kennt der Dialog als Binsenweisheit; ob und auf welche Weise umgekehrt auch das Judentum als Reaktion auf das Christentum zu verstehen ist und welche Folgen daraus für eine gemeinsame Rolle beider Religionen in der postmodernen Welt gezogen werden könnten, bedarf ausgiebiger Diskussionen.[4] In deren Zentrum wird jene Gestalt stehen, die dann auch für die jüdische Religionsphilosophie neue Bedeutung gewinnt: Jesus Christus. Die «brüderliche Zusammenarbeit» wird nur möglich sein, wenn der Dialog nach beiden Seiten offen ist, wenn weder die eine Seite versucht, die «Überlegenheit» des Neuen Testaments auszuspielen, noch die andere Seite das Christentum als ein sekundäres Produkt betrachtet, dessen das Judentum im Grunde nicht bedarf. Vielleicht geht es wirklich darum, sich auf die gemeinsame Wertbasis zu besinnen, die Juden und Christen – und Muslime – zusammen Stellung beziehen läßt in der unsicher gewordenen Welt des 21. Jahrhunderts. Der Blick auf das irdische Jerusalem zeigt, daß diese Aufgabe keine einfache sein wird.

Die möglichst unbefangene Auseinandersetzung mit der Vergangenheit kann zu all dem eine Hilfestellung geben, indem sie die Gegenwart besser zu verstehen lehrt. Die Auseinandersetzung mit der Geschichte des Verhältnisses von katholischer Kirche und Juden vermag sogar die Situation der Gegenwart als einen tatsächlichen Fortschritt zu erweisen, trotz aller Probleme, die das Verhältnis zwischen katholischer Kirche und Juden weiterhin belasten, theologisch wie politisch. Dieses optimistische Ergebnis einer Geschichte mit düsteren, ja düstersten Seiten sollte dazu ermutigen, den «vor uns liegenden langen Weg»[5] hoffnungsvoll anzutreten.

Dank

Zu Dank verpflichtet bin ich zahlreichen individuellen wie institutionellen Helfern, zuerst der Bonner Kommission für Zeitgeschichte und ihrem Geschäftsführer, Karl-Joseph Hummel, sowie dem Deutschen Historischen Institut Rom und seinem Direktor, Michael Matheus. Eine Kooperation beider Einrichtungen ermöglichte mir einen fast zweijährigen Forschungsaufenthalt in Rom. Die Universität der Bundeswehr München beurlaubte mich während dieser Zeit großzügig und unbürokratisch von meiner Stelle.

Ein besonderer Dank richtet sich an den Präfekten des Vatikanischen Geheimarchivs, Padre Sergio Pagano, B., und den Direktor des Archivs der Kongregation für die Glaubenslehre, Mons. Alejandro Cifres, stellvertretend für alle Mitarbeiter dieser Archive.

Für Gespräche, Kritik, Rat und Tat danke ich namentlich Pierre Blet SJ (Rom), Walter Brandmüller (Rom), Andrea Brill (München), Philippe Chenaux (Rom), Georg Denzler (Bamberg/München), Michael Feldkamp (Berlin), Erwin Gatz (Rom), Peter Gumpel SJ (Rom), Antonius Hamers (Rom/Münster), Andrea Hemminger (München), Johan Ickx (Rom), Carsten Kretschmann (Frankfurt/M.), Susanne Kornacker (München), Ingo Langner (Berlin), Gianfranco Miletto (Halle-Wittenberg), Rudolf Morsey (Neustadt/Speyer), Hardy Ostry (Tunis), Peter Pfister (München), Maya Popper (Jerusalem), Konrad Repgen (Bonn), Martin Rhonheimer (Rom/Fribourg), Ludwig Ring-Eifel (Rom), Kirsi Salonen (Rom/Tampere), Stewart Stehlin (New York), Massimiliano Valente (Rom), Christoph Weber (Düsseldorf), Hubert Wolf (Münster) sowie Michael Wolffsohn (München).

Ulrich Nolte vom Verlag C. H. Beck regte die Publikation an und sorgte mit «professionellem Mißtrauen» für den rechtzeitigen Abschluß des Manuskripts.

Meine Familie, Bärbel, Luise Marie und Emil Jacob, teilte die römische Zeit bereitwillig mit mir. Ohne sie wäre auch dieses Buch nicht entstanden.

Rom/Augsburg, im Oktober 2004

Anhang

Anmerkungen

Abkürzungen

AAS	Acta Apostolicae Sedis
AA.EE.SS.	Archivio della Congregazione per gli affari ecclesiastici straordinari
ACDF	Archivio della Congregazione per la dottrina della fede
ADSS	Actes et Documents du Saint Siège relatifs à la seconde Guerre mondiale, 11 Bde., Città del Vaticano 1965–1981
AEK	Historisches Archiv des Erzbistums Köln
ASR	Archivio di Stato di Roma
ASV	Archivio Segreto Vaticano
Bull. Rom.	Bullarium Romanum
Bull. Rom. Cont.	Bullarium Romanum Continuatio
CZA	Central Zionist Archives
DC	Documentation Catholique
fasc.	fascicolo
fol.	foglio (Blatt)
FR	Freiburger Rundbrief
HJb	Historisches Jahrbuch
hsl.	handschriftlich
HZ	Historische Zeitschrift
ISA	Israel State Archive
KNA	Katholische Nachrichtenagentur
Migne PL	Migne, Patrologia Latina
Ms.	Manuskript
msl.	maschinenschriftlich
ND	Nachdruck/Neudruck
o. J.	ohne Jahr
o. O.	ohne Ort
OR	L'Osservatore Romano
Pol. Arch. AA	Politisches Archiv des Auswärtigen Amts, Berlin
R	recto (Blattvorderseite)
rubr.	rubrica
S.O.	Sanctum Officium
Segr. Stato	Segreteria di Stato
Sp.	Spalte
u. ö.	und öfter
V	verso (Blattrückseite)
VKZG	Veröffentlichungen der Kommission für Zeitgeschichte (Reihe A und B)
ZRG G.A.	Zeitschrift der Savigny-Stiftung für Rechtsgeschichte, Germanistische Abteilung

Einleitung

1 Solomon Grayzel: The Church and the Jews in the XIIIth century. A study of their relations during the years 1198–1254, based on the papal letters and the conciliar decrees of the period, revised ed., New York 1966, S. VI.

2 V. a. Jules Isaac: Jésus et Israel, Paris 1948 (dt. Wien/Zürich 1964).

3 So zuletzt Daniel Jonah Goldhagen: Die katholische Kirche und der Holocaust. Eine Untersuchung über Schuld und Sühne, Berlin 2002.

4 Angelo Martini/Burkhart Schneider/Pierre Blet/Robert A. Graham (Hg.): Actes et Documents du Saint Siège relatifs à la seconde Guerre mondiale, 11 Bde., Città del Vaticano 1965–1981 (ADSS).

5 Vgl. unten, S. 114/115.

6 Vgl. unten, S. 223–225.

7 Archives de l'Église de France; Sekretariat des Episkopats Frankreich; 7 CE 131; vgl. Andrea Tornielli: Chiesa e Shoah, la polemica sull'Antisemitismo, in: Il Giornale, 11.01.2005, sowie ders.: Le «agghiaccianti» falsità su Pio XII e i bimbi ebrei, in: Il Giornale, 12.01.2005.

8 Mit nur vager Quellenangabe publiziert von Alberto Melloni, in: Corriere della Sera, 28.12.2004; vgl. auch Michael F. Feldkamp: Dokumente aus der Nachkriegszeit verursachen neue Spannungen. Noch sind viele Fragen offen, in: Rheinischer Merkur, 13.01.2005.

1. Die Christen vor den Juden schützen – die Juden vor den Christen schützen

1 Für Details, methodische und begriffliche Erörterungen, Forschungsdiskussionen und Literaturhinweise vgl. grundsätzlich Thomas Brechenmacher: Das Ende der doppelten Schutzherrschaft. Der Heilige Stuhl und die Juden am Übergang zur Moderne (1775–1870), Stuttgart 2004 (= Päpste und Papsttum, Bd. 32).

2 Léon Poliakov: Geschichte des Antisemitismus, Bd. 3: Religiöse und soziale Toleranz unter dem Islam. Mit einem Anhang: Die Juden im Kirchenstaat, Worms 1979, S. 155.

3 Willehad Paul Eckert: Katholizismus zwischen 1580 und 1848. I. Die Stellung der Juden im Kirchenstaat, in: Karl-Heinrich Rengstorf/Siegfried von Kortzfleisch (Hg.), Kirche und Synagoge. Handbuch zur Geschichte von Christen und Juden, Bd. 2, Stuttgart 1970, S. 222–243, hier S. 222.

4 Poliakov, Geschichte des Antisemitismus III (s. Anm. 2), S. 168.

5 Ludwig von Pastor: Geschichte der Päpste seit dem Ausgang des Mittelalters, Bd. XI, Freiburg/Brsg. 1927, S. 471/472.

6 Hans Kühner: Der Antisemitismus der Kirche. Genese, Geschichte und Gefahr, Zürich 1976, S. 168.

7 Zit. nach Alfred von Reumont: Neue Römische Briefe von einem Florentiner, Erster Theil, Leipzig 1844, S. 229.

8 Friedrich Battenberg: Das Europäische Zeitalter der Juden. Zur Entwicklung einer Minderheit in der nichtjüdischen Umwelt Europas, Bd. 1, Darmstadt 1990, S. 203.

9 Poliakov, Geschichte des Antisemitismus III (s. Anm. 2), S. 155.

10 Michele Cassandro: Intolleranza e accettazione. Gli ebrei in Italia nei secoli XIV–XVIII, Torino 1996, S. 259/260.

11 Alle einschlägigen Quellen in: Shlomo Simonsohn (Hg.): The Apostolic See and the Jews, Bd. I, Toronto 1988.

12 William Arthur Purdy: Die Politik der katholischen Kirche, Gütersloh 1967, S. 261.

13 Innocenz III., Constitutio pro Iudaeis, 15.09.1199, in: Simonsohn (Hg.), The Apostolic See and the Jews I (s. Anm. 11), S. 74/75, Nr. 71, hier S. 74.

14 Vgl. z. B. Bulle «Sicut Iudaeis» Papst Alexanders III., zwischen 1159 und 1181, in: Simonsohn, ebd., S. 51, Nr. 49.

15 Mt 27,26: «Und das ganze Volk antwortete und sprach: ‹Sein Blut komme über uns und unsere Kinder.›»

16 Honorius III. an Isaac Benveniste, 26.08.1220, in: Simonsohn (Hg.), The Apostolic See and the Jews I (s. Anm. 11), S. 108/109, Nr. 105.

17 Thomas von Aquin: De Regimine Judaeorum, in: Roberto Busa (Hg.), S. Thomae Aquinatis opera omnia, Bd. 3, Stuttgart 1980, S. 594/595; ders.: Summa Theologiae II, 2, qu. 10, art. 10 (= Deutsche Thomas-Ausgabe, Bd. 15), S. 222.

18 Röm 11,1/2: «Ich frage nun: Hat Gott etwa sein Volk verstoßen? Das sei fern! Ich bin doch auch ein Israelit, aus dem Geschlecht Abrahams [...] Gott hat sein Volk, das er sich vorher erkor, nicht verstoßen.» – Israel als unverändert auserwähltes Volk: Röm 11, 16–24. – Die Vorstellung von der «ewigen Knechtschaft» stützt sich u. a. auf Röm 11, 10: «Ihre Augen sollen finster werden, daß sie nicht sehen, und ihren Rücken sollst Du für immer beugen.» Hier zitiert Paulus seinerseits das Alte Testament, nämlich Ps 69, 23–29.

19 Konstitutionen 67–70 des vierten Laterankonzils; vgl. Battenberg, Das europäische Zeitalter der Juden I (s. Anm. 8), S. 102–104. – Zum besseren Verständnis der Kennzeichnungspflicht der Juden scheint der Hinweis hilfreich, daß Innocenz III. unmittelbar im Anschluß an das Vierte Lateranum den Bischöfen Frankreichs ausdrücklich erläuterte, diese sei gedacht, um die Juden von den Christen zu unterscheiden, nicht jedoch, um sie zur Zielscheibe von Übergriffen auf ihr Leben zu stigmatisieren. Innocenz III. an die Erzbischöfe und Bischöfe Frankreichs, 1215/1216, in: Simonsohn (Hg.), The Apostolic See and the Jews I (s. Anm. 11), S. 99, Nr. 94.

20 Emil Friedberg (Hg.): Corpus Iuris Canonici. Editio Lipsiensis secunda post Aemilii Ludouici Richteri curas, 2 Bde., Leipzig 1879–1881, ND Graz 1959, hier Bd. 2, Decretal. Gregor. IX, lib. V, tit. VI., cap. 1–19: De Iudaeis, sarracenis, et eorum servis.

21 Bernhard von Clairvaux an Erzbischof Heinrich von Mainz, in: Migne PL 182, Sp. 570/571, hier Sp. 571; die von Bernhard angeführten Bibelzitate: Ps 59,12 (philologisch umstritten, doch in der Tradition immer in der von Bernhard zitierten Bedeutung verwendet); Röm 11, 25/26.

22 Bernhard von Clairvaux an «Klerus und Volk des östlichen Franken», in: Migne PL 182, Sp. 564–568, hier Sp. 567.

23 Gregor IX. an die Erzbischöfe und Bischöfe Frankreichs, 6.4.1233, in: Simonsohn (Hg.), The Apostolic See and the Jews I (s. Anm. 11), S. 143–145, Nr. 135, hier S. 143.

24 Gregor IX. an französische Bischöfe, 05.09.1236, und an Ludwig IX. von Frankreich, 05.09.1236, in: ebd., S. 163–165, Nr. 154/155.

25 Innocenz IV. an die Erzbischöfe und Bischöfe Deutschlands und Frankreichs, 05.07.1247, in: ebd., S. 194/195, Nr. 185, hier S. 194.
26 Domenico Angelini/Michele Gigli et al.: Replica per la Congregazione del 2 Giugno 1837; ACDF St. St. TT 3-g, fasc. 9, S. 1.
27 Paul IV., Bulle «Cum nimis absurdum», 14.07.1555, zit. nach Kenneth Stow: Catholic Thought and Papal Jewry Policy, 1555–1593, New York 1977, S. 291–298 (lateinischer Text und englische Übersetzung), hier S. 291: «sub praetextu quod pietas christiana illos receptet et eorum cohabitationem sustineat»; und «considerantes Ecclesiam Romanam eosdem iudaeos tolerare in testimonium verae fidei christianae»; der Hinweis auf die Integrationswirkung der Bulle auch bei Battenberg, Das Europäische Zeitalter der Juden I (s. Anm. 8), S. 203.
28 Erlaß des Heiligen Offiziums über den Dienst von Christen in jüdischen Familien, in der Audienz vom 08.11.1826 Papst Leo XII. vorgelegt und gebilligt, in: Relazione sommariata del S.O. sopra gli Ebrei, 10.03.1851, Allegato IX; ACDF St. St. TT 2-n, fasc. 44, S. 98–105, Zit. S. 104.

2. Jüdisches Leben unter päpstlicher Herrschaft (16. bis 18. Jahrhundert)

1 Historische Denkwürdigkeiten Sr. Eminenz des Cardinals Bartolomäus Pacca, über seinen Aufenthalt in Deutschland in den Jahren 1786 bis 1794 [...], Augsburg 1832, S. VII.
2 Reise Sr. Heiligkeit des Papstes Pius VII. nach Genua im Frühjahr 1815 [...] und seine Rückkehr nach Rom. Erzählt von Bartholomäus Cardinal Pacca, Augsburg 1834.
3 Ettore Natali: Il Ghetto di Roma, Roma 1887, ND 1980, S. 147; ein ähnliches Urteil fällte das Tribunal der Inquisition, möglicherweise aufbauend auf diese Rota-Entscheidung, am 04.12.1845.
4 Giovanni Battista De Luca: Theatrum veritatis et justitiae, Venezia 1726, zit. nach Vittore Colorni: Gli Ebrei nel sistema del diritto comune fino alla prima emancipazione, Milano 1956, S. 16.
5 Denkschrift der Juden Roms an Pius IX., Juli 1870, deutsch in: Abraham Berliner: Aus den letzten Tagen des römischen Ghetto. Ein historischer Rückblick, Berlin 1886, S. 8–32, hier S. 24/25.
6 Abraham Berliner: Geschichte der Juden in Rom von der ältesten Zeit bis zur Gegenwart, 2 Bde., Frankfurt a. M. 1893, ND Hildesheim/Zürich/New York 1987, Bd. II, 1, S. 88.
7 Shlomo Simonsohn: La condizione giuridica degli ebrei nell'Italia centrale e settentrionale, in: Corrado Vivanti (Hg.), Gli Ebrei in Italia, Bd. I: Dall'alto medioevo all'età dei ghetti, Torino 1996 (= Storia d'Italia, Annali, Bd. 11, 1), S. 95–120, hier S. 110.
8 Gregor XIII., Bulle «Antiqua Judaeorum improbitas», 01.07.1581, in: Bull. Rom. VIII, S. 378–380.
9 Paul IV. Bulle «Cum nimis absurdum» (s. Kap. I, Anm. 27), hier § 14.
10 Gregor XIII., Bulle «Antiqua Judaeorum improbitas» (s. Anm. 8).
11 Simonsohn, La condizione giuridica (s. Anm. 7), S. 112.
12 Attilio Milano: Il Ghetto di Roma. Illustrazioni storiche, Roma 1964,

S. 316–318, mit ausführlichen Zitaten aus zeitgenössischen Beschreibungen der Karnevalsläufe vom Beginn des 16. Jahrhunderts.

13 Über die Legende vom Fußtritt Milano, ebd., S. 321/322: «completamente infondata.»

14 Reumont, Neue Römische Briefe (s. Kap. 1, Anm. 7), S. 227.

15 ASR, Ministero dell'Interno, busta 783, rubr. 66, anno 1836: Vermerk des Innenstaatssekretärs Gamberini aus der Audienz vom 08.11.1836.

16 Berliner, Aus den letzten Tagen des römischen Ghetto (s. Anm. 5), S. 4.

17 [Charles M.] Dupaty: Lettres sur l'Italie, écrites en 1785, 3 Bde., Avignon 1811, hier Bd. III, S. 10–12.

18 Edmont About: La question romaine, Lausanne 1859, S. 143.

19 Ebd., S. 137–145; eine ähnliche Schilderung des Lebens der römischen Juden gibt About in: Rome Contemporaine, Paris ²1861, S. 90–109.

20 Massimo D'Azeglio: Gli Ebrei sono uomini!, Firenze 1848, S. 38; vgl. auch ders.: Della emancipazione civile degl'Israeliti, Firenze 1848.

21 Emilio Castelar: Erinnerungen an Italien. Deutsch von Julius Schanz, Leipzig 1876, S. 212–227, hier S. 216.

22 Friedrich Pecht: Sechs Monate in Rom, Leipzig 1859, S. 76–81.

23 Vgl. unten S. 75–80.

24 Abgedruckt bei Berliner, Geschichte der Juden in Rom II, 2 (s. Anm. 6), S. 82–90.

25 Abraham Levi, ebd., S. 83/84.

26 Ferdinand Gregorovius: Der Ghetto und die Juden in Rom (1853), in: ders., Wanderjahre in Italien. Einführung von Hanno-Walter Kruft, München 1967 u. ö., S. 205–248, das Zitat S. 243.

27 Ebd., S. 242/243.

28 Reumont, Neue Römische Briefe (s. Kap. 1, Anm. 7), Brief Nr. 7, S. 196–229.

29 Ebd., S. 209/210.

30 Ebd., S. 205/206 und 207/208.

31 Gregorovius, Der Ghetto und die Juden in Rom (s. Anm. 26), S. 243.

32 Reumont, Neue Römische Briefe (s. Kap. 1, Anm. 7), S. 208.

33 Jacob Burckhardt: Schilderungen aus Rom [Kölnische Zeitung, 19./20.07.1846], in: Josef Oswald (Hg.), Unbekannte Aufsätze Jakob Burckhardt's aus Paris, Rom und Mailand, Basel 1922, S. 135–149, hier S. 144.

34 Reumont, Neue Römische Briefe (s. Kap. 1, Anm. 7), S. 227/228.

35 About, La question romaine (s. Anm. 18), S. 144/145.

36 Gregorovius, Der Ghetto und die Juden in Rom (s. Anm. 26), S. 239.

37 Aufzeichnung über eine Audienz Macchis beim Papst, 30.06.1847; ACDF St.St. TT 2-n, fasc. 15.

38 Berliner, Geschichte der Juden in Rom II, 2 (s. Anm. 6), S. 149.

39 Ebd.

40 Stephanie Siegmund: La vita nei Ghetti, in: Vivanti (Hg.), Gli Ebrei in Italia I (s. Anm. 7), S. 843–892, hier S. 854.

41 D'Azeglio, Gli ebrei sono uomini (s. Anm. 20), S. 38; Kommissar Olivieri an Kardinalinquisitor De Gregorio, 17.07.1829; ACDF St. St. TT 4-c, fasc. 10.

42 Domenico Demarco: Il tramonto dello Stato Pontificio. Il papato di Gregorio XVI, Novara 1949, ND Napoli/Roma 1992, S. 84, nach den Angaben bei Francesco Corridore: La popolazione dello Stato Romano (1656–1901), Roma 1906.

43 Berechnet nach den Werten in der Statistica della Popolazione dello Stato Pontificio dell'anno 1853, compilata nel Ministero del Commercio e Lavori pubblici, Roma 1857, ND Bologna/Milano/Roma 1992, S. 5.
44 Relazione Sommariata, 10.03.1851 (s. Kap. 1, Anm. 28), S. 22/23.
45 Ebd., S. 22.
46 Ebd., S. 23/24; Zitat des Berichts Vannicelli Casonis im Wortlaut.
47 Aufzeichnung «Ebrei»; ACDF St.St. TT 3-e, fasc. 3.
48 Vannicelli Casoni an Macchi, 17.08.1852, in: ACDF St. St. TT 3-e, fasz. 3.

3. Politische Konzepte für den Umgang mit Juden (18. und 19. Jahrhundert)

1 Eine handschriftliche Version des Ganganelli-Gutachtens in ACDF St. St. TT 2-m, fasc. 3; maschinelle Abschrift in ASV, Segr. Stato, Epoca Moderna, rubr. 66, anno 1913, fol. 64R–99R. – Erste Publikation des Gutachtens aus einer Abschrift im römischen Gemeindearchiv durch Abraham Berliner: Gutachten Ganganelli's – Clemens XIV. – in Angelegenheit der Blutbeschuldigung der Juden, Berlin 1888; philologisch besser: [Moritz Stern (Hg.)]: Die päpstlichen Bullen über die Blutbeschuldigung, München 1900, S. 39–133 (italienischer Text und deutsche Übersetzung). – Zit. nach der Ausgabe von Stern, hier S. 79.
2 Gutachten Ganganellis (s. Anm. 1), S. 115 und 108.
3 Ebd., S. 115.
4 Ebd., S. 99.
5 Nuntius Visconti, Warschau, an Premierminister Graf Brühl, 21.03.1763, in: Stern (Hg.), Die päpstlichen Bullen (s. Anm. 1), S. 148–151, hier S. 148.
6 Benedikt XIV., Epistola encyclica ad Primatem, Archiepiscopos, et Episcopos Regni Poloniae. De his, quae vetita sunt Hebraeis, habitabibus in iisdem Civitatibus et Locis, in quibus habitant Christiani, Roma 1751; auch in: Sanctissimi Domini Nostri Benedicti Papae XIV. Bullarium, Bd. 7, Venezia 1768, S. 66–69 («A quo primum»), italienisch in Ugo Bellochi (Hg.): Tutte le Encicliche e i principali documenti pontifici emanati dal 1740, Bd. 1, Città del Vaticano 1993, S. 310–316.
7 Benedikt XIV., Enzyklika «A quo primum» (s. Anm. 6), § 4/5.
8 Berliner, Geschichte der Juden in Rom II, 2 (s. Kap. 2, Anm. 6), S. 107.
9 Pius VI., Editto sopra gli Ebrei, 05.04.1775; ACDF St. St. TT 3-b, fasc. 6 und 8 (deutsche Übersetzung in Berliner, Geschichte der Juden in Rom II, 2 – s. Kap. 2, Anm. 6 –, S. 107–119), §§ I–VII; Zit. § I.
10 Editto sopra gli Ebrei, 1775 (s. Anm. 9), § XX.
11 Giuseppe Antonio Sala: Piano di Riforma umiliato a Pio VII, hg. von Giuseppe Cugnoni, Roma/Tolentino 1888/1907, ND ebd. 1980 (= G. A. Sala, Scritti Vari, Bd. I).
12 Sala, Piano di riforma (s. Anm. 11), Art. VI, S. 39–44.
13 Christoph Weber: Kardinäle und Prälaten in den letzten Jahrzehnten des Kirchenstaates. Elite-Rekrutierung, Karriere-Muster und soziale Zusammensetzung der kurialen Führungsschicht zur Zeit Pius' IX. (1846–1878), 2 Bde., Stuttgart 1978 (= Päpste und Papsttum, Bd. 13, 1/2), S. 10.
14 Sala, Piano di riforma (s. Anm. 11), Art. XXXV, S. 384/385.
15 Ebd., S. 385.

16 Ebd.

17 Vgl. unten S. 134/135.

18 Ferdinando Jabalot: Alcune riflessioni sugli ebrei, in: Giornale ecclesiastico di Roma 3 (1825), S. 97–130; ders.: Degli ebrei nel loro rapporto con le nazioni cristiane. Estratto dal tomo terzo del Giornale ecclesiastico di Roma, Roma 1825; zit. nach dem Exemplar dieses Druckes in ACDF, St. St. BB 2-d.

19 Filippo Aminta: L'Ebraismo senza replica e sconfitto colle stesse sue armi, con cento parafrasi delle profezie avverate in Gesù Cristo, Roma 1823.

20 Jabalot, Degli Ebrei (s. Anm. 18), S. 28 und 33.

21 Z. B. ebd., S. 5: «Die christliche Barmherzigkeit, die alle Menschen, sogar die Feinde umgreift, erlaubt uns gewiß nicht, uns über ihren Schaden zu freuen und sie zu hassen, trägt uns vielmehr auf, für sie zu beten.» – S. 23/24 erinnert Jabalot an die Judenschutzgesetzgebung Gregors IX. und dessen Vorgänger und Nachfolger.

22 Ebd., S. 20/21; ähnlich bereits S. 8.

23 Ebd., S. 20; ähnlich auch S. 12 und 14 sowie S. 25 über das angebliche Selbstverständnis der Juden als «Volk» («nazione»).

24 Gioacchino Ventura an Giuseppe Baraldi, 02.11.1825, zit. in Raffaele Colapietra: La Chiesa tra Lamennais e Metternich. Il pontificato di Leone XII, Brescia 1963, S. 351/352.

25 Ermolao Crosa di Vergagni, Bericht nach Turin, 08.11.1825, zit. ebd., S. 250/251.

26 Leo XII., Enzyklika «Ubi Primum», in: Bull. Rom. Cont., Bd. XVI (1824), S. 45–49; italienisch in Bellocchi (s. Anm. 6) III, S. 9–15.

27 Z. B. die Schrift des Priesters Luigi Martorelli: Degli Ebrei. Dissertazione Oraziana, Roma 1826.

28 Giovanni Vicini: Causa di simultanea successione di cristiani e di ebrei ad intestata eredità di un loro congiunto, Bologna 1827.

29 Vgl. z.B. Giuseppe Righetti: Degli ebrei per rapporto alle loro assemblee, e cerimonie del Sabbato ne' tempi d'Augusto. Lettera [...] a Monsignor Luigi Martorelli, Roma 1831.

30 Dissertazione sopra il commercio, usure, e condotta degli ebrei nello Stato Pontificio, Roma 1826.

31 Ebd., S. 21.

32 Ebd., S. 386.

33 Philippe Boutry: La Restauration de Rome. Sacralité de la ville, tradition des croyances et recomposition de la Curie à l'âge de Léon XII et de Grégoire XVI (1814–1846), Typoskript, 5 Bde., Thèse pour le doctorat d'État, Université Paris IV Sorbonne, Paris 1993, hier Bd. I, 1, S. 190.

34 Staatskanzler Metternich an einen Rat der österreichischen Botschaft beim Heiligen Stuhl, 03.08.1843, in: Relazione sommariata, 10.03.1851 (s. Kap. 1, Anm. 28), S. 133–135 (Allegato XIX); desgl. in ACDF TT St. St. 3-f, fasc. 5; weder aus der Abschrift des französischsprachigen Briefes noch aus dessen Abdruck geht der Name des Adressaten hervor.

35 Ebd.

36 Gregor XVI., Entwurf einer Antwort an Staatskanzler Metternich, o. D. [Ende September 1843], in: Relazione sommariata, 10.03.1851 (s. Kap. 1, Anm. 28), S. 135–137 (Allegato XX); dass. hsl. in ACDF St. St. TT 3-f, fasc. 5.

37 Ebd.

38 Minuta di lettera di risposta al Sig. Cardinale Vescovo di Ancona [September 1831]; ACDF St. St. TT 3-d, fasc. 6.

39 Ebd.

40 Gregor XVI. an Metternich (s. Anm. 36), S. 136/137.

41 Monsignor Vincenzo Massoni an die toskanische Regierung, 29.02.1848, in: Achille Gennarelli: Le dottrine civili e religiose della Corte di Roma [...], Firenze 1862, S. 76/77.

42 Pius IX. an Leopold II. von Toskana, 21.02.1852, in: ebd., S. 78–81, hier S. 79/80; dass. auch im Dokumentenanhang von Giacomo Martina: Pio IX e Leopoldo II, Roma 1967, S. 452–454, hier S. 453/454.

43 Vgl. Minister Baldasseroni an Großherzog Leopold II., 12.04.1852, in: Gennarelli, Le dottrine civili e religiose (s. Anm. 41), S. 83–86, sowie Baldasseronis Entwurf einer Antwort an den Papst, ebd., S. 86–88.

44 Baldasseroni an Leopold II., 12.04.1852, ebd., S. 84.

45 Martina, Pio IX e Leopoldo II (s. Anm. 42), S. 254; Entwurf des *Circolare* ebd., S. 457, Dok. 42.

46 Pius IX. an Leopold II., 22.04.1852, in: Gennarelli, ebd., S. 88/89; dass. in Martina, Pio IX e Leopoldo II (s. Anm. 42), S. 459/460.

47 Vgl. unten, S. 113–116.

4. Verweigerte Emanzipation. Die reale Politik gegenüber den Juden (19. Jahrhundert)

1 Giuseppe Antonio Sala: Diario Romano degli anni 1798–99. Ristampa con premessa di Vittorio Emanuele Giuntella, 3 Bde., Roma 1980 (= ND von Scritti di G. A. Sala, pubblicati sugli autografi da Giuseppe Cugnoni, Bd. I–III), hier Bd. I, S. 39, 58; Auszüge aus den Tagebuchaufzeichnungen Salas auch bei Berliner, Geschichte der Juden in Rom II, 2 (s. Kap. 2, Anm. 6), S. 120–122.

2 Sala, Diario Romano I (s. Anm. 1), S. 148.

3 Renzo De Felice: Gli Ebrei nella Repubblica romana del 1798–99, in: Rassegna storica del Risorgimento 40 (1953), S. 327–356, hier S. 355.

4 Consalvi an Pro-Legat Bernetti, 09.12.1815, in: Ermanno Loevinson: Gli israeliti dello Stato Pontificio e la loro evoluzione politico sociale nel periodo del Risorgimento Italiano fino al 1849, in: Rassegna storica del Risorgimento 16 (1929), S. 768–803, hier S. 779.

5 ASV, Segr. Stato, Epoca Moderna, rubr. 66, anno 1816, fol. 33R–37R: die Schreiben vom 28./29.01.1816 (Lokalbehörden), 04.02.1816 (Bischof an Delegat), und 08.02.1816 (Delegat an Staatssekretariat): fol. 41R.

6 Vermerk des Staatssekretariats auf dem Deckblatt der Eingabe, ebd. fol. 39V.

7 ACDF, St. St. TT 3-e, fasc. 15.

8 Giacomo Martina, Pio IX, Bd. I: 1846–1850, Roma 1974, S. 412.

9 Aktennotiz Caterinis, 21.01.1852; ACDF St. St. TT 3-e, fasc. 29.

10 Aktennotiz Caterinis, 07.07.1852; ebd.

5. Konversionen, Zwangstaufen und ein entführtes Kind

1 So z. B. im «Apokalypsefragment» des Jesaiabuches, Js 59, 19/20; mit Bezug darauf Röm 11, 25/26.

2 Gregor XVI. an Bischof Nembrini Pironi Gonzaga von Ancona [September 1831]; ACDF, St. St. TT 3-d, fasc. 6.

3 Hyacinthe Deutz an Papst Leo XII., 04.12.1828; AA.EE.SS., Stati Ecclesiastici, Pos. 611, fasc. 249, fol. 6.

4 Deutz an Papst Leo XII., 25.01.1829; ebd., fol. 8R–9R.

5 Editto sopra gli Ebrei, 5.4.1775 (s. Kap. 3, Anm. 9), § XLIII.

6 Beide Zitate aus Aram Mattioli: Das letzte Ghetto Alteuropas. Die Segregationspolitik der Papstkönige in der «heiligen Stadt» bis 1870, in: Olaf Blaschke/Aram Mattioli (Hg.), Katholischer Antisemitismus im 19. Jahrhundert. Ursachen und Traditionen im internationalen Vergleich, Zürich 2000, S. 111–143, hier S. 131.

7 David I. Kertzer: Die Päpste gegen die Juden. Der Vatikan und die Entstehung des modernen Antisemitismus, Berlin/München 2001, S. 67.

8 Gregor XIII., Konstitution «Sancta Mater Ecclesia», 01.06.1584.

9 Vgl. Anm. 5; auch Mario Rosa: Tra tolleranza e repressione. Roma e gli ebrei nel '700, in: Italia Judaica. Gli Ebrei in Italia dalla segregazione alla prima emancipazione. Atti del III Convegno internazionale, Tel Aviv 15–20 giugno 1986, Roma 1989 (= Pubblicazioni degli archivi di stato, Saggi, Bd. 11), S. 81–98, S. 88 (Circolare von 1749).

10 Von der Empore zeigt ein offensichtlich Unbeteiligter einem anderen – vielleicht dem Maler? – die Szenerie.

11 Carlo Luigi Morichini: Degl'Istituti di pubblica carità e d'istruzione primaria in Roma. Saggio storico e statistico, 2 Bde., Roma 1835, ²1842, II, S. 140.

12 Morichini, Degli istituti di carità (s. Anm. 11), ³1870, S. 657–661, hier S. 660/661.

13 Die Statistik bei Berliner, Geschichte der Juden in Rom II, 2 (s. Kap. 2, Anm. 6), S. 204/205.

14 P. L. B. Drach: Note présenté à la Sainteté [...] la Pape Grégoire XVI, o. D. [1831]; AA.EE.SS., Stati Ecclesiastici, Pos. 644, fasc. 252, fol. 23R–25R.

15 Die Zahlen nach Wipertus H. Rudt de Collenberg: Le baptême des Juifs à Rome de 1614 à 1798 selon les registres de la Casa dei catecumeni, in: Archivum historiae pontificiae 24 (1986), S. 91–231, 25 (1987), S. 105–261, 26 (1988), S. 119–294, hier Teil III, S. 143–146.

16 Ebd., S. 144.

17 Ebd., S. 146; der jährliche Durchschnittswert ebd., S. 144.

18 Vgl. das undat. Gutachten [nach 1747] in AA.EE.SS., Stati Ecclesiastici, Pos. 69, fasc. 18, fol. 68R–70R. – Weitere Fälle aus dem 18. Jh. in ASR, Camerale II, Ebrei, busta 1, fasc. 2: Sul battesimo dei fanciulli ebrei invitis parentibus.

19 Benedikt XIII., Bulle «Emanavit nuper», 14.02.1727 (Bull. Rom. XXII, S. 500/501): Bestätigung eines Dekrets des Heiligen Offiziums von 1691 gegen das Denunziantenwesen.

20 Vgl. unten Anm. 22/23.

21 Das wesentliche vatikanische Quellenmaterial zur Mortara-Affäre befindet sich in ASV, Segr. Stato, Epoca Moderna, rubr. 66, anno 1864, fasc. 1–3, hier,

fasc. 2, fol. 116–173, die Dokumentation «Brevi Cenni e riflessioni sul Pro-
Memoria e Sillabo. Scritture umiliate alla Santità di Nostro Signore Papa Pio
IX relative al battesimo conferito in Bologna al fanciullo Edgardo figlio degli
Ebrei Salomone e Marianna Mortara»; darin auch die Denkschrift der Eltern
Mortara an Pius IX.

22 Pius VI., 15.05.1775, in: Bull. Rom. Cont. V, S. 60/61 (Männern drohte das
Dekret Gefängnisstrafe, Frauen Prügelstrafe an); das Dekret des S. O. vom
09.02.1764 ebd.

23 Lettera della Santità di Nostro Signore Benedetto Papa XIV a Monsignor [...]
Viceregente sopra il battesimo degli Ebrei o infanti o adulti, 28.02.1747,
«Postremo mense»; ACDF St. St. P 4-h.

24 Vgl. S. 14 und S. 223–225.

25 Mattes, Art. «Taufe», in: Heinrich Joseph Wetzer/Benedikt Welte (Hg.), Kirchen-Lexikon oder Encyklopädie der katholischen Theologie und ihrer Hilfswissenschaften, Bd. 10 (1853), S. 661–682, hier S. 667 und 663.

26 Le ragioni della Paternità di Dio in contrasto con la paternità dell'uomo, o. D.,
o. Verf.; ASV, Segr. Stato, Epoca Moderna, rubr. 66, anno 1864, fasc. 1, fol.
65R–68V, hier 65V.

27 Momolo und Marianna Mortara: Pro-Memoria an Papst Pius IX., in: Brevi
Cenni (s. Anm. 21), fol. 133R–141V, hier bes. fol. 133 sowie die fol. 137V genannten Fälle seit 1547, in denen angeblich getaufte jüdische Kinder zurückgegeben wurden.

28 Pius IX. zu den Gemeindevertretern während der Neujahrsaudienz 1859, zit.
bei Bruno Di Porto: Gli Ebrei di Roma dai Papi all'Italia, in: Elio Toaff/Bruno
Di Porto, Bruno/Piergiovanni Permoli et al., 1870. La breccia nel Ghetto. Evoluzione degli Ebrei di Roma, Roma 1971, S. 58.

29 Abdruck der Denkschrift in deutscher Übersetzung in Berliner, Aus den letzten Tagen des römischen Ghetto (s. Kap. 2, Anm. 5), S. 8–32, Zit. S. 31/32.

30 Vgl. oben S. 82.

31 Mattioli, Das letzte Ghetto Alteuropas (s. Anm. 6), S. 113.

6. Antijudaismus oder Antisemitismus?
Unterschiede und Übergänge nach 1870

1 Martin Friedrich: Vom christlichen Antijudaismus zum modernen Antisemitismus. Die Auseinandersetzung um Assimilation, Emanzipation und Mission
der Juden um die Wende zum 19. Jahrhundert, in: Zeitschrift für Kirchengeschichte 102 (1991), S. 319–347, hier S. 319/320.

2 Wolfram Siemann: Vom Staatenbund zum Nationalstaat. Deutschland
1806–1871, München 1995, S. 201.

3 Vgl. oben, Kap. 3, S. 79/80.

4 Thomas Henne/Carsten Kretschmann: Der christlich fundierte Antijudaismus
Savignys und seine Umsetzung in der Rechtspraxis, in: ZRG G.A. 119 (2002),
S. 250–315, hier S. 254.

5 Klaus Schatz: Vaticanum I, Bd. 2: Von der Eröffnung bis zur Konstitution «Dei
filius», Paderborn 1993, S. 132.

6 Joseph und Augustin Lémann an Antonelli, 12.01.1867; ASV, Segr. Stato,
Epoca Moderna, rubr. 284, anno 1867, fasc. 1, fol. 53.

7 Antonelli an Joseph und Augustin Lémann, 09.02.1867; ASV, ebd., fol. 55.

8 Pius IX., Breve an die Gebrüder Lémann, 06.02.1867; abgedruckt in: Joseph et Augustin Lémann: La question du Messie et Le Concile du Vatican. Aux Israélites et aux Chrétiens, Paris/Lyon 1869.

9 Lémann, La question du Messie; dt. u. d. T. Die Messias-Frage und das vaticanische Concil, Mainz 1870.

10 ASV, Conc. Vat. I, 382 und 639.

11 Lémann, La question du Messie (s. Anm. 8), S. IX.

12 Die Autoren bezeichneten das französische Emanzipationsedikt vom September 1791 ausdrücklich als das Ende der sozialen Trennung, dem das Ende der religiösen Trennung, herbeigeführt von Papst und Konzil, unbedingt folgen müsse; ebd., S. IX/X.

13 Lémann, La question du Messie (s. Anm. 8), S. X.

14 So auch wörtlich in dem Postulatsentwurf vom Januar 1870; ASV, Conc. Vat. I, 24, fasc. 1; dass. auch in Conc. Vat. I, 249, Nr. 28; Abdruck auf Lateinisch und Deutsch in: Lémann, Die Messias-Frage und das vaticanische Concil (s. Anm. 9), S. V–X, sowie in Ioannes Dominicus Mansi (Hg.): Sacrorum Conciliorum Nova et Amplissima Collectio, Bd. 53, Arnhem/Leipzig 1927, Sp. 554–564. Die Namen der 510 Unterzeichner liegen weder in den Konzilsakten noch im Abdruck von Lémann, jedoch bei Mansi, ebd., Sp. 556–564, vor.

15 Lémann, La question du Messie (s. Anm. 8), S. XII.

16 Postulatsentwurf, Januar 1870 (s. Anm. 14).

17 Über angeblich formale Hindernisse berichteten die Lémanns rückblickend. So habe das Postulatum die erforderliche Anzahl von Unterschriften nicht vorweisen können. Angesichts der 510 Unterzeichner war dieses Argument, sollte es denn wirklich vorgebracht worden sein, sofort als Ausweichmanöver erkennbar (vgl. Schatz, Vaticanum I, Bd. II – s. Anm. 5 –, S. 60–80). Joseph et Augustin Lémann: La cause des restes d'Israel introduite au Concile oecumenique du Vatican sous la bénédiction de S. S. le pape Pie IX, Lyon/Paris 1912.

18 Joseph und Augustin Lémann an das Konzilspräsidium, 24.06.1870; ASV, Conc. Vat. I, 24, fasc. 1.

19 Erklärung über das Verhältnis zu den nichtchristlichen Religionen, Nostra Aetate, Kap. 4, nach Röm 9, 4–5 und 11, 28–29; zit. nach Karl Rahner/Herbert Vorgrimler: Kleines Konzilskompendium. Sämtliche Texte des Zweiten Vatikanums, Freiburg/Brsg. [27]1998, S. 358; vgl. unten S. 268/269.

20 Noch 1964, während der hitzigen Debatte um die «Judenerklärung» des Konzils, sprach Kardinal Ruffini aus Palermo über verderbliche Zusammenhänge zwischen Freimaurerei und Juden; Documentation Catholique 61 (1964), Sp. 1380.

21 Dei rimedii al Socialismo, in: La Civiltà Cattolica 41 (1890), II, S. 129–142, hier S. 141.

22 La Civiltà Cattolica 43 (1892), IV, S. 507–510, hier S. 508.

23 Dei rimedii al Socialismo (s. Anm. 21), S. 142.

24 Boyer d'Agen: Une visite à Léon XIII, in: Le Figaro, 15.03.1899, S. 1; die Stelle über die Dreyfus-Affäre im Originalwortlaut abgedruckt bei Giovanni Miccoli: Santa Sede, questione ebraica e antisemitismo fra Otto e Novecento, in: Vivanti (Hg.), Gli Ebrei in Italia II (s. Kap. 2, Anm. 7), S. 1369–1574, hier S. 1514.

25 Pinchas Lapide: Rom und die Juden, Freiburg i. Br./Basel/Wien 1967, S. 34; Lapide folgend, Rudolf Lill: Katholizismus nach 1848. Der Heilige Stuhl und die Juden, in: Rengstorf/von Kortzfleisch, Kirche und Synagoge II (s. Kap. 1, Anm. 3), S. 358–369, hier S. 361.

26 Séverine [Caroline Rémy]: Le Pape et l'antisémitisme. Interview de Léon XIII, in: Le Figaro, 04.08.1892, S. 1; für die neuere Forschung wiederentdeckt hat diese Quelle Giovanni Miccoli: Un'intervista di Leone XIII sull'antisemitismo, in: Alberto Melloni/Daniele Menozzi/Giuseppe Ruggieri/Massimo Toschi (Hg.), Cristianesimo nella storia. Saggi in onore di Giuseppe Alberigo, Bologna 1996, S. 577–605.

27 Interview mit dem «Petit Journal»: 17.02.1892; Anlaß dieses Interviews war die «Ralliément»-Enzyklika «Au milieu des sollicitudes», 16.02.1892.

28 Séverine an Staatssekretär Rampolla, 09.07.1892, zit. bei Miccoli, Un'intervista di Leone XIII (s. Anm. 26), S. 583/584.

29 Le Pape et l'antisémitisme (s. Anm. 26); Original französisch.

30 Ebd.

31 Ebd.

32 Vgl. oben Kap. 3, S. 72/73.

33 Le Pape et l'antisémitisme (s. Anm. 26).

34 Le Pape et l'antisémitisme (s. Anm. 26).

35 Vgl. Kap. 1, S. 24/25.

36 Vgl. unten S. 268/269.

37 ASV, Segr. Stato, Epoca Moderna, rubr. 66, anno 1900.

38 Staatssekretär Rampolla an den Herzog von Norfolk, 04.12.1899; ASV, ebd., fol. 19R.

39 Vgl. oben Kap. 3, S. 61–65.

40 Cancelleria des S. O. an Rampolla, 23.01.1900; Mons. Sostituto Segr. Stato an Assessor S. O., 25.01.1900; ASV, Segr. Stato, Epoca Moderna, rubr. 66, anno 1900, fol. 27/28.

41 S. O. an Staatssekretär Rampolla, 31.07.1900; ebd., fol. 41R.

42 Nuntius in Wien an Rampolla, 27.02.1900, und Rampolla an S. O., 06.03.1900; ASV, ebd., fol. 30R–32R.

43 Dante Lattes an das Zionistische Büro London, Roma, 06.06. und 11.06.1926; Central Zionist Archives (CZA), Z 4 1079.

44 Nathaniel Rothschild an Staatssekretär Merry del Val, 07.10.1913; ASV, Segr. Stato, Epoca Moderna, rubr. 66, anno 1913, fol. 44R–47R.

45 Merry del Val an Nathaniel Rothschild, 18.10.1913; ASV, ebd., fol. 43R.

46 Merry del Val an Nathaniel Rothschild, 04.11.1913 (Telegramm); ASV, ebd., fol. 51R.

47 Nathaniel Rothschild an Merry del Val, 22.10.1913; ASV, ebd., fol. 30R.

48 OR, 24.09.1910; die Rede Nathans in OR, 21.09.1910; die Akten in ASV, Segr. Stato, Epoca Moderna, rubr. 66, anno 1911, fasc. 1–3.

49 Jewish Chronicle, zit. nach OR, 11.10.1910.

50 Lattes an Zionistisches Büro London, 06.06.1926 (s. Anm. 43).

51 Lattes an Zionistisches Büro London, 11.06.1926 (s. Anm. 43).

52 [E. Rosa:] Il Pericolo Giudaico e gli «Amici d'Israele», in: La Civiltà Cattolica 79 (1928), Bd. II, S. 335–344, hier S. 341/342; vgl. auch ACDF, 125/28 [Rerum Variarum 1928, n.2], Vol. 3, Nr. 48.

53 ACDF, S. O. 125/28 [R.V. 1928, n.2], Vol. 1, Nr. 21, 08.03.1928.
54 Dazu im Detail unten S. 159–161.

7. «Geistlich sind wir Semiten». Die Herausforderung durch den Rassenantisemitismus der Zwischenkriegszeit

1 Victor Conzemius : Églises chrétiennes et totalitarisme national-socialiste. Un bilan historiographique, Louvain 1969, S. 469.
2 Präsident Louis Marshall und die Mitglieder des Executive Committee des AJC an Papst Benedikt XV., New York, 30.12.1915; AA.EE.SS., America, Pos. 195, fasc. 108, fol. 2R-4R.
3 Gasparri an Louis Marshall, 09.02.1916; AA.EE.SS., America, Pos. 195, fasc. 109, fol. 2R-3V; Faksimiledruck in «The Day» («The National Jewish Daily»), 17.04.1916; ebd., fol. 10R; desgl. in «The American Hebrew and Jewish Messenger», 21.04.1916; ebd., fol. 12R.
4 «The American Hebrew and Jewish Messenger», 21.04.1916, S. 762.
5 Auch die französische Zeitung «Le Temps» brachte am 17.04.1916 die Petition und den Gasparri-Brief im Wortlaut u.d.T. «Les juifs des Etats-Unis et le Saint-Siège»; AA.EE.SS., America, Pos. 195, fasc. 109, fol. 16R; «La Croix» kommentierte am 21.04.1916 in gewohnt antijudaistischem Ton; ebd., fol. 17R. – Eine angebliche päpstliche Anweisung an den Klerus Polens, sich gegen antijüdische Ausschreitungen einzusetzen, ist bisher nicht aufgefunden worden.
6 Gasparri an Marshall, 09.02.1916 (s. Anm. 3).
7 Eugenio Pacelli an Duncan Gregory, 29.07.1916; AA.EE.SS., Inghilterra, Pos. 222, fasc. 121, fol. 23RV.
8 Gasparri an den Conseil de la Communauté Israélite Ashkenasique à Jérusalem, 16.08.1919; AA.EE.SS., America, Pos. 265, fasc. 120, fol. 34R-35R.
9 Istruzioni per Mons. Achille Ratti, Visitatore Apostolico in Polonia, 04.05.1918, in: Ottavio Cavalleri, L'archivio di Mons. Achille Ratti visitatore apostolico e nunzio a Varsavia (1918–1921). Inventario, a cura di Germano Gualdo, Città del Vaticano 1990 (= Collectanea Archivi Vaticani, Bd. 23), S. 127–140, Zit. S. 128/129.
10 Empfehlungsbrief des Grafen Johannes von Oppersdorff an Ratti, Berlin, 29.09.1918, in: Stanislaus Wilk (Hg.), Acta Nuntiaturae Polonae, Bd. 57: Achilles Ratti (1918–1921), 5 Bde., Roma 1995–1999, hier Bd. 2 (1996), S. 200/201.
11 B. Friedmann und M. Sobernheim an Ratti, Berlin, 17.10.1918; ASV, Archivio della Nunziatura in Varsavia, busta 205, fol. 309R. Die beiden Herrn beziehen sich auf eine «kürzlich stattgehabte Unterredung». Die Audienz muß also zwischen dem 29.09. und dem 17.10.1918 stattgefunden haben.
12 Battenberg, Das Europäische Zeitalter der Juden II (s. Kap. 1, Anm. 8), S. 240.
13 Ermenegildo Pellegrinetti: Relazione finale sulla missione di Mons. Ratti in Polonia, Juli 1921, in: Cavalleri, L'archivio di Mons. Achille Ratti (s. Anm. 9), S. 145–211, Zit. S. 148.
14 Ratti an Gasparri, Warschau, 02.11.1918, in: Wilk (Hg.), Acta Nuntiaturae Polonae 57,2 (s. Anm. 10), S. 271.
15 Ratti an Gasparri, 01.09.1918, in: ebd., S. 127–130, Zit. S. 129.
16 Ratti an Gasparri, 09.01.1919, in: Wilk (Hg.), Acta Nuntiaturae Polonae 57,3 (s. Anm. 10), S. 250–261, Zit. S. 261.

17 Ratti an Gasparri, 07.12.1918, in: ebd., S. 96–112, hier S. 111.

18 Vgl. etwa das umfangreiche «Aperçu» über die «polnische Frage» des Grafen Georg Moszyński an Ratti, Łoniów, 01.09.1918, in: Wilk (Hg.), Acta Nuntiaturae Polonae 57,2 (s. Anm. 10), S. 107–127, mit stark antisemitischer Tendenz. Zahlreiche weitere Quellen dieser Art in der Edition der Nuntiaturakten.

19 Vgl. Ratti an Gasparri, 09.01.1919 (s. Anm. 16), S. 253.

20 Diese Argumentation findet sich zusammengefaßt auch in Pellegrinettis Finalrelation (s. Anm. 13), S. 149/150.

21 Marchetti Selvaggiani an Gasparri, Wien, 14.03.1921; AA.EE.SS., Africa Asia Oceania, Pos. 53, fasc. 40, S. 75R-76R.

22 Gasparri an Ratti, 22.12.1918, in: ebd., S. 146/147.

23 Ratti an Gasparri, 15.01.1919, in: ASV, Archivio della Nunziatura in Varsavia, busta 192, fol. 868R–873R.

24 Nota della Legazione Polacca a Vienna a tutte le Legazioni sui pretesi pogrom antigiudaico in Galizia da parte polacca [November 1918]; ASV, Archivio della Nunziatura in Varsavia, busta 200, fol. 22RV.

25 Finalrelation Pellegrinettis (s. Anm. 13), S. 150.

26 25.11.1918; ASV, Archivio della Nunziatura in Varsavia, busta 200, fol. 16R.

27 Notice sur les rapports polone-juifs; ASV, Archivio della Nunziatura in Varsavia, busta 205, fol. 322R-327R.

28 Ratti an Gasparri, Warschau, 12.10.1918, in: Wilk (Hg.), Acta Nuntiaturae Polonae 57,2 (s. Anm. 10), S. 217.

29 Finalrelation Pellegrinettis (s. Anm. 13), S. 150.

30 Pacelli an Gasparri, München, 18.04.1919, in: Emma Fattorini, Germania e Santa Sede. Le Nunziature di Pacelli tra la guerra e la Repubblica di Weimar, Bologna 1992, S. 322–325, Zit. S. 323/324.

31 Ebd., S. 324.

32 ASV, ANM, busta 397, fasc. 2, fol. 154R–155V.

33 Victor Klemperer: Leben sammeln, nicht fragen wozu und warum. Tagebücher 1918–1924, hg. von Walter Nojowski, Berlin 1996, Bd. 1, S. 31.

34 Finalrelation Pellegrinettis, Typoskript; ASV, Archivio della Nunziatura in Varsavia, busta 193, fol. 426–498, Zit. fol. 4R, 6R/7R des Typoskripts; die zitierten Stellen werden in der Edition von Cavalleri (s. Anm. 9) gekürzt wiedergegeben.

35 ACDF, S.O. 125/28 [Rerum Variarum 1928, n.2], Vol. 1, Nr. 22.

36 ACDF, S.O. 125/28 [R.V. 1928, n.2], Vol. 1, Nr. 23: Informationsblatt der «Amici Israel», undat. [handschriftl. Ergänzung: 13.03.1928].

37 Eingabe Gariadors und van Asseldonks, 02.01.1928; ACDF, S.O. 125/28 [R.V. 1928, n.2], Vol. 1, Nr. 1/2.

38 Vgl. Marie-Thérèse Hoch/Bernard Dupuy (Hg.): Les Églises devant le Judaisme. Documents officiels 1948–1978, Paris 1980, S. 350–352.

39 Voten Schusters vom 16. und 20.01.1928; ACDF, S.O. 125/28 [R.V. 1928, n.2], Vol. 1, Nr. 9.

40 ACDF, S.O. 125/28 [R.V. 1928, n.2], Vol. 1, Nr. 16; 68 S., Kleinoktav.

41 Votum des Konsultors P. Marco Sales, undatiert [Februar 1928]; ACDF, S.O. 125/28 [R.V. 1928, n.2], Vol. 1, Nr. 15; «Alcune proposizioni erronee o mal sonanti riscontrate nell'Opuscolo dal motto ‹Pax super Israel›»; undatiert, ohne

Autorenangabe; ebd. Nr. 16/2; Brevissimo Riassunto di questa prima comunicazione periodica del Comitato Centrale degli Amici d'Israele; undatiert, ohne Autorenangabe; ebd. Nr. 17; Pater Drehmanns war vom Kardinalvikar der Sadt Rom beauftragt worden, die Periodika der «Amici» zu zensieren; «Circa il Comitato Centrale dell'Opera Sacerdotale ‹Amici Israel› e la domanda di modifica della preghiera per gli ebrei nella Liturgia del Venerdì Santo. Alcune informazioni; ebd. Nr. 18.

42 Votum Sales' (s. Anm. 41).

43 Pax super Israel (s. Anm. 40), S. 13; Alcune proposizioni erronee (s. Anm. 41).

44 Ebd.

45 Pax super Israel (s. Anm. 40), S. 22; Alcune proposizioni erronee (s. Anm. 41).

46 Brevissimo Riassunto (s. Anm. 41).

47 Voto del Card. Segr. S. O. nella Congr. di Feria IV, 7 marzo 1928; ACDF, S. O. 125/28 [R.V. 1928, n.2], Vol. 1, Nr. 20.

48 Ebd.

49 ACDF, S. O. 125/28 [R.V. 1928, n.2], Vol. 1, Nr. 21, 07.03.1928.

50 Ebd., 08.03.1938.

51 Ebd.

52 ACDF, S. O. 125/28 [R.V. 1928, n.2], Vol. 1, Nr. 29/30, 16.03.1928.

53 ACDF, S. O. 125/28 [R.V. 1928, n.2], Vol. 1, Nr. 27bis, Nr. 15/16: «Modificazioni al surreferito Schema di Decreto […] da alcuni Eminentissimi Cardinali».

54 Ebd.

55 ACDF, S.O. 125/28 [R.V. 1928, n.2], Vol. 1, Nr. 27 bis/1 sowie Nr. 28, 15.03.1928, Decreto secondo le modificazioni di Sua Santità.

56 Acta Apostolicae Sedis 20 (1928), S. 103/104 (lat.); ACDF, S. O. 125/28 [R.V. 1928, n. 2], Vol. 1, Nr. 28: der endgültige, von Pius XI. approbierte ital. Text; Nr. 32, 33: lat. Entwurf und lat. Endfassung; deutsche Übersetzung bei Georges Passelecq/Bernard Suchecky: Die unterschlagene Enzyklika. Der Vatikan und die Judenverfolgung, München/Wien 1997, S. 124/125.

57 Eduard Lamparter: Evangelische Kirche und Judentum, in: Robert Raphael Geis/Hans-Joachim Kraus (Hg.), Versuche des Verstehens. Dokumente jüdisch-christlicher Begegnung aus den Jahren 1918–1933, München 1966, S. 256–302, Zit. S. 302.

58 Kommentar van Asseldonks, 13.04.1928; ACDF, S. O. 125/28 [R.V. 1928, n.2], Vol. 2, Nr. 43.

59 Patriarch Barlassina, Jerusalem, an Kardinal van Rossum, 04. und 08.10.1928; ACDF, S. O. 125/28 [R.V. 1928, n.2], Vol. 3, Nr. 51/52.

60 Antonius van Asseldonk, Hannut (Belgien), an Papst Johannes XXIII., Domenica del Buon Pastore [19.04 1959]; ACDF, S.O. 125/28 [R.V. 1928, n.2], Vol. 5, Nr. 70.

61 Hoch/Dupuy (Hg.), Les Églises devant le Judaisme (s. Anm. 38), S. 351.

62 Ebd.

63 Zit. nach dem Schott-Meßbuch; frz. Fassung bei Hoch/Dupuy (Hg.), Les Églises devant le Judaisme (s. Anm. 38), S. 352.

64 Telegramm von Rabbiner William Margolis, New York, 21.04.1933; AA.EE.SS., Germania, Pos. 643, fasc. 158, fol. 27R; Rabbiner Arthur Zacharias Schwarz an Pius XI., Wien, 09.04.1933; ebd., fol. 29R–30R, und Schwarz an Pacelli, 09.04.1933; ebd., fol. 31R; weitere Eingaben ebd., fol. 42R–126R.

65 Edith Stein an Pius XI., Münster, o.D., mit Begleitschreiben von Erzabt Raphael Walzer, Beuron, 12.04.1933; AA.EE.SS, Germania, Pos. 643, fasc. 158, fol. 15R–17R.

66 Gutachten Friedrich Muckermanns über die Ideologie des Nationalsozialismus, undatiert [Oktober/November 1934], an das vatikanische Staatssekretariat übersandt von Giovanni Panico, Saarbrücken, 16.11.1934; AA.EE.SS., Germania, Pos. 666, fasc. 221, fol. 3RV; 5R–10R, hier fol. 5R.

67 Die einschlägigen Akten in AA.EE.SS., Baviera, Pos. 161, fasc. 9; Pos. 188, fasc. 32; Pos. 189, fasc. 33; Pos. 190, fasc. 34; ANM, busta 418, fasc. 3/4, sowie die entsprechenden Berichte Orsenigos in AA.EE.SS., Pos. 643, fasc. 157.

68 Vgl. Orsenigo an Pacelli, Berlin, 24.03.1933; AA.EE.SS., Germania, Pos. 645, fasc. 162, fol. 11R–12R; dieser Bericht auch in: Ludwig Volk (Hg.), Kirchliche Akten über die Reichskonkordatsverhandlungen 1933, Mainz 1969 (= VKZG, A 11), S. 3–5.

69 Kundgebung der deutschen Bischöfe, 28.03.1933, in: Bernhard Stasiewski (Hg.), Akten deutscher Bischöfe über die Lage der Kirche 1933–1945, Bd. 1: 1933–1934, Mainz 1968 (= VKZG, A 5), S. 30–32.

70 Orsenigo an Pacelli, Berlin, 26.03.1933; AA.EE.SS., Germania, Pos. 621, fasc. 139, fol. 77R–78R; Pacelli an Vassallo di Torregrossa, Città del Vaticano, 29.03.1933; ANM 418,4, fol. 39R; ders. an Orsenigo, 29.03.1933; AA.EE.SS. Germania, Pos. 621, fasc. 139, fol. 72R.

71 Bertram an Pacelli, Breslau, 18.04.1933; AA.EE.SS., Germania, Pos. 621, fasc. 140, fol. 16R–17V, Zit. 16V/17R.

72 Bericht des britischen Geschäftsträgers beim Heiligen Stuhl, Ivone Kirkpatrick, an Robert Vansittart, Foreign Office, über ein Gespräch mit Pacelli, Rom, 19.08.1933; Abdruck im Original und in deutscher Übersetzung bei Ludwig Volk: Das Reichskonkordat vom 20. Juli 1933. Von den Ansätzen in der Weimarer Republik bis zur Ratifizierung am 10. September 1933, Mainz 1972 (= VKZG B 5), S. 250–252, hier S. 252.

73 Vgl. Alois C. Hudal: Römische Tagebücher. Lebensbeichte eines alten Bischofs, Graz/Stuttgart 1976, hier z.B. S. 108 und S. 118.

74 Bekannt sind folgende Äußerungen Pius' XI.: «Der Hitler ist der erste und einzige, der öffentlich gegen die Bolschewisten spricht. Bisher ist das allein der Papst gewesen.» Audienz vom 04.03.1933, nach den Akten aus dem Staatssekretariat zit. bei Volk, Reichskonkordat (s. Anm. 72), S. 64, Anm. 24; desgl. am 13.03.1933 im Konsistorium: «Und trotzdem blieb bis zu den jüngsten Zeiten die Stimme des römischen Papstes die einzige, um die schweren, der christlichen, bei fast allen Völkern eingeführten Kultur drohenden Gefahren aufzuzeigen.» AAS 25 (1933), S. 106–123, zit. nach Volk, ebd., S. 65, Anm. 26. Diese Aussage Pius' XI. wird in der Regel im Lichte der Interpretation betrachtet, die ihr Kardinal Faulhaber gab; dazu Volk, ebd., S. 64–66. Auch Faulhaber räumte jedoch ein, daß die päpstliche Diplomatie und insbesondere Pacelli in Kontrast zu den gelegentlich schnell und pointiert formulierten Worten des Papstes, den Nationalsozialisten gegenüber «sehr klug und zurückhaltend» agierte; Aufzeichnung Faulhabers vom 20.04.1933, in: Ludwig Volk (Hg.), Akten Kardinal Michael von Faulhabers, Bd. I (1917–1934), Mainz 1975 (= VKZG, A 17), S. 714/715.

75 Vgl. im Detail Thomas Brechenmacher: Teufelspakt, Selbsterhaltung, universale Mission? Leitlinien und Spielräume der Diplomatie des Heiligen Stuhls gegenüber dem nationalsozialistischen Deutschland (1933–1939) im Lichte neu zugänglicher vatikanischer Akten, in: Historische Zeitschrift 280 (2005), [im Druck], hier Anm. 37.

76 Bereits im September 1930 hatte Orsenigo den Antikommunismus des Nationalsozialismus als zweischneidige Angelegenheit charakterisiert: «Sein Programm erweckt zur Zeit noch kein Vertrauen; Beachtung verdient es jedoch wegen der entschiedenen und manchmal sogar gewalttätigen Opposition, die es dem Kommunismus und, als Folge daraus, dem sich ausdehnenden Sowjetsystem erklärt; das ist aber eine Opposition, die nicht in religiösen Prinzipien, sondern allein im Nationalismus gründet.» (Orsenigo an Pacelli, 16.09.1930; AA.EE.SS., Germania, Pos. 605–606, fasc. 117, fol. 18R–19V). Ein Reflex dieser Einschätzung findet sich noch in Pius' XI. Ausführungen gegenüber Faulhaber in der Audienz vom 10.03.1933: «Hitler: Mir hat gefallen, er ist der erste Staatsmann, der gegen den Bolschewismus gesprochen hat. ‹Aus politischen Gründen.›» (Aufzeichnung Faulhabers über eine Audienz bei Pius XI., Rom, 10.03.1933, in: Volk [Hg.], Akten Faulhabers I [s. Anm. 74], S. 659–662, hier S. 660). Auch dem Papst war bewußt, daß der Antibolschewismus Hitlers ein anderer war als derjenige der Kirche. – Wie schnell der Nationalsozialismus selbst in Richtung Bolschewismus kippen könne, meinte Orsenigo im Oktober 1932 anläßlich einer Kooperation NSDAP–KPD im preußischen Abgeordnetenhaus beobachtet zu haben; Orsenigo an Pacelli, Berlin, 11.10.1932; AA.EE.SS., Germania, Pos. 604, fasc. 113, fol. 29R–31R. Dieses Urteil korrespondiert wiederum mit demjenigen Bertrams vom April 1936, der Nationalsozialismus sei selbst nichts anderes als Bolschewismus; Bertram an Pacelli, Breslau, 21.04.1936; AA.EE.SS., Germania, Pos. 695, fasc. 267, fol. 66R–69V; ausführlich zit. in Brechenmacher, Teufelspakt (s. Anm. 75).

77 Pacelli an Gasparri, München, 14.11.1923; ANM 396, fasc. 7, fol. 6R-7V.

78 Hudal, Römische Tagebücher (s. Anm. 73), S. 118/119.

79 Pacelli an Gasparri, München, 14.11.1923 (s. Anm. 77).

80 Pacelli an Gasparri, München, 25.04.1924; ANM 396, fasc. 7, fol. 75R-76V.

81 Pacelli an Schioppa, Città del Vaticano, 15.07.1933; AA.EE.SS., Germania, Pos. 645, fasc. 166, fol. 71R–73R; Abdruck, mit deutscher Übersetzung, bei Volk (Hg.), Kirchliche Akten (s. Anm. 68), S. 162–164.

82 Pacelli an Orsenigo, Città del Vaticano, 04.04.1933; AA.EE.SS., Germania, Pos. 643, fasc. 158, fol. 4R.

83 Orsenigo an Pacelli, Berlin, 08.04.1933; AA.EE.SS., Germania, Pos. 643, fasc. 158, fol. 5R.

84 Ebd.

85 Kundgebung Schultes, Kleins und Bernings, Köln, 09.04.1933, in: Stasiewski (Hg.), Akten deutscher Bischöfe I (wie Anm. 69), S. 51.

86 Orsenigo an Pacelli, Berlin, 11.04.1933; AA.EE.SS., Germania, Pos. 643, fasc. 158, fol. 6R.

87 Faulhaber an Pacelli, München, 10.04.1933; AA.EE.SS., Germania, Pos. 643, fasc. 158, fol. 11RV. Dieser Brief nicht in Volk (Hg.), Akten Faulhabers I (s. Anm. 74); Auszug in Stasiewski (Hg.), Akten deutscher Bischöfe I (s. Anm. 69), S. 54, Anm. 1.

88 Aktennotiz Pizzardos, 26.04.1933; AA.EE.SS., Germania, Pos. 643, fasc. 158, fol. 32R.

89 Vgl. Giovanni Sale: Hitler, la Santa Sede e gli Ebrei. Con documenti dell'Archivio Segreto Vaticano, Milano 2004, S. 107.

90 Orsenigo an Pacelli, Berlin, 28.04.1933; AA.EE.SS., Germania, Pos. 643, fasc. 158, fol. 33R-34R.

91 Pacelli an Orsenigo, Città del Vaticano, 19.05.1933; ebd., fol. 35R.

92 Orsenigo an Pacelli, 28.04.1933 (s. Anm. 90).

93 Vgl. Orsenigo an Pacelli, Berlin, 08.05.1933; AA.EE.SS., Germania, Pos. 643, fasc. 157, fol. 107R-108V, sowie das Protokoll der Konferenz der Diözesanvertreter in Berlin vom 25./26. April 1933, in: Stasiewski (Hg.), Akten deutscher Bischöfe I (s. Anm. 69), S. 87–103, hier bes. S. 101/102.

94 Dazu im Detail Brechenmacher, Teufelspakt (s. Anm. 75).

95 The Jewish Chronicle, 01.09.1933; AA.EE.SS., Pos. 643, fasc. 158, fol. 48R, sowie Herausgeber J. M. Rich an Pacelli, London, 08.09.1933, mit Bitte, die Meldung zu bestätigen; ebd., fol. 47R. Zu dieser Anfrage liegt keine Antwort vor.

96 Pacelli an Pizzardo, [Rorschach], 21.09.1933; AA.EE.SS., Baviera, Pos. 190, fasc. 34.

97 ACDF, S.O. 3373/34 [R.V. 1934, n. 29]: Germaniae – De Razzismo, Naturalismo, Totalitarismo, Comunismo Damnandis vel non, per solemnem actum pontificium [Busta speciale], fasc. 1, Nr. 3, S. 1–5; Druck, mit abweichender Datierung bei Hudal, Römische Tagebücher (s. Anm. 73), S. 122–126.

98 Dekret des Heiligen Offiziums vom 09.02.1934, publiziert im Osservatore Romano am 14.02.1934; ACDF S.O. 4304/33i (1).

99 Hudal an Sbarretti, 07.10.1934 (s. Anm. 97), S. 3/4.

100 Gutachten «S. Sede e Nazionalsocialismo», 4 S., msl., italienisch, ohne Datum und Verf. angabe [nach 15.08.1933]; AA.EE.SS., Germania, Pos. 143, fasc. 160, fol. 11R-15R, hier insbes. 15R.

101 Ebd., fol. 12R/13R.

102 Bericht Faulhabers über seine Unterredung mit Hitler, Obersalzberg/München, 4./5.11.1936, in: Ludwig Volk (Hg.), Akten Kardinal Michael von Faulhabers 1917–1945, Bd. II: 1935–1945, Mainz 1978 (= VKZG, A 26), S. 184–194, hier S. 193.

103 Pacelli an Faulhaber, Città del Vaticano, 16.11.1936; AA.EE.SS., Germania, Pos. 709–713, fasc. 308, fol. 93R-95R; vgl. auch Volk (Hg.), Akten Faulhabers II (s. Anm. 102), S. 197/198.

104 Gutachten Muckermanns (s. Anm. 66), fol.8R.

105 ACDF, S.O. 3373/34 [R.V. 1934, n. 29], fasc. 1, Nr. 3, S. 27; Abdruck des «Elenchus Propositionum de Nationalismo, Stirpis Cultu, Totalismo» bei Peter Godman: Der Vatikan und Hitler. Die geheimen Archive, München 2004, S. 252–275.

106 ACDF, S.O. 3373/34 [R.V. 1934, n. 29], fasc. 2, Nr. 5.

107 ACDF, S.O. 3373/34 [R.V. 1934, n. 29], fasc. 4, Nr. 13: «Rassismo, nationalismo, communismo, totalitarismo»; Abdruck der Thesen bei Godman, Der Vatikan und Hitler (s. Anm. 105), S. 276–281.

108 ACDF, S.O. 3373/34 [R.V. 1934, n. 29], fasc. 4, Nr. 12, S. 16 (Schema Decreti, §17).

109 Feria IV, 18.11.1936; Acta Congr. Gen. S.O. 1936.
110 S.O. Feria IV – 18.11.1936; ACDF S.O. 187/1937 [R.V. 1938, Nr. 1]: Parigi –
Comunismo. Circa il Movimento della stampa cattolica francese di tendenza
democratica per la collaborazione con i comunisti («Mano tesa»), Vol. 2, fol.
139RV.
111 ACDF, S.O. 3373/34 [R.V. 1934, n. 29], fasc. 4, Nr. 12, S. 6 («Schema Decreti»).
112 Hudal, Römische Tagebücher (s. Anm. 73), S. 121.
113 S.O. Feria IV – 18.11.1936; ACDF S.O. 187/1937 [R.V. 1938, Nr. 1] (s. Anm.
110), fol. 139V.
114 Feria V, 19.11.1936; Acta Congr. Gen. S.O. 1936.
115 Enzyklika «Mit brennender Sorge», in: Albrecht (Hg.), Notenwechsel I
(s. Anm. 143), S. 410, 430, 411/412, 415, 414.
116 Feria IV, 17.03.1937; Acta Congr. Gen. S.O. 1937.
117 ACDF, S.O. 3373/34 [R.V. 1934, n. 29], fasc. 4, Nr. 18 (De «Rassismo», Mense
Aprili 1937).
118 ACDF, S.O. 3373/34 [R.V. 1934, n. 29], fasc. 4, Nr. 19 (Comunismo e Razzismo, Maggio 1937).
119 Feria IV, 02.06.1937; Acta Congr. Gen. S.O. 1937.
120 Ex. Aud. Ssmi Feria IV loco Vae, 04.06.1937; Acta Congr. Gen. S.O. 1937.
121 Entwurf einer internationalen Initiative des S.O. gegen den Nationalsozialismus, o.D. [Anfang Dezember 1937]; S.O. Feria IV – 18.11.1936; ACDF,
S.O. 187/1937 [R.V. 1938, Nr. 1], Vol. 2, fol. 141/142; Billett des Notars des
Heiligen Offiziums, Dalpiaz, an einen namentlich nicht genannten Kardinal,
09.12.1937: überreicht den endgültigen Text der Instruktion; ebd., fol. 140R.
122 Aufzeichnung Graneris' über zwei Unterredungen mit Faulhaber, Rom,
02.01.1938; ACDF, S.O. 187/1937 [R.V. 1938, Nr. 1], Vol. 2, fol. 124R-125V.
123 Feria II, 28.03.1938; Acta Congr. Gen. S.O. 1938; vgl. ebd. Feria V,
07.04.1938.
124 Ludwig Volk (Hg.): Akten deutscher Bischöfe über die Lage der Kirche
1933–1945, Bd. IV: 1936–1939, Mainz 1981 (= VKZG, A 30), S. 506; Abdruck auch bei Konrad Repgen: Judenpogrom, Rassenideologie und katholische Kirche, Köln 1988, S. 21/22, und Anton Rauscher (Hg.): Wider den Rassismus. Entwurf einer nicht erschienenen Enzyklika (1938). Texte aus dem
Nachlaß von Gustav Gundlach SJ, Paderborn/München/Wien/Zürich 2001,
S. 60/61, sowie Godman, Der Vatikan und Hitler (s. Anm. 105), S. 312–315.
125 Rauscher (Hg.), Wider den Rassismus (s. Anm. 124), S. 61. Zur Reaktion Pius'
XI. auf den Hitler-Besuch in Rom vgl. Brechenmacher, Teufelspakt (s. Anm.
75).
126 Abdruck des deutschsprachigen Entwurfs Gundlachs bei Rauscher, Wider den
Rassismus (s. Anm. 124), S. 64–167, der, in Teilen abweichenden, französischen Bearbeitung bei Passelecq/Suchecky, Die unterschlagene Enzyklika
(s. Anm. 56), S. 193–288; Konkordanz bei Rauscher, ebd., S. 168–170; die Zitate nach dem Entwurf Gundlachs, in: Rauscher, ebd., S. 161; Pendants in der
frz. Fassung: Passelecq/Suchecky, ebd., S. 261, 266.
127 Entwurf Gundlachs, ebd., S. 165; der französische Text erscheint insgesamt
reflektierter und theologisch fortgeschrittener; von der durch Gundlach formulierten Grundposition weicht auch er nicht ab; vgl. Passelecq/Suchecky, Die
unterschlagene Enzyklika (s. Anm. 56), S. 260–273.

128 Johannes Nota: Edith Stein und der Entwurf für eine Enzyklika gegen Rassismus und Antisemitismus, in: Freiburger Rundbrief 1975, S. 35–41, hier S. 38.

129 Il fascismo e i problemi della razza, These 7 und 9, zit. nach Michele Sarfatti: Mussolini contro gli ebrei. Cronaca dell'elaborazione delle leggi del 1938, Torino 1994, S. 18–20, hier S. 19.

130 Sarfatti, ebd., S. 22/23.

131 Am 02.08.1938 übersandte Orsenigo ein Dossier mit entsprechenden Ausschnitten aus deutschen Zeitungen; AA.EE.SS., Germania, Pos. 739–741, fasc. 355.

132 Galeazzo Ciano: Diario 1937–1938, Bologna 1948, S. 216.

133 Ebd., S. 217.

134 Text in Sarfatti, Mussolini contro gli Ebrei (s. Anm. 129), S. 186.

135 Documentation Catholique 39 (1938), Sp. 1460.

136 Godman, Der Vatikan und Hitler (s. Anm. 105), S. 155.

137 Feria II, 28.03.1938; Acta Congr. Gen. S.O. 1938.

138 Vgl. die «Cronologia» von Michele Sarfatti in: La persecuzione degli Ebrei durante il fascismo. Le leggi del 1938, Roma (Camera dei Deputati) 1998, S. 185–187.

139 Roberto Farinacci an Mussolini, Rom, 03.08.1938, in: Renzo De Felice, Storia degli ebrei italiani sotto il fascismo. Nuova edizione ampliata, Torino 1988, ND 1993, S. 560 (Dok. Nr. 19).

140 Pius XI. an Mussolini, 04.11.1938 und an Vittorio Emanuele III., 05.11.1938; Mussolini an Vittorio Emanuele III., 07.11.1938, und Vittorio Emanuele III. an Pius XI., 07.11.1938, in: De Felice, Storia degli ebrei italiani (s. Anm. 139), S. 564/565 (Dok. 21, I-IV).

141 Tacchi Venturi an Mussolini, Roma, 09.11.1938, in: ebd., S. 566 (Dok. 21, V).

142 Mussolini an König Vittorio Emanuele III., 07.11.1938 (s. Anm. 140).

143 Vertrauliches Promemoria des Hl. Stuhls, 09.09.1933, in: Dieter Albrecht (Hg.): Der Notenwechsel zwischen dem Heiligen Stuhl und der deutschen Reichsregierung, Bd. 1: Von der Ratifizierung des Reichskonkordats bis zur Enzyklika «Mit brennender Sorge», Mainz 1965 (= VKZG, A 1), S. 396/397.

144 Ebd., S. 397, Anm. 3.

145 Faulhaber an Bertram, München, 13.11.1941, in: Volk (Hg.), Akten Faulhabers II (s. Anm. 102), S. 824/825, und Bertram an Faulhaber, Breslau, 17.11.1941, ebd. S. 844/845.

146 Pacelli an Orsenigo, 17.07.1935; AA.EE.SS., Germania, Pos. 686, fasc. 253, fol. 60R.

147 Orsenigo an Pacelli, Berlin, 19.07.1935 und 21.07.1935; ebd., fol. 61R und 62R.

148 Runderlaß Görings, 16.07.1935, in: Albrecht (Hg.), Notenwechsel I (s. Anm. 143), S. 259–262, Anm.; Orsenigo an Pacelli, 19.07.1935 (s. Anm. 147).

149 Anklageschrift des Sondergerichts für den Oberlandesbezirk Stuttgart gegen Hubertus Deiniger (Pater Franziskus) und Heinrich Fischer (Pater Leander), Stuttgart, 09.09.1935; AA.EE.SS., Germania, Pos. 692, fasc. 260, fol. 9R–27R.

150 Note Pacellis an von Bergen, 26.07.1935, ebd., S. 259–268; Pacelli an den deutschen Episkopat, 15.08.1935, in: Bernhard Stasiewski (Hg.), Akten deut-

scher Bischöfe über die Lage der Kirche 1933–1945, Bd. II: 1934–1935, Mainz 1976 (= VKZG, A 20), S. 262–265, Zit. S. 264.

151 Denkschrift des deutschen Episkopates an Hitler, Fulda, 20.08.1935, in: Stasiewski (Hg.), Akten deutscher Bischöfe II (s. Anm. 150), S. 341–373, hier S. 353; Hirtenbrief des deutschen Episkopates, Fulda, 20.08.1935 (zu verlesen am 01.09.), in: ebd., S. 331–341, hier S. 334.

152 Orsenigo an Pacelli, Berlin, 14.09.1935; AA.EE.SS., Germania, Scatola 9a, fol. 32R–33R.

153 Orsenigo an Pacelli, Berlin, 17.09.1935; ebd., fol. 60RV.

154 Zuschrift ohne Verf.angabe und Datum [nach 01.09.1935] an Pius XI.; AA.EE.SS., Germania, Pos. 686, fasc. 255, fol. 77R.

155 Joseph Schmidlin an Pius XI., Colmar, 05.08.1935; AA.EE.SS., Germania, Pos. 686, fasc. 254, fol. 64R–66R.

156 Ebd.

157 Hirtenbrief des deutschen Episkopates, Fulda, 20.08.1935 (s. Anm. 151), S. 339.

158 Vgl. das Memorandum Bernings für Pacelli, «Sorge für die nichtarischen Katholiken Deutschlands», übersandt am 18.01.1937; AA.EE.SS., Germania, Scatola 48, fol. 38R–41R.

159 Pierre Blet: Papst Pius XII. und der Zweite Weltkrieg. Aus den Akten des Vatikans, Paderborn/München/Wien/Zürich 2000, S. 141–145; Einzelheiten über die Hilfsaktivitäten auch bei Gerhard Besier: Die Kirchen und das Dritte Reich. Spaltungen und Abwehrkämpfe, 1934–1937, Berlin/München 2001, S. 880–886.

160 Orsenigo an Pacelli, Berlin, 15.11.1938; AA.EE.SS., Germania, Pos. 742, fasc. 356, fol. 40R–41R.

161 Bericht Faulhabers, [München, 12.11.1938], in: Volk (Hg.), Akten Faulhabers II (s. Anm. 102), S. 604–607, hier S. 604.

162 Bertram an Rust, Breslau, 16.11.1938, in: Ludwig Volk (Hg.), Akten deutscher Bischöfe über die Lage der Kirche 1933–1945, Bd. IV: 1936–1939, Mainz 1981 (= VKZG, A 30), S. 592–594, hier S. 593.

163 Joseph Salomon an Pius XI., Rotterdam, 22.02.1936; AA.EE.SS., Germania, Pos. 692, fasc. 261, fol. 120RV.

164 Memorandum von Moshe Waldmann über ein Gespräch mit Oberrabbiner Dr. Prato (Rom), Haifa, 26.05.1938; Central Zionist Archives Jerusalem (CZA), S 25 3759; jetzt publiziert in: Thomas Brechenmacher, Pius XII. und der Zweite Weltkrieg. Plädoyer für eine erweiterte Perspektive, in: Karl-Joseph Hummel (Hg.), Zeitgeschichtliche Katholizismusforschung. Tatsachen, Deutungen, Fragen. Eine Zwischenbilanz, Paderborn/München/Wien/Zürich 2004, S. 83–99, hier S. 97–99.

165 Blet, Pius XII. und der Zweite Weltkrieg (s. Anm. 159), S. 194.

166 Das Memorandum wurde jüngst in der John F. Kennedy Library in Boston aufgefunden; Memorandum Pacellis für Joseph P. Kennedy, 19.04.1938; Vorabdruck unter http://www.americamagazine.org/articles/pacelli.cfm (Stand: 19.03.2004); Charles R. Gallagher: «Personal, Private Views». A newly discovered report from 1938 reveals Cardinal Pacelli's anti-Nazi stance, in: America, Bd. 189, Nr. 5, 01.09.2003, S. 8–10; Thomas Brechenmacher: In Widerspruch zum göttlichen Recht. Neue Quellen zeigen: Kardinal Pacelli

lehnte 1938 jeden Kompromiß mit dem Nationalsozialismus ab, in: FAZ, 14.10.2003, 48.

167 Memorandum Pacellis für Joseph P. Kennedy, ebd.

8. Geschwiegen oder gehandelt? Pius XII., der Zweite Weltkrieg und der Holocaust

1 Internuntius Paolo Giobbe, Den Haag, an Maglione, Rom, 09.10.1942; ADSS VIII, S. 677/678; Orsenigo an Montini, Berlin, 28.07.1942; ebd., S. 607/608.

2 Aufzeichnung Montinis über eine Audienz für den italienischen Botschafter Alfieri, 13.05.1940; ADSS I, S. 453–455, hier S. 455.

3 Pius XII. an Preysing, 30.04.1943, in: Burkhart Schneider (Hg.), Die Briefe Pius' XII. an die deutschen Bischöfe 1939–1944, Mainz 1966 (VKZG, A 4), S. 235–242, Zit. S. 240; das Zitat aus Preysing an Pius XII., Berlin, 06.03.1943, ebd., S. 239.

4 Cicognani an Maglione, Washington, 26.03.1943; ADSS IX, S. 206/207.

5 Aufzeichnungen des Staatssekretariats, 01.04.1943; ADSS IX, S. 216/217, Zit. S. 217.

6 Orsenigo an Montini, Berlin, 24.06.1942; ADSS VIII, S. 569/570, Zit. S. 570.

7 Aufzeichnung Weizsäckers, Berlin, 25.06.1942, in: Dieter Albrecht (Hg.), Der Notenwechsel zwischen dem Heiligen Stuhl und der deutschen Reichsregierung, Bd. 3: Der Notenwechsel und die Demarchen des Nuntius Orsenigo 1933–1945, Mainz 1980 (= VKZG, A 29), S. 637/638.

8 Pius XII. an Ehrenfried, 20.02.1941, in: Schneider (Hg.), Die Briefe Pius' XII. (s. Anm. 3), S. 125–127, Zit. S. 125.

9 Pius XII. an Bornewasser, 21.02.1942, in: ebd., S. 164–167, Zit. S. 164.

10 Pius XII. an Preysing, 30.04.1943 (s. Anm. 3), S. 240.

11 Vgl. oben S. 169–171.

12 Pius XII., Allocuzione della vigilia di natale al sacro collegio, in: Discorsi e radiomessaggi di Sua Santità Pio XII, Bd. IV: 02.03.1942–01.03.1943, Città del Vaticano 1960, S. 318–323, hier S. 321.

13 Pius XII., Radiobotschaft zu Weihnachten, 24.12.1942; ADSS VII, S. 161–167, Zit. S. 166.

14 Bericht des RSHA, 22.01.1943, aus dem politischen Archiv des Auswärtigen Amts publiziert in: Anthony Rhodes, Der Papst und die Diktatoren. Der Vatikan zwischen Revolution und Faschismus, Wien/Köln/Graz 1980, S. 233–235, Zit. S. 233, 235.

15 Pius XII., Ansprache an die Kardinäle, 02.06.1943, zit. nach Blet, Pius XII. und der Zweite Weltkrieg (s. Kap. 7, Anm. 159), S. 167/168.

16 OR, 03.12.1943, S. 1.

17 Inter Arma Caritas. L'Ufficio Informazioni Vaticano per i prigionieri di guerra istituito da Pio XII (1939–1947), Bd. 1: Inventario, Bd. 2: Documenti; DVD-Edition des Karteikartenarchivs zusätzlich; Città del Vaticano 2004 (= Collectanea Archivi Vaticani, Bd. 52).

18 Orsenigo an Montini, Berlin, 28.07.1942; ADSS VIII, S. 608.

19 Polnische Botschaft an Staatssekretariat, 19.12.1942; ADSS VIII, S. 755.

20 Cicognani an Maglione, Washington, 26.03.1943; ADSS IX, S. 207.

21 Aufzeichnung des Staatssekretariats, 05.05.1943; ADSS IX, S. 274.

22 Gerhart M. Riegner: Niemals verzweifeln. Sechzig Jahre für das jüdische Volk und die Menschenrechte, Gerlingen 2001, S. 158/159; vgl. ADSS VIII, S. 466; das Riegner-Memorandum ist dort jedoch nicht publiziert.

23 Notiz Tardinis, 27.03.1942; ADSS VIII, S. 479.

24 Tardini an Burzio, 29.10.1944; ADSS X, S. 462.

25 Tiso an Pius XII., Preßburg, 08.11.1944; ADSS X, S. 475–477.

26 Zitiert bei Walter Brandmüller: Holocaust in der Slowakei und katholische Kirche, Neustadt/Aisch 2003, S. 109, Anm. 191.

27 Die Zahl ebd., S. 106.

28 Pius XII. an Horthy, 25.06.1944; ADSS X, S. 328; Cicognani an Maglione, Washington, 09.08.1944: Dank der amerikanischen Juden für den Beitrag zur «entschiedenen Verbesserung» der Lage in Ungarn; ebd., S. 378.

29 Pius XII. an Kardinal Serédi, 26.10.1944; ADSS X, S. 460.

30 Kapuzinergeneral Donato da Welle an Marchetti Selvaggiani, 05.12.1944, über die Aktivitäten Pater Benedettos; ACDF, S.O. 125/1928 [R.V. 1928, n.2], Nr. 62.

31 Die Zahlen nach der Darstellung Pater Benedettos, Rom 20.07.1944, und der Zusammenstellung De Felices, in: De Felice, Storia degli ebrei italiani (s. Kap. 7, Anm. 139), Anhang Dok. 40 und 41.

32 Lapide, Rom und die Juden (s. Kap. 6, Anm. 25), S. 359, Anm. 189.

33 Albrecht von Kessel: Der Papst und die Juden, in: Die Welt, 06.04.1963; vgl. auch Harald Vocke: Albrecht von Kessel. Als Diplomat für Versöhnung mit Osteuropa, Freiburg/Basel/Wien 2001, S. 269/270 und 274.

34 Die Zahlen nach der Übersicht bei De Felice, Storia degli ebrei italiani (s. Kap. 7, Anm. 139), Anhang Dok. 40.

35 Aufzeichnung des Staatssekretariats, 17.09.1943; ADSS IX, S. 480/481.

36 Von Kessel, Der Papst und die Juden (s. Anm. 33); Abdruck auch in Fritz J. Raddatz: Summa Iniuria oder Durfte der Papst schweigen? Hochhuths «Stellvertreter» in der öffentlichen Kritik, Reinbek bei Hamburg 1963, S. 167–171, Zit. S. 170.

37 Memoiren Albrecht von Kessels, in Auszügen publiziert bei Vocke, Albrecht von Kessel (s. Anm. 33), S. 274/275.

38 Aussage Gumperts, in: Dieter Albrecht (Hg.), Der Notenwechsel zwischen dem Heiligen Stuhl und der deutschen Reichsregierung, Bd. 2: 1937–1945, Mainz 1969 (= VKZG, A 10), S. XVIII, Anm. 11.

39 Aufzeichnung Magliones, 16.10.1943; ADSS IX, S. 505/506; Zit. S. 506.

40 Hudal an Stahel, 16.10.1943; ADSS IX, S. 509/510, Zit. S. 510.

41 Notiz Hudals, 17.10.1943; ebd., S. 510, Anm. 4.

42 Aufzeichnung des Staatssekretariats, 15.11.1943; ADSS IX, S. 559.

43 Aufzeichnung Montinis über ein Gespräch mit Senator Motta, 01.11.1943; ebd. S. 538/539.

44 Moshe Shertok über seine Audienz bei Pius XII., aus den Vorstandsprotokollen der Jewish Agency, Jerusalem, 22.04.1945; CZA, S 25 9909 (Original hebräisch).

45 Vgl. Einleitung, Anm. 7.

46 Vgl. mit weiteren Quellenzitaten, Lapide, Rom und die Juden (s. Kap. 6, Anm. 25), S. 181–183.

47 Eliahu Sasson an den Apostolischen Nuntius in Italien, Giuseppe Fietta, Rom,

09.10.1958; ders. an dens., ebd., 27.10.1958; ISA; Ministry of Foreign Affairs (MfA), Political Dpt. 3102/19.

48 The Jerusalem Post, 10.10.1958.

49 DIES. Notizie del giorno Nr. 221, 09.10.1958; ISA, MfA, Political Dpt. 3102/19.

50 Léon Poliakov: The Vatican and the «Jewish Question». The Record of the Hitler Period – and after, in: Commentary, November 1950, S. 439–449, hier S. 443.

51 Riegner, Niemals verzweifeln (s. Anm. 22), S. 169.

52 Von Kessel, Der Papst und die Juden (s. Anm. 33), S. 271.

9. Kleine Schritte. Anfänge des christlich-jüdischen Dialogs nach 1945

1 Muench an Frings, Kronberg, 15.11.1950, einschl. Schreiben des Staatssekretariats an Muench, 28.10.1950; Historisches Archiv des Erzbistums Köln (AEK), Gen. II 8.4, Mappe 1: «Kirche und Judentum», 26.02.1949 – 04.02.1951.

2 Interpretation der Satzungs-Präambel des Deutschen Koordinierungsrates der Gesellschaften für christlich-jüdische Zusammenarbeit, angenommen von seinem Kuratorium am 08.04.1951; München, Institut für Zeitgeschichte (IfZ), NL Thieme, ED 163/49.

3 Karl Thieme, Bericht über die Besprechungen mit römischen Kirchenbehörden über die christlich-jüdische Zusammenarbeit; IfZ, ebd.

4 Die Akten in AEK, Gen. II 8.4, Mappe 1a.

5 OR, 13.10.1944; vgl. ACDF, S.O. 125/1928 [R.V. 1928, n.2], Nr. 59a/b.

6 Parere del Promotore di Giustizia, 08.12.1944; ACDF, S.O. 125/1928 [R.V. 1928, n.2], Nr. 63.

7 ACDF, S.O. 125/1928 [R.V. 1928, n.2], Nr. 66.

8 Aktennotiz, 20.03.1945; ebd. Nr. 67.

9 Padre Benedetto da Bourg d'Iré an Ottaviani, Rom, 07.07.1945; ebd. Nr. 68.

10 Stellungnahme des Sekretariats der «Fraternité Mondiale», Genf, o. D. [Ende 1950]; AEK, Gen. II 8.4, Mappe 1a.

11 Paul Démann: Das Judentum – Glaube und Schicksal, Aschaffenburg 1962 (= Der Christ in der Welt. Eine Enzyklopädie, Reihe XVI, Bd. 7), S. 5; frz. Original: Paris 1961.

10. Päpste, Zionismus, Israel: Schlaglichter 1904–1964

1 Papst Paul VI. vor der Konzilsaula, 04.12.1963; lat. in: Michele Maccarrone (Hg.), Il Pellegrinaggio di Paolo VI in Terra Santa, 4-6 gennaio 1964, Città del Vaticano 1964, S. 11; it. in OR, 05.12.1963; vgl. auch Edmond Farhat (Hg.): Gerusalemme nei documenti pontifici, Città del Vaticano 1987, S. 86.

2 Paul VI. zu den Konzilsbeobachtern, 17.10.1963, in: Insegnamenti di Paolo VI, Bd. 1 (1963), S. 229–233, Zit. S. 232; vgl. auch La Civiltà Cattolica 115 (1964), S. 110.

3 Vgl. KNA 1964, S. 45; Augustin Bea: Der Ökumenismus im Konzil. Öffentliche Etappen eines überraschenden Weges, Wien 1969, S. 109.

4 Die Darstellung der Papstreise ins Heilige Land von 1964 beschränkt sich, der Thematik des vorliegenden Buches entsprechend, auf die für die Beziehungen des Heiligen Stuhls zu den Juden bedeutenden Aspekte. Andere wesentliche Inhalte und Ergebnisse der Reise bleiben dagegen völlig ausgeblendet, vor allem die epochale Begegnung des Papstes mit dem Ökumenischen Patriarchen von Konstantinopel, Athenagoras I., mit der eine mehr als fünfhundertjährige Periode des Schweigens zwischen den höchsten Repräsentanten der lateinischen Kirche des Westens und den orthodoxen Kirchen des Ostens endete. Auch die innerkirchlichen theologischen Aspekte der Pilgerreise bleiben unberührt. Ausführlich und mit allen Belegen zur gesamten Reise Thomas Brechenmacher/Hardy Ostry: Paul VI. – Rom und Jerusalem. Konzil, Pilgerfahrt, Dialog der Religionen, Trier 2000.

5 Z. B. OR, 05.12.1963.

6 André Dupuy: Paul VI et la diplomatie pontificale, in: Paul VI et la modernité dans l'église, Rome 1984 (= Collection de l'École française de Rome, Bd. 72), S. 455–478, hier S. 461. – Das Verhältnis zu Israel betreffend, ging das offizielle Bulletin der päpstlichen Pressestelle noch 1991 von einem Unterschied zwischen «Anerkennung eines Staates» und der «Anknüpfung diplomatischer Beziehungen mit diesem Staat» aus. «Aus der Tatsache, daß keine diplomatischen Beziehungen zwischen dem Heiligen Stuhl und dem Staat Israel bestehen, folgt nicht, daß der Heilige Stuhl den Staat Israel nicht anerkennt.» (Sala Stampa della Santa Sede, Bollettino 38/91, 25.01.1991).

7 Theodor Herzl: Tagebücher, Bd. 1, Berlin 1922, S. 7/8. «Ich wollte mir Zutritt zum Papst verschaffen [...] und ihm sagen: Helfen Sie uns gegen die Antisemiten, und ich leite eine große Bewegung des freien und anständigen Übertritts der Juden zum Christentum ein.» (Ebd., S. 8, Aufzeichnung um Pfingsten 1895). Ob Herzl die Initiative der Abbés Lémann bekannt war, bliebe nachzuprüfen.

8 Ebd., Bd. 3, Berlin 1923, S. 555–559, Zit. S. 558, 559.

9 Ebd., Bd. 3, S. 544–547, Zit. S. 546.

10 The Jewish Chronicle, 08.06.1917; CZA, Political Department Z 4, fasc. 1047; Nahum Sokolow: Geschichte des Zionismus. Der Zionismus während des Krieges, Wien /New York o. J. [1919], S. 61.

11 Gasparri, Rom, an Pacelli, München, 15.11.1917, und Pacelli an Gasparri, 13.12.1917 (AA.EE.SS., Africa Asia Oceania Pos. 51, fasc. 32, fol. 57/58, 1917). – Sokolows Sohn berichtete 1949, die Intervention Benedikts XV. habe im Herbst 1917 Tel Aviv vor der Zerstörung durch die Türken bewahrt: Florian Sokolow, in: The Jewish Chronicle, 25.11.1949.

12 Vgl. etwa die Berichte des Patriarchen Barlassina an Kardinalstaatssekretär Gasparri aus den Jahren 1919–1922 (AA.EE.SS., Africa Asia Oceania, Pos. 102, fasc. 69–73); beispielsweise 04.08.1920 (ebd., fasc. 69); weitere Dokumente in ASV, Segr. Stato, Guerra (1914–1918), rubr. 244, fasc. 111/112.

13 Barlassina an Benedikt XV., Jerusalem, 23.06.1919; AA.EE.SS., America, Pos. 265, fasc. 120, fol. 31; Council of the Ashkenasic Jewish Community Jerusalem an Papst Benedikt XV., Juni 1919; ebd., fol. 32; Gasparri an das Ashkenasic Jewish Community, Città del Vaticano, 16.08.1919; ebd., fol. 34–35.

14 Pius XI., Rede vor dem Konsistorium, 11.12.1922; Pius XII., Enzykliken «Auspicia quaedam», 01.05.1948, «In multiplicibus», 24.10.1948, «Redemp-

toris nostri», 15.04.1949, u.a.; Farhat (Hg.), Gerusalemme nei documenti pontifici (s. Anm. 1), S. 68–83.

15 Vgl. Rede des Abgeordneten Pedrazzi im italienischen Parlament, 26.03.1925; Il Messaggero, 27.03.1925, sowie CZA, Z 4 1047; mit differenzierendem Urteil auch Lattes an das zionistische Büro in London, Roma, 09.03.1926; ebd., Z 4 1079.

16 Z.B. OR, 29.10.1925, sowie Dante Lattes über diese Berichterstattung, Rom, 15.11.1925; CZA Z 4 1047; weitere Briefe Lattes' über die italienische und kirchliche Presse zum Thema Zionismus ebd.

17 Waldmann-Memorandum vom 26.05.1938 (s. Kap. 7, Anm, 164).

18 Amleto Giovanni Cicognani an Myron C. Taylor, Washington D.C., 22.06.1943, in: Ennio DiNolfo (Hg.), Dear Pope. Vaticano e Stati Uniti. La corrispondenza segreta di Roosevelt e Truman con Papa Pacelli dalle carte di Myron Taylor, nuova ed., Roma 2003, Dok. Nr. 115, auf beiliegender CD-Rom.

19 Pius XII., Enzyklika «Laetemur admodum», 01.11.1956; Farhat (Hg.), Gerusalemme nei documenti pontifici (s. Anm. 1), S. 83–85; eine Note über die Haltung des Vatikans zur Jerusalemfrage und dessen unverändertes Insistieren auf der Forderung nach dem «Corpus Separatum» vom September 1955 in: ISA, Foreign Affairs Minister's Office 2396/15.

20 Memorandum «Vatican – Middle East», 13.02.1958, S. 3; ISA, MfA, Political Dpt. 3102/19; Ministerialdirektor im Auswärtigen Amt Maurice Fischer an israelische Botschafter und Gesandte über den Stand der Beziehungen zwischen dem Vatikan und Israel, Jerusalem, 15.11.1957; ISA, Ministry of Foreign Affairs (MfA), Political Dpt. 3102/19.

21 Vgl. CNN Jerusalem (Walter Rodgers), 10.11.1997, über die Unterzeichnung des Vertrages zwischen dem Heiligen Stuhl und Israel, den Status der katholischen Kircheninstitutionen in Israel betreffend: «Sprecher des Vatikan sagten, diese Vereinbarung ändere jedoch nicht die Forderung nach einem speziellen internationalen Statut zum Schutz der religiösen und kulturellen Vielfalt Jerusalems.»

22 Paul Colbi an Robert G. Coles, 23.12.1963; ISA, Ministry of Religions, Dpt. for Foreign Religions (Section 89), 5821/Gimel.

23 Kollek an Henry Pakenham, Britische Botschaft Tel Aviv, 13.01.1964; desgl. an Lewis Jones, London, 12.01.1964; ISA, Prime Minister's Office, 6385/3664.

24 Kollek an Samuel Borger, US-Botschafter in Südkorea, 23.01.1964, Herbert A. Friedman, New York, 20.01.1964, und Arthur Goldberg, 27.01.1964; ISA, Prime Minister's Office, 6385/3664.

25 Kollek an Goldberg, 27.01.1964 (s. vorangehende Anm.).

26 L'Information d'Israel (Tel Aviv), 15.01.1964, zit. nach FR 15 (1963/64), S. XII.

27 Erklärung Levi Eschkols zum Besuch des Papstes, 04.01.1964; ISA, Prime Minister's Office, 6385/3661; vgl. auch La Civiltà Cattolica 115 (1964), S. 183.

28 Salman Shazar zu Papst Paul VI., Megiddo, 05.01.1964; ISA, Prime Minister's Office, 6385/3661; hebr. und frz. in Maccarrone (Hg.), Il Pellegrinaggio di Paolo VI in Terra Santa (s. Anm. 1), S. 69–73; dt. in FR 15 (1963/64), S. III/IV.

29 Ebd.

30 Ebd.

31 AP-Meldung, Jerusalem, 19.12.1963, hier zit. nach Deutsche Zeitung, 20.12.1963; vgl. auch FR 15 (1963/64), S. XVIII.

32 Papst Paul VI. zu Salman Shazar, Megiddo, 05.01.1964; ISA, Prime Minister's Office, 6385/3661; frz. in Maccarrone, Il Pellegrinaggio (s. Anm. 1), S. 72/73; it. in Farhat, Gerusalemme nei documenti pontifici (s. Anm. 1), S. 97; dt. in FR 15 (1963/64), S. IV/V.

33 Vgl. oben S. 37/38; Brechenmacher, Das Ende der doppelten Schutzherrschaft (s. Kap. 1, Anm. 1), S. 158/159, Anm. 148.

34 Salman Shazar zu Papst Paul VI., Jerusalem, 05.01.1964; ISA, Prime Minister's Office, 6385/3661; hebr. und frz. in Maccarrone, Il Pellegrinaggio (s. Anm. 1), S. 83/84; dt. in FR 15 (1963/64), S. XI.

35 Papst Paul VI. zu Salman Shazar, Jerusalem, 05.01.1964; ISA, Prime Minister's Office, 6385/3661; frz. in Maccarrone, Il Pellegrinaggio (s. Anm. 1), S. 85/86; it. in Farhat, Gerusalemme nei documenti pontifici (s. Anm. 1), S. 101/102; dt. in FR 15 (1963/64), S. XII.

36 Colbi und Meir Mendes in ihrem zusammenfassenden Bericht an den Religionsminister, 09.01.1964; ISA, Ministry of Religions, Dpt. for Foreign Religions (Section 89), 5822/Gimel.

37 Verkehrsminister Bar-Jehuda an Außenministerin Meir, 09.01.1964; ISA, Prime Minister's Office, 6385/3661.

38 Meir Mendes an Teddy Kollek, 08.01.1964; ISA, ebd.

39 Kardinal Tisserant an Papst Paul VI., Januar 1964, in: Paul VI et la vie internationale. Journées d'Études, Aix-en-Provence, 18 et 19 mai 1990, Brescia 1992 (= Pubblicazioni dell'Istituto Paolo VI, Bd. 12), S. 201/202.

40 Sala Stampa della Santa Sede, Bollettino 38/91, 25.01.1991 (vgl. auch Anm. 6).

41 Kollek an Rabbi Philip Bernstein (Rochester), 20.01.1964; ISA, Prime Minister's Office, 6385/3664.

42 Herbert Freeden, in: Information of the Association of Jewish Refugees in Great Britain, London, Februar 1964, S. 8, zit. nach: FR 15 (1963/64), S. XVIII.

43 Papst Paul VI. zu Salman Shazar, Megiddo, 05.01.1964 (s. Anm. 32).

44 Clemens Thoma, Art. «Holocaust», in: Jakob J. Petuchowski/Clemens Thoma, Lexikon der jüdisch-christlichen Begegnung. Hintergründe, Klärungen, Perspektiven. Neu bearb. von Clemens Thoma, Freiburg i. Br./Basel/Wien 1997, S. 82.

45 Arjeh Leon an Abba Eban, 18.12.1963; ISA, Prime Minister's Office, 6385/3664.

46 Pinchas Lapide an Kollek, 21.12.1963; ISA, ebd., 6385/3661.

47 Lapide an Astorre Mayer (Mailand), 22.12.1963; ISA, ebd., 6385/3663.

48 Zit. nach FR 15 (1963/64), S. XI; mit ähnlichem Wortlaut Lapide, in: Die Tat, Zürich, 06.01.1964.

49 Papst Paul VI. zu Salman Shazar, Jerusalem, 05.01.1964 (s. Anm. 35).

50 Kollek an Jon Kimche (London), 10.01.1964; ISA, Prime Minister's Office, 6385/3661; Colbi an Robert G. Coles, 12.01.1964 (wie Anm. 22).

51 Arthur Gilbert: The Vatican Council and the Jews, Cleveland/New York 1968, S. 116–118; Jean-Marie Delmaire: Une ouverture prudente. Paul VI, le Ju-

daisme et Israel, in: Paul VI et la modernité dans l'église, Rome 1984 (= Collection de l'École française de Rome, Bd. 72), S. 821–835, hier S. 823/824.

52 Der Bericht Colbis und Mendes' an den Religionsminister (s. Anm. 36) hebt den Besuch im Trauerkeller als «sehr wichtig» hervor, während die Pius XII.-Rede ohne Wertung lediglich erwähnt wird; vgl. weiterhin Colbi an Coles, 12.01.1964 (s. Anm. 22); Fehleinschätzung des deutschen Botschafters van Scherpenberg in dessen Bericht an AA Bonn, 18.01.1964; Pol. Arch. AA, 602/ IV 3/725, S. 7.

53 Botschafter van Scherpenberg an AA Bonn, 17.01.1964 (wie Anm. 52), S. 1.

54 Salman Shazar zu Papst Paul VI., Megiddo, 05.01.1964 (s. Anm. 28).

55 OR, 09.01.1964.

11. Juden als «ältere Brüder». Das Zweite Vatikanische Konzil

1 Vgl. oben S. 163

2 Alle Quellenbelege und Literaturhinweise in den beiden maßgeblichen Studien von Hardy Ostry: Die Judenfrage auf dem Konzil – Der Kampf um Nostra Aetate, in: Brechenmacher/Ostry, Paul VI. – Rom und Jerusalem (s. Kap. 10, Anm. 4), S. 115–241 und 262–272, sowie ders.: «Gottesmörder» – Auserwähltes Volk. Das American Jewish Committee und die Judenerklärung des II. Vatikanischen Konzils, Trier 2003. Vgl. darüber hinaus v. a. Johannes Oesterreicher: Kommentierende Einleitung zur Erklärung über das Verhältnis der Kirche zu den nichtchristlichen Religionen, in: Heinrich Suso Brechter u.a. (Hg.), Das Zweite Vatikanische Konzil. Konstitutionen, Dekrete und Erklärungen. Kommentare, Teil II, Freiburg i.Brsg./Basel/Wien 1967 (= Lexikon für Theologie und Kirche, 2. Aufl.), S. 405–478.

3 OR, 19.10.1960.

4 Zit. nach Joseph A. Komonchak: Der Kampf für das Konzil. Während der Vorbereitung, in: Giuseppe Alberigo/Klaus Wittstadt (Hg.), Geschichte des Zweiten Vatikanischen Konzils (1959–1965), Bd. 1, Mainz/Leuven 1997, S. 189–401, hier S. 307.

5 Ludwig von Hertling [Augustin Bea]: Die Schuld des jüdischen Volkes am Tod Christi, in: Stimmen der Zeit 88 (1962), S. 16–25, hier S. 22.

6 Oesterreicher, Kommentierende Einleitung (s. Anm. 2), S. 427/428.

7 Ebd., S. 428

8 Die beiden Entwürfe im Wortlaut abgedruckt bei Ostry, Die Judenfrage auf dem Konzil (s. Anm. 2), S. 148/149 und 155/156.

9 Kölner Stadtanzeiger, 04.12.1963.

10 Bericht des AJC-Mitarbeiters Zachariah Shuster über das Ende der zweiten Sessionsperiode, zit. bei Ostry, Die Judenfrage auf dem Konzil (s. Anm. 2), S. 172.

11 FR 16/17 (1965), S. 14.

12 Van Scherpenberg an AA Bonn, Rom, 05.10.1964; Pol. Arch. AA, 206/I A 4/ 287.

13 Erklärung der Fuldaer Bischofskonferenz, 28.09.1964; FR 16/17 (1965), S. 13; vgl. auch van Scherpenberg an AA, 05.10.1964 (s. Anm. 12).

14 Erklärung über das Verhältnis der Kirche zu den nichtchristlichen Religionen, Abs. 4, vom 18.11.1964, abgedruckt bei Ostry, Die Judenfrage auf dem Konzil (s. Anm. 2), S. 207/208.

15 Botschaft Kairo an AA Bonn, 10.12.1964; Pol. Arch. AA 206/I A 4 /287.
16 Luigi Maria Carli: La questione giudaica davanti al Concilio Vaticano II, in: Palestra del Clero 44 (1965), S. 185–203.
17 Vgl. Oesterreicher, Kommentierende Einleitung (s. Anm. 2), S. 466.
18 Die Zahlen zusammengestellt bei Brechenmacher/Ostry, Paul IV. – Rom und Jerusalem (s. Kap. 10, Anm. 4), S. 282.
19 Stjepan Schmidt: Augustin Bea. Der Kardinal der Einheit, Graz/Wien/Köln 1989, S. 641.
20 Rahner/Vorgrimler (Hg.), Kleines Konzilskompendium (s. Kap. 6, Anm. 19), S. 357–359.

Rückblick und Ausblick

1 Botschaft Johannes Pauls II. anläßlich des 100. Jahrestages der Errichtung der römischen Synagoge, 22.05.2004; http://www.vatican.va/holy_father/john_paul-ii/speeches/2004/may/documents/hf_jp-ii_spe_20040523_rabbino-segni_ge.htm; Stand 22.01.2005.
2 Pius XI., 06.09.1938, in: DC 39 (1938), Sp. 1460.
3 Vgl. z.B. Päpstliche Kommission für die religiösen Beziehungen zu dem Judentum (Hg.): Richtlinien und Hinweise für die Konzilserklärung «Nostra Aetate», Art. 4. Von den deutschen Bischöfen approbierte Übersetzung, Trier 1976.
4 Vgl. dazu, mit Blick auf neuere Ansätze der Judaistik, Matthias Morgenstern: Mutter? Schwester? Tochter? […] Läßt sich das heutige Judentum ohne das Christentum denken? Eine provozierende Frage, in: FAZ, 22.09.2004, S. 8.
5 Johannes Paul II. an Oberrabbiner Di Segni, 22.05.2004 (s. Anm. 1).

Bildnachweis

Basel, Öffentliche Kunstsammlung, Kupferstichkabinett: S. 108
Berlin, AKG-images: S. 38
München, SV-Bilderdienst/Scherl: S. 170
Rom, Comunità Ebraica: S. 67, 119
Vatikanstadt, Libreria Editrice Vaticana: S. 213

Quellen

1. Ungedruckte Quellen

Berlin:
Politisches Archiv des Auswärtigen Amts (Pol. Arch. AA)

Città del Vaticano:
Archivio Segreto Vaticano (ASV)
  Archivio della Nunziatura in Monaco di Baviera
  Archivio della Nunziatura in Varsavia
  Conc. Vat. I
  Segreteria di Stato, Epoca moderna (Parte moderna)

Archivio della Congregazione per la dottrina della fede (ACDF)
  S.O. 125/28 [Rerum Variarum 1928, n.2] [«Amici Israel»]
  S.O. 3373/34 [R.V. 1934, n. 29]: Germaniae — De Razzismo, Naturalismo, To-
  talitarismo, Comunismo Damnandis vel non, per solemnem actum pontificium
  [Busta speciale]
  S.O. 187/1937 [R.V. 1938, Nr. 1]: Parigi — Comunismo. Circa il Movimento
  della stampa cattolica francese di tendenza democratica per la collaborazione
  con i comunisti («Mano tesa»)

Archivio della Congregazione per gli affari ecclesiastici straordinari (AA.EE.SS.)
  Africa Asia Oceania
  America
  Baviera
  Germania
  Inghilterra
  Stati Ecclesiastici

Jerusalem:
Israelisches Staatsarchiv (ISA)
  Foreign Affairs Minister's Office
  Ministry of Foreign Affairs
  Ministry of Religions
  Prime Minister's Office

Zionistisches Zentralarchiv (CZA)
  Political Department, Z 4, Z 25

Köln:
Historisches Archiv des Erzbistums Köln (AEK)

Rom:
Archivio di Stato di Roma (ASR)
    Camerale II, Ebrei

München:
Archiv des Erzbistums München-Freising (AEM)
    Nachlaß Faulhaber

Institut für Zeitgeschichte (IfZ)
    Nachlaß Thieme

2. Gedruckte Quellen:

Albrecht, Dieter (Hg.): Der Notenwechsel zwischen dem Heiligen Stuhl und der deutschen Reichsregierung, Bd. 1: Von der Ratifizierung des Reichskonkordats bis zur Enzyklika «Mit brennender Sorge», Mainz 1965; Bd. 2: 1937–1945, Mainz 1969; Bd. 3: Der Notenwechsel und die Demarchen des Nuntius Orsenigo 1933–1945, Mainz 1980 (= VKZG, A 1, 10, 29).

Barberi, Andrea/Spezia, Alessandro (Hg.): Bullarii Romani Continuatio, 19 Bde, Roma 1835–1857 (= Bull. Rom. Cont.).

Bea, Augustin [erschienen unter dem Namen «Ludwig von Hertling»]: Die Schuld des jüdischen Volkes am Tod Christi, in: Stimmen der Zeit 88 (1962), S. 16–25.

Bellocchi, Ugo (Hg.): Tutte le Encicliche e i principali documenti pontifici emanati dal 1740, Bd. 1: Benedetto XIV (1740–1758); Bd. 2: Clemente XIII (1758–1769) – Pio VII (1800–1823); Bd. 3: Leone XII (1823–1829) – Gregorio XVI (1831–1846); Bd. 4: Pio IX (1846–1878), Città del Vaticano 1993–1995.

Cavalleri, Ottavio: L'archivio di Mons. Achille Ratti visitatore apostolico e nunzio a Varsavia (1918–1921). Inventario, a cura di Germano Gualdo, Città del Vaticano 1990 (= Collectanea Archivi Vaticani, Bd. 23).

Ciano, Galeazzo: Diario 1937–1938, Bologna 1948.

Dei rimedii al Socialismo, in: La Civiltà Cattolica 41 (1890) II, S. 129–142.

Démann, Paul: Das Judentum – Glaube und Schicksal, Aschaffenburg 1962 (= Der Christ in der Welt. Eine Enzyklopädie, Reihe XVI, Bd. 7); Original frz., Paris 1961.

DiNolfo, Ennio (Hg.): Dear Pope, Vaticano e Stati Uniti. La corrispondenza segreta di Roosevelt e Truman con Papa Pacelli dalle carte di Myron Taylor, nuova ed., Roma 2003 (Edition der Quellen auf CD-Rom).

Discorsi e radiomessaggi di Sua Santità Pio XII, Bd. IV: 02.03.1942–01.03.1943, Città del Vaticano 1960.

Farhat, Edmont (Hg.): Gerusalemme nei documenti pontifici, Città del Vaticano 1987.

Gallagher, Charles R.: «Personal, Private Views». A newly discovered report from 1938 reveals Cardinal Pacelli's anti-Nazi stance, in: America, Bd. 189, Nr. 5, 01.09.2003, S. 8–10.

Geis, Robert Raphael/Kraus, Hans-Joachim (Hg.): Versuche des Verstehens. Dokumente jüdisch-christlicher Begegnung aus den Jahren 1918–1933, München 1966.

Grayzel, Solomon: The Church and the Jews in the XIIIth century. A study of their relations during the years 1198–1254, based on the papal letters and the conciliar decrees of the period, revised ed., New York 1966.

Ders.: The Church and the Jews in the XIIIth century, Bd. II: 1254–1314. Edited and arranged [...] by Kenneth R. Stow, New York/Detroit 1989.

Gregorovius, Ferdinand: Der Ghetto und die Juden in Rom (1853), in: ders., Wanderjahre in Italien. Einführung von Hanno-Walter Kruft, München 1967 u. ö., S. 205–248.

Herzl, Theodor: Tagebücher, 3 Bde., Berlin 1922–1923.

Hoch, Marie-Thérèse/Dupuy, Bernard (Hg.): Les Églises devant le Judaisme. Documents officiels 1948–1978, Paris 1980.

Hudal, Alois: Die Grundlagen des Nationalsozialismus. Eine ideengeschichtliche Untersuchung von katholischer Warte, Leipzig/Wien ⁵1937.

Ders.: Römische Tagebücher. Lebensbeichte eines alten Bischofs, Graz/Stuttgart, 1976.

Jabalot, Ferdinando: Degli ebrei nel loro rapporto con le nazioni cristiane. Estratto dal tomo terzo del Giornale ecclesiastico di Roma, Roma 1825.

Lémann, Joseph und Augustin: La question du Messie et le Concile du Vatican. Aux Israélites et aux Chrétiens, Paris/Lyon 1869.

Martini, Angelo/Schneider, Burkhart/Blet, Pierre/Graham, Robert A. (Hg.): Actes et Documents du Saint Siège relatifs à la seconde Guerre mondiale, 11 Bde., Città del Vaticano 1965–1981 (ADSS).

Morichini, Carlo Luigi: Degl'Istituti di pubblica carità e d'istruzione primaria in Roma. Saggio storico e statistico, 2 Bde., Roma 1835, ²1842, ³1870.

Müller, Hans: Katholische Kirche und Nationalsozialismus. Dokumente 1930–1935, München 1963.

[Pacca, Bartolomeo]: Historische Denkwürdigkeiten Sr. Eminenz des Cardinals Bartolomäus Pacca, über seinen Aufenthalt in Deutschland in den Jahren 1786 bis 1794, in der Eigenschaft eines apostolischen Nuntius in den Rheinlanden [...], Augsburg 1832.

Rauscher, Anton (Hg.): Wider den Rassismus. Entwurf einer nicht erschienenen Enzyklika (1938). Texte aus dem Nachlaß von Gustav Gundlach SJ, Paderborn/München/Wien/Zürich 2001.

Riegner, Gerhart M.: Niemals verzweifeln. Sechzig Jahre für das jüdische Volk und die Menschenrechte, Gerlingen 2001.

[Rosa, Enrico]: Il Pericolo Giudaico e gli «Amici d'Israele», in: La Civiltà Cattolica 79 (1928), S. 335–344.

Sala, Giuseppe Antonio: Piano di Riforma umiliato a Pio VII, hg. von Giuseppe Cugnoni, Roma/Tolentino 1888/1907, ND ebd. 1980 (= G. A. Sala, Scritti Vari, con indice analitico di Renata Tacus Lancia, Bd. I).

Schneider, Burkhart (Hg.): Die Briefe Pius' XII. an die deutschen Bischöfe 1939–1944, Mainz 1966 (= VKZG, A 4).

Stow, Kenneth (Hg.): The Jews in Rome, 1536–1557, 2 Bde., Leiden/New York/Köln 1995–1997 (= A Documentary History of the Jews in Italy, Bd. 11/12).

Simonsohn, Shlomo: The Apostolic See and the Jews, Bd. 1–6: Documents 492–1555; Bd. 7: History; Bd. 8: Addenda, Corrigenda, Bibliography and Indexes, Toronto 1988–1991 (= Pontifical Institute of Medieval Studies. Studies and Texts, Bd. 94/95, 99, 104–106, 109/110).

Sokolow, Nahum: Geschichte des Zionismus. Der Zionismus während des Krieges, Wien/New York o. J. [1919].

Stasiewski, Bernhard/Volk, Ludwig (Hg.): Akten deutscher Bischöfe über die Lage der Kirche 1933–1945, 6 Bde., Mainz 1968–1986 (= VKZG, A 5, 20, 25, 30, 34, 38).

Stern, Moritz (Hg.): Die päpstlichen Bullen über die Blutbeschuldigung, München 1900.

Volk, Ludwig (Hg.): Akten Kardinal Michael von Faulhabers 1917–1945, Bd. 1: 1917–1934, Mainz 1975; Bd. 2: 1935–1945, Mainz 1978 (= VKZG, A 17, 26).

Wetzer, Heinrich Joseph/Welte, Benedikt (Hg.): Kirchen-Lexikon oder Encyklopädie der katholischen Theologie und ihrer Hilfswissenschaften, Bd. 10, Freiburg/Brsg. 1853.

Wilk, Stanislaus (Hg.): Acta Nuntiaturae Polonae, Bd. 57: Achilles Ratti (1918–1921), bisher 5 Bde., Roma 1995–1999.

Zolli, Eugenio: Prima dell'alba, Torino 2004.

Literaturhinweise

Die umfangreiche wissenschaftliche Literatur zu einer derart intensiv erforschten wie kontrovers diskutierten Thematik kann hier nicht annähernd vollständig verzeichnet werden. Ich beschränke mich darauf, die unverzichtbaren sowie die jüngst – etwa in den vergangenen zehn Jahren und besonders seit der Teilöffnung der Vatikanischen Archive für das Pontifikat Pius' XI. im Februar 2003 – erschienenen Werke zu nennen. Weiterführende Hinweise finden sich für die ältere Zeit im Literaturverzeichnis meines Buches «Das Ende der doppelten Schutzherrschaft» und in den dort angeführten Bibliographien, für die Zeit nach 1870 in den Arbeiten von Giovanni Miccoli, «Santa Sede, questione ebraica e antisemitismo fra Otto e Novecento» und «I dilemmi e i silenzi di Pio XII».

1. Die Christen vor den Juden schützen – die Juden vor den Christen schützen

Damberg, Wilhelm: Christen und Juden in der Kirchengeschichte: Methoden, Perspektiven, Probleme, in: Peter Hünermann/Thomas Söding (Hg.): Methodische Erneuerung der Theologie. Konsequenzen der wiederentdeckten jüdisch-christlichen Gemeinsamkeiten, Freiburg i. Brsg./Basel/Wien 2003, S. 93–115.

Rengstorf, Karl-Heinrich/Kortzfleisch, Siegfried von (Hg.): Kirche und Synagoge. Handbuch zur Geschichte von Christen und Juden. Darstellung mit Quellen, 2 Bde., Stuttgart 1968/1970.

Vivanti, Corrado (Hg.): Gli Ebrei in Italia, Bd. 1: Dall'alto medioevo all'età dei ghetti, Bd. 2: Dall'emancipazione a oggi, Torino 1996/97 (= Storia d'Italia, Annali, Bd. 11, 1/2).

2. Jüdisches Leben unter päpstlicher Herrschaft (16. bis 18. Jahrhundert)

Berliner, Abraham: Geschichte der Juden in Rom von der ältesten Zeit bis zur Gegenwart (2050 Jahre), 2 Bde., Frankfurt a. M. 1893, ND Hildesheim/Zürich/New York 1987.

Brechenmacher, Thomas: Das Ende der doppelten Schutzherrschaft. Der Heilige Stuhl und die Juden am Übergang zur Moderne (1775–1870), Stuttgart 2004 (= Päpste und Papsttum, Bd. 32).

Caffiero, Marina: Religione e modernità in Italia (secoli XVII–XIX), Pisa/Roma 2000.

Le inquisizioni cristiane e gli ebrei. Tavola rotonda …, Roma 20-21 dicembre 2001, Roma 2003 (= Atti dei Convegni Lincei, Bd. 191).

Milano, Attilio: Il Ghetto di Roma. Illustrazioni storiche, Roma 1964.

Natali, Ettore: Il Ghetto di Roma, Roma 1887, ND 1980.

Poliakov, Léon: Geschichte des Antisemitismus, Bd. 3: Religiöse und soziale Toleranz unter dem Islam. Mit einem Anhang: Die Juden im Kirchenstaat, Worms 1979.

Rieger, Paul: Geschichte der Juden in Rom 1420–1870, Berlin 1895 (= Hermann Vogelstein/Paul Rieger, Geschichte der Juden in Rom, Bd. 2).

Rodocanachi, Emmanuel: Le Saint-Siège et les Juifs. Le Ghetto à Rome, Paris 1891.

Stow, Kenneth R.: Catholic Thought and Papal Jewry Policy, 1555–1593, New York 1977.

Ders.: Theater of acculturation. The Roman Ghetto in the sixteenth century, Seattle/London 2001.

Wendehorst, Stephan (Hg.): The Roman Inquisition, the Index and the Jews. New Perspectives for Research, Leiden 2004.

3. Politische Konzepte für den Umgang mit Juden (18. und 19. Jahrhundert)

Caffiero, Marina: Tra repressione e conversioni. La «restaurazione» degli ebrei, in: Anna Lia Bonella/Augusto Pompeo/Manola Ida Venzo (Hg.), Roma fra la restaurazione e l'elezione di Pio IX. Amministrazione, economia, società e cultura, Roma 1997, S. 373–395.

Dies.: «Le insidie de' perfidi Giudei.» Antiebraismo e riconquista cattolica alla fine del settecento, in: Rivista Storica Italiana 105 (1993), S. 555–581.

Martina, Giacomo: Pio IX e Leopoldo II, Roma 1967.

Pignatelli, Giuseppe: Aspetti della propaganda cattolica a Roma da Pio VI a Leone XII, Roma 1974.

Rosa, Mario: Tra tolleranza e repressione. Roma e gli ebrei nel '700, in: Italia Judaica. Gli Ebrei in Italia dalla segregazione alla prima emancipazione. Atti del III Convegno internazionale, Tel Aviv 15–20 giugno 1986, Roma 1989 (= Pubblicazioni degli archivi di stato, Saggi, Bd. 11), S. 81–98.

4. Verweigerte Emanzipation. Die reale Politik gegenüber den Juden (19. Jahrhundert)

Berliner, Abraham: Aus den letzten Tagen des römischen Ghetto. Ein historischer Rückblick, Berlin 1886.

Brechenmacher, Thomas: Die Juden im Kirchenstaat zwischen Restauration und Revolution. Mietrecht, Immobilieneigentum und Judenedikt unter Leo XII., Gregor XVI. und Pius IX., in: HJb 122 (2002), S. 195–234.

Frankel, Jonathan: The Damascus Affair. «Ritual Murder», Politics and the Jews in 1840, Cambridge 1997.

Kertzer, David I.: Die Päpste gegen die Juden. Der Vatikan und die Entstehung des modernen Antisemitismus, Berlin/München 2001.

Mattioli, Aram: Das letzte Ghetto Alteuropas. Die Segregationspolitik der Papstkönige in der «heiligen Stadt» bis 1870, in: Blaschke/Mattioli (Hg.), Katholischer Antisemitismus im 19. Jahrhundert (s. unten, Kap. 6), S. 111–143.

Toaff, Elio/Di Porto, Bruno/Permoli, Piergiovanni/Colombo, Yoseph/Giuntella, Vittorio E./Tagliacozzo, Enzo/Piperno Beer, Giuliana/Fornari, Salvatore: 1870. La breccia nel Ghetto. Evoluzione degli Ebrei di Roma, Roma 1971.

5. Konversionen, Zwangstaufen und ein entführtes Kind

Browe, Peter: Die Judenmission im Mittelalter und die Päpste, Roma 1942, ND ebd. 1973.

Hoffmann, Karl: Ursprung und Anfangstätigkeit des ersten päpstlichen Missions-instituts. Ein Beitrag zur Geschichte der katholischen Juden- und Mohamme-danermission im sechzehnten Jahrhundert, Münster 1923.

Kertzer, David I.: Die Entführung des Edgardo Mortara. Ein Kind in der Gewalt des Vatikans, München 1998.

Miletto, Gianfranco: Der Mortarafall vor dem Beginn der Einheit Italiens. Neue Urkunden aus dem Vatikanischen Archiv, in: Zeitschrift für Religions- und Gei-stesgeschichte 45 (1993), S. 1–17.

Rocciolo, Domenico: L'archivio della Pia casa dei catecumeni e neofiti di Roma. In-ventario, in: Ricerche per la storia religiosa di Roma. Studi, documenti, inventari 10 (1998), S. 545–582.

Rudt de Collenberg, Wipertus H.: Le baptême des Juifs à Rome de 1614 à 1798 se-lon les registres de la Casa dei catecumeni, in: Archivum historiae pontificiae 24 (1986), S. 91–231, 25 (1987), S. 105–261, 26 (1988), S. 119–294.

Scalise, Daniele: Il caso Mortara. La vera storia del bambino ebreo rapito dal papa, Milano 1997.

Zucchi, Alberto: I predicatori domenicani degli Ebrei in Roma, in: Memorie Do-menicane 51 (1934), S. 263/264.

Ders.: Il predicatore degli Ebrei in Roma, in: Roma domenicana. Note storiche I, Firenze 1938, S. 77–127.

6. Antijudaismus oder Antisemitismus?
Unterschiede und Übergänge nach 1870

Blaschke, Olaf/Mattioli, Aram (Hg.): Katholischer Antisemitismus im 19. Jahrhun-dert. Ursachen und Traditionen im internationalen Vergleich, Zürich 2000.

Canepa, Andrew M.: Pius X and the Jews. A reappraisal, in: Church History 61 (1992), S. 362–372.

Di Fant, Annalisa: L'Affaire Dreyfus nella stampa cattolica italiana, Trieste 2002.

Friedrich, Martin: Vom christlichen Antijudaismus zum modernen Antisemitis-mus. Die Auseinandersetzung um Assimilation, Emanzipation und Mission der Juden um die Wende zum 19. Jahrhundert, in: Zeitschrift für Kirchengeschichte 102 (1991), S. 319–347.

Miccoli, Giovanni: Un' intervista di Leone XIII sull'antisemitismo, in: Alberto Mel-loni/Daniele Menozzi/Giuseppe Ruggieri/Massimo Toschi (Hg.): Cristianesimo nella storia. Saggi in onore di Giuseppe Alberigo, Bologna 1996, S. 577–605.

Ders.: Santa Sede, questione ebraica e antisemitismo fra Otto e Novecento, in: Vi-vanti (Hg.), Gli Ebrei in Italia II (s. Kap. 1), S. 1369–1574.

Taradel, Ruggero/Raggi, Barbara: La segregazione amichevole. «La Civiltà Catto-lica» e la questione ebraica 1850–1945, Roma 2000.

7. «Geistlich sind wir Semiten». Die Herausforderung durch den Rassenantisemitismus der Zwischenkriegszeit

Besier, Gerhard: Die Kirchen und das Dritte Reich. Spaltungen und Abwehrkämpfe 1934–1937, Berlin/München 2001.

Ders./Piombo, Francesca: Der Heilige Stuhl und Hitler-Deutschland. Die Faszination des Totalitären, München 2004.

Brechenmacher, Thomas: Teufelspakt, Selbsterhaltung, universale Mission? Leitlinien und Spielräume der Diplomatie des Heiligen Stuhls gegenüber dem nationalsozialistischen Deutschland (1933–1939) im Lichte neu zugänglicher vatikanischer Akten, in: Historische Zeitschrift 280 (2005), [im Druck].

Burkard, Dominik: Häresie und Mythus des 20. Jahrhunderts. Rosenbergs nationalsozialistische Weltanschauung vor dem Tribunal der Römischen Inquisition, Paderborn/München/Wien/Zürich 2004.

Chenaux, Philippe: Pie XII. Diplomate et pasteur, Paris 2003.

Ders.: Pacelli, Hudal et la Question du Nazisme (1933–1938), in: Rivista di Storia della Chiesa in Italia 57 (2003), S. 133–154.

Conzemius, Victor: Eglises chrétiennes et totalitarisme national-socialiste. Un bilan historiographique, Louvain 1969.

De Felice, Renzo: Storia degli ebrei italiani sotto il fascismo. Nuova edizione ampliata, Torino 1988, ND 1993.

Denzler, Georg: Widerstand ist nicht das richtige Wort. Katholische Priester, Bischöfe, Theologen im Dritten Reich, Zürich 2003.

Fattorini, Emma: Germania e Santa Sede. Le nunziature di Pacelli fra la Grande guerra e la Repubblica di Weimar, Bologna 1992.

Feldkamp, Michael F.: Pius XII. und Deutschland, Göttingen 2000.

Godman, Peter: Der Vatikan und Hitler. Die geheimen Archive, München 2004.

La persecuzione degli Ebrei durante il fascismo. Le leggi del 1938, Roma (Camera dei Deputati) 1998.

Lapide, Pinchas E.: Rom und die Juden, Freiburg i. Brsg./Basel/Wien 1967.

Nota, Johannes: Edith Stein und der Entwurf für eine Enzyklika gegen Rassismus und Antisemitismus, in: Freiburger Rundbrief 1975, S. 35–41.

Passelecq, Georges/Suchecky, Bernard: Die unterschlagene Enzyklika. Der Vatikan und die Judenverfolgung, München/Wien 1997.

Repgen, Konrad: Judenpogrom, Rassenideologie und katholische Kirche, Köln 1988 (= Kirche und Gesellschaft, Nr. 152/153).

Ders.: Hitlers «Machtergreifung», die christlichen Kirchen, die Judenfrage und Edith Steins Eingabe an Pius XI. vom [9.] April 1933, in: Edith Stein Jahrbuch 2004, S. 31–68.

Rhodes, Anthony: Der Papst und die Diktatoren. Der Vatikan zwischen Revolution und Faschismus, Wien/Köln/Graz 1980.

Sale, Giovanni: Hitler, la Santa Sede e gli Ebrei. Con documenti dell'Archivio Segreto Vaticano, Milano 2004.

Sarfatti, Michele: Mussolini contro gli ebrei. Cronaca dell'elaborazione delle leggi del 1938, Torino 1994.

Stehlin, Stewart A.: Weimar and the Vatican 1919–1933. German-Vatican Diplomatic Relations in the Interwar Years, Princeton NJ 1983.

Wolf, Hubert: «Pro perfidis Judaeis». Die «Amici Israel» und ihr Antrag auf eine

Reform der Karfreitagsfürbitte für die Juden (1928) – Oder: Bemerkungen zum Thema katholische Kirche und Antisemitismus, in: HZ 279 (2004), S. 611–658.

8. Geschwiegen oder gehandelt?
Pius XII., der Zweite Weltkrieg und der Holocaust

Becker, Josef: Der Vatikan und der Zweite Weltkrieg, in: Ernst Heinen/Hans Julius Schoeps (Hg.), Geschichte in der Gegenwart. FS Kurt Kluxen zu seinem 60. Geburtstag, Paderborn 1972, S. 301–317; ND in: Dieter Albrecht (Hg.), Katholische Kirche im Dritten Reich, Mainz 1976.

Blet, Pierre: Papst Pius XII. und der Zweite Weltkrieg. Aus den Akten des Vatikans, 2. durchges. Aufl., Paderborn/München/Wien 2001; zuerst frz. 1997.

Brandmüller, Walter: Holocaust in der Slowakei und Katholische Kirche, Neustadt/Aisch 2003.

Brechenmacher, Thomas: Pius XII. und der Zweite Weltkrieg. Plädoyer für eine erweiterte Perspektive, in: Karl-Joseph Hummel (Hg.), Zeitgeschichtliche Katholizismusforschung. Tatsachen, Deutungen, Fragen. Eine Zwischenbilanz, Paderborn/München/Wien/Zürich 2004 (= VKZG, B 100), S. 83–99.

Ders.: Der Dichter als Fallensteller. Hochhuths «Stellvertreter» und die Ohnmacht des Faktischen. Versuch über die Mechanismen einer Geschichtsdebatte, in: ders./Michael Wolffsohn (Hg.), Geschichte als Falle. Deutschland und die jüdische Welt, Neuried bei München 2001, S. 217–258.

Chadwick, Owen: Weizsäcker, the Vatican, and the Jews of Rome, in: Journal of Ecclesiastical History 28 (1977), S. 179–199.

Charguéraud, Marc André: Les papes, Hitler et la Shoah 1932–1945, Genève 2002.

Goldhagen, Daniel Jonah: Die katholische Kirche und der Holocaust. Eine Untersuchung über Schuld und Sühne, Berlin 2002.

Marchione, Margherita: Pio XII e gli Ebrei, o.O. 1999.

Miccoli, Giovanni: I dilemmi e i silenzi di Pio XII, Milano 2000.

Morley, John F.: Vatican Diplomacy and the Jews during the Holocaust, 1939–1943, New York 1980.

Napolitano, Luigi Matteo: Pio XII tra guerra e pace. Profezia e diplomazia di un papa (1939–1945), Roma 2003.

Phayer, Michael: Pius XII and the Genocides of Polish Catholics and Polish Jews during the Second World War, in: Kirchliche Zeitgeschichte 15 (2002), S. 238–262.

Repgen, Konrad: Der Zweite Weltkrieg: Pius XII, in: Hubert Jedin/Konrad Repgen (Hg.), Die Weltkirche im 20. Jahrhundert, Freiburg/Brsg. 1979 (= Handbuch der Kirchengeschichte, Bd. 7), S. 79–96.

Rhonheimer, Martin: Katholischer Antirassismus, kirchliche Selbstverteidigung und das Schicksal der Juden im nationalsozialistischen Deutschland. Das «Schweigen der Kirche» zur Judenverfolgung im NS-Staat. Ein Plädoyer für eine offene Auseinandersetzung mit der Vergangenheit, in: Andreas Laun (Hg.), Unterwegs nach Jerusalem. Die Kirche auf der Suche nach ihren jüdischen Wurzeln, Eichstätt 2004, S. 10–33 und Anm. S. 245–247.

Rychlak, Ronald J.: Hitler, the War and the Pope, Columbus/Miss. 2000.

Sánchez, José M.: Pius XII. und der Holocaust. Anatomie einer Debatte, Paderborn/München/Wien/Zürich 2002.

Stehlin, Stewart: Päpstliche Diplomatie im Zweiten Weltkrieg. Pius XII., Deutschland und die Juden, Eichstätt 2002 (= Eichstätter Universitätsreden, Bd. 109).

Vocke, Harald: Albrecht von Kessel. Als Diplomat für Versöhnung mit Osteuropa, Freiburg i. Brsg./Basel/Wien 2001.

Zuccotti, Susan: Under His Very Windows. The Vatican and the Holocaust in Italy, New Haven 2000.

9. Kleine Schritte. Anfänge des christlich-jüdischen Dialogs nach 1945

Eckert, Willehad Paul/Ehrlich, Ernst Ludwig (Hg.): Judenhaß – Schuld der Christen?! Versuch eines Gesprächs, Essen 1964.

Petuchowski, Jakob J./Thoma, Clemens: Lexikon der jüdisch-christlichen Begegnung. Hintergründe – Klärungen – Perspektiven. Überarb. u. erw. Neuausgabe, Freiburg i. Br./Basel/Wien 1997.

10. Päpste, Zionismus, Israel: Schlaglichter 1904–1964

Brechenmacher, Thomas/Ostry, Hardy: Paul VI. – Rom und Jerusalem. Konzil, Pilgerfahrt und Dialog der Religionen, Trier 2000.

Ferrari, Silvio: Vaticano e Israele. Dal secondo conflitto mondiale alla guerra del Golfo, Firenze 1991.

Giovannelli, Andrea: La Santa Sede e la Palestina. La Custodia di Terra Santa tra la fine dell'impero ottomano e la guerra dei sei giorni, Roma 2000.

Koltermann, Ulrike: Päpste und Palästina. Die Nahostpolitik des Vatikans von 1947 bis 1997, Münster 2001.

Minerbi, Sergio: The Vatican and Zionism. Conflict in the Holy Land 1895–1925, New York/Oxford 1990.

Stransky, Thomas F.: Paul VI's Religious Pilgrimage in the Holy Land, in: Rodolfo Rossi (Hg.), I viaggi apostolici di Paolo VI, Brescia 2004 (= Pubblicazioni dell'Istituto Paolo VI, Bd. 25), S. 341–373.

Vocke, Harald: Vier Päpste und Palästina. Anmerkungen zu einer theologischen Bewertung des Nahost-Konflikts, in: Internationale Katholische Zeitschrift «Communio» 30 (2001), S. 570–582.

11. Juden als «ältere Brüder». Das Zweite Vatikanische Konzil

Melloni, Alberto: L'altra Roma. Politica e S. Sede durante il Concilio Vaticano (1959–1965), Bologna 2000, S. 262–274.

Oesterreicher, Johannes: Kommentierende Einleitung zur Erklärung über das Verhältnis der Kirche zu den nichtchristlichen Religionen, in: Heinrich Suso Brechter u.a. (Hg.), Das Zweite Vatikanische Konzil. Konstitutionen, Dekrete und Erklärungen. Kommentare, Teil II, Freiburg i. Brsg./Basel/Wien 1967 (= Lexikon für Theologie und Kirche, 2. Aufl.), S. 405–478.

Ostry, Hardy: «Gottesmörder» – Auserwähltes Volk. Das American Jewish Committee und die Judenerklärung des II. Vatikanischen Konzils, Trier 2003.

Rückblick und Ausblick

Blaschke, Olaf: Nicht die Kirche als solche? Anfragen eines Historikers an die vatikanische «Reflexion über die Shoah», in: Blätter für deutsche und internationale Politik 1998, S. 862–874.

Radici dell'Antigiudaismo in Ambiente Cristiano. Colloquio Intra-Ecclesiale. Atti del Simposio teologico-storico, 30 ottobre – 1 novembre 1997, Città del Vaticano 2000.

Personenregister

Zusammengefaßte Seitenzahlen (etwa 10f. oder 96–98) verweisen auf zusammen-
hängende Ausführungen zu einer Person.

Politik und Zeitgeschichte bei C. H. Beck

Wolfgang Benz
Was ist Antisemitismus?
2004. 272 Seiten. Gebunden

John Cornwell
Pius XII.
Der Papst, der geschwiegen hat
Aus dem Englischen von Klaus Kochmann
2. Auflage. 2000. 484 Seiten mit 17 Abbildungen. Leinen

Saul Friedländer
Das Dritte Reich und die Juden
Band 1: Die Jahre der Verfolgung 1933–1939
Aus dem Englischen von Martin Pfeifer
2., durchgesehene Auflage. 1998. 458 Seiten. Leinen

Norbert Frei
1945 und wir
Das Dritte Reich im Bewußtsein der Deutschen
2005. Etwa 224 Seiten. Gebunden

Norman M. Naimark
Flammender Hass
Ethnische Säuberungen im 20. Jahrhundert
Aus dem Amerikanischen von Martin Richter
2004. 301 Seiten. Gebunden

Thomas Urban
Der Verlust
Die Vertreibung der Deutschen und Polen im 20. Jahrhundert
2004. 224 Seiten mit 22 Abbildungen und 2 Karten. Gebunden

Verlag C. H. Beck München

Jüdische Geschichte bei C. H. Beck

Michael Brenner
Jüdische Kultur in der Weimarer Republik
Aus dem Englischen von Holger Fliessbach
2000. 316 Seiten mit 17 Abbildungen. Leinen

Christian Buckard
Arthur Koestler
Ein extremes Leben. 1905–1983
2004. 424 Seiten mit 34 Abbildungen. Gebunden

Mark R. Cohen
Unter Kreuz und Halbmond
Die Juden im Mittelalter
Aus dem Englischen von Christian Wiese
2005. Etwa 240 Seiten. Gebunden

Susanne Galley
Das jüdische Jahr
Feste, Gedenk- und Feiertage
2003. 208 Seiten mit 10 Abbildungen. Paperback
Beck'sche Reihe Band 1523

Marion Kaplan (Hrsg.)
Geschichte des jüdischen Alltags in Deutschland
Vom 17. Jahrhundert bis 1945
2003. 638 Seiten mit 20 Abbildungen. Leinen

Christoph Schulte
Die jüdische Aufklärung
Philosophie, Religion, Geschichte
2002. 279 Seiten mit 8 Abbildungen. Broschiert

Verlag C. H. Beck München